Max Webers unwiderlegbare Fehlkonstruktionen

Heinz Steinert ist Professor em. für Soziologie an der Goethe-Universität Frankfurt, wo er besonders über soziale Disziplinierung und ihre Geschichte gearbeitet hat. Er war Leiter des Instituts für Rechts- und Kriminalsoziologie, Wien. Heinz Steinert lebt und arbeitet in Wien.

Heinz Steinert

Max Webers unwiderlegbare Fehlkonstruktionen

Die protestantische Ethik
und der Geist des Kapitalismus

Campus Verlag
Frankfurt/New York

Bibliografische Information der Deutschen Nationalbibliothek
Die Deutsche Nationalbibliothek verzeichnet diese Publikation in der Deutschen Nationalbibliografie;
detaillierte bibliografische Daten sind im Internet über http://dnb.d-nb.de abrufbar.

ISBN 978-3-593-39310-0

Das Werk einschließlich aller seiner Teile ist urheberrechtlich geschützt. Jede Verwertung ist ohne Zustimmung des Verlags unzulässig. Das gilt insbesondere für Vervielfältigungen, Übersetzungen, Mikroverfilmungen und die Einspeicherung und Verarbeitung in elektronischen Systemen.
Copyright © 2010 Campus Verlag GmbH, Frankfurt am Main
Umschlaggestaltung: Campus Verlag, Frankfurt am Main
Umschlagmotiv: Max Weber (1864–1920) © ullstein bild
Satz: Campus Verlag, Frankfurt am Main
Gedruckt auf Papier aus zertifizierten Rohstoffen (FSC/PEFC).
Printed in Germany

Besuchen Sie uns im Internet: www.campus.de

»– eine jede Wissenschaft, auch die einfach darstellende Geschichte, arbeitet mit dem Begriffsvorrat ihrer Zeit –«
(Max Weber 1904, WL: 207)

Inhalt

Vorwort: Über die Lektüre klassischer Texte 11

Einleitung 19
    Die widerlegungs-immune »Weber-These« 19
    Der Text und seine Varianten 25

Teil I: Die »Große Erzählung« und die handwerkliche Sorgfalt . . . 35

Das Problem 37

Das erste Kapitel 41
    Zweifelhafte Statistiken und Reminiszenzen an Bismarcks
    »Kulturkampf« 41
    Protestantismus im Deutschen Reich um die Jahrhundertwende . . . 48

Das zweite Kapitel 55
    Die (Fehl-)Konstruktion eines »Geist des Kapitalismus« 55
    Schmoller, Brentano, Sombart und die historische Schule der
    Nationalökonomie 74

»Historisches Individuum« I: Benjamin Franklin –
ein amerikanischer Aufklärer und Revolutionär 87

Das dritte Kapitel 94
    »Asketischer Protestantismus« ist die Antwort,
    aber was war die Frage? 94

»Historisches Individuum« II: War Jakob Fugger der Reiche (1459–1525) ein Kapitalist? 108

Zwischenbetrachtung: Was ist das Forschungsprogramm? 114

Das vierte Kapitel. 128

Die calvinistische Prädestinationslehre und wie man mit der metaphysischen Angst lebt, die sie macht 128

Kirchen, Orden, Sekten 139

»Historisches Individuum« III: Leon Battista Alberti (1404–1472) und Sombarts zweiter »Geist des Kapitalismus« 146

Das fünfte Kapitel 151

Seelsorgerische Lebensberatung und die Kapitalbildung durch asketischen Sparzwang 151

Die Reformation im Rückblick. 157

Das sechste Kapitel. 163

Wissenschaftliche Erfahrungen in Amerika über den Nutzen, einer Sekte anzugehören, sowie Vermutungen über die Grenzen der Abendmahlsgemeinschaft 163

Zugehörigkeit und Ausgrenzung: Die Puritaner und ihr Gottesstaat in Massachusetts 1630–1690 167

Teil II: Die Logik von historischen Zusammenhängen 173

Fragen der historischen Begriffsbildung: Wie unterscheidet sich eigentlich ein »Idealtypus« von einem üblichen, also weniger idealen Typus? 175

Kausalität und Wahlverwandtschaft: Wie der Kapitalismus geboren wird, sich durchkämpft, sich beschafft was er braucht – und seine Wahlverwandtschaften pflegt 191

Der Text als Springprozession: Wie man durch starke Behauptungen und vorsichtige Rücknahmen zugleich populär wirksam und wissenschaftlich seriös ist. 206

Teil III: Die Blockade von wissenschaftlichem Fortschritt. 217

Die »Troeltsch-Weber-These« und ihre Kritiker:
Die Herren Professoren diskutieren 219

Hundert Jahre empirische Forschung: Widerlegungen und
Fortführungen 235

    Geschichtskonstruktionen. 254

    Was ist eigentlich so faszinierend an den Puritanern? 257

»Historisches Individuum« IV: Henry Fletcher, Margaret Carnegie, Sir John Clerk of Penicuik und der Geist des Kapitalismus im calvinistischen Schottland. 261

Die Schicksale der »Protestantischen Ethik«: Konturen des
Arbeitsprogramms für eine Rezeptionsgeschichte 264

Teil IV: Die »Protestantische Ethik«
im preußischen Fin de siècle. 275

Der Begriffsvorrat der Zeit 277

Die Erfahrungen der Jahrhundertwende. 280

Die Malaise des bürgerlichen Individuums. 284

Freud als Kritiker 288

… und Weber als Erzieher 290

Das Fin de siècle in Heidelberg und Wien:
eine Zwischenbilanz. 293

Wirtschaft als Beruf: der verunsicherte Unternehmer
als bürgerlicher Held 297

Dr. Sigmund Freud in Wien deutet eine Phantasie von
»innerweltlicher Askese« 303

Literatur 309
   A: Max Weber 309
   B: Andere Literatur 311

Vorwort:
Über die Lektüre klassischer Texte

Dies ist kein Buch über Max Weber. Es ist ein Buch über die Artikelfolge »Die protestantische Ethik und der ›Geist‹ des Kapitalismus« in fünf Kapiteln von 1904/05 und einem weiteren von 1906, überarbeitet wieder veröffentlicht 1920, eine berühmte und bis heute immer wieder nachgedruckte Abhandlung des Juristen, Nationalökonomen und Soziologen Max Weber. Sie ist in der Soziologie einer der Klassikertexte, die »alle kennen (müssen)«. Die beiden Begriffe des Titels sind auch populär geläufig, dazu ein paar Versatzstücke, die angeblich diesem Text zu entnehmen seien, wie: »Protestanten sind disziplinierter« und: »Es gibt einen ›westlichen Rationalismus‹, deshalb sind ›wir‹ tüchtiger und reicher als die ›Entwicklungsländer‹«, oder: »Die um sich greifende Bürokratie erstickt uns allmählich.«

Es geht um diesen Text und seine Geschichte, nicht um seinen Autor. Die Unsitte, Texte mit der Kinderfrage zu analysieren: Was will uns der Autor damit sagen?, führt ohnehin nicht zur Bedeutung des Textes. Bei einem über hundert Jahre alten Text mit einer kompliziert wechselnden Rezeptionsgeschichte ist das besonders offensichtlich. Seine Bedeutung entsteht daraus, wie wir ihn *heute* lesen – und wie wir ihm durch genaue, sorgfältige Lektüre gerecht werden. Zu einer solchen Lektüre anzuleiten, ist eine der Absichten dieses Buchs.

Das ist nicht zuletzt deshalb nötig, weil die »Protestantische Ethik« ein klassischer Text geworden ist, was heißt: Alle kennen ihn, aber niemand liest ihn. Es gibt zwei dominante Fehlformen, mit »klassischen« Texten umzugehen: das »automatische Zitat« und die Suche nach Bestätigung, Zugehörigkeit und sogar »Anhängerschaft«.

Das »automatische Zitat« findet sich nicht nur in journalistischen Produkten, sondern durchaus auch in der Wissenschaft, dort in Formen wie: »westlicher Rationalismus (siehe Max Weber, ›Protestantische Ethik‹)« oder »disziplinierte Arbeit als berufliche Pflicht (siehe …)« oder »Bürokratisierung (Weber)«. Zum »automatischen Zitat« gehört auch der Einsatz von bestimmten Worten für Begriffe, die auch in Alltagssprache zu benennen wären und manchmal in diese übergegangen sind, bei Weber ist das etwa »Charisma« (für persönliche Attraktivität, Gefolgschaft) oder »Idealtypus« (für Typus) oder »protestantische Ethik« (für Disziplin und Fleiß). Mit »Politik als Beruf«, »Verantwortungsethik« und »geduldiges Bohren dicker Bretter« werden in Sonntags- (oder Grab-)Reden die Tätigkeit von Partei-Apparatschiks schöngeredet, und der Zusatz »Geist des …«, der nichts Genaues bedeutet, wertet einen Begriff auf – etwa »Geist des Informationalismus« (Castells 2001: 223ff) oder »Der neue Geist des Kapitalismus« (Boltanski und Chiapello 1999).

Im alltäglichen Umgang mit Klassikertexten werden auch in der Wissenschaft solche Zitate nicht am Original überprüft. Auch hat die Soziologin von Profession den Klassiker natürlich gelesen, aber vor sehr langer Zeit (womöglich im Studium?) und ihn seither allenfalls aufgefrischt: durch Überfliegen ausgesuchter Passagen oder gar vermittelt über eine der Zusammenfassungen, die sich in Einführungsbüchern und Klassikerbiographien finden. Wer bei einer außergewöhnlichen Gelegenheit den Text doch ganz liest, liest ihn mit dem Klassiker-Vorurteil – nicht so, wie man einen zeitgenössischen Text lesen würde, mit den Fragen: Wie geht das Argument genau? Was sind die Belege? Wurden eigene Daten erhoben? Wie? Was ist der genaue Bezug zwischen Empirie und Vorannahmen sowie Folgerungen? Trägt es das wirklich? Was ist daran neu? Welche der mir lieb gewordenen Vorstellungen über Staat und Gesellschaft habe ich also zu revidieren? Muss ich das wirklich tun? Klassische Texte werden vielmehr mit der Vorgabe gelesen: Wie fasse ich das für mich zusammen? Mache ich das zu einem Teil meines »inneren Diskurs-Kreises«, meiner »intellektuellen Bezugsgruppe«? Kann ich das verwenden, um Punkte meines eigenen intellektuellen Horizonts abzusichern?

Nur so erklärt sich, dass die persönliche intellektuelle Entwicklung bei Vielen – in der anderen Fehlform der Rezeption – über Phasen der Begeisterung und Anhängerschaft verläuft, in denen eine mehr oder weniger modische Theorierichtung eingeübt wird, oft nicht nur kognitiv, sondern gleich als Rede-, Schreib- und manchmal auch Lebensweise. Solche Phasen der vorübergehenden Unmündigkeit sind vielleicht als Durchgangsstadium notwendig, um eine Orientierung im Universum der kulturellen Traditionen zu finden; sie sind oft unangenehm für die Umwelt, solange sie anhalten, lächerlich, wenn jemand darin stecken bleibt. Merkwürdig ist es, wenn eine ganze Disziplin in solcher Anhängerschaft gegenüber den kanonisierten »Gründervätern« verharrt: merkwürdig, wenn solche Anhängerschaft Konsens ist, wie bei Durkheim, Weber, Simmel, wodurch Götzenbilder aufgerichtet werden; noch merkwürdiger, wenn sie in Fraktionen polarisiert, hier Luhmann, da Habermas, dort Bourdieu, wodurch eine wissenschaftliche Disziplin zum Ort von Ausscheidungsmatches gemacht wird.

Angemessen ist eine dritte Form, mit klassischen Texten umzugehen: sie zu »historisieren«. Man muss den Kontext kennen, in dem sie entstanden sind und veröffentlicht wurden. Und der besteht in Denktraditionen und in zeitgenössischen Erfahrungen. Die Klassiker sind in diesem Zugang nicht ein gesicherter Bestand an Wissen (oder wenigstens an Methoden), auf dem wir aufbauen können, sondern relativ gut erforschte Beispiele dafür, wie die Erfahrungen einer bestimmten gesellschaftlichen Situation unter Verwendung von überkommenen Denkmodellen verarbeitet wurden.

Dieser historisierende Zugang zu Klassikertexten freilich setzt voraus, dass man sich in der damaligen Zeit orientiert, in unserem Fall also im »preußischen Fin de siècle« – eine Phase der deutschen Geschichte, die weder positiv noch negativ (höchstens als »Vorgeschichte«, nämlich des Ersten Weltkriegs) besonders auffällt, die auch nicht durch Gedenktage Anlass zu Fernsehsendungen oder Bildbänden gibt. Er setzt voraus, dass man über damalige Zeitgenossen Bescheid weiß, die ansonsten längst vergessen sind, und über wissenschaftliche Traditionen und Kontroversen, die auch niemanden mehr so richtig bedrängen. Soziologen haben im Berufsalltag keinen Grund, solches Spezialwissen aus der Frühgeschichte der Disziplin zu sammeln; sie sind genügend damit beschäftigt, auf ihrem Spezialgebiet alle die wichtigen neuen Beiträge in internationalen Zeitschriften im Blick zu behalten und vor allem das zu kennen, was die Kollegen in den USA gerade beschäftigt. Daher sind auch »die Klassiker« zu einem Spezialgebiet geworden, betrieben von einem nicht sehr großen, aber geachteten, obwohl manchmal als »akademisch« belächelten »Stamm« innerhalb der Soziologie, der auch noch aufgespalten ist nach den einzelnen Gründervätern. Die »Marxologen« etwa sind aufgrund ihrer Vorgeschichte als Verwalter von staats-heiligen (und entsprechend auch dissidenten) Texten im 20. Jahrhundert ein ganz eigener Stamm. Die »Weberianer« scharen sich derzeit vor allem um das Projekt der historisch-kritischen Gesamtausgabe. Ähnlich ist auch die Simmel-Forschung durch die Herausgabe der »Gesamtausgabe in 24 Bänden« (samt Gründung einer »Georg-Simmel-Gesellschaft«) erst richtig professionalisiert worden. Gedenktage spielen eine große Rolle: Adornos 100. Geburtstag 2003 etwa hat einen kurzen Boom von Veröffentlichungen ausgelöst; seither ist es fast unmöglich, etwas über ihn zu publizieren, weil für die Verlage das Feld abgegrast ist. Auch bei Weber war der 100. Geburtstag im Jahr 1964 entscheidend für die Rezeption in Deutschland, die Vorbereitungen auf 2014 laufen sicher schon auf Hochtouren.

Die Konkurrenz zwischen Marx und Weber, zwischen »Materialismus und Ökonomismus« einerseits und »Kulturanalyse und verstehender Soziologie« andererseits, hat offenbar bis in die Editionsgeschichte von MEGA und MWG gewirkt (Kaesler 2008), ist aber wissenschaftlich nicht mehr sehr relevant. Sie hätte das schon in den 1960/70er Jahren nicht mehr sein müssen, nachdem durch Sozialhistoriker wie Raymond Williams, E.P. Thompson oder Eric Hobsbawm »Kultur« längst zu einem Bestandteil von Marxscher Theorie jenseits der Schematik von Basis und Überbau gemacht worden war (vgl. Resch und Steinert 2009). Und dass das Denken Webers »bürgerlich« war, muss man wirklich nicht kompliziert herausfinden: Weber hat sich als »klassenbewusster Bürger« verstanden und das auch laut gesagt. Das gilt auch nicht nur für ihn, sondern für praktisch die gesamte Soziologie, dass in ihr Gesellschaft aus dem Blickwinkel der Oberschicht gesehen wird. Die feinen Unterschiede innerhalb dieser Perspektive liegen vor allem in der Nähe zur künstlerisch-literarischen Bohème – Simmel, Adorno – oder zur Politik und den Funktionärsaufgaben – Weber, Durkheim. Ob dabei Ordnungs- oder Befreiungsdenken entsteht, ist nicht einfach diesen Positionen zuzuordnen. Die Gegenüberstellung ist auch für die »Protestantische Ethik« weniger wichtig, als zu Zeiten gedacht wurde. Auch dieser Konflikt kann historisiert werden.

Kulturindustriell geschieht etwas wie Historisierung über das Biographische: je populärer, umso ausschließlicher. Das Bedürfnis nach Verehrung oder auch nach Stürzen von Denkmälern braucht »große Männer« (neuerdings auch Frauen), möglichst »Genies« und möglichst mit einem »Schicksal«.[1] In der Wissenschaft ist das ambivalent: Natürlich wird die »Klassik« und die Geschichte des Fachs nach Personen geordnet und beschrieben, nur ausnahmsweise – was viel sinnvoller wäre – nach Denkmotiven und Modellen und einzelnen Texten, die sie repräsentieren. Aber gar zu persönlich darf

---

1 Bei Weber spielt sowohl in den damaligen Darstellungen als auch in dem, was zeitgenössisch über den verehrten Meister geredet wird, neben dem herrschaftlich Überlegenen ein Element von »Tragik« eine große Rolle. Scaff (1989) beschreibt gleich im ersten Satz die Begegnung mit Webers Texten als »beunruhigend« und spricht von der »angespannten (intense) und unglücklichen (troubled) Atmosphäre«, die ihn als Person umgebe. Breuer (2006) fasst seine Weber-Studien unter dem Titel »tragische« Soziologie zusammen (wenn es nicht die Lektorin war, die den Titel erfunden hat). Die Beispiele ließen sich vermehren.

es auch wieder nicht werden. An der Rezeption der Weber-Biographie von Radkau, 2005, war dieser Hautgout des Allzupersönlichen schön zu beobachten (so wie davor schon an der von Green 1974, oder Mitzman 1969). Anständig ist die »Werkbiographie«, in der die Entwicklung des genialen Denkens samt Phasen von Zweifel, Rückschlägen und schlussendlichem Durchbruch (oder auch Absturz, wir haben unsere Genies sehr gern tragisch) sichtbar wird.

Man sieht: Die Historisierung hat zur Folge, dass der »klassische« Text und womöglich gleich der ganze verehrte »Gründervater« auf Lebensgröße zurückgefahren wird. Im Kontext dessen, was seine Zeitgenossen an Ähnlichem, vielleicht gar Treffenderem geschrieben haben, kann sichtbar werden, dass der Klassikertext gar nicht so einmalig war, dass er – was wir ja aus der Gegenwart gut kennen – auf weite Strecken auch nur wiedergibt, was damals auch andere gesagt und geschrieben haben. Wenn uns das ein paar Mal begegnet ist, wird uns vielleicht die Wirkung von Prominenz deutlich, die nicht nur in der Gegenwart der Kulturindustrie, sondern auch und erst recht in der Traditionsbildung am Werk ist: Weil wir nur den einen Namen kennen, schreiben wir ihm alles zu, was tatsächlich »Zeitgeist« ist. In der Umkehrung macht das die prominenten Texte erst interessant: Wir können sie als Repräsentanten einer »Subkultur des Wissens« lesen und so in die Geschichte des Nachdenkens über Staat und Gesellschaft einordnen.

In diesem Sinn also ist dieses Buch eine Übung in Historisieren einer »Großen Erzählung«. Der Zugang erfolgt im ersten Teil durch genaue und unvoreingenommene Lektüre. Diese stößt auf eine gewundene, in der Argumentation brüchige, dazu umwegig und unschlüssig vorangehende, immer wieder, besonders in den langen Fußnoten, abschweifende Gedankenfolge, mehr auf Behauptungen als auf empirische Belege, das alles in einem rechthaberischen und langatmigen Stil mit kurzen Einsprengseln von vorsichtiger Rücknahme früherer Behauptungen oder Suggestionen. Leicht oder gar angenehm zu lesen ist das nicht. Ein Beispiel für gute sozialhistorische Forschung ist es auch nicht. Die Ungereimtheiten ermöglichen die elementare Form von Ideologiekritik, die an Schwachpunkten des Arguments ansetzt und fragt, was wohl zu ihnen geführt haben mag. Sie sind einfach zu erkennende Hinweise auf nicht ausgesprochene Selbstverständlichkeiten, aus denen sie verstehbar werden. Im ersten Teil dieses Buches werden nach der Besprechung jedes Kapitels der »Protestantischen Ethik« inhaltliche Themen dargestellt, die solche Selbstverständlichkeiten explizit machen.

In der zweiten Hälfte des Buches geht es zunächst (Teil II und III) um die Nachgeschichte der »Protestantischen Ethik« – um das, was Weber selbst noch zu Kontroversen darüber beigetragen hat, und um die soziologische Rezeption, besonders auch die empirischen Arbeiten zur »Weber-These«. Zuletzt (Teil IV) wird der historische Kontext noch etwas erweitert: Webers Text wird in die Verfallsgeschichte des Liberalismus in Deutschland, in Bismarcks »Kulturkampf« gegen die katholische Kirche und in die Bestrebungen des »Kulturprotestantismus«, schließlich in die Erfahrungen des Übergangs vom Industriekapitalismus in den Fordismus in einer langen Phase von »organisiertem Kapitalismus« eingeordnet. Durch einen Vergleich des Wiener und des preußischen Fin de siècle, in einer Gegenüberstellung von Freud und Weber, versuche ich auf die Probleme des »bürgerlichen Individuums« und ihre gesellschaftlichen Grundlagen zurückzuschließen: Der (kranke) bürgerliche Held wurde einmal als der Rossebändiger dargestellt, der mit einem explosiven und hoch interessanten Innenleben beschäftigt war, auf der anderen Seite als der imperialistisch-unternehmerische Asket, der sich mit zwanghafter Selbstkontrolle aufrecht erhielt. Der Wiener »Neurose« entspricht die preußische »Nervosität« – beides Symptome im Untergang des liberalen bürgerlichen Individuums, beides zugleich Versuche, noch einmal einen, wie immer beschädigten, bürgerlichen Helden zu entwerfen.[2]

Die hier vorgelegte Analyse der »Protestantischen Ethik« versteht sich nicht als ein weiterer Beitrag zu den spezialistischen Auseinandersetzungen, die seit hundert Jahren darum in der Soziologie stattfinden. Sie ist mehr der Blick eines teilnehmenden Beobachters auf die merkwürdigen Sitten und Gebräuche der Eingeborenen: in der akademischen Soziologie, beginnend mit Georg Simmel, Werner Sombart, Max Weber, Lujo Brentano und anderen, und dann im »Stamm« der Weberforscher bis heute. Deren Erkenntnisse habe ich nach bestem Wissen und Gewissen aufgearbeitet, aber ihre Schriften sind zugleich die Lebensäußerungen dieses Stamms, um deren Interpretation es geht. Es ist der übliche Widerspruch, von dem teilnehmende Beobachtung eben lebt: Man muss die Sitten und Gebräuche und ihre Begründungen gründlich verstehen lernen, aber man darf sich nicht so einleben, dass man an ihnen teilnimmt und sie selbstverständlich findet.

---

2 Dieses Buch ist die detaillierte Ausarbeitung eines (dort leicht zu identifizierenden) Kapitels in Resch und Steinert (2009). Das Interesse ist die Kapitalismustheorie. Der weitere Kontext für den Stellenwert der »Weber-These« in einer solchen Theorie findet sich dort. Das Buch schließt außerdem an Treiber und Steinert (1980/2005) an. – Zur Lese-Anleitung darf ich hinzufügen, dass ich meine Fußnoten ernst meine: Sie sind nicht einfach Literaturverweise, die stehen im Text, sondern etwas wie ein Paralleltext.

Der Ethnologe, der sich so einem fremden Stamm nähert, braucht Übersetzer und Vertrauenspersonen, die ihm erklären, was da geschieht, und ihm Hinweise darauf geben, was er dringend ansehen muss. Ich hatte zwei solcher Vertrauenspersonen, Hubert Treiber (Hannover) und Dirk Kaesler (Marburg), die mich in dieser Weise unterstützten und auch noch große Teile meines Feldberichts lasen und mit mir diskutierten. Das war eine unschätzbare Hilfe, die mich ermutigte und ohne die ich manches nicht verstanden und für manche Interpretationen weniger an Begründungen gehabt hätte. Es versteht sich, dass sie mit meinen Folgerungen nicht unbedingt übereinstimmen und dass sie für das nicht verantwortlich sind, was an Schwächen verblieben sein mag. Ich danke ihnen sehr für diesen Freundschaftsdienst im besten Sinn des Wortes.[3]

Die Beobachterposition ist die eines Soziologen, der die Klassik der Sozialwissenschaften ernst nimmt, sich aber nicht ausschließlich und spezialistisch mit ihr beschäftigen möchte, sondern nur so weit, wie sie für die Gegenwart und Zukunft wichtig ist. Und dass die klassischen Texte letzteres sind, davon gehe ich aus: Es ist nicht gleichgültig, welche Ideale von Wissenschaft wir pflegen und in welcher Tradition des Nachdenkens über Staat und Gesellschaft wir unsere Arbeit sehen. Die klassischen Texte der Disziplin geben dafür Orientierungen im oben genannten Sinn: Sie führen uns, richtig – historisierend – gelesen, vor, wie sich die Interpretation der Gesellschaft mit der Gesellschaftsgeschichte, also mit den Phasen von Kapitalismus verbindet, und regen uns damit zur Reflexion darüber an, wie wir uns in der jeweiligen Gegenwart als dem Ergebnis dieser Geschichte mit den Zuständen und ihrer vorherrschenden Erkenntnis arrangieren oder ihnen Widerstand leisten.

---

3 Zu danken ist ferner der Österreichischen Nationalbibliothek in Wien, zuerst den Personen, die mir dort die Bücher zugänglich gemacht haben – dann aber dem Umstand, dass die weiland K.u.K. Hofbibliothek offensichtlich über ein großzügiges Ankaufsbudget und kompetente Bibliothekare verfügte, so dass man bis heute auch ausgefallene Schriften aus dem 19. Jahrhundert und dem Fin de siècle dort innerhalb von zwei Stunden zu lesen bekommen kann. In Frankfurt am Main, wo das alles per Fernleihe zu bestellen gewesen wäre, hätte ich die Arbeit nicht schreiben können. Die Bibliothek meines Frankfurter Fachbereichs freilich hat das aufs Erfreulichste ergänzt durch die gut zugängliche neuere Fachliteratur.
Dank an Judith Wilke-Primavesi, die das Buch nicht nur verlegerisch betreut, sondern auch durch Lektoratsarbeit den Text verbessern geholfen hat.
Persönlich danke ich Christine Resch und Reinhard Kreissl, die verschiedene Fassungen der einzelnen Abschnitte gelesen und kommentiert und mich geistig-moralisch unterstützt haben.

Einleitung

Die widerlegungs-immune »Weber-These«

Kapitalismus hat zwar Aspekte eines Glaubenssystems und einer Kirche, die dessen Dogmen verwaltet, aber man sollte die historische Verantwortung für ihn nicht spezifisch dem Puritanismus zuschieben,[1] wie das im Kern der »Weber-These« geschieht. Sobald sie über die Ungenauigkeiten der Alltagsreligiosität hinausgehen, von deren Feiertagen wir uns das Jahr gliedern lassen und mit deren mehr oder weniger esoterischen Ritualen manche sich das Bewusstsein vom Leibe halten, dass sie verkehrt leben, sind und waren Religionen tendenziell anti-kapitalistisch. Viel mehr als über einen religiös oder sonst unabhängig hergestellten »Geist« verfügt Kapitalismus über eine aggressive Faktizität, die sich durchsetzt und ausbreitet und ihre ideologischen Rechtfertigungen, besonders die benötigte Arbeits- und Wirtschaftsmoral, selbst erzeugt. Die hat natürlich ihre besonderen Nutznießer und Betreiber, die sich nicht darum kümmern können, ob sie mit den aggregierten Effekten ihres Tuns anderen das Leben schwer machen oder den Planeten ruinieren. Aber das hat weder eine heroische Dimension noch eine Tragik, wie sie aus Webers Abhandlung gern herausgelesen werden. Die vor einem Jahrhundert in die Welt gesetzte und in dessen Verlauf besonders in der Soziologie gepflegte Terminologie von »protestantischer Ethik« und »Geist des Kapitalismus« war nie besonders glücklich und könnte allmählich verabschiedet werden.

Nach dem heutigen Stand der Forschung lässt sich sagen: Es gibt keine spezifisch wirksame »protestantische Ethik«, hat auch historisch keine für die Reformation in Europa oder auch nur für die protestantischen Sekten in Großbritannien einheitliche gegeben. Und der »Geist des Kapitalismus«, die wandelbare und widersprüchliche Arbeits- und Wirtschaftsmoral dieser in-

---

[1] Schon gar nicht sollte man sie dem Protestantismus und also der Reformation insgesamt zuschreiben, wie das der Titel von Webers Aufsatzfolge irreführend suggeriert.

zwischen weltbeherrschenden Produktionsweise, ist nicht auf paradoxe Weise aus religiösem Asketentum entstanden. Max Webers aparte Idee, Kapitalismus zu der unbeabsichtigten Nebenfolge von religiöser Weltabgewandtheit zu machen, ist zwar hübsch, aber historisch falsch. Die 1904 bis 1906 erschienene Reihe von Aufsätzen, die heute als »Klassiker« unter dem Titel »Die protestantische Ethik und der Geist des Kapitalismus« weltweit in allen Sprachen und auch in populären Ausgaben verbreitet ist,[2] war damals in Deutschland – und später erst recht in den Vereinigten Staaten – Vielen plausibel (besonders den Protestanten), aber ihr wissenschaftlicher Wert war von Anfang an umstritten. Methodisch könnte man die Abhandlung ohnehin am ehesten als Beispiel dafür verwenden, wie man eine sozialhistorische Untersuchung *nicht* anlegen sollte. Inhaltlich wurde die »Weber-These« in dem Jahrhundert an Forschung, seitdem sie dem staunenden Publikum der vorletzten Jahrhundertwende im Wilhelminischen Deutschland präsentiert wurde, in praktisch allen Einzelheiten und als Gesamtaussage *nicht* bestätigt, in vielen Punkten widerlegt.

Wir könnten also ruhig die Protestantismus-Kapitalismus-Idee in den Archiven ablegen und zur Tagesordnung der Kritik des Kapitalismus übergehen, die aufregend genug ist. Die Religionssoziologie könnte sich der Frage widmen, was damals und im Lauf des 20. Jahrhunderts die historischen Umstände waren, die diese These in einer breiten Öffentlichkeit und besonders in den Sozialwissenschaften akzeptabel bleiben ließen. Aber Max Weber ist heute – und nicht zuletzt aufgrund dieser Abhandlung – *der* Soziologe und einer der unumstrittenen Gründerväter dieser akademischen Disziplin. Kein soziologischer Festvortrag ohne mindestens ein Weber-Zitat. Ohne wenigstens ein Semester ausführlicher Beschäftigung mit Max Weber kommt niemand durch ein sozialwissenschaftliches Grundstudium. Webers Begriffe werden als heute noch gültiges, zeitloses Vokabular der Gesellschaftstheorie behandelt, seine Untersuchung zum »Geist des Kapitalismus« wird als wich-

---

[2] Die »Protestantische Ethik« ist die wahrscheinlich berühmteste sozialwissenschaftliche Untersuchung, die im 20. Jahrhundert, dem Jahrhundert der Soziologie, hervorgebracht wurde. Ihr Titel ist in der Öffentlichkeit geläufig und sie hat es in einer Überarbeitung 1920 und dann in einem Doppelpass zwischen Export in die USA (seit den 1930ern) und Re-Import nach Deutschland (seit den 1950ern) zu einem festen Platz im Kanon der Soziologie gebracht. Noch berühmter ist nur Max Webers *Wirtschaft und Gesellschaft* – allerdings keine soziologische Untersuchung, sondern ein (unvollendetes) Handbuch von Definitionen der sozialwissenschaftlichen Grundbegriffe, wie sie zu Beginn des 20. Jahrhunderts in Deutschland gängig waren.

tiges und immer noch aktuelles Beispiel für eine historische und »verstehende« Soziologie geführt.

Im Vorwort eines Buchs zum hundertjährigen Jubiläum von »Die protestantische Ethik und der ›Geist‹ des Kapitalismus« vergleicht der US-Soziologe Charles Lemert (2005) diese Aufsatzsammlung mit der ersten Formulierung der speziellen Relativitätstheorie samt $E=mc^2$ und entsprechend die Bedeutung Max Webers für die Sozialwissenschaften mit der von Albert Einstein für die Physik. Aus Webers Thesen zum Zusammenhang zwischen Reformation und Kapitalismus sind zwar keine Gegenstücke zu Atombombe und Weltraumfahrt entwickelt worden, sie stützt aber in populärer Vereinfachung doch ein besonders in den USA verbreitetes Bewusstsein, dass (protestantische) Religiosität gut sei für die Arbeitsdisziplin, aus der wiederum kapitalistischer Wohlstand entstehe. Und sie beförderte die Überzeugung, dass der europäisch-amerikanische Westen durch seinen »Rationalismus« dem Rest der Welt überlegen und daher zum Export seines kapitalistischen Modells in die »unterentwickelten« Teile der Welt berechtigt, wenn nicht verpflichtet sei.

Interessant ist, dass die zahlreichen Kritiken, die nicht nur die Ergebnisse, sondern die Logik der Begriffsbildung und des Arguments auseinandergenommen haben, an der außerordentlichen Hochschätzung der »Weber-These« in der Profession und beim allgemeinen Publikum nichts ändern konnten. Der übliche Konter zur empirischen Widerlegung eines Details oder zum Nachweis eines Fehlers schon in Webers Argument selbst, der in der Weber-Literatur immer wieder zu finden ist, besteht in der nachsichtig-überlegenen Erläuterung, dass Weber das, was gerade widerlegt wurde, gar nicht behauptet habe, dass seine Theorie viel subtiler und vorsichtiger sei und dass die Kritik daher ins Leere gehe. Die Fortsetzung dieses Konters besteht in einer Reformulierung der »Weber-These«.[3] In beiden Fällen wird den Kritikern entweder dummes (sie haben nicht aufmerksam und umfassend genug gelesen) oder bösartiges (sie bauen einen Weber-Strohmann auf, um ihn leichter abbrennen zu können) Missverstehen unterstellt. Dass so häufiges »Missverstehen« vielleicht am Text selbst liegen könnte, wird nicht angenommen. Aber tatsächlich ist die »Weber-These« so ungenau formuliert, dass man sie ohne Konkretisierung gar nicht empirisch untersuchen kann. Und, verwirrender: Sie wird an einer Stelle »stark« formuliert vorgetragen oder impliziert, um dann anderswo bis zur Bedeutungslosigkeit zurück-

---

[3] Ein schönes Beispiel bietet der Sammelband von Seyfarth und Sprondel (1973), in dem beide Herausgeber (verschiedene) Reformulierungen dieser Art bieten.

genommen und relativiert zu werden. Nur in der ersten, provokanten Form hat sie Aufmerksamkeit (und Widerspruch) gefunden, in der zweiten, seriösen Formulierung hätte sie niemand beachtet.[4]

Es gibt inzwischen ein Muster der Kritik an der »Protestantischen Ethik«, nach dem die Kritiker diese Widerlegungsimmunität selbst vorwegnehmen: Widerlegung eines auch entscheidenden Arguments könne »an der Bedeutung der These nicht rütteln«. So schließen etwa Dickson and McLachlan (1989: 88f) einen Aufsatz, in dem sie Weber an einem zentralen Punkt seiner Argumentation ein manipuliertes Zitat nachweisen, was sie eine »doch eher Kavaliershaltung zu Beweisfragen« nennen, mit der überraschenden Bilanz: »Klarerweise spricht Webers Fehlinterpretation ... allein weder gegen seine Methodologie noch gegen die Gültigkeit seiner These zur protestantischen Ethik.« Ähnlich zieht Kaelber (2005: 148) aus seiner ziemlich vernichtenden Widerlegung etlicher von Webers Interpretationen den Schluss: »Aber diese Kritik beschädigt nicht den inneren Zusammenhang des harten Kerns von Webers Argument; auch wenn seine Beispiele falsch sind, kann die Gesamtthese immer noch historischer Überprüfung standhalten.« Wie sonst lässt sich eine wissenschaftliche These widerlegen, wenn nicht durch solche Nachweise der Fehlinterpretation? Noch weiter geht nur die Diagnose von MacKinnon (1992: 243): »Tatsächlich erhöhen Webers Fehler nur den strahlenden Glanz seiner These ...«

Auch ohne solche Bekenntnisse ist es nicht unwahrscheinlich, dass die »Protestantische Ethik = Geist des Kapitalismus«-Industrie auch in ihrem zweiten Jahrhundert weitermahlen wird, unabhängig davon, in welchen zen-

---

4 In ihrer spektakulären Fassung lautet die »Weber-These«: Die Reformation hat durch ihre religiösen Doktrinen als paradoxen Nebeneffekt Kapitalismus hervorgebracht. Und die protestantische Ethik führt zu wirtschaftlichem Erfolg in dieser Produktionsweise. – So grob hat das Weber nicht formuliert, aber in der Untersuchung des Zusammenhangs von Konfession und wirtschaftlichem Erfolg im ersten Aufsatz der »Protestantischen Ethik« suggeriert – wie auch die spätere Rezeption zeigt. – In der ersten Abschwächung geht es schon nur mehr um Calvinismus und um die kapitalistische Arbeits- und Wirtschaftsmoral. In der letzten Abschwächung war der asketische Begriff von »Beruf«, wie er von einzelnen der dissidenten protestantischen Sekten in England (im Gegensatz zu Luther und zu allen evangelischen Amtskirchen) verwendet wurde, ein kleiner zusätzlicher Faktor, der unbeabsichtigt, sogar unter Ablehnung von weltlichen Erfolgen oder gar Profit aus wirtschaftlichen Aktivitäten, an einem bestimmten Ort und zu einer begrenzten Zeit (im 17. Jahrhundert) dazu beigetragen hat, eine kapitalistische Arbeitsmoral zu ermöglichen.
Hätte Weber nur die seriös abgeschwächte These veröffentlicht, wäre das einer von vielen Spezialbeiträgen gewesen und geblieben, den schon damals die fünf weiteren Spezialisten gelesen hätten und den wir, wie andere solche Beiträge, die in den Archiven verstauben, heute nicht mehr kennen würden.

tralen Aspekten Webers Argument als logisch unschlüssig oder empirisch widerlegt erwiesen ist.[5] Die »Weber-These«, wie sie besonders in den USA gern abgekürzt genannt wird, ist längst keiner Prüfung mehr zugänglich. Jeder Text, der mit diesem Anspruch auftritt, ist entweder nur willkommener Anlass für weitere Runden des Max-Weber-Karussells oder er wird ignoriert.

Dirk Kaesler (2004: 42ff) sieht den Grund für diese Nicht-Widerlegbarkeit darin, dass die Protestantismus-Kapitalismus-These zu einer der »Großen Erzählungen« der westlichen Kultur geworden sei. Sie handle von dem Drama der Vernunft, die uns zunehmend in dem »stahlharten Gehäuse« ihrer Disziplin einschließe. Wie Kaesler Webers »Erzählung« darstellt, wäre sie eine Variante von »Dialektik der Aufklärung«.[6] Es gibt eine banalere Lesart dessen, was die These in populärer Übersetzung aussagt: Disziplinierte Arbeit und ein bescheidenes Leben sind die Voraussetzungen für wirtschaftlichen Erfolg, vor allem für den (gemäßigten) Erfolg in der Lohnarbeit und in der kleinbürgerlichen Produktionsform. Die »protestantische Ethik« ist, ohne viel Theologie, längst identisch mit dem »amerikanischen Traum«. Die »Weber-These« lebt weiter und ist plausibel, weil sie in einer banalisierten Form der (säkularisierten) Wirtschaftsreligion der USA entspricht. In dieser Version gibt es keinerlei Tragik oder gar Dialektik der Vernunft und der Rationalisierung. Es handelt sich schlicht und ergreifend um den Kern von kapitalistischer Lohnarbeits- und Kleinunternehmer-Moral. Die »Weber-These« lebt heute davon, dass die USA, die sich zunehmend kontrafaktisch als protestantisch verstehen, daraus wahlweise ihre Wirtschaftsform oder ihre Religiosität oder vorzugsweise beides bestätigt sehen können.[7]

---

5 Die ausführlichen und überzeugenden Widerlegungen einer ganzen Reihe von zentralen Punkten aus dem Argument der »Protestantischen Ethik«, die von Marshall (1982) und Hamilton (1996) zusammengefasst wurden, werden gelegentlich in Fußnoten erwähnt, aber dann nicht weiter ernstgenommen.

6 Im Gegensatz dazu klingt Webers »Große Erzählung« etwa bei Nielsen (2005), der ebenfalls den Charakter von »Grand Narrative« hervorhebt, vor allem kompliziert. Es gehe in ihr eigentlich um Theologie und Ontologie (74). Mit dieser Bestimmung ist dann erreicht, was Nielsen schon anfangs betont: Durch kleinliche empirische Hinweise lasse sich diese hohe Ebene nicht erreichen: »Die Kritiker haben ihr Feuer auf das falsche Ziel gerichtet. Indem sie auf die ›These‹ zielten, haben sie die große Erzählung verfehlt.« (56 Fn 8)

7 In einem Buch von Donald Trump (2004), einem von mehreren als Beratungsliteratur verkleideten Selbstanpreisungstraktaten des New Yorker Groß-Immobilien-Spekulanten, heißt es: »Manche von Ihnen denken vielleicht, es sei falsch, im selben Atemzug von Gott und Geschäft zu sprechen, aber Gott war immer zentral wichtig dafür, wie wir über Kapitalismus dachten. Die protestantische Arbeitsmoral hat seit Jahrhunderten Erfolg gehabt.

Wenn es gut geht, stehen wir aber in der Weber-Rezeption am Beginn einer Phase der Historisierung. Vor allem hat die »protestantische Ethik«, die – samt »innerweltlicher Askese« – in erstaunlicher Weise den Fordismus und seine »Konsumgesellschaft« überstanden hat, zuletzt etwas an Überzeugungskraft verloren: Dass die großen Vermögen heute durch Sparsamkeit und harte Arbeit gemacht würden, ist angesichts von Börsen-Reichtümern und Millionen-Bonus-Zahlungen an Manager, die gerade die Firma an die Wand gefahren haben, nicht so richtig plausibel. Am anderen Ende ist es eine Erfahrung, die sich verbreitet, dass unermüdliche Arbeitsamkeit den Lohnarbeiter nicht vor Verlegung der Firma in ein Billiglohnland und langdauernder Arbeitslosigkeit schützt. Religion gilt heute im größeren Teil der Welt als Gegenkraft zu Kapitalismus. Sie segnet weder die Sweatshops im mehr oder weniger fernen Osten, noch gibt es einen Heiligen, den der Spekulant bei einer besonders gewagten Transaktion anrufen könnte.

Weber konnte 1904/05 mit Selbstverständlichkeit protestantische Ethik und »Geist« des Kapitalismus als verbunden darstellen, weil vor dem preußischen Hintergrund von Bismarcks »Kulturkampf« allen die wirtschaftliche und Bildungsüberlegenheit der Protestanten im Reich mit seinem protestantischen Königshaus und seiner protestantischen Verwaltung präsent war. Sie war nur zum Teil das Ergebnis von aktiver Diskriminierung, zum anderen Teil statistischer Ausdruck der Tatsache, dass die ländliche Bevölkerung und die Unterschicht stärker katholisch waren. Aber es war auch schon damals nützlich, Diskriminierungen auf Merkmale der Diskriminierten (etwa Eigenheiten ihrer Religion) zurückzuführen und nicht etwa auf ihre Klassenposition. Es war damals allen plausibel, dass Katholiken traditionsverbunden, Protestanten »modern« seien, Katholiken am guten Leben orientiert, Protestanten an harter Arbeit, Katholiken die Sünder, die in der Privatheit des Beichtstuhls bekennen und bereuen und durch diese leichte Übung den Zustand der Gnade wiedergewinnen können, Protestanten hingegen die schuldgeplagten Säulen von Moral und Rechtschaffenheit, die unermüdlich nach einer Erlösung streben müssen, auf die sie nie zuversichtlich vertrauen können. Dass Katholiken in der Verwaltung, an den Universitäten, dementsprechend in den akademischen Berufen und in den besseren Positionen in der Wirtschaft unterrepräsentiert waren, ließ sich mit diesen Unterschieden

---

Das Streben nach Wohlstand ist unverzichtbarer Teil unserer religiösen Kultur.« (XII) Es ist nicht anzunehmen, dass Trump Max Weber gelesen hat.

Übrigens hat Donald Trump bekanntlich den Grundstock seines Vermögens geerbt, oder genauer: Er bestand in Krediten, die er auf seinen zukünftigen Erbanteil nahm. Entsprechend wichtig ist ihm die Berufung auf seine »protestantische Arbeitsmoral«.

der Religionen plausibel und vorteilhaft erklären. Nur wenig zugespitzt kann man sagen, es handelte sich bei der »Protestantischen Ethik« um eine Kampfschrift des »Kulturprotestantismus« im Gewand einer wissenschaftlichen Untersuchung.

Eine Struktur von Selbstverständlichkeiten dieser Art, die heute zwar in Europa nur noch in einem matten Abglanz gilt, sich in den USA aber banalisiert mit der »Staatsreligion« trifft und weltweit als »Kampf der Kulturen« durch Anti-Islamismus eine neue Begründung findet, kann man gar nicht widerlegen. Die hier präsentierte Untersuchung nimmt sich daher etwas anderes vor: Es wird das Material zusammengetragen, das für eine umfassende Historisierung der These zu gebrauchen ist.

Zuerst ist aber noch die Textgrundlage zu klären, mit der zu arbeiten ist. Sie ist bei der »Protestantischen Ethik«, die von Weber nie als eigenes Buch veröffentlicht wurde, ein wenig kompliziert – und wie man damit umgeht, hat zugleich inhaltliche Folgen.

Der Text und seine Varianten

Der Text der »Protestantischen Ethik« existiert in zwei Fassungen: einer ersten von 1904/05 und einer Überarbeitung von 1920. Um die Textgrundlage zu gewinnen, mit der man arbeiten kann, muss man also das Verhältnis dieser beiden Versionen zueinander klären. Dazu steht die »Protestantische Ethik« nicht isoliert: Man muss daher eventuelle Vorarbeiten und andere Arbeiten Webers um 1904 bis 1906, sowie spätere, die sich auf die »Protestantische Ethik« beziehen, zusammenstellen. Zu letzteren zählen die fachlichen Kontroversen um die »Protestantische Ethik« 1909/10. Und schließlich sind noch die Veröffentlichungen anderer Autoren, auf die Webers Text 1904/05 oder 1920 reagierte, zu beachten.

Max Webers Folge von fünf Aufsätzen »Die protestantische Ethik und der ›Geist‹ des Kapitalismus« erschien in zwei Teilen, übergetitelt »Das Problem« (die ersten drei Abschnitte) und »Die Berufsethik des asketischen Protestantismus« (zwei weitere Kapitel), in dem von Max Weber selbst (gemeinsam mit Werner Sombart und Edgar Jaffé) herausgegebenen *Archiv für Sozialwissenschaft und Sozialpolitik* in den Jahren 1904 und 1905. Hinzu kam ein Aufsatz »Kirchen und Sekten«, der 1906 zweimal, in der *Frankfurter Zeitung* und in *Die christliche Welt. Evangelisches Gemeindeblatt für Gebildete aller Stände*, also jenseits eines eng wissenschaftlichen Kontexts veröffentlicht wurde und den Weber in der Ausgabe von 1920 stark erweitert unter dem Titel »Die protestantischen Sekten und der Geist des Kapitalismus« an die ersten fünf anschloss. Trotz dieser Gliederung in drei plus zwei plus ein Kapitel beziehe ich mich hier auf sie der Einfachheit halber als die Kapitel eins bis sechs.

1919/20 hat Max Weber »Die protestantische Ethik und der Geist des Kapitalismus« (der »Geist« steht jetzt nicht mehr in Anführungszeichen) überarbeitet und in einem neuen Kontext noch einmal veröffentlicht: Die Aufsätze bilden jetzt den ersten Teil der drei Bände *Gesammelte Aufsätze zur Religionssoziologie*, deren anschließender Hauptteil, nämlich zweieinhalb der drei Bände, den Titel »Die Wirtschaftsethik der Weltreligionen« trägt. Ab 1915 hatte Weber Studien zur Wirtschaftsethik von Hinduismus, Buddhismus, Konfuzianismus, Taoismus, Islam und Judentum im *Archiv* veröffentlicht. In den *Gesammelten Aufsätzen zur Religionssoziologie* wird das alles mit einer »Vorbemerkung« und einer »Zwischenbetrachtung: Theorie der Stufen und Richtungen religiöser Weltablehnung« zu einem neuen Werk vereinigt. Es ist offensichtlich, dass Weber dieses Werk (zurecht) nicht als geschlossen betrachtete, sonst hätte er »Die Wirtschaftsethik der Weltreligionen« als Gesamttitel nehmen können.[8] Indem es bei *Gesammelte Aufsätze* bleibt und die »Protestantische Ethik« vor die Klammer gesetzt ist, behält diese ihre Eigenständigkeit.

In der Weber-Biographik wird die »Protestantische Ethik« von 1904/05 gern als die erste große Veröffentlichung des damals vierzigjährigen Max Weber nach seinem schweren psychischen Zusammenbruch[9] gehandelt, der ihn für mehrere Jahre arbeitsunfähig gemacht und die hoffnungsvolle Karriere dieses deutschen Professors unterbrochen hatte. Sie wird als Dokument seiner Selbstheilung gelesen. Diese beeindruckende biographische Einbettung trägt nur wenig – und beim heutigen Stand des psychologischen Allgemeinwissens ziemlich Offensichtliches – zum Verständnis des Werks bei.[10]

---

8 Es fehlt nämlich das orthodoxe und das römisch-katholische Christentum vor und nach der Reformation. Die Protestantismus-Studie kann das nicht ersetzen und hat zurecht den Platz und Stellenwert einer Vorstudie. Weber starb 1920 und konnte auch dieses Werk nicht vollenden. Er hat nur den ersten Band noch in Druck gegeben. Die Edition wurde von seiner Frau, Marianne Weber, weiter betreut.

9 Das stimmt freilich nur so ungefähr, denn davor und gleichzeitig liegen noch mehrere methodologische und agrarsoziologische Arbeiten – siehe weiter unten.

10 Weber bearbeitete seine Identitäts-Probleme mit »Askese«, also Verzicht und Selbstdisziplin. Joachim Radkau (1998) hat diese Probleme und die Verarbeitungsform, die damals

Notwendig zu wissen ist aber, dass diese Arbeit im Kontext der Diskussionen stand, die heute unter dem Stichwort »Kulturprotestantismus« benannt werden, der wiederum eine protestantische Offensive in der Auseinandersetzung zwischen den beiden christlichen Konfessionen war, die in Deutschland die zweite Hälfte des 19. Jahrhunderts bestimmt hatte. Die These vom historischen Zusammenhang zwischen Calvinismus und Kapitalismus wurde damals als »Troeltsch-Weber-These« bezeichnet und also ebenso Webers Heidelberger Freund und Diskussionspartner Ernst Troeltsch zugeschrieben, einem prominenten protestantischen Theologen, der umfänglich zu Fragen der historischen Bedeutung der Reformation und des Protestantismus publizierte.[11]

Notwendig zu wissen ist auch, dass 1900 Georg Simmels *Philosophie des Geldes*, besonders aber 1902 Werner Sombarts *Der moderne Kapitalismus* erschienen waren. Die Frage der Entstehung von Kapitalismus stand also auf der Tagesordnung. Sombarts Buch war rasch ein großer Erfolg geworden. In ihm wurde der Begriff »Geist des Kapitalismus« in die Diskussion gebracht.[12] Der von Weber gewählte Titel bezieht sich unmittelbar darauf und setzt ursprünglich den »Geist« noch in Anführungszeichen.

1904 hielt sich Max Weber auch zum ersten und einzigen Mal in den USA auf: Er war Mitglied einer Delegation von deutschen Professoren, darunter Ernst Troeltsch, Werner Sombart und Alfred Weber, die eingeladen waren, im intellektuellen Begleitprogramm der Weltausstellung in St. Louis Vorträge zu halten. Max und Marianne Weber nutzten die Gelegenheit für eine mehrmonatige USA-Rundreise mit vielen wissenschaftlichen wie privaten Kontakten. Das Manuskript der »Protestantischen Ethik« war zu diesem

---

weit verbreitet als »Nervosität« thematisiert wurden, untersucht. Er hat (2005) Max Weber als exemplarischen Fall dafür ausführlich dargestellt.

11 Weber hatte zuerst veröffentlicht. Von Ernst Troeltsch erschienen zwei große Arbeiten zum Thema 1906: die umfangreiche Studie »Protestantisches Christentum und Kirche in der Neuzeit« und »Die Bedeutung des Protestantismus für die Entstehung der modernen Welt«. Diese zweite Arbeit ist die erweiterte Fassung eines Vortrags auf der Jahrestagung der deutschen Historiker, den zu halten zuerst Weber eingeladen wurde: Er sollte seine Thesen zur historischen Entstehung von Kapitalismus darstellen. Weber lehnte ab und empfahl seinen Freund Ernst Troeltsch als dafür sogar kompetenter als er selbst.

12 Nur in der ersten Auflage von 1902 gibt es einen Abschnitt (zwei Kapitel) mit der Überschrift: »Die Genesis des kapitalistischen Geistes«. Sombart hat 1916 eine völlig neu bearbeitete und enorm im Umfang ausgeweitete, jetzt mehrbändige zweite Auflage des Buchs veröffentlicht. Heute gelesen wird aber, wenn überhaupt, die zweite Auflage, von der 1987 sogar noch einmal eine Taschenbuch-Ausgabe erschien. Um die Bedeutung des Buchs für Weber zu erkennen, muss man die ihm damals zugängliche erste Auflage konsultieren.

Zeitpunkt schon veröffentlicht oder im Druck. Die ersten fünf Abschnitte haben also nichts mit irgendwelchen Erfahrungen in den Vereinigten Staaten zu tun.[13] Nur der erwähnte Aufsatz »Kirchen und Sekten«, also das sechste Kapitel, beruht auf der Auswertung von Beobachtungen und Berichten, die Weber in Amerika sammelte. Am 21. September 1904 hielt Weber in St. Louis (auf Deutsch) einen Vortrag, der unter dem etwas merkwürdigen englischen Titel »The relations of the rural community to other branches of social science« (MWG I/8) überliefert ist. Das deutsche Manuskript, das parallel zur »Protestantischen Ethik« geschrieben worden sein muss, ist nicht erhalten.[14]

Ebenfalls in die Zeit der Beschäftigung mit der »Protestantischen Ethik« gehören methodologische Arbeiten zum Historismus in der Nationalökonomie, darunter (neben Kritiken der Arbeiten von Roscher und Knies) vor allem der berühmte Aufsatz »Die ›Objektivität‹ sozialwissenschaftlicher und sozialpolitischer Erkenntnis«, 1904 noch vor der »Protestantischen Ethik« erschienen. Ein großes wirtschaftspolitisches Gutachten Webers zur »Fideikommißfrage« in Preußen wurde ebenfalls 1904 im *Archiv* veröffentlicht.[15]

---

13 Der erste Teil erschien 1904, während Max und Marianne Weber sich in Amerika aufhielten. Die von Marianne Weber im »Lebensbild« (1926: 359) berichtete »kaum dreimonatige Arbeit« am zweiten Teil der »Protestantischen Ethik« nach der Rückkehr von der Amerikareise Anfang 1905 kann nur Überarbeitung gewesen sein. Die ausführliche Literaturarbeit (zum Teil per Fernleihe) muss vorher geschehen sein. Es zeigt sich auch inhaltlich in diesen Kapiteln vier und fünf keinerlei Einfluss von »wissenschaftlichen Erfahrungen in Amerika« (vgl. dazu auch Kaesler 2006).

14 Peter Ghosh (2005a) hat eine kritische Edition des Textes versucht und dazu (2005b) eine ausführliche Interpretation beigetragen. Er betont besonders (und zurecht), wie stark Webers Begriff von Kapitalismus von Fragen der Kapitalisierung der Landwirtschaft und nicht von der Erfahrung der Industrie bestimmt ist. Damit wird auch die Kontinuität zwischen der »Protestantischen Ethik« und den agrarsoziologischen Untersuchungen Webers, seinem Spezialgebiet, sichtbar (so auch Mommsen 2007). Die Krankheit stellt nicht den Einschnitt in Webers Denken dar, als den ein biographischer Zugang sie zu nehmen geneigt ist.

15 Weber hat also parallel zur Abfassung der »Protestantischen Ethik« mehrere große Arbeiten zu anderen Themen geschrieben und unmittelbar anschließend (nach der Amerikareise) außer »Kirchen und Sekten« nichts direkt Zugehöriges, aber viel zu »Wissenschaftslehre« und Wirtschaftsgeschichte veröffentlicht. Allein bei den damals entstandenen Arbeiten zur Wissenschaftslehre handelt es sich um ein Konvolut im Umfang eines stattlichen Buchs, nicht nur den berühmten »Objektivitäts«-Aufsatz, tatsächlich die Programmschrift zur Übernahme der Herausgeberschaft des *Archiv*, sondern dazu Auseinandersetzungen mit den Ökonomen Wilhelm Roscher und Karl Knies, dem Historiker Eduard Meyer unter Verwendung von Arbeiten des Statistikers Johannes von Kries und des Juristen Gustav Radbruch, sowie, wenn man 1907 Erschienenes noch einrechnen will, mit Rudolf Stammler. Er arbeitete lange an der dritten Fassung von »Agrarverhältnisse im Altertum«

An die Veröffentlichung schlossen sich – etwas zeitverzögert – Kontroversen mit dem Philosophen Karl Heinrich Fischer und dem Historiker Felix Rachfahl an. Fischers kritische Anmerkungen erschienen ebenso wie Webers Repliken im *Archiv*. Rachfahl hingegen schrieb 1909 in der *Internationalen Wochenschrift für Wissenschaft, Kunst und Technik*, einem Journal, das über die fachwissenschaftliche Diskussion hinausreichte, eine fünfteilige Artikelserie »Kalvinismus und Kapitalismus«. Ernst Troeltsch antwortete 1910 in derselben Zeitschrift mit »Die Kulturbedeutung des Calvinismus«, Max Weber in seinem eigenen *Archiv* mit »Antikritisches zum ›Geist‹ des Kapitalismus«. Felix Rachfahl setzte 1910 mit einem vierteiligen »Nochmals Kalvinismus und Kapitalismus« nach, worauf Weber mit seinem »Antikritischen Schlußwort« in seiner eigenen Zeitschrift so replizierte, dass die Debatte enden musste. Als wichtige Beiträge zur Debatte verstand Weber auch Sombarts *Der Bourgeois* von 1913 und Lujo Brentanos Vortrag »Die Anfänge des modernen Kapitalismus«, 1913 gehalten und 1916 um einen Anhang von etwa 150 Seiten vermehrt nochmals, jetzt als Buch veröffentlicht. Auf beide hat er in der Ausgabe von 1920 in langen Fußnoten geantwortet.[16]

Es ist üblich, die »Fassung letzter Hand« einer literarischen oder wissenschaftlichen Arbeit als die zu behandeln, die ihr Autor als die »gültige« verstanden wissen wollte. Daher kann und muss man die Version von 1920 von »Die protestantische Ethik und der Geist des Kapitalismus« als diese »endgültige« Fassung nehmen.

Allerdings hat Max Weber zwischen 1904 und 1920 seine Fragestellung modifiziert und ausgeweitet: 1904 sollte »nur« die Entstehung von Kapitalismus in Europa und eigentlich die der Haltung »Arbeit als Beruf« erklärt werden. 1920 – die »Vorbemerkung« sagt es deutlich – sah er Kapitalismus in der Wirtschaft als eine von mehreren Erscheinungsformen einer dahinterliegenden Variable »Rationalismus«. Nicht Kapitalismus sei spezifisch für den »Okzident«, sondern dieser Rationalismus auf allen Gebieten mit der Tendenz zu einer zunehmenden »Rationalisierung«. 1920 soll im Vergleich

---

und an der »Psychophysik der industriellen Arbeit«, beide 1909 veröffentlicht, dazwischen noch an Studien zu Russland. Es ist nicht so sicher, wie sehr die »Protestantische Ethik« selbst in der Zeit um 1904/05 und unmittelbar danach im Zentrum von Webers wissenschaftlichen Interessen stand. Erst ab 1915, mit einem Abstand von zehn Jahren, beschäftigte ihn Religionssoziologie wieder.

16 Dabei empfiehlt es sich, nicht nur die »Antikritiken« von Weber und Troeltsch zu lesen, die in aktuellen Ausgaben zugänglich sind, sondern vielleicht auch die Kritiken von Fischer, Rachfahl, Sombart und Brentano selbst, die man freilich in alten Ausgaben und Zeitschriften aufsuchen muss.

der Weltreligionen dieser weltgeschichtlich einmalige »moderne okzidentale Rationalismus« (RS I: 12) erklärt werden. In der Fragestellung hat sich die abhängige Variable abstrahiert und verallgemeinert. Andererseits blieb das Thema »Beruf« für Weber wichtig, wie seine berühmten Vorträge »Wissenschaft als Beruf« und »Politik als Beruf« von 1919 belegen. Und nur wenig der Streichungen und Zusätze in der Überarbeitung von 1920 bezieht sich auf den neuen Rahmen einer umfassenden vergleichenden Studie zum »okzidentalen Rationalismus«, wie er in der »Vorbemerkung« skizziert wird.[17]

Damit bleibt es sachlich richtig, den Text von 1920 als Standard-Ausgabe der »Protestantischen Ethik« zu behandeln.[18] Das heißt besonders, dass »Die protestantischen Sekten und der Geist des Kapitalismus«, die Erweiterung des Aufsatzes »Kirchen und Sekten« von 1906, dazugehört.[19] Was aber definitiv *nicht* dazugehört, ist die »Vorbemerkung«, die sich als Programm auf das gesamte unvollendet gebliebene Werk über die Weltreligionen bezieht.[20] Der »Protestantischen Ethik« würde mit dem Anspruch, eine Besonderheit und Einzigartigkeit des »Okzident« in Wissenschaft, Kunst, Staat und Beamtentum, Recht, schließlich in der »schicksalsvollsten Macht unsres modernen Lebens: dem *Kapitalismus*« (RS I: 4) zu erklären, ein Gewicht aufgeladen,

---

17 Eine Auflistung dieser Streichungen und Zusätze findet sich in der Ausgabe der »Protestantischen Ethik« in der Fassung von 1904/05, herausgegeben von Lichtblau und Weiß (1993).

18 Das ist auch in der Fachliteratur üblich und gilt weiter bis zum Erscheinen des für die »Protestantische Ethik« vorgesehenen Bandes in der historisch-kritischen *Max Weber Gesamtausgabe* (MWG). Die Ausgabe von 1920 ist auch als Faksimile erschwinglich und als Taschenbuch verfügbar. Dazu gibt es diese Version sämtlicher von Marianne Weber und Johannes Winckelmann nach Webers Tod zusammengestellten *Gesammelten Aufsätze* (zur Religionssoziologie, zur Wissenschaftslehre, zur Sozial- und Wirtschaftsgeschichte, zur Soziologie und Sozialpolitik, sowie die Gesammelten Politischen Schriften) und *Wirtschaft und Gesellschaft* (in der alten Version vor der MWG) samt Marianne Webers *Lebensbild* als CD-Rom in der »Digitalen Bibliothek«. Auch die von Dirk Kaesler besorgte Ausgabe folgt der Fassung von 1920.

19 Weber spricht zwar in der Vorbemerkung von »zwei ältere(n) Aufsätze(n)« (RS I: 12), bezeichnet dann aber diesen zweiten als »Ergänzung des vorstehenden« (207 Fn). Er hat auch in der Kontroverse mit Rachfahl »Kirchen und Sekten«, die Grundlage für das »sechste Kapitel«, als Teil der »Protestantischen Ethik« behandelt – dazu mehr im Kapitel »Die ›Troeltsch-Weber-These‹ und ihre Kritiker«.

20 Man muss das deshalb besonders deutlich sagen, weil in der englischen Ausgabe der »Protestant Ethic« von 1930, übersetzt und herausgegeben von Talcott Parsons und bis vor kurzem die einzig verfügbare, diese »Vorbemerkung« als »Author's Introduction« enthalten, hingegen das sechste Kapitel weggelassen ist. Talcott Parsons hat damit das Verdienst, siebzig Jahre angelsächsischer Rezeption (und Soziologen-Ausbildung) mit der falschen Textgrundlage versorgt zu haben.

das sie allein noch weniger tragen kann als der Verbund der vergleichenden Studien zu den Weltreligionen.

Andererseits darf man aber in der Arbeit an Webers »Protestantischer Ethik« nicht vergessen, dass sie von 1904/05 stammt und daher werkbiographisch in Webers vierzigstem Lebensjahr liegt. Sie schließt damit an seine vor allem agrarsoziologischen Arbeiten bis dahin an und ihr Hauptthema ist *nicht* »okzidentaler Rationalismus«, sondern »Arbeit als Beruf«. Vor allem aber: Historisch steht die »Protestantische Ethik« im Kontext des Fin de siècle, also der Zeit *vor* dem Ersten Weltkrieg, vor der russischen und vor der deutschen Revolution. Sie muss im Kontext eines noch selbstbewussten Wilhelminismus, wenn auch vielleicht mit Ahnungen von Verfall und Untergang, verstanden werden – der von Weber kritisiert wird, dessen Haltungen und Selbstverständlichkeiten er aber auch teilt.

Schon die Textgrundlage für eine Interpretation der »Protestantischen Ethik« zu sichern, zwingt eigentlich zur Historisierung: Schließlich liegen zwischen den beiden Fassungen nicht unerhebliche historische Umwälzungen und (mehr oder weniger) damit verbundene Entwicklungen in Webers Denken. In der Interpretation muss ein Text in der Fassung von 1920 so behandelt werden, dass auf keinen Fall das Datum seiner ursprünglichen Konzeption und Niederschrift: 1904/05 aus der Aufmerksamkeit verschwindet.

Ein eigenes, kurioses Kapitel sind die englischen Übersetzungen der »Protestantischen Ethik«. Seit 1930 gab es bis vor wenigen Jahren als einzige und Standard-Ausgabe die Übersetzung, die der junge Talcott Parsons nach der Fassung von 1920 angefertigt hatte – mit »Vorbemerkung« (unter dem Titel »Author's Introduction«), aber ohne »Die protestantischen Sekten ...«. (Diesen Aufsatz gab es ab 1946 in dem von Hans Gerth und C. Wright Mills herausgegebenen Band *From Max Weber*.) Dazu hat Parsons mit seiner recht freien Übersetzung, am auffälligsten des »stahlharten Gehäuses« als »iron cage«, Weber-Rezeptionsgeschichte gemacht.[21] Erst seit 2002 gibt es neue Übersetzungen, von Kalberg und von Baehr und Wells, letztere nach der

---

21 Es gibt Erläuterungen von Parsons dazu, wie er zu dieser freien Übersetzung kam, und Interpretationen der beiden unterschiedlichen Metaphern und ihrer Implikationen von Tiryakian (1981) bis Baehr (2001). Die Metapher vom »eisernen Käfig« verfehlt gegenüber dem »stahlharten Gehäuse«, wie nahe an Körper, Person und Lebensweise der Menschen die Disziplin des Kapitalismus geht.

Fassung von 1904/05, dafür mit den »Antikritiken«, beide *mit* der »Vorbemerkung« zu den *Gesammelten Aufsätzen* von 1920.[22]
Die angelsächsische, besonders US-amerikanische Rezeption der »Protestantischen Ethik« war entscheidend – ohne Parsons und seine beherrschende Position in den 1950/60er Jahren wäre Weber heute möglicherweise nicht *der* Klassiker der Soziologie –, aber sie ist auch recht eigenwillig und auf einer Textgrundlage erfolgt, für die »verlässlich« nicht das richtige Wort wäre. Indem Parsons die »Vorbemerkung« zur Einleitung der »Protestantischen Ethik« machte, wurde diese einseitig zu einer Abhandlung über die Herausbildung eines »okzidentalen Rationalismus«. Die angelsächsische Rezeption, sofern sie nicht auf die deutsche Fassung von 1904/05 zurückgriff und auch die von 1920 genau konsultierte, hat einfach mit einer irreführenden Textgrundlage gearbeitet – und das noch ganz abgesehen von den Eigenwilligkeiten der Übersetzung im einzelnen.[23] Die neuen Übersetzungen, die es erst seit wenigen Jahren gibt, haben die Textgrundlage verbessert, aber – indem sie die »Vorbemerkung« mit aufnehmen – die Verwirrungen nicht unbedingt aufgelöst.

Angekündigt ist eine neue Übersetzung von Peter Ghosh samt umfangreichem Kommentar zum Text. Nach den bisherigen Veröffentlichungen von Ghosh zur »Protestantischen Ethik« kann man erwarten, dass durch diese Ausgabe und besonders den Kommentar nicht nur die angelsächsische Weber-Rezeption eine neue und wissenschaftlich verlässliche Grundlage erhalten wird.

Wir werden für die Arbeit an Webers »Protestantischer Ethik« die Textversion von 1920 in der Ausgabe der *Gesammelten Aufsätze zur Religionssoziologie I* verwenden. Alle Seitenangaben zur »Protestantischen Ethik« beziehen sich darauf. Sie sind auch in der von Dirk Kaesler (2004) besorgten Ausgabe angegeben und daher dort ebenfalls nachzuschlagen. Alle *kursiven* Hervorhebungen in Weber-Zitaten stammen aus dem Original (dort gesperrt gedruckt), alle Hervorhebungen durch (!) von mir.

In der Interpretation ist aber streng zu berücksichtigen, dass das Werk zuerst 1904 bis 1906 erschien. Man braucht daher auch die erste Textfas-

---

22 Webers »Antikritiken« gibt es seit 2002 auf Englisch (Chalcraft et al. 2002). Die Kritiken, auf die Weber antwortet, sind auch hier nicht übersetzt; sie werden nur zusammenfassend referiert.

23 Peter Ghosh (1994) hat sie zusammengestellt und interpretiert: Sie sind nicht nur – oft gravierende – Fehler, sondern verbinden sich darüber hinaus zu einer Tendenz, daraus eine historische Studie über die Einmaligkeit des Westens und seines Kapitalismus zu machen.

sung, wie sie im *Archiv für Sozialwissenschaft und Sozialpolitik* und in *Die christliche Welt* veröffentlicht wurde.

Webers Briefwechsel aus der Zeit, in der die »Protestantische Ethik« geschrieben wurde, sind nur zu einem kleinen Teil zugänglich. Auf die historisch-kritische Ausgabe in der MWG warten wir gespannt.

Teil I:
Die »Große Erzählung« und die handwerkliche Sorgfalt

Das Problem

Es gilt im Alltag wie in der Wissenschaft: Welche Antwort man bekommt, hängt entscheidend davon ab, welche Frage man stellt. Auf eine blöde Frage erhält man eine blöde Antwort. Die Problemstellung zu erarbeiten, ist ein wesentlicher Teil jeder wissenschaftlichen Forschung. Was man dabei falsch macht, verfolgt einen bis in die Ergebnisse und in den Endbericht. Umgekehrt kann man die Frage schon so zurichten, dass die Antwort darauf kommen wird, die man erwartet bis wünscht. Das Instrument dafür sind die Begriffe, die man verwendet, und der größere Kontext, in den man sie stellt. Reflexivität – die Analyse, aus welcher Position in der Gesellschaft aufgrund welcher Erfahrungen und Interessen und in welchen Auseinandersetzungen gerade diese Frage so gestellt wird – ist besonders in dieser Phase der Forschung sinnvoll.[1]

Auch Max Webers Untersuchung über einen möglichen Zusammenhang zwischen »protestantischer Ethik« und der Herausbildung eines »Geist des Kapitalismus« beginnt daher mit einer ausführlichen Exposition der Fragestellung. Die Abschnitte unter der Überschrift »Das Problem« machen etwa ein Drittel der gesamten Untersuchung (in der ursprünglichen Textform)

---

1 Es ist diese sorgfältige Analyse, die uns klarmacht, an welchen gesellschaftlichen Konflikten wir uns mit einem Forschungsprojekt wie beteiligen – oder, im Fall von Auftragsforschung, beteiligt werden. Die mit dem Namen Max Weber verbundene »Wertfreiheit« der Wissenschaft besteht nicht einfach darin, dass wir uns der »Werturteile« in der Vorlesung enthalten. Mit diesem Vokabular ist die Frage schon falsch gestellt. Wenn wir uns nicht mit unserer Wissenschaft in den gesellschaftlichen Auseinandersetzungen auf eine Seite ziehen lassen wollen, müssen wir vielmehr genau diese Konstellation der Konflikte analysieren – und besonders, wie schon die Begriffe und Probleme von ihr geprägt sind. Gute sozialwissenschaftliche Forschung untersucht diesen Vorgang und erkennt daraus die gesellschaftlichen Verhältnisse, die jene Konflikte hervorbringen und strukturieren. Gute sozialwissenschaftliche Forschung ist *reflexiv*. Das hat weder mit »Werturteilen«, noch gar mit der – ohnehin nicht möglichen – »Wertfreiheit« zu tun, sondern mit der Fähigkeit, nicht *innerhalb* der gesellschaftlichen Normen und Herrschaftsverhältnisse zu forschen, sondern *über* sie.

aus. Nun war das freilich nicht ein Forschungsprojekt, wie wir es heute kennen, mit einem Projektantrag, an dem etwa ein Jahr lang gearbeitet wurde, entsprechend umfassender Darstellung des Forschungsstands zum Thema und der offen gebliebenen Fragen samt genauem Ablaufplan der erforderlichen Forschungsarbeiten, Abfolge der »deliverables«, genauer Kalkulation der Ausgaben, Beschreibung des Projekt-Managements und der »dissemination strategy«. Über Max Webers Vorarbeiten erfahren wir nur aus den Erinnerungen seiner Frau Marianne (1926: 267), er habe sich während seiner Rekonvaleszenz in Rom in Bücher über Klöster und ihre Wirtschaftsorganisation vertieft. Auch weiß die Weber-Forschung, dass Weber viel mit seinem Freund Ernst Troeltsch, dem prominenten protestantischen Theologen, diskutierte und insgesamt im Milieu des »Kulturprotestantismus« der Jahrhundertwende zu Hause war. Ansonsten müssen wir den Ablauf der Untersuchung der Darstellung im »Schlussbericht« entnehmen, wie er von Max Weber im *Archiv* veröffentlicht wurde.

Schlussberichte geben gewöhnlich nicht den realen Gang des Forschungsprojekts wieder. Sie müssen vielmehr im Nachhinein und in Kenntnis der Ergebnisse einen Ablauf der Untersuchung plausibel machen, der zu ihnen geführt hat. Dafür gibt es zwei Strategien der Darstellung: Üblich ist eine Erzählung, wonach das Projekt völlig richtig so angelegt wurde wie es stattfand und erwartungsgemäß die »richtigen« Ergebnisse erbrachte. Raffinierter ist es, von Überraschungen im Projektablauf zu berichten, von Ergebnissen, die den Erwartungen widersprachen und daher besonders glaubwürdig sind. Im ersten Fall treten der Projektmanager und sein Team als verlässliche Mitglieder der »Normalwissenschaft« auf, die verlässlich »vernünftige« Beiträge zur großen Maschinerie der arbeitsteiligen internationalen Forschung erbringen, von der Kollegenschaft dafür geschätzt werden und entsprechend auch das nächste Projekt finanziert bekommen sollten (und werden). Im zweiten Fall gerieren sich die Forscher als Entdecker: Sie haben etwas Neues gefunden, das bisher niemand ahnte und das nun allgemeine Anstrengungen der »Normalisierung« erfordert. Das nächste Projekt, wenn nicht ein ganzes »innovatives« Forschungsprogramm, ist daher besonders finanzierungswürdig.

Max Weber hatte keine Probleme der Projektfinanzierung. Forschung geschah damals noch nicht in »Projekten« und auch nicht in »Teams« – zumindest hießen die zuarbeitenden Ehefrauen, kollegialen Diskussionskränzchen, Doktoranden und anderes Hilfspersonal nicht so. Aber seine Fragestellung plausibel machen musste er auch. Er wählte dafür einen heute ungewöhnlichen Zugang: Er stellte die Untersuchung nicht in einen wissenschaftlichen, sondern in einen gesellschaftspolitischen Zusammenhang – die damalige Debatte um die, wie wir heute sagen würden, »Benachteiligung« der Katholiken im Deutschen Reich bei Wohlstand, gehobenen Positionen und Bildung. Als Grund dafür unterstellte er, dass die Katholiken sich weniger darum bemühten als die Protestanten. Et voilà, die »logische« Frage: Welche Eigenschaften des Protestantismus führen dazu, dass seine Anhänger besonders nach Wohlstand, gehobenen Positionen und Bildung streben – und sie entsprechend auch erreichen?

Im nächsten Schritt musste der »Geist des Kapitalismus« bestimmt werden, der nach der sich allmählich herauskristallisierenden These mit diesen besonderen Eigenschaften des Protestantismus zusammenhängen sollte. Es geht hier also, um es technisch zu sagen, um die Operationalisierung der abhängigen Variable (der Variable, deren Zustände erklärt werden sollen, im Gegensatz zur unabhängigen oder erklärenden) – kein ganz unwichtiger Schritt im Forschungsprojekt. Auch dafür wählte Weber einen ungewöhnlichen Weg: Er stellte nicht etwa eine Strukturtheorie von Kapitalismus vor, in der dessen »Geist« den ihm zukommenden Platz gehabt hätte, sondern bestimmte diesen »Geist« gleich an einem historischen Fallbeispiel, dessen Relevanz er als unbestreitbar behauptete.[2] An diesem einen Beispiel erkannte er, was eigentlich und im Kern den »Geist des Kapitalismus« ausmacht: Arbeit wird als »Beruf« verstanden, als Pflicht, der man unermüdlich nachkommt, nicht als Notwendigkeit, die man einstellt, sobald man genug gearbeitet hat, um das Leben zu bestreiten.

Der dritte Schritt leitet schon in die Forschungsarbeit über und bringt als erstes Zwischenergebnis eine Überraschung: Im Protestantismus Luthers lässt sich diese Auffassung von »Arbeit als Beruf« gar nicht nachweisen.[3] Dar-

---

[2] Leider beließ er es bei einem einzigen Fall – ein ohnehin sehr riskantes Vorgehen – und erwischte dafür in Benjamin Franklin noch einen vielfach ungeeigneten. Dazu ausführlich im Abschnitt über das zweite Kapitel und in »Historisches Individuum I«.

[3] Im Sinn von »Falsifikationismus«, der mit Berufung auf Popper heute gängigen Wissenschaftstheorie, nach der es Aufgabe von Wissenschaft ist, falsche Thesen durch empirische Prüfung auszuschließen – dann bleiben die (vorläufig) richtigen übrig –, wäre die Untersuchung damit zu Ende. Es hätte nur die Warnung an die Kollegenschaft zu veröffentlichen gegeben, sich mit dieser These nicht weiter einzulassen – ein Ereignis, das in einem Wissenschaftlerleben, je nachdem, wie viel Arbeit schon investiert wurde, zwar peinlich, aber nicht ungewöhnlich ist. – Im übrigen sind solche Negativ-Mitteilungen auch in der Wissenschaft selten: Man wird nicht damit berühmt, dass man eine falsche These widerlegt hat, sondern will mit guten und interessanten Thesen hervortreten. Außerdem ist die Widerlegung nicht zwingend: Der Fehler kann bei der empirischen Prüfung liegen, an der

aus könnte man schließen, der Begriff »Geist des Kapitalismus« wurde schlecht konzipiert oder die These zum Zusammenhang ist falsch. Beides tut Weber nicht. Seine Folgerung ist vielmehr, dass nicht Luthers Protestantismus der war, aus dem der »Geist des Kapitalismus« hervorging, sondern eine andere Variante – der Protestantismus Calvins, der »asketische Protestantismus«. Dabei wird nicht, wie es oberflächlich aussehen mag, die These in ihrer Gültigkeit eingeschränkt, sondern vielmehr die weltgeschichtliche Bedeutung des Calvinismus für die Entstehung des Kapitalismus aufgewertet: Der »Geist« hätte sich, von Genf ausgehend, später universal durchgesetzt.

Damit sollte in den ersten drei Abschnitten von Webers Aufsatz-Serie, mit dem Übertitel »Das Problem«, die Frage so aufbereitet sein, dass sie im zweiten Teil der Arbeit an geeignetem Material inhaltlich untersucht werden kann.

Sehen wir uns zunächst die Entwicklung der Fragestellung im Detail an.

---

bekanntlich viel schiefgehen kann, vor allem durch Messfehler oder noch gründlicher durch eine ungünstige »Operationalisierung« der Variablen, die mit dem gewählten Gerät oder an dem gewählten Fall gar nicht gemessen, also überprüfbar dargestellt werden kann. Es kann also sehr sinnvoll sein, eine »falsifizierte« These *nicht* aufzugeben, sondern sie und/ oder ihre empirische Prüfung zu modifizieren.

Das erste Kapitel

Zweifelhafte Statistiken und Reminiszenzen an Bismarcks »Kulturkampf«

Den Kontext seiner Untersuchung stellt Max Weber her, indem er unter der Überschrift »Konfession und soziale Schichtung« an eine allgemein bekannte Tatsache erinnert: an »den ganz vorwiegend protestantischen Charakter des Kapitalbesitzes und Unternehmertums sowohl, wie der oberen gelernten Schichten der Arbeiterschaft, namentlich aber des höheren technisch oder kaufmännisch vorgebildeten Personals der modernen Unternehmungen« (RS I: 18). Ein erster Beleg für Existenz und besonders Relevanz dieses Zusammenhangs ist, dass er von den Katholiken in ihrer Presse und auf ihren Katholikentagen diskutiert werde (17). Aber es geht auch darüber hinaus – was in einem langen Satz sofort nachgeschoben wird, der zugleich viel an Theorie enthält:

»Nicht nur da, wo die Differenz der Konfession mit einem Unterschied der Nationalität und damit des Grades der Kulturentwicklung zusammenfällt, wie im deutschen Osten zwischen Deutschen und Polen, sondern fast überall da, wo überhaupt die kapitalistische Entwicklung in der Zeit ihres Aufblühens freie Hand hatte, die Bevölkerung nach ihren Bedürfnissen sozial umzuschichten und beruflich zu gliedern, … finden wir jene Erscheinung in den Zahlen der Konfessionsstatistik ausgeprägt.« (RS I: 19)

Die wenigen Sätze dieses fulminanten Einstiegs haben es in sich. Die folgenden selbstverständlich vorausgesetzten Annahmen drängen sich auf: Der aus der Berufsstatistik leicht erkennbare Zusammenhang ist offenbar für die Protestanten kein Problem. In manchen Gegenden, etwa dem deutschen Osten, entsteht der Zusammenhang in der Statistik durch die Nationalität vermittelt: Zwischen den (katholischen) Polen und den (protestantischen) Deutschen besteht ein »Unterschied ... des Grades der Kulturentwicklung«. Er hat nichts mit der Religion zu tun, sondern beruht auf der Nationalität. Voraussetzung dafür, dass der Zusammenhang zwischen Konfession und sozialer Position auftritt, ist aber die »kapitalistische Entwicklung« und die aus ihr folgende »soziale Umschichtung« der Bevölkerung. Ein Zusammenhang zwischen Protestantismus und Kapitalismus wird also hier schon selbstverständlich unterstellt.

Auf den nächsten Seiten ist der Text sehr mit methodischen Problemen der Statistik beschäftigt. Als Quelle von Zahlenmaterial dient die Dissertation eines Martin Offenbacher, den Weber als »(einen) meiner Schüler« (18 Fn 1) vorstellt, über »die wirtschaftliche Lage der Katholiken und Protestanten in Baden« von 1901. Korrelationen, und damit haben wir es hier zu tun, können bekanntlich in beiden Richtungen gelesen werden: protestantisch zu sein verhilft zu Wohlstand oder Wohlstand macht protestantisch, und sie können durch dritte Variablen vermittelt sein: Protestanten sind besser ausgebildet und ein höherer Ausbildungsabschluss führt zu mehr Wohlstand, oder banaler: Protestanten leben überwiegend in Städten und in Städten sind im Schnitt die statistisch erfassten Einkommen höher.

Weber konzediert zunächst historische Umkehrungen des Zusammenhangs – im 16. Jahrhundert seien gerade die reichen Städte protestantisch geworden und das gebe den Protestanten bis heute einen wirtschaftlichen Vorteil.[1] (RS I: 19) Dann führt er aber zwei Beispiele eines zweifelsfrei anderen Zusammenhangs an: die geringere Beteiligung von Katholiken an den berufsvorbereitenden höheren Schulen und an der »gelernten Arbeiterschaft der modernen Großindustrie«. Stattdessen gingen die Katholiken aufs humanistische Gymnasium und »verblieben« im Handwerk. Der Erklärung ist:

»In diesen Fällen liegt zweifellos das Kausalverhältnis so, daß die anerzogene geistige Eigenart, und zwar hier die durch die religiöse Atmosphäre der Heimat und des Elternhauses bedingte Richtung der Erziehung, die Berufswahl und die weiteren beruflichen Schicksale bestimmt hat.« (RS I: 22)

Dass die Schul- und Religionsstatistiken und ihre Korrelationen, selbst wenn sie gültig erfasst worden wären, nichts über »geistige Eigenart«, »religiöse

---

1 Die genaue Formulierung ist: »... und die Nachwirkungen davon kommen den Protestanten noch heute im ökonomischen Kampf ums Dasein zugute.«

Atmosphäre« oder »Richtung der Erziehung« aussagen, muss wohl nicht extra betont werden.

Als nächstes werden mögliche vermittelnde Variablen diskutiert. Dafür fällt als erstes der Status als Minorität ein: Vielleicht sind ja Angehörige von Minoritäten besonders geneigt, sich durch unermüdliche Arbeit um Wohlstand zu bemühen. Es lässt sich aber aus einigen wenigen historischen Beispielen für diesen Zusammenhang (Polen in Russland, Hugenotten in Frankreich, Quäker in England, Juden überall) und der Behauptung, dass bei den Katholiken in Deutschland und Holland nichts dergleichen festzustellen sei, hingegen bei den Protestanten auch in der Mehrheitsposition, der Schluss ziehen, dass diese Variable nicht entscheidend sein könne (22f).[2] Es muss an einer »dauernden inneren Eigenart« (23) der Konfessionen liegen. Als Kandidaten dafür schlägt Weber zunächst die »größere ›Weltfremdheit‹ des Katholizismus« (24) vor.

Bevor wir uns damit beschäftigen, noch ein Wort zu dem statistischen Zusammenhang zwischen Protestantismus und wirtschaftlichem Erfolg im Kapitalismus:

Die Behauptung einer solchen Korrelation ist natürlich ein gefundenes Fressen für Sozialwissenschaftler, die sich besonders für Zahlen und neuerdings Arbeit mit dem Computer interessieren. Daher gibt es in der Religionssoziologie immer wieder Untersuchungen, in denen aus den jeweils verfügbaren Statistiken (offiziellen oder aus Umfragedaten) in einem Land oder international, zeitgenössisch oder historisch die Korrelation neu gerechnet wird. Inzwischen sind auch die Analyseverfahren für solche »Massendaten« in einer Weise entwickelt, die Weber nicht ahnen konnte. Was er noch mühsam mit Spekulationen über intervenierende Variablen an historischen Beispielen machen musste, kann heute jeder Doktorand mit Hilfe von Regressionsanalysen auf seinem heimischen PC durchrechnen lassen. Das enthebt ihn auch noch nicht der Interpretation, die durch komplizierte und voraussetzungsvolle mathematische Verfahren nicht unbedingt verlässlicher wird, aber es erleichtert doch die Darstellung in Übersichtstabellen. Das überraschende allgemeine Ergebnis dieser Forschungstradition ist, dass es auf die Umstände ankommt, ob der Zusammenhang auftritt oder nicht. Meistens tritt er nicht auf. Noch dazu gibt es Hinweise, dass es nicht so sehr auf die

---

2 Aus der Tabelle, die in RS I: 21 Fn 1 wiedergegeben ist, wäre leicht ersichtlich, dass in Relation zum Bevölkerungsanteil in allen höheren Schulen nicht nur die Protestanten, sondern auch die Juden überrepräsentiert sind. Diese Übereinstimmung zwischen den beiden Religionen bleibt in den Interpretationen und Überlegungen unberücksichtigt.

Konfession ankommt, als vielmehr auf die Religiosität, wobei mehr davon den wirtschaftlichen Erfolg eher senkt.[3] Interessanter ist eine kürzlich veröffentlichte Untersuchung (Becker und Wößmann 2007), in der für das Deutsche Reich zur Zeit Max Webers der Zusammenhang aus den historischen Statistiken neu gerechnet wurde. Das weitet die Datenbasis, die für Max Weber schmal genug war, einerseits erfreulich aus, andererseits sind die Zähleinheiten in dieser Studie die 453 Landkreise Preußens und deren Prozentanteile von Protestanten, Analphabeten, Industriearbeitern, Stadtbevölkerung, dem Durchschnittseinkommen der Volksschullehrer und eine Menge anderer Kennziffern, immer für den Landkreis. Korrelationen über Durchschnitts- und Prozentwerte für räumliche Einheiten (Wahlkreise, Bezirke, Bundesländer, Staaten) sind besonders heikel zu interpretieren: Vor allem dürfen Korrelationen, die man für diese Einheiten findet, nicht so interpretiert werden, als gälten sie auch für Personen: Wenn reiche Landkreise mehr Protestanten haben, heißt das noch lange nicht, dass die einzelnen Protestanten reicher sind. Sie könnten dort auch als arme Taglöhner und Dienstboten bei wenigen reichen Katholiken, die den Gesamtwohlstand hochtreiben, eine große Zahl ausmachen.[4] Hinzu kommt, dass sich in den historischen Statistiken leider kein direkter Indikator für Wohlstand fand. Stattdessen wurde eine Variable »economic progressiveness«, gemessen durch den Anteil der »Arbeitskräfte nicht in der Landwirtschaft«, verwendet und das Durchschnittseinkommen der Volksschullehrer als repräsentativ für alle Einkommen im Landkreis genommen. Das ist alles nicht sehr befriedigend, aber in historischen Studien muss man eben mit dem arbeiten, was man an Daten noch finden kann. Leider können die raffinierten statistischen Verfahren die schlechten Ausgangsdaten nicht besser machen.[5]

Jedenfalls: In dieser Untersuchung fand sich eine positive Korrelation zwischen Anteil der Protestanten und »wirtschaftlicher Fortgeschrittenheit«

---

3 Ein schönes und repräsentatives Beispiel für diesen Typus von Untersuchungen ist Barro and McCleary (2003). Dort findet sich auch das hübsche Ergebnis, dass weltweit der Anteil von Leuten mit Angst vor ewiger Verdammnis in einer Hölle stärker mit wirtschaftlichem »Erfolg« des Landes zusammengeht als der von Leuten, die auf ewige Seligkeit in einem Himmel hoffen. Wäre das nicht ein interessanter Ansatz zur Konstruktion einer zugehörigen Wirtschaftsethik?

4 Statistiker nennen das den »ökologischen Fehlschluss« – und er kommt in Formulierungen im Text der Veröffentlichung leider etliche Male vor.

5 Das gilt nicht nur für vorgefundene offizielle Statistiken, seien sie aktuell oder historisch, sondern auch und besonders für selbst erhobene Umfragedaten.

der preußischen Landkreise nach 1871 – die allerdings vermittelt ist durch die Ausbildung (gemessen als Anteil von Analphabeten). Wenn man die Ausbildung als Kontrollvariable einrechnet, verschwindet der Zusammenhang. Die höhere Alphabetisierungsrate in den Landkreisen mit hohem Anteil von Protestanten erklärt deren höhere »Fortgeschrittenheit« komplett. Nach einigen weiteren statistischen Proben und Kontrollen schließen die Autoren aus all dem: Weber lag falsch. Um den Zusammenhang zwischen Protestantismus und »wirtschaftlicher Fortgeschrittenheit« zu erklären, braucht man keine spezifische »protestantische Ethik« von unermüdlicher Arbeit, sondern höchstens eine höhere Bildungsbeflissenheit.[6] Allerdings beweisen die Daten dieser Untersuchung auch nicht, dass es die Protestanten in den Landkreisen wären, die zu einem höheren Anteil lesen können, es könnten auch die Katholiken in der Minderheitsposition sein – zumal die Unterschiede im Schnitt ohnehin nur wenige Prozentpunkte ausmachen.

Es gibt schon lange eine sehr gründliche Nachuntersuchung zu den Zahlen, die Weber in diesem Abschnitt verwendet hat, also zu der Untersuchung von Offenbacher und zu den Argumenten, die er damit geführt hat, nämlich von Samuelsson (1961). Im Vergleich zu den dargestellten neueren Untersuchungen hatte Offenbacher zwar lokal begrenzte, sonst aber bessere, nämlich auf Personen bezogene Daten. Als erstes wurde in der Nachanalyse gefunden, dass in einer der Tabellen, die auch Weber verwendet, wohl durch einen Abschreib- oder Rechenfehler eine Prozentzahl um zehn Punkte zu hoch erscheint: In der Tabelle in Fußnote 1, Seite 21, sollte der Anteil der Protestanten an Realgymnasien richtig nur 59, nicht 69 Prozent ausmachen (Samuelsson 1961: 140). Leider hatte sich der Fehler zugunsten von Webers Argument ausgewirkt, das mit der Korrektur dieses Stück an Evidenz verliert. Dazu rechnet Samuelsson (141ff) die Ergebnisse für einzelne Landkreise nach, besonders für die, in denen es die berufsbildenden Schulen tatsächlich gab, in die Protestanten angeblich besonders streben. Wenn man das tut, verschwindet der Unterschied in der Verteilung auf Schultypen zwischen Protestanten und Katholiken.[7] Eine andere Störvariable, die sich besonders auf die Arten von Vermögen auswirkt, die Katholiken und Protestanten zu versteuern hatten, ist, dass Protestanten in Baden damals eher in den Städten lebten (Samuelsson 1961: 143ff). Samuelsson resümiert trocken: »Die regionale Ver-

---

6 Das ist allerdings nicht das, womit Weber argumentiert hatte: Er unterstellt den Protestanten nicht einfach höhere Bildungsbeflissenheit, sondern einen Drang zu berufsnahen, praktisch und fürs Geldverdienen relevanten Ausbildungen.

7 Das Scheinergebnis kam also dadurch zustande, dass in den – vermutlich eher städtischen – Kreisen, in denen es berufsbildende Schulen gab, mehr Protestanten wohnten.

teilung, nicht die Religion ist der entscheidende Faktor« (144) und: »Kurz, Webers angeblicher Unterschied ist ein Mythos.« (142)[8]

Um diesen Teil abzuschließen: Alles spricht dafür, dass Weber damals von einem aktuellen Befund ausging, der zwar genauer Nachprüfung nicht standhält, weder für damals noch für heute, aber damals in Preußen hoch plausibel war. Weber konnte davon ausgehen, dass der behauptete Zusammenhang nicht angezweifelt werden würde. Alle glaubten gern, dass Protestanten – im Gegensatz zu Katholiken – ernste, asketische Pflicht-Menschen seien und es damit zu Wohlstand brächten.

Durchaus in diesem Sinn beschäftigt sich Weber im Anschluss an das statistische Argument mit dem Nachweis, dass der Unterschied zwischen den Konfessionen nicht in einer besonderen »Weltfremdheit« der Katholiken liege (RS I: 24). Die französischen Calvinisten seien »mindestens ebenso weltfremd« (25). Weitere Überlegungen zu den »in ihren unteren Schichten höchst lebensfrohen« Katholiken führen schließlich zu der Überlegung, ob der Zusammenhang nicht sogar umgekehrt anzusetzen, »in eine innere *Verwandtschaft* umzukehren« sei (26). Es finden sich nun zahlreiche historische Beispiele für eine Herkunft gerade der Angehörigen protestantischer Sekten mit ihren »innerlichsten Formen christlicher Frömmigkeit« aus dem Milieu von Kaufleuten (26), Industriellen (27), Fabrikanten (28). Es kann also bei den Protestanten, besonders den Sekten der Calvinisten, Quäker, Mennoniten und Pietisten, von »Weltfreude« keine Rede sein, eher im Gegenteil (29). Kapitalismus sei, wenn aus einer religiösen Haltung, dann aus der Askese entstanden.

So stark sagt es Weber an dieser Stelle nicht, aber er hat damit seine Fragestellung gefunden:

»Eine ganze Anzahl möglicher Beziehungen steigen, dunkel empfunden, alsbald vor uns auf, wenn wir die Frage so stellen. Es wird nun eben die Aufgabe sein müssen, das, was uns hier undeutlich vorschwebt, so deutlich zu *formulieren*, als dies bei der

---

8 Samuelsson hat sich mit dieser verdienstvollen Untersuchung die tiefe Abneigung von Robert N. Bellah zugezogen. Der spricht (1963: 179 Fn) von »Samuelssons unglaubliche(r) Attacke auf Weber« und setzt hinzu: »Daß Weber noch immer einen solch irrationalen Haß hervorrufen kann, ist wohl selbst ein Zeichen seiner bleibenden Bedeutung.« Sonst wird zumindest der Name falsch geschrieben, so von MacKinnon 1992: 214 (und auch im Register des Sammelbandes) oder Lehmann 2008a: 382f. (Auch in dem Wiederabdruck in Lehmann 2008b ist die Fehlschreibung nicht korrigiert.) – Becker (2009) zeigt, wie in der Behandlung der unhaltbaren statistischen und sonstigen Argumentation im ersten Kapitel der »Protestantischen Ethik« bis heute etwas wirksam ist, das er »reverential bias« nennt.

unausschöpfbaren Mannigfaltigkeit, die in jeder historischen Erscheinung steckt, überhaupt möglich ist.« (RS I: 29f)

Ein Vorsatz, gegen den man nichts einzuwenden haben wird.

Um seine Frage zu erarbeiten und plausibel zu machen, verwendet Weber beide der oben genannten Strategien: Zuerst mobilisiert er – »normalwissenschaftlich« – ein Wissen, das alle haben, über die besonderen wirtschaftlichen Erfolge von Protestanten, die wiederum auf deren besonderer Ausrichtung auf wirtschaftlichen Erfolg beruhten. Das zeige sich schon in den eher wirtschaftsnahen Ausbildungen, in die sie ihre Kinder schickten, und auch in den Berufen, die sie dann tatsächlich hätten. Dann aber wechselt er die Strategie und präsentiert eine »Entdeckung«: Möglicherweise seien – in den Inhalten ihres Glaubens – nicht die Katholiken »weltfremd«, wie allgemein und auch in der ersten Hälfte des Abschnitts angenommen wird, sondern die Protestanten, besonders deren calvinistische Sekten. Damit wird die Untersuchung erst interessant: Einen Zusammenhang zwischen wirtschaftlichem Erfolg und einer – soll sein: religiösen – Ausrichtung darauf festzustellen, ist nur mäßig aufregend. Ein Zusammenhang zwischen Weltabgewandtheit und Askese und wirtschaftlichem Erfolg hingegen, das ist eine Herausforderung und als Paradoxie ein intellektuelles Vergnügen.

Das ganze, ein wenig gezwungene Argument dieses ersten Kapitels vom Unterschied zwischen Katholiken und Protestanten, der bis heute Interesse und empirische Untersuchungen auf sich zieht, hat zuletzt eine feine Ironie: Es ist für Webers Untersuchung gar nicht nötig. Weber nimmt ohnehin an, dass es eine Verbindung zwischen Reformation, asketischen Sekten und Kapitalismus nur historisch, also vielleicht im 17./18. Jahrhundert gegeben habe. Kapitalismus als Wirtschaftsform habe sich seither längst verselbständigt und brauche auch keine religiöse oder sonst ideologische Unterstützung mehr. Damit wäre es eher verwunderlich, wenn sich in Webers Gegenwart noch ein Zusammenhang zwischen »Geist des Kapitalismus« und Religionsbekenntnissen feststellen ließe, zumindest ist es für das Argument nicht nötig, ihn nachweisen zu können.

Weber kündigt diese historische Auflösung des Zusammenhangs schon in seiner zweiten Fußnote an: »Vor allem aber ist der *heutige* ›Hochkapitalismus‹ überhaupt … von denjenigen Einflüssen, welche die Konfession in der Vergangenheit haben *konnte*, unabhängig geworden. Darüber später.« (RS I: 18 Fn 2)[9] »Später« ist im Abschnitt »2. Der ›Geist‹ des Kapitalismus«: Es

---

[9] Diese Fußnote wurde erst in der Version von 1920 hinzugefügt.

soll natürlich nicht »behauptet werden, daß für den heutigen Kapitalismus die subjektive Aneignung dieser ethischen Maxime durch seine einzelnen Träger, etwa die Unternehmer oder die Arbeiter der modernen kapitalistischen Betriebe, Bedingung der Fortexistenz sei« (36f), und noch einmal ganz am Ende der Untersuchung: »Der siegreiche Kapitalismus jedenfalls bedarf, seit er auf mechanischer Grundlage ruht, dieser Stütze nicht mehr.« (RS I: 204) Auch die berühmten Sätze: »Der Puritaner *wollte* Berufsmensch sein, – wir *müssen* es sein«, wie die noch berühmtere Umwandlung des »dünnen Mantels« der »Sorge um die äußeren Güter« in ein »stahlhartes Gehäuse« (203) gehören in den Zusammenhang einer Verselbständigung von Kapitalismus, der aktuell auf irgendwelche religiösen Grundlagen nicht mehr angewiesen sei.

Für Webers historische These ist also ein damals, um 1900, oder heute vorfindbarer Zusammenhang zwischen dem Kapitalismus, der Konfession, seinem Geist und dessen Auswirkungen auf den Wohlstand zumindest irrelevant. Eher noch mehr: Sollte sich ein solcher Zusammenhang finden, widerspräche das einem Teil von Webers These. Es müsste dann durch zusätzliche Annahmen erklärt werden, warum er trotzdem auftritt. Zum Glück sind die empirischen Befunde zumindest nicht konsistent so, dass man davon ausgehen müsste.

Insofern ist der wissenschaftlich eher missglückte erste Abschnitt für die gesamte Untersuchung nicht entscheidend wichtig. Umso mehr muss man sich fragen, warum gerade er erstens Weber nötig erschien und zweitens in der Folge so viel an Aufmerksamkeit und Weiterarbeit auf sich gezogen hat.

Protestantismus im Deutschen Reich um die Jahrhundertwende

Niemand käme heute auf die Idee, in Deutschland aus einem Vergleich der überwiegend protestantischen und katholischen Länder, also etwa Schleswig-Holsteins und Bayerns, den Schluss zu ziehen, Protestantismus habe etwas mit wirtschaftlicher Leistungsfähigkeit (nach den Maßstäben eines kapitalistischen Verständnisses von »Reichtum«) zu tun. Um 1900 hingegen konnte ein wohlinformierter Professor der Nationalökonomie einen solchen Zusammenhang als selbstverständlich voraussetzen: »Alle wussten«, dass Protestanten fleißig, diszipliniert und bildungsbeflissen sind und daher in den höheren Positionen von Wirtschaft, Verwaltung und Universität dominierten. Die »Inferiorität« von Katholiken wurde mit Sorge oder klammheimlicher Freude diskutiert. Im Grenzgebiet lieferte der Vergleich von (protestantischen) deutschen und (katholischen) polnischen Bauern anschauliche Belege dafür. In der »Akademischen Antrittsrede« zu Webers erster Professur in Freiburg 1895 zum Thema »Der Nationalstaat und die Volkswirtschaftspolitik« wird das ausführlich vorgetragen.[10]

Diese Bedeutung der Konfessionen im Deutschen Reich ging nicht nur auf Bismarcks »Kulturkampf« zurück, in dem der Einfluss der katholischen Kirche drastisch zurückgestutzt wurde. Weber hatte ihn als junger Mann schon wahrgenommen und war dabei ganz auf der Seite Bismarcks gewesen:

»Die Bismarckschen Pressionen gegen die katholische Kirche hat er nicht nur ›gebilligt‹, er hat sie aus grundsätzlichen Erwägungen heraus für geboten gehalten. Und weil das so war, war ihm Bismarcks Einlenken, war ihm der Abbruch des Kampfes eine Niederlage: ›die schwere Niederlage der Staatsautorität im Kulturkampf‹, wie es noch 1917 ... heißt.« (Tyrell 1995: 369)[11]

---

10 Die deutschen Bauern, so führte Weber aus, ziehen dort weg, die polnischen übernehmen, was frei wird. Wie ist das zu erklären? »Es ist ein massenpsychologischer Vorgang: die deutschen Landarbeiter vermögen sich den *sozialen* Lebensbedingungen ihrer Heimat nicht mehr anzupassen ... Eine rein proletarische Existenz steht ihnen in Aussicht, aber ohne die Möglichkeit jenes kraftvollen Aufschwungs zur ökonomischen Selbständigkeit, welche das in den Städten zusammengeschlossene Industrieproletariat mit Selbstbewußtsein erfüllt ... Und weshalb sind es die *polnischen* Bauern, die an Terrain gewinnen? Ist es ihre überlegene ökonomische Intelligenz oder Kapitalkraft? Es ist vielmehr das Gegenteil von beiden. ... [Hier ist] Derjenige am wenigsten durch die Ungunst des Marktes bedroht, der seine Produkte dahin bringt, wo sie durch den Preissturz am wenigsten entwertet werden: in seinen eigenen Magen: – der für seinen *Eigenbedarf* produziert. Und wiederum ist Derjenige begünstigt, der seinen Eigenbedarf am *niedrigsten* bemessen kann, die geringsten Ansprüche an die Lebenshaltung in physischer und ideeller Beziehung macht ... Der polnische Kleinbauer gewinnt an Boden, weil er gewissermaßen das Gras vom Boden frißt, nicht *trotz*, sondern *wegen* seinen tiefstehenden physischen und geistigen Lebensgewohnheiten.« (MWG I/4,2: 552f)

11 Tyrell verweist mit seinen beiden Belegen nebenher darauf, dass Weber die zitierte Formulierung identisch schon 1887 in einem Brief an Hermann Baumgarten (Marianne Weber 1936: 234) und 1917, dreißig Jahre später, in einer Veröffentlichung in der *Frankfurter Zeitung* (MWG I/15: 447), noch immer verwendet hat. Die »schwere Niederlage der Staatsautorität im Kulturkampf«, auf die man aus historischen Darstellungen der Vorgänge gar nicht ohne weiteres käme, die sich vielmehr nur in der Sicht einer kirchenfeindlichen Fraktion der Liberalen so darstellte, muss ihm sehr geläufig gewesen sein. Tatsächlich war die Beendigung des »Kulturkampfes« weniger eine Niederlage der Staatsautorität als der Liberalen: Sie war die Vorleistung für eine Unterstützung Bismarcks durch das Zentrum, wodurch die Liberalen ihren Einfluss verloren. Mommsen (2004: 132) fasst Webers

Webers Ablehnung der Kirche als »Anstalt« mit Machtansprüchen dem Staat gegenüber wird in der Bewertung dieser frühen politischen Erfahrung deutlich ausgedrückt und ist in ihr vielleicht auch bestärkt und bestätigt worden.

Aber auch jenseits dieser frühen politischen Erfahrung war Weber an den protestantischen Problemen und Debatten der Kaiserzeit beteiligt. Sie werden unter dem Stichwort »Kulturprotestantismus« abgehandelt, worunter ein protestantisches Leben ohne Kirche, aber auf der Höhe der »modernen Zeit«, also unter Aufnahme der Erkenntnisse der Wissenschaften gemeint ist. Zu letzteren gehört neben Darwinismus und Geschichtswissenschaft auch die evangelische Theologie, die an den Universitäten stark und prominent vertreten war.[12] Die Bedeutung der Religionsgeschichte für die Religion und die daran orientierte Lebensführung besonders der Intellektuellen war das Thema, das diskutiert wurde. Historische Untersuchungen wie Webers »Protestantische Ethik« waren daher nicht einfach akademische Übungen, sondern hatten Implikationen für das aktuelle Selbstverständnis und die Lebenspraxis.

Die persönliche Verbindung Max Webers zu diesen Diskussionen um protestantische Selbstfindung war Ernst Troeltsch, Professor für systematische Theologie in Heidelberg, ab 1915 für Philosophie in Berlin, an dem Gründungs-Soziologentag 1910 mit einem Vortrag beteiligt und im Protokoll als »Geh. Kirchenrat« (und Professor) tituliert, eine zentrale Figur in der Konstellation des »Kulturprotestantismus«. Er war in Heidelberg ab 1897, nachdem Max und Marianne dorthin übersiedelt waren, Kollege, ständiger Gesprächspartner und zeitweise Hausgenosse der Webers. In der Weber-Literatur hat sich der Terminus »Fachmenschenfreundschaft« für das Verhältnis der beiden Männer eingebürgert. In der Außenwahrnehmung arbeiteten die beiden gemeinsam an der Rekonstruktion der historischen Bedeutung des Protestantismus. Dokumentiert wurde die enge Kooperation durch den Vortrag »Die Bedeutung des Protestantismus für die Entstehung der modernen Welt«, den Troeltsch 1906 auf dem Historikertag in Stuttgart hielt und

---

Haltung so zusammen: »Er hat die Kulturkampfgesinnung, der er als junger Mensch leidenschaftlich angehangen hatte, zeitlebens nicht abgestreift.«

12 Wie Graf (1989: 104) mitteilt, gab es 1900 in Deutschland 152 Professuren für Protestantische Theologie, nicht so wenig im Vergleich zu den 182 juristischen. Dazu habe die deutsche protestantische Theologie damals Weltgeltung gehabt, sie sei »eine interdisziplinär orientierte Kulturwissenschaft mit hoher akademischer Reputation bei den Repräsentanten anderer Kulturwissenschaften« (107) gewesen, sie sei populär rezipiert worden und sie habe der Religion eine besondere »Kulturbedeutung« (111) zugetraut.

der als Darstellung der »Troeltsch-Weber-These« verstanden wurde. Ebenfalls 1906 erschien von Troeltsch »Protestantisches Christentum und Kirche in der Neuzeit« und 1912 die große Studie »Die Soziallehren der christlichen Kirchen und Gruppen«. Weber betonte, dass die »Protestantische Ethik« auf Vorarbeiten vor seiner Heidelberger Zeit zurückginge[13] und toppte das Buch von Troeltsch in seiner Religionssoziologie 1920 durch die Ausweitung auf alle Weltreligionen. Die »Fachmenschenfreundschaft« war wohl nicht ganz konkurrenzfrei.

Weber war familiär und persönlich, politisch und wissenschaftlich solid im protestantischen Milieu und seinen Debatten verankert. Die Familie hatte eine lange Tradition von Zugehörigkeit zur protestantischen Oberschicht, dazu machte die pietistische Frömmigkeit der Mutter dem durchschnittlich sonntagsreligiösen Vater einige Beschwer – und umgekehrt. Die Nationalliberalen, deren Abgeordneter Max Weber sen. war, pflegten ohnehin enge Verbindungen zur protestantischen »Staatsreligion«. Weber selbst war also von Jugend an vielfältig familiär und freundschaftlich (von Baumgarten bis Troeltsch) dem politischen Protestantismus, später auch über Friedrich Naumann dessen christlich-sozialer Bewegung eng verbunden (vgl. Roth 1992: 53ff; Mommsen 1959: 132–146). Er bewegte sich auch wissenschaftlich gut und gern in der protestantischen Diskussion. Er veröffentlichte immer wieder in *Die Christliche Welt* und sein »Hausverlag« war Mohr Siebeck. Beide hatten ein dezidiert kulturprotestantisches Programm.[14]

Dieses intellektuell-protestantische Leben hatte seine gesellschaftliche Grundlage: Für Heidelberg ist es gut beschrieben, wie sehr akademisches Leben in ausgedehnter und intensiver Geselligkeit bestand – aber es wird in

---

13 Es ist heute herrschende Meinung, dass Weber, auch wenn es solche von ihm reklamierten Vorarbeiten nicht in schriftlicher Form gibt, Ideen dieser Art auch schon vor der persönlichen Bekanntschaft mit Troeltsch gewälzt haben mag. Damit wird auch ein allzu unvermittelter Bezug zwischen dem Hohelied auf die Askese und den vier Jahren Depression und Arbeitsunfähigkeit, deren Selbstheilung die »Protestantische Ethik« markiert, zurückgewiesen (Schluchter 2005: 52 Fn 9). Andererseits gilt aber auch: »Bei den Quellen, die sich Weber für seine Aufsatzfolge erschloss, aber auch bei den zeitgenössischen kirchenhistorischen Diskussionen orientierte er sich nachweislich sehr stark an den von Ernst Troeltsch in den 1890er Jahren publizierten kulturhistorischen Aufsätzen.« (Graf und Schluchter 2005: 4)

14 Hübinger (1994: 190–218) hat diese Verlagspolitik genau beschrieben. Auch das Handbuch, aus dessen Fragmenten Webers *Wirtschaft und Gesellschaft* wurde, war ein Teil dieser Politik. Nicht nur Webers Werk, sondern auch ein beachtlicher Teil der deutschsprachigen Weber-Literatur erscheint bis heute bei Mohr Siebeck. Der Anteil des Verlags an der Tradierung und Kanonisierung Max Webers ist offensichtlich.

anderen Universitäts-Kleinstädten wie etwa Freiburg nicht viel anders gewesen sein. Die Herren und ihre Damen trafen sich zu Essen und Trinken und zugehörigen Gesprächen, sie bildeten aber auch Gesprächsrunden mit bis zu vereinsmäßiger Organisation. Am wichtigsten war der »Eranos«-Kreis, 1904 in Heidelberg von einem protestantischen Theologen und einem Altphilologen gegründet, in dem es um die »Erforschung der Religionen und der Religion« ging.[15] Weber hat dort über die »Protestantische Ethik« referiert und umgekehrt viel an religionswissenschaftlichen Anregungen bekommen. Religionsgeschichte und was sie für die Religion und weitergehend für die Kultur aktuell bedeutet, war ein Dauerthema. Mit der »Protestantischen Ethik« stand Weber im Zentrum dieser Gesprächsbedürfnisse.

Man kann sich diese Runden vielleicht so vorstellen: Da trafen sich die akademischen Honoratioren, Herren mit Bärten (fast alle) und Schmissen (manche), zum guten Teil Mitglieder der Ober-Oberschicht, die sich aber jedenfalls als »Geistesaristokratie« fühlten, heimlich beunruhigt von der wirtschaftlichen Krisenlage und von den Umtrieben der Sozialdemokratie, und versicherten einander bei gutem Essen, Wein und Zigarren der Überlegenheit des Okzidents und besonders des Protestantismus. Den meisten, vor allem aber Max Weber, der schließlich Untersuchungen für den »Verein für Socialpolitik« gemacht hatte und daher die Landarbeiterschaft gut kannte, waren das Elend in der Welt, der Kolonialismus und die Wilhelminische Selbstüberhebung Deutschlands wohl bekannt. Sie waren, wie das Bildungsbürgern gut ansteht, durchaus nicht ohne Kritik dem Wirtschaftsbürgertum und der Politik gegenüber. Aber sie diskutierten Fragen der Kultur und der Religion – damals das Äquivalent zu dem, was sich heute als Moralphilosophie in den Vordergrund drängt. Es waren leicht entfremdete Mitglieder der herrschenden Klasse, die sich in den Problemen der Zeit und der Gesellschaft zurechtzufinden suchten, indem sie die Geschichte befragten, und die nach einem festen Punkt suchten, nachdem ihnen der Historismus klar gemacht hatte, dass die Werte nicht ewig, sondern für die Zeit spezifisch sind. Diese Fraktion der herrschenden Klasse hatte sich noch nicht von der hässlichen Wirklichkeit abgewandt und in den »ästhetischen Fundamentalismus« eines Stefan George (Breuer 1995) oder sein wissenschaftliches Gegenstück

---

15 Was man im Weber-Kontext über den Eranos-Kreis wissen kann und muss, findet sich aufgearbeitet in Treiber 2005. Weber und Troeltsch waren Mitglieder, ebenso der Jurist Georg Jellinek, eine weitere wissenschaftliche Bezugsperson Webers. Vor allem seine Interpretation der Entstehung der Menschenrechte aus dem Geist des Calvinismus (Jellinek 1895) hat Weber (neben Gothein 1892) als Vorbild genannt. Die Fußnote, in der er das tut, ist in der Ausgabe von 1920 gestrichen.

zurückgezogen, aber das Medium ihres sozialen Engagements waren Kultur und Religion.

Das halbe Jahrhundert seit 1848 war in Deutschland von Auseinandersetzungen zwischen den beiden großen christlichen Konfessionen geprägt gewesen. Die monarchische Reaktion nach der niedergeschlagenen liberalen Revolution war zunächst auch von einer katholischen Offensive begleitet. Die katholische Kirche sah es als ihre Aufgabe, durch die Pflege von populärer Religiosität die Unterstützung für Thron und Altar wieder herzustellen und zu sichern. Es entstand eine katholische »innere Mission«,[16] nicht zuletzt von den Jesuiten betrieben. Politisch richteten sich diese Aktivitäten gegen Protestanten wie Liberale in gleicher Weise – mit der Folge einer Annäherung zwischen ihnen: protestantisch = liberal. Das wurde in der Gegenoffensive und der zugehörigen Propagandaschlacht besonders verstärkt: Katholizismus und seine Klöster und Orden mussten als Horte der Finsternis und der Reaktion dargestellt werden, Liberalismus und Protestantismus als Ausbund von Aufklärung. Anti-Katholizismus war ein brauchbares Mittel, um die geschlagene liberale Bewegung wieder zu einen und zu beleben. Der Kampf gegen den Katholizismus fand seinen Höhepunkt in dem, was als »Kulturkampf« mit dem Namen Bismarck verbunden ist. Liberalismus, in Deutschland ohnehin nationalistisch orientiert, ging hier im Namen von Modernität und Aufklärung eine Verbindung mit staatlicher Autorität und ihren höchst illiberalen Maßnahmen ein.[17] Die Jesuiten wurden genauso wie die Sozialdemokratie mit liberaler Zustimmung staatlich verboten. Nach 1871, der Reichsgründung durch Preußen, wendete sich das Blatt ohnehin: Protestantismus als Bekenntnis des Kaiserhauses wurde quasi Staatsreligion. Es entstand das Selbstverständnis einer »protestantischen Nation«, verbunden mit der »liberale(n) Deutung der Reichsgründung als der politischen Vollendung der Reformation« (Langewiesche 1988: 182; ausführlich dazu Smith 1995). Die kuriose und fatale, für Deutschland spezifische Kombination von Liberalismus und autoritärem Staat, Nationalismus, Militarismus,

---

16 Die Organisation »Innere Mission« war das protestantische Gegenstück zu den katholischen Bestrebungen, nach 1848 die Religiosität im Volk zu heben.

17 »Die deutschen Liberalen trieben im Kulturkampf die Entstehung moderner Staatlichkeit voran …, sie taten es jedoch in einer Weise, die den Verfassungsstaat im gleichen Augenblick, als sie ihn ausbauten, bereits wieder aushöhlte.« (Langewiesche 1988: 184) – Wichtig für das Verhältnis zwischen den Konfessionen waren öffentlich und populär wirksam vermutlich die Skandalkampagnen, in denen Missbräuche in katholischen (möglichst Nonnen-)Klöstern und unter Priestern angeprangert wurden. Eine Reihe von Fallstudien dazu aus liberalen Zeitschriften finden sich in Gross 2004, Kapitel 3: »The anti-Catholic imagination: Visions of the monastery«; eine Bilanz der Forschung in Heinen (2003).

Imperialismus – und Protestantismus wurde für einige Jahrzehnte installiert. Im »Kulturprotestantismus« der preußischen Jahrhundertwende setzte sich auch noch einmal die Spaltung durch, die den Protestantismus seit der Reformation bestimmt hat: der Gegensatz zwischen (lutherischer) Staats- und (calvinistischer, puritanischer, dissidenter) Gemeindeorientierung – übrigens ein Gegensatz, den es auch katholisch zwischen der Orientierung an der Kirchenobrigkeit und an der Pastoralaufgabe, und wahrscheinlich in allen zu einem Apparat ausgebauten Religionen gibt. Kulturprotestantismus, mit dem Weber sympathisierte, oder genauer: in dem er am Rande mitarbeitete, wandte sich daher auch kritisch gegen die autoritären Apparate von Kirche und Staat.

In dieser Tradition und in diesem intellektuellen Milieu war eine Untersuchung über die Unterschiede zwischen Katholiken und Protestanten, über dissidente Strömungen im Protestantismus, über die Geschichte der Reformation und über den Zusammenhang all dessen mit Kapitalismus keine harmlose und akademische Übung. Eine solche Studie hatte vielfältige Verbindungen zu politischen und kulturellen Orientierungen, mit deren mühsamer Klärung die protestantischen Intellektuellen ohnehin beschäftigt waren. Der Einstieg, den Weber wählte, sprach genau diese Themen an. Auch wenn er, wie in diesem Fall, wissenschaftlich eigentlich überflüssig war, war er doch höchst geeignet, die historische Arbeit in einen brisanten zeitgenössischen Kontext zu stellen.

Das zweite Kapitel

Die (Fehl-)Konstruktion eines »Geist des Kapitalismus«

Das zweite Kapitel ist entscheidend für Webers Projekt: Hier wird die zu erklärende oder »abhängige« Variable bestimmt. Wie man das tut, ist die folgenreichste Entscheidung in jedem Forschungsplan. Zugleich gibt es für diese »Operationalisierung« kein Rezept: Die Übersetzung des theoretischen Begriffs in beobachtbare, womöglich gar messbare Sachverhalte beruht auf einem längeren Prozess von Einfällen und Denkexperimenten, der probeweisen Anwendung auf Beispiele und der Revision von Begriffen und Annahmen über Zusammenhänge, voll von Irrtümern und Enttäuschungen, plötzlichen Einsichten, die sich dann doch nicht als so glorios erweisen, und im glücklichen Fall schließlich doch »passenden« Lösungen. Die eingangs genannte »Reflexivität« ist hier besonders notwendig und hilfreich. Die Entscheidung, in der man sich schließlich auf einen Begriff und damit einen Forschungsplan festlegt, wird mühsam und langwierig im Wechsel zwischen guten Einfällen und ihrem Kleinarbeiten erreicht. Der Erfolg des Projekts wird in diesem Stadium bestimmt – der Rest ist, etwas zugespitzt gesprochen, davon gesteuerte Fleißarbeit.

Weber leitet mit einer leicht spöttischen Bemerkung und einer methodologischen Vorüberlegung ein. Er stellt den Begriff »*Geist* des Kapitalismus« aus der Überschrift seiner Studie als »etwas anspruchsvoll klingend« vor. Erläutert wird das nicht, aber wir können es vielleicht als »philosophisch« im Gegensatz zu den sonst recht »harten« Gegenständen der Nationalökonomie – Arbeit, Geld, Waren, Produktionsanlagen – übersetzen. Irgendeine Tradition des Begriffs wird nicht erwähnt.[1]

---

1 Wenn wir gebührend zur Kenntnis nehmen, dass »Geist des Kapitalismus« von Sombart 1902 für die Nationalökonomie wirksam gemacht wurde, und wir daher die »Protestantische Ethik« in einer Dimension als nicht deklarierte Auseinandersetzung mit Sombart lesen sollen (so Lehmann 1992, neuerdings Whimster 2006), dann ist es ein wichtiger Teil

Bevor der Begriff näher umschrieben wird, ist eine methodologische Vorbemerkung eingefügt: Ein solcher »historischer Begriff« könne nicht »nach dem Schema: ›genus proximum, differentia specifica‹ definiert«, er müsse vielmehr als »ein ›*historisches Individuum*‹ ..., d.h. ein Komplex von Zusammenhängen in der geschichtlichen Wirklichkeit, die wir unter dem Gesichtspunkte ihrer *Kulturbedeutung* begrifflich zu einem Ganzen zusammenschließen, ... aus seinen einzelnen der geschichtlichen Wirklichkeit zu entnehmenden Bestandteilen allmählich *komponiert* werden«. Ein geklärter Begriff könne erst »am Schluß der Untersuchung stehen«, er sei ihr »wesentliches Ergebnis« (RS I: 30). Entsprechend soll erst einmal eine »provisorische *Veranschaulichung* dessen ..., was hier mit dem ›Geist‹ des Kapitalismus gemeint ist« (31) untersucht werden, um so der »Feststellung des Objektes, um dessen Analyse und historische Erklärung es sich handelt«, näherzukommen.

Das Vorgehen ist nicht so ungewöhnlich, wie es einem pseudo-naturwissenschaftlichen Verständnis erscheinen mag, das vorweg eine ordentliche und genaue Definition der Begriffe und die Konstruktion eines axiomatischen Systems von Beziehungen zwischen ihnen verlangt, nach Möglichkeit mathematisiert oder sonst in eine Formelsprache gebracht. Auch juristisches Denken – und Weber war studierter Jurist – würde sich das so vorstellen. Aber sozialwissenschaftlich geht Begriffsbildung anders: Begriffe werden nicht erfunden, sie werden vielmehr vorgefunden, sie werden gesellschaftlich und das heißt: herrschaftlich zugerichtet verwendet und müssen für wissenschaftliche Bedürfnisse geklärt werden, indem man diesen Herrschaftszusammenhängen nachgeht. Weber hatte freilich noch ein anderes Problem mit einer ähnlichen Konsequenz: das der »individuellen Begriffe«, die besonders in der Geschichte einer einmaligen Konstellation gerecht werden sollen. Dieses Problem des Historismus wurde von dem Philosophen Heinrich Ri-

---

dieser Kontroverse, dass Weber den Begriff empirisch handhabbar zu machen versucht. Der etwas merkwürdige Einstieg, der, isoliert gelesen, zugleich besserwisserisch und pedantisch wirkt, wird höchst sinnvoll, wenn damit Sombarts Verwendung des Begriffs zurückgewiesen werden soll. Dass Sombart nicht explizit genannt wird, ist, wohlwollend interpretiert, nicht so sehr, wie die Formulierung von Whimster (2006: 323) suggeriert, eine Frage der Priorität der Begriffsschöpfung, sondern kann auch darauf zurückgehen, dass der Begriff damals aus Sombarts Erfolgsbuch *Moderner Kapitalismus* allgemein bekannt war. Weber konnte und musste voraussetzen, dass alle – und besonders alle Leser des *Archiv*, dessen Mitherausgeber Sombart war – wussten, von welchem Buch und welchem Autor er sprach, wenn er den »›Geist‹ des Kapitalismus« beschwor. Lenger (2001) hat zurecht darauf hingewiesen, dass die Reaktion auf Sombart nur eine und nicht die wichtigste Absicht der »Protestantischen Ethik« war.

ckert aufgeworfen und bearbeitet. Was Weber hier auf einer Buchseite darstellt, ist Rickerts Lehre von der Definition.[2]

Man kann also dem Verfahren schon etwas abgewinnen. Und man kann es weniger hochgestochen so verstehen, dass man sich an klug gewählten Beispielen für eine gesellschaftliche Kategorie erst einmal genauer erarbeitet, was sie eigentlich ausmacht. Die Gefahr dabei ist auch offensichtlich: Wenn man dieses Beispiel unglücklich wählt, also ein extremes oder randständiges erwischt, wird man den Begriff falsch bilden. Man wird sich damit helfen, dass man mehrere Beispiele nimmt, unterschiedlich extreme und ein paar möglichst aus dem Zentrum dessen, was man analysieren will. Auch Gegen- und Kontrastbeispiele sind hilfreich. In der Auswahl von Fällen für die Einzelfallanalyse gilt, was in der qualitativen Forschung als »theoretisches Sampling« benannt wird: Man wählt die Fälle so, dass man zugleich einen Überblick über das Feld der mit dem Begriff angesprochenen Phänomene und seine Spannweite bekommt.

Hier freilich geschieht etwas Überraschendes: Untersucht wird ein einziger Fall. Man muss sich des gewählten Beispiels sehr sicher sein, um ein solches Risiko einzugehen. Der Text präsentiert dieses Beispiel, ohne es zu identifizieren, als »ein Dokument jenes ›Geistes‹, welches das, worauf es hier zunächst ankommt, in nahezu klassischer Reinheit enthält ...« (RS I: 31). Das Beispiel besteht in einem Zitat von einer Seite Text im Kleindruck. Dann erst wird der Autor genannt: »Es ist *Benjamin Franklin*, der in diesen Sätzen ... zu uns predigt.« (32f) Es folgt darauf nicht, wie man vielleicht erwarten könnte, eine Begründung für die Wahl gerade dieses Textes oder eine Abwägung gegen andere mögliche. Es folgt nur eine Behauptung, die zugleich mit einer Relativierung verbunden daherkommt: »Daß es ›Geist des Kapitalismus‹ ist, der aus ihm [Franklin] in charakteristischer Weise redet, wird niemand bezweifeln, so wenig etwa behauptet werden soll, daß nun alles, was man unter diesem ›Geist‹ verstehen kann, darin enthalten sei.« (33) Hier sehen wir doch unbezweifelbar »Geist des Kapitalismus«, nicht wahr? – wenn auch vielleicht nicht den ganzen, wer weiß? In der Rhetorik der Relativierung im zweiten Halbsatz wird wissenschaftliche Vorsicht signalisiert,

---

2 Auch bei Rickert (1888: 90) heißt es abschließend über die Urteile, aus denen eine Definition besteht: ›Ihre Richtigkeit kann erst am Ende der Untersuchung eingesehen werden.‹ Der Zurückweisung der traditionellen Formel »genus proximum, differentia specifica«, die nur für Klassifikationen zu gebrauchen sei, ist dort ein ganzer Abschnitt gewidmet. Das »historische Individuum« wird ausführlich in Rickert (1902) behandelt. Zum Einfluss Rickerts auf Weber hat Burger (1976) und dann besonders Guy Oakes (1988; 1990) gearbeitet. Vgl. auch das Kapitel zum »Idealtypus«.

hinter der das Apodiktische des ersten Halbsatzes verschwindet. Die bloße Behauptung wird noch dazu in einen scheinbar empirischen Befund eingekleidet: Niemand wird das bestreiten, kann ich mir jedenfalls nicht vorstellen, ist mir noch nie begegnet, dass jemand so etwas täte. Es ist ein wirklich schönes Stück an Rhetorik, das uns hier vorgeführt und mit dem uns eine Begründung suggeriert und nicht gegeben wird.

Die eigentliche Raffinesse habe ich bisher ausgespart: In die zuletzt zitierten Sätze eingeflochten ist in Nebensätzen ein Bezug auf den 1855 erschienenen Roman *Der Amerikamüde* von Ferdinand Kürnberger (1821–1879), einem sonst mäßig erfolgreichen Feuilletonisten und Trivialautor, wie wir heute sagen würden; einem »Achtundvierziger« aus Wien, der es anschließend vorzog, lieber nicht dort auffindbar, sondern an wechselnden Orten in Deutschland zu sein. Mit *Der Amerikamüde* landete er einen Bestseller und wurde bekannt.[3] Das Franklin-Zitat, so Weber, würde in dem Roman als

---

3 Kürnbergers bevorzugtes Format war die für Zeitschriften geeignete und von ihnen nachgefragte Novelle (mit Titeln wie *Giovanna, Heimlicher Reichtum, Die Braut des Gelehrten* oder *Ein Brautpaar in Posen*), dazu kamen etliche Schauspiele (*Catilina, Das Pfand der Treue, Firdusi*). – Das Thema des »Amerikamüden«, also eines deutschen Auswanderers, der in Amerika nicht Tritt fassen konnte und daher mit Abscheu über die dortigen Sitten und Gebräuche berichtet und wieder nach Deutschland zurückkehrt, hatte damals einige Aktualität: Viele Achtundvierziger waren nach der Niederlage ihrer Revolution vor der politischen Verfolgung nach Amerika geflohen. Einen Roman mit diesem Thema hatte der Frankfurter Verleger Meidinger angeregt, der mit Deutschtümelei und Amerika-Verachtung auf Verkauf hoffte und den Journalisten Kürnberger dafür gewann. Der hätte lieber an seinem Versdrama *Firdusi* weitergearbeitet, war auch selbst nie in Amerika gewesen, konnte aber den Auftrag wegen Geldknappheit nicht ablehnen. Die Spekulation ging auf: Das Buch war ein Publikums- und Verkaufserfolg – ein frühes Beispiel von lukrativer kulturindustrieller Literatur. Der Verlag ging übrigens trotzdem bald bankrott. – Ein Beispiel für einen Achtundvierziger, der nach Amerika auswanderte, ist auch Friedrich Kapp, ein Freund von Max Weber sen., wie dieser Abgeordneter der Nationalliberalen im Reichstag, der allerdings in New York Erfolg gehabt hatte und 1870 eher als »Amerikafreund« zurückgekommen war. Nicht zuletzt war er ein Bewunderer von Benjamin Franklin und steuerte zu Berthold Auerbachs – auch er ein prominenter Achtundvierziger – Übersetzung und Herausgabe von Franklins *Leben, Von ihm selbst beschrieben* von 1876 eine »historisch-politische Einleitung« von immerhin neunzig Seiten bei. (Franklins ganzer Text hat in dieser Ausgabe etwa vierhundert Seiten.) Dieses Buch hat der damals elfjährige Max Weber jun. von Kapp mit Widmung geschenkt bekommen, wie Roth (2001: 478, Fn 12) aufgrund seiner Kenntnis von Webers Exemplar im Archiv der MWG in München mitteilt. – Die weitere Mitteilung Roths an dieser Stelle, Weber hätte Franklin »gegen sein Zerrbild in Ferdinand Kürnbergers populärem antiamerikanischen Roman« verteidigt (2001: 478, Fn 13), ist freilich durch den Text nicht gedeckt, wird von Roth auch nicht belegt. Es ist umgekehrt so, dass Weber sich an Kürnbergers »Verhöhnung« Franklins anschließt, indem er sie (RS I: 36) als zutreffend unterstellt.

»Glaubensbekenntnis des Yankeetums verhöhnt« (RS I: 32f), seine »Lebensweisheit … dahin zusammengefasst: ›Aus Rindern macht man Talg, aus Menschen Geld‹ …« (33). Bei beiden Einschüben ist nicht unmittelbar ersichtlich, wozu sie an dieser Stelle dienen sollen: Dass in einem Trivialroman dasselbe Franklin-Exzerpt verwendet und verhöhnt und in einem krassen Merksatz zusammenfassend paraphrasiert wird, beweist nichts, belegt nichts, macht nichts plausibel. Man könnte die beiden Einschübe streichen und es würde weder grammatikalisch noch inhaltlich etwas fehlen. Sachlich ist der Verweis auf den Roman funktionslos. Aber der erste Einschub bringt Franklin in einen Kontext von »verhöhnen« und der zweite führt eine zynische Zusammenfassung ein – beides einem anderen Autor geschuldet oder, genauer gesagt, sogar einer Romanfigur. Im Text wird die abfällige Behandlung Franklins nur berichtet, die zynische Zusammenfassung erscheint aber später an entscheidender Stelle (36) als gültig.

In einer politischen Rede wäre das ein rhetorisches Manöver erster Klasse: Der Autor hat selbst nichts gesagt, er hat nur berichtet, was ein anderer Abfälliges über den Kontrahenten von sich gibt. Aber erstens bleibt immer etwas hängen und zweitens kann man in gebührendem Abstand, wenn sich niemand mehr so genau erinnert, auf den markigen Satz des anderen so zurückgreifen, als wäre er eine gültige Aussage gewesen.

Webers Beitrag zur Polemik ist nur das zweimal verwendete Wort »predigen«: Franklin »predigt zu uns« und es wird eine »›Ethik‹ gepredigt« (33). Auch später (RS I: 55) gibt es noch einmal die »früher zitierte ›Predigt‹ Franklins«. Weder durch die Person, noch durch das Zitat, noch durch andere Texte Franklins ist diese Bezeichnung gedeckt. Franklin hat vielmehr eine der besten Persiflagen einer Predigt geschrieben, die von der Weltliteratur geboten werden: die letzte Ausgabe seines *Poor Richard's Almanack* von 1757, die unter dem Titel »The Way to Wealth« berühmt wurde (Franklin *Writings*: 1294–1303). Ohnehin entgeht Weber die Ironie bei Benjamin Franklin völlig.

Webers Abhängigkeit von Kürnberger an dieser Stelle geht allerdings insofern weiter, als er sich von dessen Roman die Auswahl der Franklin-Passage vorgeben ließ. Das ist in der Fußnote (32) auch angedeutet, 1904 deutlicher als 1920. In Kürnbergers Roman besucht der Held, Dr. Moorfeld, kaum in New York angekommen, eine Schule, betrieben von einem Mr. Mockingbird, der nebenher mit einem Zwiebelhandel Geld verdient. Von einem Schüler wird die – auch in Webers Text übernommene – Franklin-Passage vorgelesen. Der Besucher aus Deutschland fasst sie in der Parole »Aus Menschen macht man Geld« zusammen. Dieser eigenen Umschreibung, die er dem »unfertigen Volk« der Amerikaner zuordnet, stellt er die eines »fertigen Volks« (der Deutschen) entgegen: »Geist macht man aus dem Menschen, nicht Geld!« Der Hilfslehrer Mr. Benthal, der im Roman noch eine wichtige Rolle als Ästhet und Humanist gegen den amerikanischen Materialismus, dann aber Opportunist, der sich an einer Eisenbahngesellschaft beteiligt, spielen wird, bedankt sich umgehend »für dieses deutsche Wort!« (Kürnberger 1855: 30).

Der einzige Beleg Webers für den »Geist des Kapitalismus« ist also aus einem amerikafeindlichen, deutschtümelnden Roman übernommen, in dem als eines von vielen Beispielen für das materialistische, geistferne Amerika auch eine Franklin-Passage einmontiert ist.[4] Das Franklin-Zitat wird identifiziert und die Übersetzung nach dem englischen Original redigiert, auch mitgeteilt, dass es aus zwei verschiedenen Texten Franklins zusammengeschnitten ist (RS I: 32, Fn 1, 2). Weber gibt keine Begründung für die Wahl dieses Romans und dieser Textmontage.

Der Franklin-Text wird auch nicht analysiert oder nur erläutert. Was Weber selbst als Interpretation beiträgt, sind zwei Eigentümlichkeiten, die ihm an dem Text auffallen: das »Ideal des *kreditwürdigen* Ehrenmannes« und »der Gedanke der *Verpflichtung* des einzelnen ... [auf ein] ... Interesse an der Vergrößerung seines Kapitals«. Den zweiten Punkt wiederholt er mehrfach: Es gehe um eine »eigentümliche ›Ethik‹«, »es ist ein *Ethos*, welches sich äußert, und in eben *dieser* Qualität interessiert es uns« (33). Was »Ethos« bedeutet, wird positiv (Pflicht, Selbstzweck), vor allem aber negativ klargemacht: Es ist der Gegensatz zu »Lebenstechnik« und »Geschäftsklugheit«, seine Verletzung wäre nicht »Torheit«, sondern eine »Art von Pflichtverletzung«. Es werden keinerlei Belege aus dem Text angeführt, die diese Interpretation stützen würden. Die pauschale Behauptung, es »fällt als das Eigentümliche ... auf«, genügt.

Statt einer Interpretation des Beispiels folgt an dieser Stelle ein Gegenbeispiel: das auch von Sombart verwendete des Jakob Fugger, der gesagt hätte, er »wolle gewinnen dieweil er könnte« (33). Fugger drücke eine persönliche

---

4 Andere Beobachtungen in Amerika, die mit Abscheu wiedergegeben werden, betreffen das Frühstücksbuffet (alles kommt auf einmal auf den Tisch), die Trinksitten: Champagner wird mit Brandy gemischt, also den Cocktail, eine Theateraufführung nach Inhalt und Benehmen des Publikums, das Berechnende auch in Liebesbeziehungen; zuletzt geht der deutsche Teil von New York in einem Pogrom unter, in dem die Feuerwehr, bestehend aus Oberschicht-Rowdies, die Häuser anzündet, um löschen zu können. Der Held flüchtet auf sein Schiff zurück nach Deutschland.

Neigung aus, Franklin eine »ethisch gefärbte Maxime der Lebensführung« (33). Es wird noch immer keine nähere Erläuterung angeboten, woran man im einen und anderen Fall das Ethische oder Nicht-Ethische erkenne. Der Text unterstellt das als evident, dazu muss man nichts sagen.

Diese Missachtung des Franklin-Zitats von immerhin einer Seite Kleingedrucktem ist bemerkenswert und führt dazu, dass man selbst als Leserin auch dazu neigt, nicht mehr zurückzublättern und die nachträglich gelieferten Behauptungen am Text zu erproben und zu überprüfen. Um diese Übung zu erleichtern, ist in der folgenden Aufstellung Webers Franklin-Zitat wiedergegeben und mit dem Original verglichen.

Max Weber zitiert Benjamin Franklin
(Übersetzung nach Kürnberger 1855: 27ff, revidiert durch Max Weber, RS I: 31f; Original: Franklin *Writings*: 320ff)

Guter Rat für einen jungen Geschäftsmann, geschrieben von einem alten Für meinen Freund A.B. Wie du es von mir gewünscht hast, schreibe ich die folgenden Ratschläge, die mir gut gedient haben und das vielleicht, wenn befolgt, auch für dich tun könnten.	von Weber in der Fußnote zitiert als »Advice to a young tradesman« (1748) Titel, Widmung und erster Absatz (Übersetzung HSt) von Weber weggelassen, Auslassung nicht markiert
Bedenke, daß die *Zeit Geld* ist; wer täglich zehn Schillinge durch seine Arbeit erwerben könnte und den halben Tag spazieren geht, oder auf seinem Zimmer faulenzt, der darf, auch wenn er nur sechs Pence für sein Vergnügen ausgibt, nicht dies allein berechnen, er hat nebendem noch fünf Schillinge ausgegeben oder vielmehr weggeworfen.	Hervorhebung »Geld« von Weber
Bedenke, daß *Kredit Geld* ist. Läßt jemand sein Geld, nachdem es zahlbar ist, bei mir stehen, so schenkt er mir die Interessen, oder so viel als ich während dieser Zeit damit anfangen kann. Dies beläuft sich auf eine beträchtliche Summe, wenn ein Mann guten und großen Kredit hat und guten Gebrauch davon macht.	Hervorhebung »Geld« von Weber

Bedenke, daß Geld von einer *zeugungskräftigen und fruchtbaren Natur ist*. Geld kann Geld erzeugen und die Sprösslinge können noch mehr erzeugen und so fort. Fünf Schillinge umgeschlagen sind sechs, wieder umgetrieben sieben Schilling drei Pence und so fort bis es hundert Pfund Sterling sind. Je mehr davon vorhanden ist, umso mehr erzeugt das Geld beim Umschlag, so daß der Nutzen schneller und immer schneller steigt. Wer ein Mutterschwein tötet, vernichtet dessen ganze Nachkommenschaft bis ins tausendste Glied. Wer ein Fünfschillingstück umbringt, *mordet* (!) alles, was damit hätte produziert werden können: ganze Kolonnen von Pfunden Sterling.	Hervorhebung von Weber

Original: »destroys«; doppelte Hervorhebung von Weber |
| ein Absatz übersprungen | Auslassung nicht markiert |
| Bedenke, daß – nach dem Sprichwort – ein *guter Zahler* der Herr von jedermanns Beutel ist. Wer dafür bekannt ist, pünktlich zur versprochenen Zeit zu zahlen, der kann zu jeder Zeit alles Geld entlehnen, was seine Freunde gerade nicht brauchen.
Dies ist bisweilen von großem Nutzen. Neben Fleiß und Mäßigkeit trägt nichts so sehr dazu bei, einen jungen Mann in der Welt *vorwärts zu bringen*, als Pünktlichkeit und Gerechtigkeit bei allen seinen Geschäften. Deshalb behalte niemals erborgtes Geld eine Stunde länger als du versprachst, damit nicht der Aerger darüber deines Freundes Börse dir auf immer verschließe.
Die unbedeutendsten Handlungen, die den *Kredit* eines Mannes beeinflussen, müssen von ihm beachtet werden. Der Schlag deines Hammers, den dein Gläubiger um 5 Uhr morgens oder um 8 Uhr abends vernimmt, stellt ihn auf sechs Monate zufrieden; sieht er dich aber am Billardtisch oder hört er deine Stimme im Wirtshause, wenn du bei der Arbeit sein solltest, so lässt er dich am nächsten Morgen um die Zahlung mahnen, und fordert sein Geld, bevor du es zur Verfügung hast. | Hervorhebung von Weber

Absatztrennung von Weber eingefügt
zweiter Satz eingefügt, nicht im Original

Hervorhebung von Weber

letzter Halbsatz eingefügt, nicht im Original |
| fünfzehn Zeilen übersprungen | Auslassung nicht markiert |

Außerdem zeigt dies, daß du ein Gedächtnis für deine Schulden hast, es lässt dich als einen ebenso sorgfältigen wie *ehrlichen Mann* erscheinen und das vermehrt deinen *Kredit*.	Hervorhebungen von Weber
Hüte dich, daß du alles was du besitzest, für dein Eigentum hältst und demgemäß lebst. In diese Täuschung geraten viele Leute, die Kredit haben. Um dies zu verhüten, halte eine genaue Rechnung über deine Ausgaben und dein Einkommen.	»für einige Zeit« weggelassen
Machst du dir die Mühe, einmal auf die Einzelheiten zu achten, so hat das folgende gute Wirkung: Du entdeckst, was für wunderbar kleine Ausgaben zu großen Summen anschwellen und du wirst bemerken, was hätte gespart werden können und was in Zukunft gespart werden kann …	»ohne große Anstrengung« weggelassen
letzter Absatz im Original (Übersetzung HSt): Kurz, der Weg zu Reichtum, falls man danach strebt, ist so offensichtlich wie der Weg zum Marktplatz. Er wird in der Hauptsache durch zwei Wörter bestimmt: *Fleiß* und *Mäßigkeit*. Das heißt: Verschwende weder Zeit noch Geld, sondern nütze beide gut. Wer ehrlich erwirbt, was er kann, und (von notwendigen Ausgaben abgesehen) behält, was er erworben hat, wird bestimmt *reich* werden; wenn jenes höhere Wesen, das die Welt regiert und um dessen Segen für unsere ehrlichen Unternehmungen wir flehen sollten, es in seiner weisen Voraussicht nicht anders bestimmt.	von Weber ersetzt durch einen Absatz aus »HINTS for those that would be Rich« aus *Poor Richard's Almanack*, 1737 (Franklin *Writings*: 1203f)
letzter Absatz, statt des Originals eingefügt: Für 6 £ jährlich kannst du den Gebrauch von 100 £ haben, vorausgesetzt, dass du ein Mann von bekannter Klugheit und Ehrlichkeit bist. Wer täglich einen Groschen nutzlos ausgibt, gibt an 6 £ jährlich nutzlos aus, und das ist der Preis für den Gebrauch von 100 £. Wer täglich einen Teil seiner Zeit zum Werte eines Groschen verschwendet (und das mögen nur ein paar Minuten sein), verliert, einen Tag in den anderen gerechnet, das Vorrecht 100 £ jährlich zu gebrauchen.	Quelle von Weber angegeben als: »Necessary hints to those that would be rich« (geschrieben 1736); erster Satz weggelassen; Absatztrennungen (im Original nach jedem Satz) aufgelöst, Klammersatz eingefügt, nicht im Original

Wer 5 Schillinge verliert, verliert nicht nur die Summe, sondern alles, was damit bei Verwendung im Gewerbe hätte verdient werden können, – was, wenn ein junger Mann ein höheres Alter erreicht, zu einer ganz bedeutenden Summe aufläuft.	Original: »by the time«; »comfortable Bag of Money«

Man sieht hier, dass schon philologisch dieses Zitat etwas eigenwillig ist. Es sind Sätze und Halbsätze frei erfunden eingefügt, andererseits Passagen weggelassen, ohne dass das vermerkt wäre, es sind Hervorhebungen Webers hinzugefügt, ohne dass erwähnt würde, von wem sie stammen.[5] Schließlich ist der letzte Absatz gegen einen Abschnitt aus einem anderen Franklin-Text ausgetauscht, was nicht begründet wird, aber eine leicht erkennbare inhaltliche Tendenz hat (dazu gleich ausführlicher). Tendenziös ist auch Webers Übersetzung von »destroys« durch »mordet« (mit doppelter Hervorhebung) im vierten Absatz.[6] Weber hat jedenfalls auf der Grundlage von Kürnbergers Übersetzung das hergestellt, was man einen »korrupten« Text nennen muss.

Unmittelbar ins Inhaltliche spielt die erste Streichung: Indem Titel, Widmung und erster Absatz des Textes (ohne das anzumerken) weggelassen sind, wird verborgen, dass es sich um Rollenprosa handelt: Ein alter Geschäftsmann gibt einem jungen kluge Ratschläge, die dieser mit mehr oder weniger Respekt entgegennehmen wird. Der Einschub »wenn befolgt« im ersten, von Weber nicht zitierten Absatz deutet eine gewisse Skepsis an.

In entsprechend launigem Ton stellt in »Advice to a Young Tradesman, Written by an Old One«, dem Hauptteil des Zitats, der »Alte« die Sozialtechniken vor, mit denen ein erst beginnender und daher verschuldeter Handwerker mit den Schulden und den Gläubigern umgehen kann. Der junge Selbständige wird daran erinnert, dass nicht nur das Geld, das er einnimmt und ausgibt, Geld ist, sondern dass auch die Zeit, die er mit Arbeit oder Nichtstun verbringt, sich in entgangenes Einkommen umrechnen lässt, dass vor allem Kredit, für den man über die Zeit Zinsen zahlt, Geld ist. Im vorletzten Absatz gibt es auch noch die Umkehrung: Manche halten sich für reich, weil sie (um es zu konkretisieren) ein Haus, eine Werkstatt, einen

---

[5] Die hinzugefügten Passagen stammen alle von Kürnberger. Weber hat aber in seiner Revision der Übersetzung einige dieser Einfügungen rückgängig gemacht, andere übernommen. Die zusätzlichen Hervorhebungen hat Weber selbst für nötig befunden.

[6] Dieser Satz ist bei Kürnberger so frei paraphrasiert, dass ihn Weber ganz neu übersetzt hat.

Wagen zur Verfügung haben und bedenken nicht, dass das alles, weil auf Kredit angeschafft, ihren Gläubigern gehört. Reichtum ist oft Schein und hängt davon ab, dass man den Schein zu wahren imstande ist – nämlich den »Kredit« zu behalten. Und »Kredit« heißt, dass die Leute einen für kreditwürdig halten: weil man als fleißig und als pünktlicher Zahler gilt. Inhaltlich bekommen wir die Skizze einer Analyse von Reichtum und Kredit als soziale Beziehungen – eine Fingerübung in Analyse des Fetischcharakters von Geld und vor allem Kredit im Spiel mit der literarischen Form des Sprichworts und sonst klugen Spruchs.[7]

Auffällig ist daran, dass es um Kredit als soziale Beziehung *in einer Kleinstadt* geht, wo jede jeden kennt. Der Kredit kommt nicht von professionellen Geldverleihern, sondern von »Freunden«. Geld wird als Kredit verliehen, wenn Leute es selbst »gerade nicht brauchen«. Auch der »Gläubiger«, der schon um fünf Uhr morgens den Schlag des Hammers seines Schuldners hören kann (RS I: 32) und davon positiv beeindruckt wird, ist eher nicht der Filialleiter der städtischen Kreditanstalt, sondern der Nachbar, der auch schon wach und an der Arbeit ist. Vorausgesetzter Hintergrund für den Kredit als soziale Beziehung ist also die Vergesellschaftungsform der Kleinstadt und eine nicht-professionelle Geldwirtschaft. So erklärt sich das Weber auffällige »Ideal des kreditwürdigen Ehrenmannes«.

Noch wichtiger ist Webers Gesamtargument, dass es hier nicht um Lebensklugheit, sondern um eine moralische Verpflichtung gehe – eine moralische Verpflichtung, immer mehr Geld zu machen. Das ist in einer gern zitierten Passage so zusammengefasst:

»[V]or allem ist das ›summum bonum‹ dieser ›Ethik‹: der Erwerb von Geld und immer mehr Geld, unter strenger Vermeidung alles unbefangenen Genießens, so gänzlich aller eudämonistischen oder gar hedonistischen Gesichtspunkte entkleidet, so rein als Selbstzweck gedacht, daß es als etwas gegenüber dem ›Glück‹ oder dem ›Nutzen‹ des einzelnen Individuums jedenfalls gänzlich Transzendentes und schlechthin Irrationales erscheint.« (RS I: 35)

---

7 Die Form des Spruchs als Sprichwort, Kalenderspruch und natürlich Bibelspruch (konzentriert in den Sprüchen Salomons, aber auch anderen Teilen des Alten Testaments lassen sich immer wieder Merksprüche entnehmen) ist uns heute etwas fremd geworden, sie hat sich zumindest in die Form des »blöden Spruchs« umgewandelt und ist gegenüber anderen Formen der Unterhaltung zurückgetreten. Zur Zeit Franklins und bis ins 19. Jahrhundert waren Almanache als jährliche Sammlungen von Sprüchen und Sprichwörtern, Aphorismen, Anekdoten und Kurzgeschichten (»Kalendergeschichten«) hingegen eine beliebte populäre Literaturgattung. Franklin hatte in seinem *Poor Richard's Almanack* eine gute alljährliche Einnahmequelle.

In der zitierten Franklin-Passage ist eine solche Verpflichtung, »Geld und immer mehr Geld« zu machen, freilich nirgends ausgesprochen, auch nicht impliziert. Wo immer davon die Rede ist, dass sich Geld vermehrt, geschieht das beschreibend: Geld vermehrt sich, indem es »umgeschlagen« wird – das meint G-W-G' oder den Einsatz von Geld für die Anschaffung von Produktionsmitteln[8] –, und man kann sogar Geld, das man gar nicht hat, vermehren, indem man es als Kredit bekommt und damit in einer der beiden Formen arbeitet. Die Komik besteht in den Hinweisen darauf, dass Geld, das man verliert oder nicht erwirbt, und auch der Kredit, den man bekommt, viel mehr ist als die aktuelle Summe: Man muss immer noch all das weitere Geld hinzurechnen, das sich damit machen lässt oder ließe. Aber das ist immer nur konstatiert – es wird nirgends gesagt und auch nicht stillschweigend vorausgesetzt, dass irgendwer dazu verpflichtet wäre, eine solche Geldvermehrung anzustreben und dafür zu arbeiten. Umgekehrt: Als Schuldner – und das ist der junge Geschäftsmann notwendig – ist man der Vergrößerung der Schulden durch die nach Zeit berechneten Zinsen ausgesetzt und sollte das klugerweise nicht vergessen.

Die Ratschläge zur Sicherung des Kredits fordern tatsächlich zum Aufbau einer *Fassade* von Wohlanständigkeit auf. Das sieht auch Weber so und beschäftigt sich damit ausführlich (RS I: 34f) und mit dem Ergebnis: »Das, was Deutsche an den Tugenden des Amerikanismus als ›Heuchelei‹ zu empfinden gewohnt sind, scheint hier in flagranti zu ertappen.« (35) Aber das ändert nichts daran, dass Weber darin eine »Ethik« sieht und nicht instrumentelles Handeln.

Dass es bei Franklin um keinerlei moralische Verpflichtung geht, wird ganz deutlich in dem letzten Absatz von »Advice to a Young Tradesman, Written by an Old One« ausgesprochen, der in der Montage von Kürnberger und Weber *nicht* mehr zitiert und durch einen Absatz aus »HINTS to those that would be Rich« ersetzt ist. Dort steht nämlich der Satz: »In short, the Way to Wealth, if you desire it, is as plain as the Way to Market.« (Franklin *Writings*: 321) Reichtum, »*falls man danach strebt*« – das ist so ziemlich das Gegenteil einer moralischen Verpflichtung, wie Weber sie behauptet. Dazu endet dieser von Weber *nicht* berücksichtigte Absatz auch noch mit einer Passage von der Struktur des »und wenn sie nicht gestorben sind, dann leben

---

[8] Nach der bekannten Formel kauft man für Geld (G) eine Ware (W) und verkauft sie für mehr Geld (G'). Von Kapitalismus, also davon, dass man Arbeitskraft einkauft, um die so erzeugten Waren mit Profit zu verkaufen, ist bei Franklin nirgends die Rede. Es wird selbstverständlich von eigener Arbeit des jungen Selbständigen, also von der kleinbürgerlichen Produktionsform ausgegangen.

sie noch heute«: »He that gets all he can honestly, and saves all he gets (necessary Expenses excepted) will certainly become RICH; If that Being who governs the World, ... doth not in his wise Providence otherwise determine.« (321f) Der kluge Aufbau eines guten Rufs in der Gemeinde ist der Geduld der Gläubiger zuträglich, und wer alles spart, was er einnimmt, wird am Schluss reich sein – falls Gott in seinem unerforschlichen Ratschluss es nicht anders kommen lässt. Wenn das etwas über den Zusammenhang von Religion und Reichtum aussagt, dann ist es die Verspottung des Glaubens, Reichtum sei eine moralische Verpflichtung und gottgefällig.[9]

Von dieser ziemlich brüchigen Basis ausgehend, setzt Weber den nächsten Schritt seiner Konstruktion von »Geist des Kapitalismus«, indem er zu Franklins Autobiographie schwenkt. Das »Erwerben« als Selbstzweck sei »ganz offenbar ... unbedingt ein Leitmotiv des Kapitalismus«. Und es »enthält zugleich eine Empfindungsreihe, welche sich mit gewissen religiösen Vorstellungen eng berührt. Fragt man nämlich, *warum* denn ›aus Menschen Geld gemacht‹ werden soll, so antwortet Benjamin Franklin ... darauf mit einem Bibelspruch ...: ›Siehst du einen Mann rüstig *in seinem Beruf*, so soll er vor Königen stehen.« (RS I: 36)

Zunächst: Franklin antwortet in der Autobiographie (*Writings*: 1381) mit diesem Spruch Salomons keineswegs auf die Frage, die hier von der Romanfigur des Dr. Moorfeld in Kürnbergers *Der Amerikamüde* übernommen wird. Der Spruch steht im Kontext, den Franklins Autobiographie überhaupt hat, nämlich vorzuführen, dass ein Bürgerlicher Adeligen gegenüber selbstbewusst auftreten kann. Anders als bei Aristokraten und Höflingen beruht dieses Selbstbewusstsein auf der eigenen Tüchtigkeit und auf dem, was man für die Gemeinde getan hat. Im konkreten Zusammenhang schließt der Spruch im Text an eine Erwägung von Franklins Lage zu der Zeit an: Er hatte Schulden, für eine Familie zu sorgen und sich gegen zwei Konkurrenten durchzusetzen, die schon vor ihm als Drucker da waren und eigentlich keinen Platz für einen dritten ließen. In dieser schwierigen Situation ermutigte ihn der besagte Spruch Salomons, den sein Vater gern verwendet hatte. Franklin fügt hinzu (und man kann ihn dabei lächeln sehen), er hätte sich damals nicht träumen lassen, dass er jemals buchstäblich *vor Königen*, und zwar vor fünf davon, *stehen* und mit einem sogar zu Tische *sitzen* würde.

---

9 Dickson and McLachlan (1989), denen ebenfalls aufgefallen ist, dass der bei Weber gestrichene und durch einen anderen ersetzte letzte Absatz von »Advice to a Young Tradesman« seiner Interpretation eklatant widerspricht, finden, Weber habe »mysteriously« recht selektiv zitiert. Jedenfalls ist die »rätselhafte Auswahl« so beschaffen, dass sie genau das unterdrückt, was Webers eigenwilliger Interpretation Schwierigkeiten machen würde.

Ferner ist Franklins Lebenslauf geradezu ein Gegenbeispiel zu einer »Ethik« des Erwerbs von »Geld und immer mehr Geld« als Selbstzweck: Franklin hat sich als Drucker in Philadelphia ein Vermögen aufgebaut, um sich mit etwa vierzig aus den Geschäften zurückzuziehen und das Leben eines *Gentleman* zu führen und sich öffentlich nützlichen Projekten, der Wissenschaft und der Politik zu widmen. Der Gelderwerb diente dazu, den Freiraum zu schaffen, um das tun zu können, was er tatsächlich für wichtig und moralisch richtig hielt: für die Verbesserung des Lebens in der Gemeinde und vielleicht sogar der Lage der Menschheit zu arbeiten, durch kluge Erfindungen, zweckmäßige öffentliche Einrichtungen (von Kanalisation bis Feuerwehr), die Verbreitung von Bildung und die Organisation von politischer Freiheit. Gerade diesen exemplarischen Aufklärer auf eine »Philosophie des Geizes« zu reduzieren, ist eine erstaunliche Fehlleistung des 19. Jahrhunderts.

Schließlich hat Weber auch in der Weiterführung, dass der unermüdliche Gelderwerb Nachweis der »Tüchtigkeit im Beruf« und dass diese der letzte Zweck dieser Moral sei, eine sehr ungeschützte Interpretation vorgelegt: »Beruf« ist in dem Satz aus den Sprüchen Salomons keineswegs Selbstzweck, sondern Grundlage von Selbstbewusstsein. Der soziale Aufsteiger Franklin hat, wie er uns in seiner Autobiographie wissen lässt, seinen Übergang vom *middling sort* zum *Gentleman* sehr sorgfältig und klug organisiert und darauf geachtet, nicht in den Ruf des Parvenü zu kommen. Der zitierte Spruch betont das Selbstvertrauen, das einer haben kann, der »seine Sache«, egal in welcher sozialen Position, gut und richtig macht – im Gegensatz zum Parvenü, der keine »eigene Sache« hat, sondern sich opportunistisch nach oben anschmeißt. Hier geht es gerade nicht um »Gelderwerb«, sondern um die Fragen von Selbstachtung und gesellschaftlichem Ansehen, die erst auftreten, wenn es einer »zu etwas gebracht hat«.[10]

---

10 Schon Brentano (1916: 148–154) hatte gravierende und zutreffende Einwände dagegen, wie Weber Franklin – nach Brentanos Meinung vor allem moralisch – verkannte. Er kommt zu dem Schluss, dass Franklin keinerlei »Geist des Kapitalismus«, sondern »Handwerkergeist« (154) darstelle. Brentano sieht freilich weder Franklins Ironie noch seine Kritik an der Haltung des Parvenü, die der erklärte Hauptzweck des ersten Teil der Autobiographie ist.
Später hat Eduard Baumgarten, der besonders nach 1945 zum Verwalter des Nachlasses und zu einem der Architekten der »Weber-Renaissance« wurde (Kaesler 2006a), die Fehlinterpretation Franklins durch Weber kritisiert. Er hatte in den USA gelebt und gearbeitet und 1936 ein Buch *Benjamin Franklin: Der Lehrmeister der Amerikanischen Revolution* als ersten Band einer größeren Studie über *Die geistigen Grundlagen des amerikanischen Gemeinwesens* veröffentlicht. Weber habe vor allem Franklins Ironie nicht erkannt, sie

Später, nachdem die Unterscheidung von »Traditionalismus« und »modernem Kapitalismus« eingeführt und begründet wurde, kommt der Text noch einmal auf Franklin zurück, und zwar genau auf »die Schilderung seiner Bestrebungen im Dienst der kommunalen improvements von Philadelphia« (RS I: 61). Diese Projekte dienen jetzt als Beleg für eine weitere Abstraktion in der Bestimmung von »Geist des Kapitalismus« zu einem allgemeinen »ökonomischen Rationalismus« (60). Der Begriff entwickelt sich also – immer am Beispiel Franklin – von »unermüdlicher Gelderwerb als Selbstzweck« über »Arbeit als Beruf« zu »Rationalismus« in der »Gestaltung der materiellen Güterversorgung«. Die Verbesserung des Lebens in der Gemeinde wird nun aber nicht als Selbstzweck anerkannt, sondern sie wird übersetzt in »die Freude und der Stolz, zahlreichen Menschen ›Arbeit gegeben‹, mitgeschaffen zu haben am ökonomischen ›Aufblühen‹ der Heimatstadt in jenem, an Volks- und Handelszahlen orientierten, Sinn des Wortes, den der Kapitalismus nun einmal damit verbindet« (61). In dieser Übersetzung wird gerade der Unterschied zu der Verbesserung der Lebensbedingungen deutlich, die von der Aufklärung und von Franklin angestrebt wurde und die sich nicht in wirtschaftlichen Kennziffern ausdrücken ließ, sondern zum Beispiel »Bildung«, und das nicht im heute gängigen, betriebswirtschaftlich ruinierten Sinn von »Humankapital«, mit einschloss. Bei Franklin ist nirgends von »Arbeit geben« und »wirtschaftlichem Aufblühen« die Rede, vielmehr geht es um das gute Leben aller und um die Freiheit von aristokratischer Herrschaft, das Selbstbewusstsein der Gleichen und Freien und um den »Ausgang des Menschen aus seiner selbstverschuldeten Unmündigkeit«, um die berühmte Formel eines anderen großen Aufklärers zu bemühen.

Hier folgt zunächst der Schluss, es sei also vielleicht »die Entwicklung des ›kapitalistischen Geistes‹ am einfachsten als Teilerscheinung in der Gesamtentwicklung des Rationalismus zu verstehen« (RS I: 61). Es fallen aber sofort Beispiele für »Rationalismus« in katholischen Ländern und Gegenden ein: So sei etwa die Rationalisierung des Privatrechts, an die Rezeption des römischen Rechts gebunden, »in den katholischen Gebieten Südeuropas«, ebenso

---

vielmehr ernst und wörtlich genommen. Baumgarten erinnert an verschiedene von Franklins Satiren und an seine Lebensumstände und kann so dessen deistisch-humanistischen »sozialen Hedonismus« herausarbeiten, der von Webers »asketischer Deutung« eklatant verfehlt werde. – In seinem Weber-Buch verweist Baumgarten (1964) nur ein einziges Mal auf seine eigene Franklin-Exegese und darauf, dass Max Weber Franklin falsch dargestellt habe – und das geschieht in einer bescheidenen Fußnote (454), die mangels Index selbst für jemanden, der danach sucht, ziemlich gut versteckt ist. Baumgartens »Rettung« Franklins ist in der Weber-Rezeption nicht wirksam geworden.

die »rein diesseitige rationale Philosophie« und die »Art Lebensführung, welche die Welt bewußt auf die diesseitigen Interessen des *einzelnen Ich* bezieht«, gerade in den romanisch-katholischen Ländern ausgeprägt (62). Ein allgemeiner »Rationalismus« wäre mithin nicht mit Protestantismus zu verbinden. Daher bleibt es für die Bestimmung von »Geist des Kapitalismus« bei dem »Berufs«-Gedanken, bei dem »Sichhingeben an die Berufs*arbeit*« als dem entscheidenden Merkmal.

Wir können für das Beispiel Franklin zusammenfassen, dass nicht nur nicht belegt ist, wie sich daraus ein Begriff von »Arbeit als Beruf« oder »Beruf als Selbstzweck«[11] ableiten ließe, sondern dass das Beispiel, unabhängig analysiert, den hier aufgestellten Behauptungen darüber eklatant widerspricht. Das heißt nicht unbedingt, dass Webers Begriff unbrauchbar wäre, er muss nur anderswo herstammen, kann nicht so »abgeleitet« worden sein, wie es in diesem Abschnitt der »Protestantischen Ethik« dargestellt wird. Franklin dient nur als oberflächlich plausibler Vorwand, um den Begriff einzuführen. Oberflächlich plausibel wird Franklin als abschreckendes Beispiel durch die Einbettung in den Antiamerikanismus Kürnbergers, der zugleich »deutsches Wesen« gegen diesen »Geist des Kapitalismus« setzt.

Zur Bestimmung von »Geist des Kapitalismus« als »Berufspflicht« dient eine weitere Unterscheidung: die von »modernem Kapitalismus« und »Traditionalismus«. Zugleich wird der »Erwerbstrieb« als Erklärung für die historische Herausbildung von Kapitalismus zurückgewiesen. Der »Erwerbstrieb« – und das richtet sich gegen Sombart, dem hier (RS I: 38ff) 1920 eine Fußnote von fast vier Seiten Kleingedrucktem gewidmet wird – ist leicht zu »erledigen«:

»An diesem Punkt liegt der Unterschied kapitalistischen und prä-kapitalistischen ›Geistes‹ nicht: Die *Habgier* des chinesischen Mandarinen, des altrömischen Aristokraten, des modernen Agrariers hält jeden Vergleich aus.« (RS I: 41)

---

11 Auch der emphatische Begriff von »Beruf« als »Berufung«, den Weber verwendet, beruht an dieser Stelle auf einer Fehlübersetzung: Bei Luther steht »gescheftt« und in den englischen Bibeln »business«. – Interessant ist, dass Franklin hier »calling« schreibt und also eine ungewöhnliche Bibel gehabt haben muss. Das aber erwähnt Weber gar nicht. – Gemeint ist in dem Spruch Salomons offenbar die »standesgemäße Tätigkeit«, und sei sie noch so »niedrig«: Wer die gut erledigt, ist Königen gleichwertig. Das ist ein alter biblischer und christlicher Gedanke, der mit der Reformation und einem angeblich in ihr entstandenen Begriff von »Beruf« nichts zu tun hat.

»Den rücksichtslosen, an keine Normen innerlich sich bindenden Erwerb hat es zu allen Zeiten der Geschichte gegeben, wo und wie immer er tatsächlich überhaupt möglich war.« (42f)

Der Geist des Kapitalismus musste sich nicht gegen einen Mangel an Habsucht durchsetzen, sondern gegen eine Haltung des »Traditionalismus« (43).

Auch der Begriff »Traditionalismus« soll nicht definiert, sondern an Beispielen entwickelt werden. Das erste ist der Akkordlohn: Wir erfahren, dass in der Landwirtschaft eine Heraufsetzung des Akkordlohns oft nicht den erwünschten Erfolg habe, sondern von den Arbeitern mit einer Herabsetzung der Tagesleistung beantwortet werde. Der Arbeiter »fragte nicht: wieviel kann ich am Tag verdienen, wenn ich das mögliche Maximum an Arbeit leiste, sondern: wieviel muß ich arbeiten, um denjenigen Betrag ... zu verdienen, den ich bisher einnahm und der meine traditionellen Bedürfnisse deckt?« (RS I: 44) Er reagiert traditional.[12]

Das zweite Beispiel ist der »Traditionalismus« der Unternehmer. Kapitalistisch organisiertes Wirtschaften auch mit Großunternehmen (Banken, Exportgroßhandel, Detailgeschäft, Verlag) kann »in streng traditionalistischem Geist« (RS I: 50) ablaufen und das Ziel haben, den »traditionellen Bedarf« zu befriedigen.[13] Aber es hat eine »Revolutionierung« gegeben und der »Geist des modernen Kapitalismus« ist eingezogen. Wir bekommen (51) eine farbige Schilderung von Traditionalismus »in manchen Branchen der kontinentalen Textilindustrie«: Die Bauern brachten die Gewebe, der Verleger zahlte dafür »die üblichen Preise«. Im Verkauf gab es Vorbestellungen, Zwischenhändler kamen angereist, oft wurde auf Bestellung erst produziert. Der Unternehmer arbeitete fünf bis sechs Stunden am Tag, nur »in der Kampagnezeit, wo es eine solche gab, mehr«, oft viel weniger. Der Verdienst war ausreichend, die Konkurrenten waren verträglich, es wurde viel Zeit in Cafés und Wirtshäusern (und in der »Ressource«, dem Club der Geschäftsleute)

---

12 Hier schließt sich ein längerer Exkurs darüber an, warum dann das Senken des Akkordlohns doch auch nicht das Patentrezept ist: Für den niedrigen Lohn bekommt man schlechte Arbeit. Als Beispiel dienen die polnischen Landarbeiter im Vergleich zu den deutschen (RS I: 46) und die »Arbeiter*innen*, besonders die unverheirateten« (47). Ihnen werden die »Mädchen pietistischer Provenienz« kontrastiert, deren Wirtschaftlichkeit, Selbstbeherrschung und Mäßigkeit »die Leistungsfähigkeit ungemein steigert«.

13 Die Unterscheidung von »Bedarfsdeckung« und »Erwerb« ist von Sombart übernommen, auf den der Text sich hier (48) positiv bezieht. Interessant und aktuell ist Webers Hinweis: »[D]ie Geschäfte der großen Notenbanken *dürfen* gar nicht anders [als in streng traditionalistischem Geist] betrieben werden.« (RS I: 50)

verbracht, es herrschte ein »gemächliches Lebenstempo überhaupt«. Die Worte »Behaglichkeit« und »behäbig«, die Weber verwendet, charakterisieren die Lebensweise.

Aber dann gibt es die »Störung«, dass etwa ein junger Mann aus einer der Verlegerfamilien aufs Land zieht und einerseits die Bauern zu Arbeitern umorganisiert, andererseits den Vertrieb aktiv in die Hand nimmt, Kunden wirbt, sie bereist, die Produktion ihren Wünschen anpasst. Die Folge ist erbitterte Konkurrenz unter den Verlegern. »[D]ie alte behäbige und behagliche Lebenshaltung wich harter Nüchternheit, bei denen, die mitmachten und hochkamen, weil sie nicht verbrauchen, sondern erwerben *wollten*, bei denen, die bei der alten Art blieben, weil sie sich einschränken *mußten*.« (52) Diese neue Art zu wirtschaften beruhte nicht etwa auf einem »Zustrom neuen Geldes«, sondern auf einem neuen »Geist«: Dieser Unternehmer »neuen Stils« muss ein »ungewöhnlich fester Charakter« sein, begabt mit »nüchterner Selbstbeherrschung«, »Klarheit des Blicks«, »Tatkraft«, Überzeugungskraft und »Spannkraft« – und bereit zu einer »unendlich viel intensivere(n) Arbeitsleistung, ... die mit bequemem Lebensgenuß unvereinbar ist« (53). Zugleich ist er kein Abenteurer, sondern *»nüchtern* und *stetig«* (54), er hat mit dem »gröberen oder feineren Protzentum nichts Verwandtes« (55), vielmehr ist ihm »das Geschäft mit seiner steten Arbeit ›zum Leben unentbehrlich‹ geworden« (54).

Max Weber datiert den Vorgang, den er so anschaulich beschrieben hat, auf die »Mitte des vorigen«, also des 19. Jahrhunderts. Bis dahin hätte der »gemächliche« Traditionalismus geherrscht (51). Weber gibt hier ein Stück der eigenen Familien-Folklore wieder, nämlich die Art, wie sein Onkel Karl David Weber das Vermögen erwirtschaftete (Roth 2001: 250ff). Er bestimmt so, was genau er erklären will: den Geist des *modernen* Kapitalismus. Andererseits stürzt er uns damit in einige zeitliche Verwirrung, indem dieser Geist einmal bei Franklin im 18. Jahrhundert (»in den hinterwäldlerisch-kleinbürgerlichen Verhältnissen von Pennsylvanien, wo die Wirtschaft aus purem Geldmangel stets in Naturaltausch zu kollabieren drohte«, RS I: 60) und dann in Deutschland um die Mitte des 19. entstanden sein soll. Dazu wissen wir, dass das alles auf Protestantismus, also die Reformation zurückgeführt werden soll, noch einmal ein bis zwei Jahrhunderte weiter zurück. Weber hilft uns hier nur insofern weiter, als er den »Geist« von der Produktionsweise ablöst: Der »Geist des modernen Kapitalismus« kann ganz unabhängig von der Form des Wirtschaftens entstanden sein.[14] Er muss sich, wenn wir das Beispiel Franklin, so wie Weber es (miss)versteht, nehmen, auch gar nicht in Kapitalismus umsetzen.

Weber sieht sich gezwungen, den Kapitalismus und wohl auch seinen »Geist« zu verdoppeln und einen des »traditionalistischen Kapitalismus« von einem des »modernen Kapitalismus« zu unterscheiden. Kapitalismus findet auch traditionalistisch statt. Und das

»ist im Lauf auch der neueren Wirtschaftsgeschichte nicht nur ausnahmsweise, sondern – mit stets wiederkehrenden Unterbrechungen durch immer neue und immer gewaltigere Einbrüche des ›kapitalistischen Geistes‹ – geradezu regelmäßig der Fall gewesen. Die ›kapitalistische‹ Form einer Wirtschaft und der Geist, in dem sie geführt wird, stehen zwar generell im Verhältnis ›adäquater‹ Beziehung, nicht aber in dem einer ›gesetzlichen‹ Abhängigkeit voneinander.« (RS I: 49)

Das zeitliche und sonstige Verhältnis der beiden Formen wird nicht explizit geklärt, aber in allen Äußerungen dazu ist »Traditionalismus« auch die ältere Form von Kapitalismus. Dann aber ließe sich die Entstehung von Kapitalismus allenfalls aus dem »Geist des traditionalistischen Kapitalismus« erklären, der noch nicht vom Ethos des Berufs geprägt war. Andererseits ist aber vorweg entschieden, dass der »Geist des Kapitalismus« vom »Berufsmenschentum« bestimmt ist – das aber erst in Überwindung des Traditionalismus als »Geist des modernen Kapitalismus« auftritt.

Solche Widersprüche deuten darauf hin, dass der Text – wie beim Protestantismus im ersten Kapitel – auch hier an der historischen Frage tatsächlich ein (damals) zeitgenössisches Problem behandelt. Diesmal ist es offenbar das Auftreten einer neuen Form von Kapitalismus mit aggressiver Rationalisierung der Produktion wie des Verkaufs gegen Ende des 19. Jahrhunderts. Was Weber miterlebt hat, ist der Übergang zu dem, was Historiker »organisierten Kapitalismus«, viele auch »Monopolkapitalismus« genannt haben, die allmähliche Entwicklung eines staatlichen Instrumentariums der Wirtschaftspolitik, um die Krisenhaftigkeit von Kapitalismus zu verringern. Das ist zugleich der langsame Übergang zu der Form von Kapitalismus, die wir heute »Fordismus« nennen, ein Schub an innerer Rationalisierung der Produktion durch »wissenschaftliches Management« mit Hilfe der *time-and-motion-studies* des Ingenieurs Fredrick Taylor. Fordismus ist aber auch der Übergang zur Massenproduktion und der besseren Bezahlung der Arbeiter, die zugleich

---

14 Das ermöglicht einen der wenigen Bezüge auf Marx: »*Hier* [bei Franklin in Pennsylvanien] von einer ›Widerspiegelung‹ der ›materiellen‹ Verhältnisse in dem ›ideellen Überbau‹ reden zu wollen, wäre ja barer Unsinn.« (60)

als Konsumenten gefragt waren: Sie sollten die Massenprodukte auch massenhaft kaufen. Es wurde nicht für einen als statisch angenommenen Bedarf produziert, sondern der Bedarf für neue Produkte erst geschaffen. Der »moderne Kapitalismus« ist diese neue Form, wie sie sich ab Ende des 19. Jahrhunderts herausbildete.

Es empfiehlt sich, an dieser Stelle erst einmal die Diskussionen in der damaligen Nationalökonomie genauer anzusehen, in denen auch Webers Konstruktionen zum »Geist des Kapitalismus« entstanden.

Schmoller, Brentano, Sombart und die historische Schule der Nationalökonomie

1908 erschien zum siebzigsten Geburtstag von Gustav Schmoller, Altmeister der akademischen Nationalökonomie, zumal ihrer »historischen Schule«, Gründer und langjähriger Vorsitzender des »Vereins für Socialpolitik«, eine Festschrift. Die Herausgeber hatten sich ausgedacht, statt des bei dieser Literaturgattung üblichen inhaltlichen Sammelsuriums die Struktur eines Handbuchs der Nationalökonomie vorzugeben, »Gustav Schmoller ... in Verehrung dargebracht«: *Die Entwicklung der deutschen Volkswirtschaftslehre im neunzehnten Jahrhundert* in zwei Bänden von zusammen 1.500 Seiten mit Artikeln zu allen wichtigen Themen der akademischen Nationalökonomie.[15] Max Weber war daran nicht beteiligt.[16] Seine »Protestantische Ethik« kommt in den Artikeln nur einmal und wie folgt vor:

In der »Frage nach der persönlichen [im Gegensatz zur sachlichen] Quelle [des Kapitals], ›des kapitalistischen Geistes‹, ... hat sich *Sombarts* großes Werk als wichtiger Anreger gezeigt. Neben ... [vielen anderen] ... ist an dieser Erörterung *Max Weber* mit einer eigenen ergänzenden Erklärung beteiligt. Er weist auf die im Protestantismus, namentlich Calvinismus enthaltenen Antriebe hin, über den Bedarf der Nahrung aus Berufspflicht und aus

---

15 Das reichte von »Systematisierung, Richtungen und Methoden der Volkswirtschaftslehre« über »Die Lehre vom Kapital«, »Unternehmereinkommen« und »Agrarpolitik« bis »Freihandel und Schutzzoll«, »Kolonialpolitik«, »Das Eindringen sozialpolitischer Ideen in die Literatur«, »Frauenbewegung und Frauenfrage« und schließlich »Die Steuern« und »Öffentliches Schuldenwesen«.

16 Zwei Artikel über Agrarpolitik, das Thema, auf das Weber spezialisiert war, trug Carl Grünberg bei, ursprünglich Schmoller-Schüler, dann Dozent für Politische Ökonomie in Wien, Austro-Marxist und erster Direktor des Frankfurter Instituts für Sozialforschung.

Genugtuung am Erfolge zu erwerben. Die Anspannung der persönlichen Kräfte erscheint hiernach als Mittel, die Eigenschaft des ›Erwählten‹ durch stetige wirtschaftliche Erfolge immer von neuem zu bewähren; asketische Selbstdisziplinierung erzeugt Sparzwang und Kapitalbildung.« (Spiethoff 1908: IV/40f)

Die Nationalökonomie war seit Adam Smith über Karl Marx bis zur Generation der Nationalökonomen, zu denen auch Weber gehörte, eine »historische« und »theoretische« Wissenschaft gewesen: Sie verband die Konstruktion von systematischen Zusammenhängen etwa zwischen benötigter Arbeitszeit in der Produktion, Menge des Angebots und Preis einer Ware samt unbeabsichtigten systemischen Folgen (Reichtum und Armut, Fortschritt und Krisen) mit historischen Beispielen. Dabei war die Konzeption von Produktionsweisen, die freilich nicht so genannt wurden – stattdessen ging es vereinfacht um die Gegenüberstellung von Produktion für den Eigenbedarf zum Wirtschaften zwecks Geldvermehrung –, ein interessantes Thema. Erst im 20. Jahrhundert haben sich diese beiden Richtungen der Forschung zur Wirtschaftsgeschichte einerseits und zur mathematisierten, modellrechnenden Wirtschaftswissenschaft andererseits ausdifferenziert, die kaum mehr etwas gemeinsam haben.

In der Zeit Webers wurde über Ökonomie noch einigermaßen ungebrochen historisch gearbeitet. In der Generation vor ihm waren besonders Gustav Schmoller (1838–1917) und Lujo Brentano (1844–1931) daran beteiligt, in seiner eigenen war der Mitherausgeber des *Archiv für Sozialwissenschaft und Sozialpolitik* Werner Sombart (1863–1941) mit historischen Arbeiten prominent. Franz Oppenheimer (1864–1943) und Ferdinand Tönnies (1855–1936) wären zumindest am Rande zu nennen. Mit seiner *Philosophie des Geldes* (1900) hat sich auch Georg Simmel (1858–1918) in diese Überlegungen hineingeschrieben.[17] Dazu präsentierten Historiker (wie Georg von Below) wirtschaftsgeschichtliche Untersuchungen, freilich eher in Konkur-

---

17 In Webers Text zur »Protestantischen Ethik« finden sich allerdings keine Spuren seiner Simmel-Lektüre. Explizit zitiert hat Weber – an anderer Stelle – Simmels Geschichtsphilosophie (1892). Dabei gibt es in Simmel (1900: 260ff) Bemerkungen über die freiwillige Armut der buddhistischen Mönche und der Franziskaner und den Hinweis, dass sich die Askese damit auflöst in eine besonders intensive und glückliche Beziehung zur Welt. Dass in der Forschung gern nach Beziehungen zwischen Weber und Simmel gesucht wird, ergibt sich eher aus der Prominenz der beiden: Was in der Zeit wichtig war, wird von Soziologen bevorzugt den beiden späteren Gründervätern ihres Fachs zugeschrieben. Hinzu kommt noch die Freundschaft zwischen den Familien Weber und Simmel. Aber Webers Bezugsgruppen waren damals die Nationalökonomen und die Theologen.

renz zu den Nationalökonomen. Und nachdem es dabei immer auch um christliche Wucher- und Zinsverbote und sonstige Elemente von religiöser Wirtschaftsethik ging, waren auch Theologen (prominent Webers Freund Ernst Troeltsch) beteiligt. Die akademische Soziologie, die daraus entstand, hat in dieser Weise als historische Soziologie begonnen.

Erst um 1900 wurde der Begriff »Kapitalismus« in die akademische Nationalökonomie importiert, womit sich die Frage von dessen Entstehung und Ausdifferenzierungen neu stellte. Werner Sombart hat mit seinem aufsehenerregenden[18] Erfolgsbuch *Der moderne Kapitalismus* von 1902 die Begriffe und die Frage vorgegeben – samt der Konzeption eines »Geist des Kapitalismus«. In diesem monströsen Werk,[19] das zwischen großzügiger Typisierung und der Faktenhuberei eines Forschungsberichts (über den Zustand verschiedener Branchen der Wirtschaft in einzelnen Ländern Deutschlands) schwankt, gibt es einen Abschnitt (zwei Kapitel) mit der Überschrift: »Die Genesis des kapitalistischen Geistes«. Sombart unterstreicht hier vor allem die Binsenwahrheit, dass eine Summe Geldes nicht notwendig gleich Kapital ist. Dazu werde sie erst durch den »seltsamen Gedanken …: Geld sei dazu da, durch wirtschaftliche Tätigkeit sich zu vermehren« (1902: 379). Hinzukommen müsse – und das ist jeweils Gegenstand der beiden Kapitel – der »Erwerbstrieb« und der »ökonomische Rationalismus«. Es war also Sombart, der die Frage, wie Geld als Kapital fungiert, zu einer Frage der Gesinnung machte – statt sie durch eine Analyse der Verwendung dieses Geldes zu beantworten. Weber hat die Frage nach dieser Vorgabe aufgenommen.

Anders als Marx, bei dem es in der »ursprünglichen Akkumulation« um Bauern und deren Umwandlung in Lohnarbeiter geht, denkt Sombart Wirtschaft von Handwerk und Handel und entsprechend Kapitalismus vom

---

18 Das wird hinreichend belegt durch die Besprechungen, die Sombarts Buch von prominenten Ökonomen wie Hilferding oder Schmoller und dem Politiker Naumann erhielt, in denen der Begriff »Geist des Kapitalismus« gewürdigt wurde. Vgl. vom Brocke (1987) mit der langen Liste dieser Rezensionen, dem Abdruck einiger davon und der ausführlichen Darstellung der Rezeption, ebenso Lenger (1994).

19 Richtig monströs ist erst die zweite Auflage von 1916, im Umfang enorm vergrößert, inhaltlich völlig umgeschrieben. Sombart schreibt im Vorwort zur zweiten Auflage (1916: XIII): »Von dem früheren Text ist kaum ein Zehntel wieder verwendet, und auch dieser Bruchteil des alten Textes findet sich zumeist in ganz neue Gedankengefüge eingeordnet.« Der »Geist des Kapitalismus« ist in dieser Neufassung aus den Überschriften verschwunden. Dafür taucht in einer Kapitelüberschrift ein »Geist der Technik« auf, von dem allerdings im Text selbst nicht die Rede ist. Sombarts Stärke war nicht gerade das, was man konsequente und systematische begriffliche und theoretische Arbeit nennen könnte.

städtischen Unternehmer her. Traditionales Wirtschaften ist auf Gewinnen des Lebensnotwendigen orientiert, kapitalistisches auf »Geldmachen«. Um die Entstehung dieses »seltsamen Gedankens« historisch plausibel zu machen, weist Sombart zunächst die einfachen Kausalerklärungen durch Klima, Rasse und Religion zurück (1902: 380f): Das seien alles selbstverständlich Einflüsse auf das Wirtschaften, sie würden aber nicht ausreichen, um die Herausbildung von Kapitalismus zu erklären. Sombart sieht vielmehr die »konkret-historischen Zusammenhänge ... etwa so«:

Als erstes sei der »Erwerbstrieb« aus einem Bedarf nach Geld im ausgehenden Mittelalter entstanden. Das wird eher umwegig aus den Kosten der Kreuzzüge und der aus dieser Erfahrung paradox entstandenen »Verweltlichung der gesamten Lebensauffassung« und der Verlagerung des Schwerpunkts des Lebens in die Städte hergeleitet. Der Bedarf für Geld hätte sich dann in einem »merkwürdigen psychologischen Prozess in den Menschen« verselbständigt (1902: 383 – hier wird mit großer Anerkennung auf Georg Simmel verwiesen). Allerdings wird dieser Drang zum Geld zunächst völlig unkapitalistisch befriedigt:

»Raubrittertum und Bauernschinderei, Goldgräberei und Alchemisterei erscheinen uns also als Äußerungen einer und derselben Bewegung, als verschiedene Mittel zur Erreichung eines und desselben Zwecks: rascher Bereicherung. Was nun aber für uns das Hauptinteresse bietet, ist dieses: daß in allen Arten der Geldgewinnung oder Geldvermehrung noch jede, auch die leiseste, Spur kapitalistischen Geistes fehlt.« (Sombart 1902: 388)

Der neue Gedanke ist vielmehr: Geld lässt sich auch über »die bisher unbewusst geübte normale – wirtschaftliche Thätigkeit« vermehren. Dieser Gedanke müsse bei Leuten aufgetreten sein, denen die Machtmittel zur Räuberei und Abpressung fehlten: »Also unter den besseren Krämern, in den Kreisen der Winkelwucherer haben wir die Menschwerdung des kapitalistischen Geistes zu vermuten« – und als zweites: »daß sich der Erwerbstrieb im Verkehr mit Stammesfremden entfaltet haben wird« (389). Aus beidem ergibt sich für Sombart, dass die Juden für den kapitalistischen Geist prädestiniert gewesen seien.

Mit diesem Zwischenergebnis wendet sich Sombart der »Ausbildung des ökonomischen Rationalismus« zu. Was uns hier vorgestellt wird, ist technischer Determinismus pur: die mathematischen Erfindungen der Kalkulation (durch Leonardo Pisano 1202 und Luca Paciolo 1494), der (doppelten) Buchführung, dann allgemeiner »der Feldmessung, der Stadtpläne ..., der öffentlichen Zeitmessung, wie die Ausbildung eines rationellen Maß- und

Gewichtssystems« (Sombart 1902: 395). Der so entstandene »Rationalismus« greift besonders in und seit der Renaissance um sich: »Langsam streckt der Moloch des Geschäftssinnes seine Krallen aus, um nun mit wachsendem Erfolge Generationen auf Generationen zu verschlingen.« Der Unternehmer wird von einer neuen Weltanschauung ergriffen:

> »Die ganze Welt wird ihm so in seiner Vorstellung zu einem riesigen geschäftlichen Unternehmen, in dem es ebenso viele Konten giebt, wie Staaten, Städte, Klassen oder auch einzelne Individuen bestehen. Wertung in Geld, rechnungsmäßige Feststellung von Leistung und Gegenleistung, Debet und Kredit werden die Kategorien seiner Weltbetrachtung.« (397)

Theoretisch oder auch nur begrifflich ist das beides nicht sehr befriedigend: Der »Erwerbstrieb« entsteht aus dem Drang zu Geld und die Rechenhaftigkeit aus den mathematischen Operationen, die sie ermöglichen – das ist bestenfalls als deskriptiv, eher aber als tautologisch einzuordnen. Auch die mehrfach auftretenden Metaphern, nach denen der »Geist« sich seine Träger sucht und sie ergreift,[20] ergeben ein nur mäßig überzeugendes Modell, um die Herausbildung jenes »Geistes« zu erklären.

Das Gesamtmodell, in dem der »kapitalistische Geist« seinen Platz hat, nennt Sombart erst im nachfolgenden Kapitel: »Mit der entsprechenden Geldaccumulation in den Händen von Männern, in deren Inneren der Funke des kapitalistischen Geistes zu zünden begonnen hat, sind ... die subjektiven Voraussetzungen kapitalistischer Wirtschaft erfüllt.« (1902: 398) Ob die so »inspirierten« Männer damit Erfolg haben, dafür sind die objektiven Bedingungen ausschlaggebend. Auch hier bleibt Sombart weitgehend deskriptiv.

> »Als Regel läßt sich aufstellen, dass es Handels- oder Bankkapital ist, das erst bei einem höheren Grade der Accumulation in die Produktionssphäre hinübergreift; in den Anfängen seltener sind die Fälle, in denen handwerksmäßige Produzenten sich zu kapitalistischen Unternehmern umwandeln. Und zwar scheint es eine Art von Entwicklungsgesetz des gewerblichen Kapitalismus zu sein, daß das Kapital seine

---

[20] Einige Beispiele: »Es beginnt die auri sacra fames wieder einmal ihren verheerenden Zug durch die Lande.« (Sombart 1902: 383) »Der Erwerbstrieb ... wirkt zerstörend vor allem dadurch, daß er wie eine ansteckende Krankheit rasch um sich greift ... Ist eine Gesellschaft ihm anheimgefallen, ... so verschwindet allmählich der Makel seiner Herkunft.« (389) »Wir beobachten nämlich, wie es dem neuen Zweckgedanken allmählich gelingt, sich das Mittel zu seiner Realisierung – das Wirtschaftsleben – in seinem Sinne völlig umzugestalten.« (391) Dazu der oben zitierte »Moloch des Geschäftssinnes« mit seinen Krallen (397).

Rolle als Leihkapital zu spielen beginnt, um erst allmählich in die Stellung als Produktionskapital einzurücken.« (Sombart 1902: 401)

Das wird dann für verschiedene Wirtschaftsbereiche vom Bergbau bis zur Buchdruckerei empirisch ausgeführt.

Interessanter sind die nachfolgenden »Hemmungen der kapitalistischen Entwicklung«. Genannt werden: Verwendung der »accumulierten Geldbeträge« für »unproduktive« Zwecke (Sombart 1902: 410ff), vor allem für Kriege; »Verschiebung der Welthandelsbeziehungen« (416f), womit vor allem Schwierigkeiten mit und in den Kolonien gemeint sind; schließlich »Hemmungen … populationistischer Natur« (417ff), also fehlende Arbeitskraft. Damit taucht ganz zuletzt zumindest noch am Rand auf, dass die Entstehung von Kapitalismus etwas mit der Lohnarbeiterschaft zu tun hat. Ansonsten ist in dieser Darstellung Kapitalismus das Ergebnis von unternehmerischer Tätigkeit.[21]

Der »kapitalistische Geist«, bestehend aus Erwerbstrieb und Rationalismus der Wirtschaftsführung, ist die Haltung von potentiellen Unterneh-

---

21 In der zweiten Fassung von *Der moderne Kapitalismus* von 1916 ist das noch deutlicher so. Kapitalismus ist jetzt »aus dem tiefen Grunde der europäischen Seele … erwachsen … Es ist jener Geist, der seit dem ausgehenden Mittelalter die Menschen aus den stillen, organisch gewachsenen Liebes- und Gemeinschaftsbeziehungen herausreißt und sie hinschleudert auf die Bahn ruheloser Eigensucht und Selbstbestimmung … Es ist Faustens Geist: der Geist der Unruhe, der Unrast, der nun die Menschen beseelt.« (1916: 327) Es ist der »unternehmende« Geist. Er will im Staat erobern, in der Religion befreien, in der Wissenschaft enträtseln, in der Technik erfinden, auf der Erdoberfläche entdecken – in der Wirtschaft »eine Geldsumme vergrößern« (328). – Der seinerzeitige »Erwerbstrieb« ist jetzt also ein Spezialfall des »unternehmenden« Geistes, der sich säkular durchsetzt. Ähnlich ist die »Rationalität« zum »Bürgergeist« verallgemeinert, der »die sichere Ordnung, die rechnerische Exaktheit, die kalte Zweckbestimmtheit gebracht hat« (329). Daraus entsteht 1916 eine neue Definition: »Die aus Unternehmungsgeist und Bürgergeist zu einem einheitlich Ganzen verwobene Seelenstimmung nennen wir dann den kapitalistischen Geist. Er hat den Kapitalismus geschaffen.« (329) – Auch das Gesamtmodell ist 1916 komplexer: Staat, Technik und Edelmetalle sind die Grundlage, auf der bürgerlicher Reichtum entsteht und der Güterbedarf (für Krieg und Luxus) neu gestaltet wird. Wenn auch noch die Beschaffung von Arbeitskräften gelingt, kann der unternehmerische Geist wirksam werden: Kapitalismus entsteht. Sombart hat also zwischen 1902 und 1916 (genauer wohl: 1913, dem Erscheinungsjahr von *Der Bourgeois*) den »kapitalistischen Geist« und seine beiden Komponenten verallgemeinert zu einem »Unternehmungsgeist« und einem »Bürgergeist«, die sich als Prinzipien von »Fortschritt« und »Bewahrung« in allen Lebensbereichen manifestieren. – Diese Entwicklung von Sombarts Begrifflichkeit muss hier freilich zunächst nicht interessieren: 1904, als Max Weber über das »›Geist‹ des Kapitalismus« schrieb, gab es nur die gerade erschienene und stark beachtete erste Auflage von Sombarts *Der moderne Kapitalismus*.

mern, die unter glücklichen Umständen (genügend Geld, genügend Arbeitskräfte) damit auch Erfolg haben werden. Unter dieser Grundannahme ist ein »Geist des Kapitalismus« notwendig, weil es traditionell a) keinen Drang zur Ansammlung von Reichtum oder aber b) ganz andere, überwiegend räuberische Mittel gab, um zu Reichtümern zu kommen. Der »Geist« steht für Drang zu Reichtum und Verzicht auf die räuberische Abschöpfung von Mehrprodukt. Er ist die Leerformel, mit der diese Leerstelle gestopft wird.

Bei Sombart wird das Leerformelhafte der Konzeption von »Geist« besonders deutlich, weil er – quasi-platonisierend – den »Geist« zur vorweg existierenden Idee macht, die sich ihre Träger und ihren Ausdruck an passendem Ort in der Geschichte und in der Gesellschaft sucht.

Bemerkenswert ist an den Rezensionen und sonstigen Verarbeitungen von Sombarts Kapitalismus-Büchern, wie sehr die Grundformel »Kapitalismus = viel Geld + kapitalistische Gesinnung« ungeachtet ihrer Nähe zur Tautologie akzeptiert wurde. Von Schmoller und damit maßgebend für die historische Schule wird als der entscheidende Fortschritt, den Sombart geleistet hätte, hervorgehoben: »Er erkennt ganz richtig, wovon Marx keine Ahnung hat, ja das Gegenteil glaubt, daß *psychische* Ursachen allein alles volkswirtschaftliche Geschehen erklären.« (Schmoller 1903: 144) Nur Marxisten kritisieren diese Verkehrung von Ideologiekritik in eine Ideologietheorie, noch dazu in eine, die Gesinnungen und Glaubenssätze zu unabhängigen und starken Determinanten von historischen Entwicklungen macht. Die akademische Volkswirtschaftslehre preist das als einen beachtlichen Fortschritt der historisch orientierten Theorie. An den Auseinandersetzungen mit der zweiten Auflage von *Der moderne Kapitalismus* nach 1916 ist bemerkenswert, dass Webers »Protestantische Ethik«, wenn überhaupt, dann als Fußnote zu Sombarts Theorie des Kapitalismus behandelt wird.[22]

---

22 Besonders das zweite Kapitel »Der ›Geist‹ des Kapitalismus« von Webers »Protestantischer Ethik« ist auch völlig an Sombart orientiert. Schon die einleitende Methoden-Anmerkung, dass man historische Begriffe nicht abstrakt setzen könne, sondern sie genetisch herleiten müsse, ist ähnlich bei Sombart ausführlich und wiederholt zu lesen, so im »Geleitwort« zu *Der moderne Kapitalismus*, aber nicht zuletzt auch in der Passage, in der Sombart die Idee zurückweist, der »kapitalistische Geist« sei aus dem Protestantismus hervorgegangen (1902: 380f). Dort heißt es, die Annahme, »die protestantischen Religionssysteme seien zunächst vielmehr Wirkung als Ursache des modern-kapitalistischen Geistes«, sei kaum zu widerlegen, »es sei denn mit Hilfe eines empirischen Nachweises *konkret-historischer Zusammenhänge* …« (381, Hervorhebung bei Sombart). Weber macht sich also in dem methodologischen Vorspruch daran, das Programm auszuführen, das Sombart postuliert und selbst nicht erfüllt hatte. – Anschließend nimmt das zweite Kapitel in seiner gesamten Anlage Sombarts Vorgaben auf: Es hat drei Abschnitte, in denen zuerst (31–36) an der

Sombart war prominent, aber nicht allein. Jeder dieser belesenen und gelehrten Herren, die damals Volkswirtschaftslehre im Sinn der »historischen Schule« betrieben, pflegte seinen Favoriten für den Ursprung des Kapitalismus – mit den zugehörigen historischen Beispielen und deren mehr oder weniger eigenwilliger Interpretation (vgl. die Exkurse über Alberti, Fugger und Franklin). War es bei Sombart das Handwerk gewesen, in dem sich die Verschiebung von der Bedarfsorientierung zum Betrieb als Geldvermehrungsmaschine vollzog, so war es bei Lujo Brentano der Handel, aus dem Kapitalismus entstand, indem sich der »Handelsgeist« auf alle Wirtschaftsbereiche übertrug. Brentano hatte das schon in seiner Wiener Antrittsvorlesung 1888 ausgeführt. Historisch war es besonders der Fernhandel der italienischen Renaissance-Republiken, Venedig vorneweg, in dem das geschah. Die Kreuzzüge mit ihrer forcierten Nachfrage hätten dafür einen besonderen Schub gebracht.

Lujo Brentano war wie Max Weber später Sprössling eines weit verzweigten, bis ins 17. Jahrhundert verfolgbaren Clans von Superreichen, in seinem Fall nicht Fabrikanten wie die Souchays und Fallensteins, die vermögenden Vorfahren von Max und Marianne Weber, sondern Leute, die »im Kolonialwarenhandel und gleichzeitig als Bankiers großen, einzelne sehr großen Reichtum erworben haben« (Brentano 1916: 133) – und das, so wie der Weber-Clan, in ganz Europa zwischen dem Comer See, wo sie herstammten, Amsterdam, Breslau, Mannheim, Augsburg und Frankfurt. Anders als Webers Großfamilie waren sie allerdings – mehr oder weniger ungläubige – Katholiken. Brentano würdigt besonders den Großvater, »zeitlebens gläubiger Katholik« und »trotz seines außerordentlich erfolgreichen Geschäftssinns kein Banause«, vielmehr »ungemein feinsinniger Kunstkenner, bei dem ebendeshalb Goethe gern weilte, ein hilfreicher Freund Beethovens und ein Wohltäter der Armen« (134). Über eine besondere Frömmigkeit der Frauen, besonders der Mutter (wie bei Weber), hören wir zwar von Brentano nichts, man kann aber diese typische Konstellation auch in seiner Familie annehmen. Clemens und Bettina Brentano waren Lujos Onkel und Tante und der durchaus bewunderte flippige, literarische Zweig der Familie.

Brentano war wie Weber aktives Mitglied im »Verein für Socialpolitik« und hatte besonders über die Gilden und Gewerkschaften geforscht. Außer

---

Franklin-Montage ein eigener Begriff von Sombarts »Geist des Kapitalismus« entwickelt, dann Sombarts Argument mit dem »Erwerbstrieb« (37–43), schließlich (60–62) das mit dem »Rationalismus« zurückgewiesen wird. Hinzu kommt die lange, 1920 eingefügte Fußnote (38–41) der expliziten Auseinandersetzung mit Sombart.

durch Gelehrsamkeit, Belesenheit und eine umfassende historische Bildung (das war damals, vor den Zeiten des Spezialistentums, selbstverständlich) zeichnen sich seine Arbeiten durch ein beachtliches Maß an Reflexivität aus: Er hat eine Theorie über die historische Entwicklung des Wissens über wirtschaftliche Vorgänge, er beachtet die soziale Position der Autoren, die er interpretiert, und er geht davon aus, dass Wirtschaftsdoktrinen nicht unbedingt dem realen wirtschaftlichen Handeln entsprechen, dass vielmehr die Diskrepanz zwischen den beiden ein interessantes und für den Verlauf der Geschichte entscheidendes Datum ist. Lujo Brentano hat ein insgesamt wahrscheinlich ähnlich umfängliches Werk hinterlassen wie Max Weber – »wahrscheinlich«, weil man es nirgends gesammelt besichtigen kann. In der Qualität steht es dem Webers nicht nach. Was Brentano zu Nachruhm und hundert Jahren beflissener Sekundärliteratur gefehlt hat, ist wohl in erster Linie die Witwe, die sich um die *Gesammelten Aufsätze zu ...* und den Nachlass gekümmert hätte.

Brentano hat seine Ideen zur historischen Entwicklung gern in nachträglich ausgearbeiteten Vorträgen veröffentlicht, von denen hier seine Rektoratsrede »Ethik und Volkswirtschaft in der Geschichte« von 1901 und die Festrede vor der Königlich-Bayrischen Akademie der Wissenschaften »Die Anfänge des modernen Kapitalismus« von 1913 (um einen Anhang von 150 Seiten vermehrt veröffentlicht 1916) gewürdigt werden sollen.[23]

In »Ethik und Volkswirtschaft in der Geschichte« (Brentano 1901) wird ein Konflikt thematisiert, der das Nachdenken über Wirtschaft (und Gesellschaft, so können wir hinzufügen) bis heute bestimmt: der zwischen Ideen darüber, wie es sein soll, und der Orientierung daran, erst einmal die Wirklichkeit kennenzulernen, wie sie ist. Brentano skizziert einen großen historischen Bogen: Von Aristoteles bis ins christliche Mittelalter ging es nur um die »Auffindung des besten Regiments und des an sich guten Zustands« (4). Die Beschäftigung mit wirtschaftlichen Dingen war Teil des religiösen Dogmas und der Moralphilosophie; die unausweichliche Sündhaftigkeit des

---

23 Neuerdings hat Ghosh (2009) herausgearbeitet, wie wichtig Brentano in der Entwicklung des ökonomischen Denkens im 19. Jahrhundert war – und wie auffällig ihn Weber in der »Protestantischen Ethik« *nicht* erwähnt. Erst in der Überarbeitung von 1920 wird in Fußnoten auf die Kritik eingegangen, die Brentano (1913/16) ausführlich geübt hatte. Tatsächlich geht Weber *nicht* darauf ein (siehe Seite 233), sondern weist sie nur als Folge von ungenauer Lektüre und Missverstehen oder mit der einfachen Versicherung zurück, dass ihm der Einwand »unverständlich« sei (RS I: 42 Fn 1). Weber war – um es vorsichtig zu sagen – nicht sehr gut darin, Kritik an seiner Arbeit produktiv aufzunehmen oder sie auch nur elegant statt beleidigt und ruppig zurückzuweisen.

Handels und der gerechte Preis waren bevorzugte Gegenstände. Erst in der Renaissance (Machiavelli) und der Reformation (Calvin) hätte in zwei Formen: einer heidnischen und einer christlichen, die »Emanzipation des ökonomischen Denkens von der überkommenen Lehre vom Seinsollenden« (19) begonnen. Damit wurde allmählich eine »empirische Philosophie« und damit eine moralisch voraussetzungslose wissenschaftliche Befassung mit Wirtschaft (und Gesellschaft) möglich. Die Annahme einer »Natur der Dinge«, erst der physischen, dann aber auch der gesellschaftlichen, die sich also nicht willkürlich beherrschen lassen, sondern deren Gesetzmäßigkeiten auch die Regierungskunst klug berücksichtigen muss, setzte sich durch. So richtig »moralisch voraussetzungslos« war diese Wissenschaft freilich auch nicht, vielmehr hätte in ihr das Ziel vorgeherrscht, den »Einklang der natürlichen und sittlichen Weltordnung darzutun« (30). Dieses Vorurteil, so Brentano, sei bis in die (damalige) Gegenwart wirksam: Er schreibt es besonders den Studenten der Wirtschaftswissenschaft zu, die im Studium zu seiner Klärung und Reflexion gebracht werden müssten. – Auf die Professoren geht er an dieser Stelle nicht ein.

Der Vorgang der »Emanzipation« des Denkens über Wirtschaft in seinen beiden Formen ist zugleich – das wird erst in dem Vortrag von 1913 explizit gemacht – die Entfesselung des Wirtschaftens, also der Ausgangspunkt von Kapitalismus. Die »heidnische Emanzipation« ist die »Rebellion der Staatsräson gegen die Oberherrschaft der Kirche« (Brentano 1901: 19). Sie begann in Italien nach dem Aufblühen des Handels im Gefolge der Kreuzzüge, und ihr Theoretiker, der die Techniken von Macht und Herrschaft frei von religiösen Einschränkungen untersuchte und darstellte, war Machiavelli. Hier sei freilich die Bedeutung der Herrschenden überschätzt worden: »Zu seinem Menschen hatte die sittlich verkommene Gesellschaft der oberen Klassen Italiens Modell gesessen.« Das Volk aber sei »brav und tüchtig geblieben« und habe sich, wie das Beispiel des Savonarola (trotz seiner Niederlage) zeige, sehr wohl von christlichen Motiven leiten lassen, um letztlich »eben den bloß auf egoistischer Pfiffigkeit aufgebauten Regierungssystemen den Untergang zu bereiten« (24). Hier kommt die zweite Form, die »christliche Emanzipation« ins Spiel.

Die christliche Emanzipation ist »die Auflehnung des Individuums gegen Bestimmung seines Gewissens durch Autorität und Tradition« (Brentano 1901: 19). An der Reformation, in der das ausgelebt wurde, seien nicht so sehr die religiösen Dogmen und ihre Feinheiten wichtig, als vielmehr »die calvinistische Kirchenverfassung« (25). Die jetzt endlich durchgeführte Trennung von Kirche und Staat (die schon von Augustinus in der Lehre von den beiden Reichen gedacht wurde) entzog dem Staat die Durchsetzung und damit Instrumentalisierung von »Religion als Polizeianstalt« (26). Die Kirchengemeinde »darf nicht nur gegen Glaubensentscheidungen des Staats, sondern muß sich gegen sie auflehnen, wo sie dem Glauben zuwider sind, und wann dies der Fall ist, entscheiden die Einzelnen, welche die Gemeinde bilden« (25).

Brentano betont vor allem die Entwicklung in Großbritannien, die Bedeutung des »englischen Independentismus«. Gegen die dortige Reformation von oben, die »machiavellistische Gesetzgeberei« (Brentano 1901: 30), hätte sich die puritanische Opposition geregt. Daher wurde für »die Entwicklung der ökonomischen Doktrin der Verlauf und der Ausgang der englischen Revolution epochemachend« (29). Ein wirtschaftlicher Realismus sei daraus hervorgegangen, der sich nicht nur im Wirken in der Welt, sondern auch im volkswirtschaftlichen Denken seit William Petty durchgesetzt hätte.

Bemerkenswert ist, dass Brentano den wichtigen Punkt an dieser christlichen Emanzipation des Wirtschaftens und des zugehörigen Denkens in der *Institution* und ihrer *Struktur* sieht, in der Unabhängigkeit der Kirchengemeinde und ihrem Widerstandsrecht. Das Wort »Prädestinationslehre« etwa kommt im Zusammenhang mit Calvin bei ihm gar nicht vor. Entscheidend ist die »Verfassung«, das Verhältnis der beiden Einrichtungen Kirche und Staat und also die *Praxis* der Religion, nicht primär ihr Inhalt – zumindest kann man an ihm die reale Praxis nicht unmittelbar ablesen. Bemerkenswert ist auch, dass er die Reformation und den Puritanismus mit der *sozialen Position* seiner Anhänger in Verbindung bringt: »kleiner Mittelstand und Arbeiter«, »Händler und Handwerker« (Brentano 1916: 146, 147). Und er setzt hinzu: »[S]obald die Puritaner Kapitalisten wurden, beeilten sie sich, dem Puritanismus den Rücken zu kehren; umgekehrt haben die im Kampf gegen die großen Kapitalisten stehenden arbeitenden Klassen Englands und die kleinen Krämer noch während des ganzen 19. Jahrhunderts die Massen der dortigen Methodisten und Baptisten gebildet.« (148)

Mit dem Begriff »Handelsgeist« gehört Brentano zu den Ökonomen, die längst vor Sombart und Weber das Modell »Kapitalismus = Geld + Geist« entwarfen. Aber zugleich hat er einen starken Sinn dafür, dass der »Geist« sich in einer Praxis materialisieren muss und dass er daher nicht einfach in den Dogmen und Vorschriften lebt. Die Diskrepanz zwischen den hehren Regeln und der banalen Praxis beschäftigt ihn immer wieder. So hat er sich mehrfach und gründlich mit den wirtschaftsfeindlichen christlichen Dogmen des gerechten Preises und des Zinsverbots befasst. Gefallen hat ihm dabei, wie die Strenge des Dogmas mit seiner Umgehung in der Praxis zusammenging: Das Zinsverbot wurde etwa damit ausgehebelt, dass es streng verboten blieb, bis zum Rückzahlungstermin des Darlehens Zinsen zu nehmen, dass man aber bei versäumter Zahlung zum vereinbarten Termin für die weitere Zeit beliebig Schadenersatz verlangen konnte. Man musste also nur den Zahlungstermin knapp ansetzen und konnte danach auch als guter Christ Wucherzinsen kassieren (Brentano 1901: 51). Der »Geist« kann also mit den Praxen konform gehen, er kann ihnen aber auch völlig widersprechen: Worauf es ankommt, sind die Regeln und Einrichtungen der Praxis.

Diese Beispiele mögen als Hinweis darauf genügen, dass die »Troeltsch-Weber-These« Vorläufer nicht nur in der protestantisch-kulturpolitischen, sondern auch in der historisch-nationalökonomischen Diskussion hatte, dort aber eher einen Nebengedanken in der Frage nach der Entstehung von Kapitalismus darstellte. Vielleicht lohnt es noch darauf hinzuweisen, dass Gustav Schmoller selbst bereits 1860 eine große Abhandlung über die »national-ökonomischen Ansichten« von Luther, Melanchthon und Co »während der Reformations-Periode« veröffentlicht hatte. Es ist eine große Fleißarbeit, in der nach Themen (Arbeit und Arbeitsteilung; Umlauf und Preis der Güter; Kapitalzins, Wucher und Wucherpolitik; Kredit und Kreditgesetzgebung; Consumtion, Luxus und Luxuspolitik; Der Kommunismus der Reformations-Periode) geordnet Schriften aus der Reformation auf wirtschaftsrelevante Aussagen hin untersucht werden. Schmoller stellt fest, dass in der Reformation in Deutschland Eigennutz und Gelderwerb ganz in der christlichen Tradition als sündig galten und dass daher dem Staat die Aufgabe zufiel, die wirtschaftlichen Aktivitäten so zu ordnen und zu leiten, dass der »gemeine Nutzen« in den Vordergrund rückte. Das betraf vor allem die Regulation der Preise, die damals enorm gestiegen seien. Schmoller findet »keinen grossen Fortschritt gegenüber den Ansichten des Mittelalters« (Schmoller 1860: 713). Die Reformation hätte aber einen mittelbaren »Werth für [die politische Oekonomie]« gehabt: Das »weltbeherrschende Princip des Protestantismus« hätte in den folgenden Jahrhunderten die »Herrschaft der Autorität« aufgelöst, die »Vernunft als Richterin« eingesetzt und die Harmonie zwischen Geist und Materie in der Kultur wie in der gesellschaftlichen Praxis hergestellt (715). Man könnte es auch so sagen: Schmoller findet bei sorgfältiger Lektüre der einschlägigen Schriften in der deutschen Reformation keinerlei Hinweis auf einen »Geist des Kapitalismus«, vielmehr ausgeprägten christlichen Traditionalismus. In einem abschließenden Schwenk entwirft er aber trotzdem eine vage Geschichtsphilosophie, nach der die Reformation indirekt und über die Jahrhunderte eine Befreiung auch des Wirtschaftens von der mittelalterlichen Tradition mit herbeigeführt hätte. Details dazu lassen sich nicht angeben.

Schmoller hat in den Jahren 1890–93 eine Serie von Artikeln »Die geschichtliche Entwicklung der Unternehmung« veröffentlicht. Er übernimmt darin Brentanos Modell und auch den Begriff »Handelsgeist«: Die Versorgungswirtschaft löst sich in die auf Gewinn orientierte kapitalistische Unternehmung auf, indem sich der »Handelsgeist« auf andere Bereiche als den Handel überträgt. Der *homo oeconomicus* mit seiner Orientierung an Gewinn und mit seiner Rechenhaftigkeit wird so historisiert.

Insgesamt kann man sagen: Die historistische Forschung der Ökonomen bringt es nicht zu klaren Thesen, noch nicht einmal zu klaren Begriffen. Sie ist auch nicht besonders kumulativ: Die immerhin sehr gründliche Materialsammlung Schmollers spielt in der Diskussion über den historischen Stellenwert der Reformation in der übernächsten Generation von Nationalökonomen (und protestantischen Theologen) um die Jahrhundertwende keine Rolle. Aber sie einigt sich immerhin auf ein Grundmodell der Entstehung von Kapitalismus: Erst Geld und Geist zusammen machen ihn aus. Unterschiede bestehen nur darin, wie dieser »Geist« zu konzipieren sei und woher er kommen mag.

Das andere mögliche Modell, wie es von Brentano skizziert wird, setzt sich nicht durch: Danach wäre Kapitalismus eine Frage der Institutionen gewesen, eine Folge der Entwicklung von Herrschaftsverhältnissen, nicht zuletzt des Verhältnisses von Kirche und Staat. Nicht die Gesinnung, nicht das religiöse Dogma, sondern die Ordnung des gesellschaftlichen Lebens wäre danach entscheidend. In diesem Sinn hätte man auch der Reformation einen Stellenwert in der Entwicklung zuordnen können.

Einigkeit bestand auch darin, dass Kapitalismus vor allem eine Errungenschaft der Unternehmer sei, die jenen Geist entwickeln, der eine Summe Geldes in ein Kapital verwandelt. Kapitalismus ist eine Gesinnung der Unternehmer. Max Weber hat sich dieser Linie angeschlossen und seine Frage entsprechend gestellt.

»Historisches Individuum« I: Benjamin Franklin – ein amerikanischer Aufklärer und Revolutionär

Benjamin Franklin (1706–1790) hat es zu etwas gebracht im Leben: Als jüngster Sohn und fünfzehntes von siebzehn Kindern eines Seifensieders in Boston war von ihm nicht viel zu erwarten. Aber er war begabt, konnte sich später an keine Zeit seiner Kindheit erinnern, als er noch nicht lesen konnte, wurde zunächst Drucker und Journalist, dann Unternehmer und Verleger, und war damit so erfolgreich, dass er sich mit etwa vierzig in die Position eines *Gentleman* aus der Arbeit zurückziehen, in Philadelphia ein Haus weit entfernt von seiner früheren Werkstatt beziehen und sich den naturwissenschaftlichen und philanthropischen Interessen, zuletzt der amerikanischen Revolution und dem Entwurf der Verfassung widmen konnte. Der Wohlstand, zu dem er es, von Null beginnend, gebracht hatte, war die Grundlage seines Engagements für das gemeine Wohl, erst für die Gemeinde, dann für die Kolonien, schließlich in der damaligen Weltpolitik. So wurde er aufklärerischer Projektemacher und auf seine alten Tage noch zum Revolutionär und zum Diplomaten in Paris. Die zweite Hälfte seines Lebens hat er überwiegend in London und Paris gelebt, wo er angesehen und berühmt war. Er galt als herausragender, wenn nicht *der* Vertreter von Aufklärung in Theorie und Praxis.[1]

Was ihn früh auszeichnete, war, dass er gern und gut und daher viel schrieb. Er schrieb in den Genres des damaligen Journalismus: Hausväter-Literatur, also Lebensberatung; Entwürfe für Projekte zur Verbesserung der Welt; und Satiren, vor allem Satiren. Insgesamt zeichnet ihn eine distanzierte und ironische Schreibweise aus. Und überwiegend schrieb er Rollenprosa, das heißt: Er trat unter verschiedenen Verkleidungen und zugehörigen Pseudonymen auf. Seine ersten Texte, in denen er sich unter anderem über die

---

1 Die Zahl der Franklin-Biographien seit der des berüchtigten Mythen-Fabrikanten Mason Ween (der auch entscheidende Elemente der Washington-Saga geschaffen hat) ist kaum zu überblicken. Sie sollten statistisch und inhaltsanalytisch als Rezeptionsgeschichte ausgewertet werden. Am nächsten kommt dem die Franklin-Biographie von Wood (2004), wo eine solche Reflexion auf die Rezeption die Darstellung informiert.

Harvard-Oberschicht-Nichtsnutze lustig machte, veröffentlichte er im Alter von sechzehn Jahren als Silence Dogood, in der Rolle einer Witwe mittleren Alters.

Seine berühmteste Rolle war die des »Poor Richard (Saunders)«, mit dessen *Almanack* er fünfundzwanzig Jahre lang einen jährlichen Bestseller hatte. Das Geheimnis der Popularität war vermutlich, dass seine »Weisheiten« tatsächlich eine Sammlung von Sprichwörtern waren, die alle kannten und alle gern mit dem Zusatz »as Poor Richard says« zitierten. Jedenfalls hat Franklin selbst das so gesehen: In der letzten Ausgabe des *Almanack* von 1757, die unter dem Titel »The Way to Wealth« berühmt wurde, nimmt Franklin dieses Verfahren selbst auf die Schaufel, indem er als Poor Richard die Rede eines alten Manns, Father Abraham, auf einem Marktplatz gehalten, referiert, in der dieser in grotesker Anhäufung »as Poor Richard says« aus den früheren Ausgaben des *Poor Richard's Almanack* zitiert. Natürlich geht es dabei um Idleness und Industry, Frugality und Pride, aber in der Anhäufung von einschlägigen Volksweisheiten und Sprichwörtern verliert die Anpreisung der Tugenden ihren Sinn und wird zum Geplapper und Geklingel. Dazu schließt die Erzählung so:

»Thus the old Gentleman ended his Harangue. The People heard it, approved the Doctrine, and immediately practised the contrary, just as if it had been a common Sermon; ... The frequent Mention he made of me must have tired any one else, but my Vanity was wonderfully delighted with it, though I was conscious that not a tenth Part of the Wisdom was my own which he ascribed to me, but rather the *Gleanings* I had made of the Sense of all Ages and Nations ...« (Franklin *Writings*: 1302).

Eine andere Rolle, die er gern spielte, war die eines Freundes, der Ratschläge gibt, am bekanntesten wahrscheinlich »Advice to a Friend on Choosing a Mistress« von 1745. In diesem Stück bekommt der Freund den Rat, eine ältere Frau zur Geliebten zu nehmen, wenn er schon nicht heiraten wolle. Das hätte eine Reihe von praktischen Vorteilen: Sie ist erfahren, bekommt keine Kinder mehr und ist dankbar. Auch moralisch sei es anständiger, eine ältere Frau glücklich zu machen als eine junge zu verderben. In der »Speech of Miss Polly Baker« von 1747 nimmt er die Rolle einer sexualmoralisch nicht allzu engherzigen Frau ein, die vom Gericht bestraft werden soll, weil sie schon wieder ein uneheliches Kind hat, und die sich mit ihrem Beitrag zur »Peuplierung« der Kolonien verteidigt. Eine spätere Satire (von 1773) hat die Form eines »Edict of the King of Prussia«, in dem dieser koloniale Ansprüche an England stellt, was die Lächerlichkeit der Ansprüche Englands gegenüber Amerika vorführen soll. Bekannt ist auch »The Sale of the Hessians« (1777), ein fiktiver Brief eines Count de Schaumbergh an den (deutschen) Kommandanten der Hessen im Unabhängigkeitskrieg in Amerika (natürlich auf der Seite der Briten), in dem dieser für die vielen Gefallenen seines Regiments belobigt wird, weil der Graf nur für getötete Hessen bezahlt werde, nicht für verwundete. Daher brauche er Schlachten mit möglichst hohen Verlusten und Ärzte, die Kranke und Verwundete sterben lassen. Zugleich stellt er eine neue Sendung von hessischen Rekruten in Aussicht, mit denen man nicht sparsam umzugehen brauche: »Remember glory before all things.« (917)

Es gibt also keinen Grund, Benjamin Franklins Freude an der Rollenprosa und seine Ironiefähigkeit zu unterschätzen. Es ist eine eigene, sehr gutartig daherkommende Form von Ironie, die er pflegt, die Ironie eines Humoristen. Da er dauernd mehr oder weniger selbstverständliche Wahrheiten humorvoll ausspricht, traut man ihm auch dort keinen doppelten Boden zu, wo er doch etwas verbirgt (wie etwa seine A-Religiosität) oder in einer Rolle etwas sagt, das zu herb für einen soliden Bürger von Philadelphia wäre oder in seiner Banalität das Gegenteil von dem ist, was der Aufklärer sagen würde.[2] Diese humorvolle Ironie ist viel leichter zu übersehen als die scharfe, boshafte Form – und seit das 19. Jahrhundert aus Franklins Schriften und besonders der *Autobiographie* erbauliche Jugendliteratur gemacht hat, war die Ironie nur noch schwer zu erkennen.[3]

In seinem Lebenslauf hat Franklin – statt sich unermüdlich im Sinn von »Arbeit als Beruf« der Vermehrung seines Vermögens zu widmen – mit etwa vierzig Jahren den Punkt erreicht, an dem er sich darauf zurückziehen konnte, vom Vermögen zu leben.[4] Er machte sich damit frei dafür, das zu tun,

---

[2] Franklin verfügt in seinen Schriften über eine breite Palette von ironischen Denk- wie Stilfiguren. Sie werden von Weinberger (2005) systematisch analysiert.

[3] Die Schulmeister schrieben in ihrem Drang nach pädagogisch Zulässigem oder gar Vorbildlichen auch *Robinson Crusoe* und – ein besonderes Kunststück – Jonathan Swifts *Gulliver*, sowie Homer und Cervantes und die Heldenepen des Mittelalters um. Und moralisierende Schulmeister können, so wie Kinder auch, mit Ironie nichts anfangen – wenn sie sie überhaupt zu erkennen imstande sind. Durch diese moralisierende Pädagogisierung wurde gerade die Aufklärung in der Tradition verharmlost.

[4] Dieser Übergang vom arbeitenden Menschen zum *Gentleman*, der vom Vermögen leben konnte und daher frei war für allerlei Projekte und Unternehmungen, war damals offensichtlich möglich, aber nicht leicht – und er übersprang die zentrale Spaltung der Gesellschaft. Auch in den Kolonien waren die *Gentlemen* die Aristokratie und das besonders in Pennsylvania, das im durchaus feudalen Besitz der Familie Penn war (ebenso wie Maryland in dem der Familie Baltimore).

was ihn wirklich interessierte: Wissenschaft, Literatur, Politik und die Verbesserung des Lebens durch kluge technische und soziale Erfindungen – »Aufklärung« als Befreiung.

Aber schon vorher war er mit Geschick, der Ressource des öffentlich wirksamen journalistischen Worts und der vielleicht noch wirksameren der Organisation von Clubs und Geheimgesellschaften, teils selbstorganisiert unter dem Namen »Junto«, teils als Freimaurer, denen er 1731 beitrat,[5] mit Projekten zur Organisation und Verbesserung des sozialen Lebens beschäftigt. Dazu gehörte schon früh neben der Leihbibliothek, der er Verdienste dabei zuschreibt, dass in Amerika »the common Tradesmen & Farmers [are] as intelligent as most Gentlemen from other Countries« (Franklin *Writings*: 1372), die Einrichtung einer Nachtwache und Feuerwehr. Mit der Organisation der Post in den Kolonien war Franklin als königliche Aufgabe befasst. Dazu gehörte die Idee von Papiergeld, die zugleich für den Drucker eine höchst profitable Tätigkeit abwarf. Franklin war Unternehmer im Sinn der angelsächsischen Aufklärung: Projektemacher. Dazu gehörte auch die unternehmerische Tätigkeit, die ihn zu Reichtum und Ansehen brachte, aber wichtiger waren die Projekte zur Verbesserung der Gemeinde und der Gesellschaft.

Franklin hat seinen Aufstieg zum *Gentleman* nicht, wie es damals üblich war, durch Einheiraten in eine der herrschenden Familien und/oder Erheiraten eines Vermögens geschafft. Er hat im Gegensatz zu den anderen *Founding Fathers*, Washington, Jefferson, Adams, Hamilton, die alle ihren Aufstieg oder jedenfalls die gesellschaftliche Konsolidierung durch eine opportune Heirat in der Oberschicht befestigten, eine Frau aus einfachen Verhältnissen geheiratet, die ihm in erster Linie solid den Haushalt führen sollte und das auch tat.[6] 1757 trennten sie sich de facto, als sie seine lange Zeit in London

---

5 Schon nach drei Jahren war er Master der St. John's Lodge in Philadelphia, später wurde er Großmeister für Pennsylvania, 1777 wurde er in Paris zum Ehrenmitglied und Großmeister der *Loge des Neuf Soeurs*, der bedeutendsten Loge Frankreichs gemacht (Wood 2004: 43f, 179). Benjamin Franklin folgte mit dieser Nutzung von organisierten Kreisen von Freunden und gegenseitigen Unterstützern einer Idee und Organisationsform, die für die Aufklärung in allen Ländern und international ohnehin eine entscheidende Rolle spielte (vgl. van Dülmen 1986).

6 Franklin schildert seine Suche nach einer Ehefrau in der Autobiographie in den Mustern der Zeit: Erst wird ihm eine arrangierte Ehe angetragen, die nicht zustande kommt, weil weder ihre Mitgift noch seine Aussichten auf ein Einkommen akzeptabel sind (Franklin *Writings*: 1370). Stattdessen kommt es zu einer Liebesheirat mit der Frau, die er schon vor seinem ersten Aufenthalt in London umworben und die ihrerseits während seiner Abwesenheit einen anderen Mann geheiratet hatte. Der hatte sich davongemacht, so dass nicht

nicht mitmachte. Er kam erst nach ihrem Tod (sie starb 1774) im Mai 1775 nach Philadelphia zurück. 1730 waren sie zusammengezogen (wegen ihrer unklaren ersten Ehe zogen sie eine *common-law marriage* vor), sie nahm seinen unehelichen Sohn in die Familie auf, betrieb mit Franklin gemeinsam das Geschäft und seinen Erfolg, sie hatten mitsammen einen Sohn, der als Kind starb, und eine Tochter, Sally. Er hatte seit 1757 als Abgesandter der Kolonien und also Diplomat, aber auch hoch angesehen als Wissenschaftler und Philosoph der Aufklärung in London gelebt.

Nach dem Erfolg seiner wirtschaftlichen Unternehmungen betrieb Franklin in der zweiten Hälfte seines Lebens politische Projekte: den Plan einer Union der amerikanischen Kolonien, den Plan einer Demokratisierung Pennsylvanias durch Entmachtung der Familie Penn und Umwandlung in eine Kron-Kolonie, den Plan einer Verselbständigung der Kolonien in einer Art Commonwealth-Konstruktion. Erst als das alles misslang, widmete er sich der amerikanischen Revolution und dem zugehörigen Krieg, der Unterstützung durch Frankreich in diesem Krieg, damit der Unabhängigkeitserklärung und schließlich der amerikanischen Verfassung. Er war weltberühmt als Philosoph und Praktiker der Aufklärung und betrieb in London und Paris Weltpolitik.

Bis heute wird er nicht in erster Linie als dieser Staatsmann und Revolutionär (und noch nicht einmal als einer der damals reichsten Männer in Pennsylvania) wahrgenommen, sondern als puritanisch-asketischer Aufsteiger und Streber, der es durch Fleiß und Arbeit und nicht zuletzt durch Arbeit an sich selbst von ganz unten zu bescheidenem Wohlstand gebracht hat. Wer sich nicht so sehr mit dieser Verkörperung des »Amerikanischen Traums« identifizieren mag, sieht in ihm einen pedantischen Spießer, der wohl ein ziemlich freudloses Leben gehabt haben muss.[7] Es geschieht nicht oft, dass

---

geklärt war, ob sie verheiratet oder Witwe war. Mitgift hatte sie auch keine. Sie heirateten trotzdem: »She prov'd a good & faithful Helpmate, assisted me much by attending the Shop, we throve together, and have ever mutually endeavour'd to make each other happy.« (1371) – Seine Sexualmoral bis dahin stellt Franklin so dar: »In the mean time, that hard-to-be-govern'd Passion of Youth, had hurried me frequently into Intrigues with low Women that fell in my Way, which were attended with some Expence & great Inconvenience, besides a continual Risque to my Health by a Distemper which of all Things I dreaded, tho' by great good Luck I escaped it.« (1371) Er hat einen Sohn in die Ehe mitgebracht, dessen Mutter nicht bekannt ist.

7 Der Essay von D.H.Lawrence über Franklin in seinen *Studies in Classic American Literature* (1924) drückt diese Verachtung für den Selbsterzieher ebenso aus wie die romantische im Gegensatz zur aufklärerischen Konzeption des Individuums: Lawrence setzt das intensive, gefährliche, nicht ganz steuerbare Leben aus dem großteils Unbewussten mit ebenso gro-

eine Figur der Weltgeschichte derart verkleinert wird, ein zu seiner Zeit Mitglied der herrschenden Klasse auf der Ebene der Weltpolitik derart zu einem »einfachen Mann«, ein verdienter Held der Kulturgeschichte derart zu einer Figur des Alltags, zu einem »Menschen wie du und ich« gemacht wird.

Benjamin Franklin – oder sein Zerrbild – ist vor allem durch seine Autobiographie lebendig geblieben. Sie wurde besonders im 19. Jahrhundert auf Englisch und in andere Sprachen übersetzt immer wieder aufgelegt, vor allem und zusätzlich aber wurde Franklin zum Gegenstand zahlreicher Nacherzählungen seines Lebens in populären Büchern, Zeitschriftenartikeln und sicher nicht zuletzt Schulbuch-Episoden. Als Drucker und Journalist blieb er und wurde er zunehmend zum Helden dieser Berufsgruppen. Dazu eignete sich seine Geschichte, entsprechend zugerichtet, um in den USA sowohl die Ansprüche der angelsächsischen Bevölkerungsgruppen auf nationale Beachtlichkeit zu unterstreichen, als auch Neu-Immigranten als erhebendes und ermutigendes Vorbild dafür zu dienen, wie man »Amerikaner« wird: als *self-made man*.

Je mehr die USA ein Einwanderungsland wurden, das sich nach Westen erweiterte, umso mehr wurden die ehemaligen Aristokraten des Südens aus der kulturellen Hegemonie und auch aus dem kulturellen Gedächtnis verdrängt. Von allen *founding fathers* eignete sich Franklin besonders zur demokratischen und gesellschaftlichen Vorbildfigur, und zwar für Unternehmer wie für Arbeiter. Die amerikanische Revolution hatte als demokratisches Ideal den *self-made man* hegemonial gemacht:

»... not only did this generation [following the Revolution] create American capitalism but it also created a powerful conception of American identity – the America of enterprising, innovative, and equality-loving people – a conception so powerful in fact that it has lasted even into our own time.« (Wood 2004: 243)

Nach dem Bürgerkrieg wurde die Benjamin-Franklin-Aufstiegssaga auch für die Südstaaten und für Schwarze interessant. Franklin wurde in der Populärkultur zur Verkörperung des Amerikanischen Traums – und seine Autobiographie wurde zum Vorbild zahlreicher *rags-to-riches*-Autobiographien, die im 19. Jahrhundert geschrieben wurden (vgl. Appleby 1997; Mulford 1999). Bekanntlich haben solche Populärmythen nicht unbedingt mit der historischen Wahrheit zu tun, vielmehr dienen sie der jeweiligen Gegenwart.

ßer Selbstverständlichkeit als wünschenswert voraus wie Franklin das geordnete und tugendhafte, in Grenzen bewusst gestaltbare und gestaltungsbedürftige.

Die schöne Ironie von Franklins Leben wie seiner Autobiographie aber ist, dass gerade diese Geschichte zum Urbild des Mythos vom *self-made man* wurde, der es durch Fleiß und Sparsamkeit zu etwas bringt: Wenn man die Autobiographie genau liest, beruhen die Erfolge in Franklins Leben auf guten Beziehungen und Staatsaufträgen. Einen Teil der guten Beziehungen organisiert er selbst aktiv, indem er Clubs und Gesellschaften gründet, die der Geselligkeit und Bildung dienen, aber auch Geschäftsmöglichkeiten vermitteln oder wenigstens darauf aufmerksam machen. Ein anderer Teil ist ihm zugefallen, indem er hochgestellte Persönlichkeiten kennenlernt. An die Staatsaufträge ist er als Drucker, der besonders gute und moderne Maschinen hatte, gekommen, indem er zuerst den Auftrag für die Staatsdrucksachen erhielt. Mit der Einführung von Papiergeld, die er selbst propagiert hatte, wurde er zur »Staatsdruckerei« für mehrere Staaten. Indem er die Zeitung nicht nur druckte, sondern auch schrieb, und als *postmaster general* auch noch den Vertrieb in der Hand hatte, war er in Philadelphia der »Medien-Mogul«. Die wirtschaftliche Tüchtigkeit, mit der er es weit brachte, bestand in seinem sozialen Geschick und in der Nutzung der »Verbindungen«, die er damit gewann. Bescheidenheit, Fleiß und Sparsamkeit allein hätten das nie gebracht, was er erreichte, und waren dafür wahrscheinlich nicht einmal nötig – vielleicht nützlich als die Fassade, als die er sie auch propagierte.

Man kann das noch einmal wenden und sagen, gerade damit ist Franklin das realistische Vorbild eines kapitalistischen Unternehmers: Es geht im real existierenden Kapitalismus nicht um Märkte, sondern um das Vermeiden der Marktrisiken durch gute Beziehungen und Staatsaufträge. Aber der »Geist des Kapitalismus«, den erfolgreiche Manager brauchen, um Beziehungen und Staatsaufträge aufzubauen und zu pflegen, hat mit »Arbeit als Beruf« wenig zu tun, geschweige denn mit Sparsamkeit und Fleiß.

Das dritte Kapitel

»Asketischer Protestantismus« ist die Antwort,
aber was war die Frage?

Unter der Überschrift »Luthers Berufskonzeption. Aufgabe der Untersuchung« wird die Definition der Fragestellung, des »Problems«, zu Ende gebracht. Dem zweiten Teil des in der Überschrift Angekündigten, der »Aufgabe der Untersuchung«, sind gerade eineinhalb der einundzwanzig Seiten gewidmet. Überhaupt ist das ein Kapitel der Ungleichgewichte: Der Text besteht zu etwa zwei Dritteln aus Fußnoten. Mehr als die Hälfte des Fußnotentextes bezieht sich auf Fragen der Bibelübersetzung unter besonderer Berücksichtigung des Wortes »Beruf«.

In Fußnoten werden in einer wissenschaftlichen Arbeit die zusätzlichen Argumente gepackt, mit denen man den Haupttext nicht belasten möchte, die dort den geraden Gang des Arguments stören würden, aber doch interessant genug sind, um nicht ganz weggelassen zu werden. Fußnoten werden auch verwendet, um die genauen Belege für ein Argument zu bringen, vor allem wenn es sich dabei um Verweise auf andere Autoren handelt. Empirische Belege hingegen wird man gewöhnlich in den Haupttext nehmen, schon weil die Anmerkungen nicht so lang werden sollen, dass sie den Haupttext überwuchern. Wenn sie das doch tun, können wir einen besonderen »Beweisnotstand« vermuten: Es muss ein Befund, den man im Haupttext als gegeben voraussetzen möchte, erst umfangreich begründet werden. Der Begriff »Beruf«, besonders in der Bibel, macht mehr an Problem, als dem Argument und dem Text gut tut.

Übersetzungsfragen: Geschäft und Berufung, »business« und »calling«

Weber beginnt mit einer nicht weiter belegten Behauptung (es sei »unverkennbar«), dass heute in den Worten »Beruf« und »calling« eine »religiöse Vorstellung: – die einer von Gott gestellten Aufgabe« (RS I: 63) mitschwingen würde. Das bezeichnet er im weiteren als den »modernen« Begriff von Beruf.[1] Dazu setzt er wieder mit einem Unterschied zwischen Katholiken und Protestanten an: Nur die »vorwiegend protestantischen Völker« (64) würden diese religiöse oder ethische Bedeutung spüren. Dass das so ist, das »zeigt sich«, indem »wir nun das Wort geschichtlich und durch die Kultursprachen hindurch [verfolgen]« (63). Es »zeigt sich ferner«, dass diese mitschwingende Bedeutung nicht aus irgendeinem »germanischen Volksgeist« (65) stammt, sondern aus den jeweiligen Bibelübersetzungen.

Ein Soziologe würde sich hier fragen: Stimmt diese Bedeutung von »Beruf« mit einem Einschlag von »Berufung« für alle Tätigkeiten, für die ganze Gesellschaft, oder gibt es da Unterschiede, etwa zwischen Tagelöhnern in der Landwirtschaft, Industriearbeitern, Handwerkern, Beamten, Fabrikbesitzern, Bankdirektoren und Universitätsprofessoren? Vor allem: Woran erkennt man den Einschlag von »Berufung« und gibt es womöglich verschiedene Formen davon? Das traditionelle Beamtenethos und der Stolz auf die Meisterschaft des Handwerkers, gar nicht zu reden von der Offiziersehre und der Treue der Dienerschaft, unterscheiden sich vielleicht von der Verpflichtung des höheren Verwalters auf »die Firma« – und der »freie Unternehmer« und die frei praktizierenden Professionen (Ärzte, Anwälte) werden sich noch anders auf ihre Tätigkeit und deren Bedeutung in ihrem Leben beziehen.[2]

---

1 »Modern« sind nach dieser Bestimmung also alle disziplinierten Arbeitshaltungen seit der Reformation.

2 Die Vorstellung von Beruf mit einem Einschlag von Berufung mutet uns heute als leicht verschroben an. Spätestens im Neoliberalismus, also seit den 1980er Jahren, hat sich als »modern« ein Verständnis von »Job«, wenn nicht »McJob«, selbst bei Akademikern durchgesetzt. Schon im Fordismus wurde eine »instrumentelle Arbeitshaltung« – man arbeitet für die Freizeit und den Konsum – ziemlich allgemein gepflegt. »Beruf« als eine Tätigkeit, für die man gut ausgebildet ist und die ein Leben lang nachgefragt wird – gar nicht zu reden von der Idee, diese Tätigkeit sollte nicht nur Geld einbringen, sondern sozial nützlich sein –, gehört heute einer manchmal romantisierten Vergangenheit des Arbeitslebens an. – Vor hundert Jahren, als Weber schrieb, war offenbar »Beruf« in einem neutralen Sinn noch nicht so geläufig. Im 19. Jahrhundert wurde selbstbewusster Berufsstolz im Handwerk zugunsten der schnell anlern- und ersetzbaren Industriearbeit abgeschafft. An der Herstellung von Facharbeitern wurde gearbeitet, aber was wir heute als ihre »Berufsschulen« kennen, entstand damals als »Gewerbeschulen«. Beruf mit einem Einschlag von Berufung war vor allem das Privileg der Professionen, also der akademisch gebildeten Berufe

Und wie verhält sich die jeweilige »Arbeitsmoral« zu den Zwängen des Marktes, der betrieblichen Hierarchie, der Konkurrenz zu anderen Anbietern und der Finanzierbarkeit der Betriebsmittel? Das erforderliche Ethos und die materielle Situation der jeweiligen Tätigkeit werden vielleicht nicht ganz unabhängig sein. Schon die erste Annahme wirft eine Menge von empirischen Fragen allein für die (damalige) Gegenwart auf. Das Minimum an Klärung bestünde in einer Angabe von Extremen: Berufe mit einem besonders hohen oder niedrigen Einschlag von »Berufung«, oder in einer Typologie: die verschiedenen Formen, in denen sich die ursprünglich religiös, jetzt aber nicht mehr so begründete »Berufung« heute zeigen kann.

Wenn man dazu eine historische These hat, tun sich weitere Notwendigkeiten für die Umsetzung in ein handhabbares Forschungsdesign auf. Selbst wenn in dieser These die Reformation und damit die Luthersche Übersetzung der Bibel ins Deutsche eine Schlüsselposition hat, wäre es nicht der erste Einfall des Soziologen, die Veränderung an biblischen Texten und ihren unterschiedlichen Übersetzungen zu erforschen. Die soziologische Phantasie richtete sich eher auf Daten über die Art, wie verschiedene »Berufe« zu verschiedenen Zeiten tatsächlich praktiziert wurden. Eine Geschichte der Zunft-Organisation von Handwerk und ihrer Auflösung im 19. Jahrhundert, eine Geschichte des landwirtschaftlichen Großbesitzes und seiner Betriebsführung, eine Geschichte der gebildeten Professionen – das wären Beispiele, an denen man sich damit befassen könnte, ob in der Zeit der Reformation auffallende Veränderungen eingetreten sind und welche.

Weber überspringt alle Möglichkeiten dieser Art, konzentriert sich stattdessen auf sprachsoziologische und linguistische »Operationalisierungen« seiner Annahme und geht sofort auf eine kühne These: Der Wortsinn und damit das allgemeine Verständnis von Beruf als Berufung »stammt« aus den Bibelübersetzungen (RS I: 65). Ob und wie die Bibel gegenüber anderen Determinanten der Organisation von gesellschaftlicher Arbeit diese durchschlagende Bedeutung gehabt haben kann, wird nicht weiter untersucht. Aber zumindest der behauptete Bedeutungsunterschied könnte durch eine noch relativ einfache Erhebung überprüft werden: Man könnte katholische und protestantische Bibeltexte und ihre jeweilige Verwendung von »Beruf« in derselben Sprache vergleichen und sehen, ob – das wäre am einfachsten

---

– und natürlich der Wissenschaftler und Künstler. Webers Bezeichnung einer Arbeitshaltung als »modern«, die schon damals das Privileg Weniger war, ist nur verständlich im Kontrast zu einer »traditionellen«, die nur sehr viel früher auch im Handwerk und bei den Wirtschaftstreibenden, ansonsten aber in der Unterschicht üblich war.

– verschiedene Wörter (etwa statt Beruf Tätigkeit oder Aufgabe) eingesetzt werden oder ob sich selbst bei Wortgleichheit aus dem Kontext das erwartete Bedeutungsumfeld oder sein Fehlen erschließen lässt. Auch das geschieht hier nicht. Es wird vielmehr die schwierigste und am wenigsten schlüssige, die im ersten Satz angesprochene Untersuchung gewählt: bei den »vorwiegend katholischen« und »vorwiegend protestantischen Völkern« mit ihren verschiedenen Sprachen die Wörter für »Beruf« auf den jeweiligen Hof von Bedeutung zu vergleichen.³

An dieser Stelle kommen die überdimensionierten Fußnoten ins Spiel. In der ersten (RS I: 63–65) werden tatsächlich Belege innerhalb der zweiten genannten Forschungsstrategie gesammelt: Die vorwiegend katholischen Völker und das klassische Altertum hätten keinen Begriff von »Beruf« mit der »Färbung« einer von Gott gestellten Aufgabe, *alle* protestantischen Völker (64) hingegen sehr wohl. Als Beispiele werden genannt: das Hebräische (63), das Griechische (63f), das Lateinische (64), die romanischen Sprachen (64f). Gezeigt werden soll, dass es in allen diesen Sprachen kein Wort und jedenfalls keinen Begriff von »Beruf« im Sinn von (göttlicher) »Berufung« gegeben habe. Man erkenne die »Färbung« daran, dass »Beruf« für Tätigkeiten im Dienst Gottes oder des Königs gebraucht wird. Später abstrahiert sich das zu einer »ethischen Färbung«, von der man nicht mehr sagt, woran man sie erkennt. Nach diesem Kriterium findet sich im Hebräischen (alle Beispiele stammen aus der Bibel) sehr wohl etliches an Gebrauch mit »Färbung«, aber auch neutrale Beispiele ohne. Im Griechischen gebe es die »ethische« Aufladung überhaupt nicht. Hier werden gar keine Beispiele zitiert. Ähnlich verhalte es sich im Lateinischen. Als Beispiele werden hier je eine Stelle von Seneca, Cicero, aus der Vulgata und – als Gegenbeispiel eines bereits asketischen, daher religiös »gefärbten« Gebrauchs – Hieronymus genannt. In den romanischen Sprachen gibt es ein eigenes Wort für »Berufung«, nämlich *vocatio*, das nie für »Beruf« verwendet werde. Dafür gebe es die von *ministerium, officium, ars, professio* abgeleiteten Wörter.

In der Bilanz der ersten Fußnote stimmt die These also für das Hebräische nicht, für das Griechische völlig, aber leider ohne Beleg, für das Lateinische zuerst mit einem Gegenbeispiel, das als Ausnahme wegerklärt wird, für

---

3 Schon die Zuordnung ist nicht ganz ohne Probleme, aber man könnte Extremfälle nehmen, etwa Schweden und Italien. Wenn man eine solche Untersuchung »geschichtlich und durch die Kultursprachen hindurch« organisieren wollte, würde daraus heute ein international vergleichendes Forschungsvorhaben mit Teams in mindestens acht EU-Mitgliedsstaaten gemacht – falls der Entwurf durch das Genehmigungsverfahren kommt. Bei Weber freilich »zeigt sich« das Ergebnis im Haupttext ohne weitere Untersuchungen.

die romanischen Sprachen aufgrund einer Trennung der beiden Begriffe, des religiös aufgeladenen und des weltlichen, durch verschiedene Wörter – die aus dem Lateinischen stammen, in der Erörterung des Lateinischen aber nicht genannt wurden. Noch ganz abgesehen von den wenigen Belegen, deren Auswahl nicht begründet wird und von denen man daher nicht weiß, ob ihnen bei weiterer Suche nicht andere entgegenstünden, ist die Bilanz, selbst wenn man sie akzeptiert, nicht eindeutig. Mit dem Hinweis auf die deutliche Trennung der beiden Bedeutungen durch unterschiedliche Wörter in den romanischen Sprachen und im Latein verschiebt sich die Beweislage dahin, dass in den Sprachen der »vorwiegend protestantischen Völker«, also nach der Reformation in Skandinavien, Großbritannien und Teilen Deutschlands, eine solche sprachliche Differenzierung, die es davor gab, verschwinden müsste. Hätte sie schon vorher nicht bestanden, ließe sich das nicht auf die Reformation zurückführen. Es wäre also zu zeigen, dass damals etwa im Deutschen der Unterschied zwischen »Berufung« und »Beruf«, im Englischen zwischen »calling« und »business« aufgehoben wurde. Dieser Nachweis wird in der übernächsten Fußnote (RS I: 65ff Fn 2) versucht.

Die Fußnote beginnt gleich mit dem Ergebnis: Vor Luther hätte es in den Sprachen der protestantischen Länder (Holländisch, Englisch, Dänisch, Schwedisch) nur ein Wort für »Berufung« strikt im religiösen Sinn oder auch noch in eine geistliche Pfründe gegeben. Eine spätere weltliche (»moderne«) Bedeutung von »Beruf« gehe hingegen »auch sprachlich auf die Bibelübersetzungen, und zwar die protestantischen« zurück (66 Fn). Das ist hier nicht belegt, sondern wird als vorwegnehmendes Ergebnis präsentiert. Es folgen drei Seiten Kleindruck, in denen Luthers Verwendung von »Beruf« im Detail besprochen wird. Allerdings ist das Material dafür begrenzt: Es ist einmal die immer wieder in Anspruch genommene Sentenz in Sirach 11,20 – dort verwendet Luther »Beruf«, wo andere Übersetzungen »Aufgabe« oder sogar »Mühsal« (die Menge-Bibel) verwenden: »… vertraue du Gott und bleibe in deinem Beruf« statt »vertraue vielmehr dem Herrn und harre in deiner Mühsal aus«, wie es offenbar auch möglich ist. Ansonsten gibt es nur Gegenbeispiele, in denen Luther das Wort im Sinn von »Berufung« gebraucht, oder es nicht verwendet, obwohl das möglich wäre. Hinzu kommt, dass Weber die Luther-Bibel, wie er selbst (67 Fn) schreibt, nach »den üblichen modernen Ausgaben« zitiert, die schon 1904 mehrfach revidiert und modernisiert waren. Wenn man auf Luthers Original zurückgeht, findet sich außer das eine

Mal in dem Vers bei Sirach nur *ruff*, *werck* oder *geschefft*.⁴ Zuletzt gibt es (68f Fn) noch einen Absatz über englische Bibeln, in denen manchmal *calling* gebraucht wird, manchmal *state*. Ergebnis: Die Evidenz besteht, selbst wenn man die Interpretation der Wortbedeutung akzeptiert, die nicht so richtig zwingend ist, in einer (in Worten: einer) Stelle der Luther-Bibel, noch dazu in einem Spruch aus den Apokryphen, die in vielen Bibel-Ausgaben ohnehin weggelassen werden.⁵ Dazu gibt es bei Luther selbst eine Reihe von Gegenbeispielen.⁶ Davon soll – bei aller Hochachtung für die sprachbestimmende Leistung der Luther-Bibel – die umfassende Neuprägung des Begriffs »Beruf« ausgegangen sein?

Selbst wenn es so wäre, was das wiederum bedeuten mag, wäre erst zu klären: Hat die Änderung der Wortbedeutung auch die reale Arbeitshaltung beeinflusst? Oder ist es eher umgekehrt? Soll es überhaupt einen Zusammenhang zwischen einem bestimmten, nicht sehr auffälligen und sicher nicht dem populärsten von vielen hunderten Bibelsprüchen und der Art geben, wie nicht nur etwa ein fundamentalistischer puritanischer Schuster im 17. Jahrhundert, sondern später auch ein reicher katholischer Kaufmann in Italien gearbeitet und ihre Geschäfte betrieben haben? Lässt sich irgendeine Vermittlung zwischen den beiden Größen angeben?

Weber bietet die folgende Linie an: »Und wie die Wortbedeutung so ist auch – das dürfte im ganzen ja bekannt sein – der *Gedanke* neu und ein Produkt der Reformation.« (RS I: 69) Wie sich Wort und Gedanke zueinander verhalten – das Wort ist der Gedanke, drückt ihn aus, führt ihn herbei? –, bleibt offen. Aber jedenfalls ist der Gedanke ein Produkt der Reformation. Was das genau heißt, wird nicht gesagt: Was an dem langwierigen und kom-

---

4 Hanyu (1993, 1994) hat sich durch das Dickicht der Auslegungskunststücke zu »Beruf« und »calling« gearbeitet und kommt zu dem Schluss, dass Weber die Bibel-Ausgaben nicht im Original konsultiert haben kann, selektiv zitiert und insgesamt unlogisch argumentiert. Er bleibt etwas ratlos mit dem Befund übrig, dass Webers Vorgehen »unverständlich« sei.

5 Wie Hanyu (1994: 102 Fn) berichtet, ist ohnehin nicht gesichert, dass die Apokryphen von Luther selbst eingedeutscht wurden. Die Apokryphen fehlen auch in der offiziellen englischen King-James-Bibel. Die puritanischen Sekten werden vielleicht ihre eigenen Bibeln gehabt haben, die die Jesus-Sirach-Sprüche enthielten.

6 Das Ungewöhnliche und Riskante der linguistischen Untersuchung, die er in den beiden Fußnoten präsentiert, ist Weber wohl bewusst: Er beruft sich nicht weniger als fünfmal auf persönliche Auskünfte und Bestätigungen von geschätzten professoralen Kollegen (Merx – 63, 67, Baist – 65, Braune und Hoops – 65, Deißmann – 68), statt auf Forschungsergebnisse also auf Expertenmeinungen. Das tut man nur, wenn man sich auf einem Gebiet bewegt, für das man selbst nicht voll zuständig ist.

plizierten und gewalttätigen historischen Prozess der Reformation hat diesen Gedanken hervorgebracht, benützt, verbreitet, wie in welche Taten und Praxen umgesetzt? Was am ehesten wie eine Spezifikation klingt, ist tatsächlich nur eine wiederholende Umschreibung: Die »Erfüllung der innerweltlichen Pflichten« sei durch die Reformation zum Gottesdienst erklärt worden, und zwar zum einzigen unter Abwertung der »mönchischen Askese«. Damit werde die »Lebensstellung des einzelnen« mit ihren Pflichten zum »Beruf« (69). Wenig später unterstreicht der Text noch einmal: »Daß diese sittliche Qualifizierung des weltlichen Berufslebens eine der folgenschwersten Leistungen der Reformation und also speziell Luthers war, ist in der Tat zweifellos und darf nachgerade als Gemeinplatz gelten.« (72) In einer Fußnote setzt er hier hinzu: Er müsse gestehen, irgendwelche Vorstellungen gar nicht verstehen zu können, dass »eine solche Neuschöpfung ... am Handeln der Menschen spurlos vorübergehen« könne (72 Fn 1). Das ist alles selbstverständlich: »zweifellos« und »nachgerade ein Gemeinplatz«, irgendwelche Zweifel seien »nicht zu verstehen«. Daher braucht auch nichts belegt oder nur plausibel gemacht zu werden.

Luther habe einerseits diese »folgenschwerste Leistung der Reformation« vollzogen, andererseits, so stellt sich bald heraus, »blieb ... bei Luther der Berufsbegriff traditionalistisch gebunden« (RS I: 77). »Traditionalistisch« heißt, »der einzelne soll grundsätzlich in dem Beruf und Stand *bleiben*, in den ihn Gott einmal gestellt hat, und sein irdisches Streben in den Schranken dieser seiner gegebenen Lebensstellung halten« (76). Die »Färbung« von »Beruf« als das, was man »*hinzunehmen*« habe, »übertönt den ... anderen Gedanken, daß die Berufsarbeit ... die von Gott gestellte Aufgabe sei« (78). Es ist zwar gar nicht so leicht zu sehen, warum das ein Widerspruch sein soll – kann man nicht an der Stelle, auf der man sich findet, ergeben unermüdlich arbeiten? –, aber hier ist damit die Reformation Luthers erledigt: Sie kann den »Geist des Kapitalismus« nicht hervorgebracht haben. Die resignierte Bilanz nach all der Anstrengung ist: »Der bloße Gedanke des ›Berufes‹ im lutherischen Sinn also – das allein sollte schon hier festgestellt werden – war, soviel wir bisher sehen können, von jedenfalls nur problematischer Tragweite für das, was *wir* suchen.« (79)[7]

---

[7] Die hier gefundene Einsicht, dass Luther mit »bei seinem Beruf bleiben« (siehe Sirach 11,20) meint, man solle geduldig »in seinem Stand« ausharren und dort arbeiten, hebt rückblickend die gesamte Argumentation aus den langen und mühseligen linguistischen Analysen in den Fußnoten, die oben referiert wurden, wieder auf. Weber hätte sie 1920 streichen können, statt sie auszuweiten.

Der lutherische Protestantismus passt leider nicht zu den Annahmen

Weber erklärt sich als Ergebnis dieses Kapitels für gescheitert: Seine bis hierher entwickelte Annahme, der »moderne« Begriff von Beruf sei das Produkt der Reformation, lässt sich an Luthers Schriften nicht bestätigen. So wie anderes in diesem Kapitel mutet auch diese plötzliche Resignation ein wenig willkürlich an: Die linguistischen »Belege« haben ohnehin alle eine recht indirekte Beziehung zu der Generalthese, die jeweiligen Bilanzen der beigebrachten Beispiele sind nicht eindeutig – alles weist darauf hin, dass sich mit dem Material aus der Bibel und ihren Übersetzungen die Frage nicht klären lässt.

Wenn die wissenschaftliche Beweisführung zu einer These nicht gelingt, kann das zwei Gründe haben: a) die These war falsch; b) die versuchte Beweisführung war fehlerhaft. Es kann auch beides der Fall sein. Angesichts des durchaus nicht zentralen und jedenfalls wenig geklärten Stellenwerts, den Bibelsprüche und einzelne von Luthers Predigten für die Arbeitshaltung der Bevölkerung gehabt haben werden, angesichts auch der höchst indirekten Beziehungen zwischen Wortbedeutungen und wirtschaftlichen Gegebenheiten im internationalen Vergleich, gibt Weber jedenfalls sehr schnell und ohne andere mögliche empirische Untersuchungen seine Bemühungen um Luther auf. Er schwenkt sofort dazu um, stattdessen andere »Ausprägungen des Protestantismus« untersuchen zu wollen, »bei denen ein Zusammenhang der Lebenspraxis mit dem religiösen Ausgangspunkt leichter als beim Luthertum zu ermitteln ist« (RS I: 79). Dafür böten sich der Calvinismus und die protestantischen Sekten an, besonders wegen des »Katholiken wie Lutheranern gemeinsamen Abscheus« vor der »ethischen Eigenart des Calvinismus«, seiner »ganz andersartige(n) Beziehung zwischen religiösem Leben und irdischem Handeln« (80).

Das ist freilich ein rundum kurioser Schwenk mit einer noch kurioseren Begründung. Wenn ich eine These über den Zusammenhang von Reformation und »Geist des Kapitalismus« habe und sie lässt sich an dem ursprünglichen und in Deutschland dominanten Zweig der Reformation nicht zeigen, dann muss ich sie aufgeben oder in ihrer Gültigkeit einschränken, je nachdem, wie wichtig dieser Luther für die Reformation war. Es wäre also eine inhaltliche Begründung dafür zu erwarten, warum das Luthertum weniger relevant ist als der Calvinismus. Weber gibt stattdessen eine forschungspraktische Begründung: Der Zusammenhang bestehe bei Luther nicht so »unmittelbar«, sei nicht so gut »ableitbar und überhaupt nicht so leicht greifbar« wie vielleicht bei anderen Formen von Protestantismus. Daher »empfiehlt es sich«, lieber die zu untersuchen. Ein wenig erinnert das doch an den Mann, der den verlorenen Schlüssel nicht in der dunklen Türnische sucht, wo er ihm aus der Hand gefallen ist, sondern lieber unter der Straßenlaterne, wo er Licht hat und sehen kann.

Statt einer Begründung des Kurswechsels folgt zunächst ein dichterisches Beispiel: In Miltons *Paradise Lost* werde zuletzt die Welt als irdisches Paradies sichtbar, das die Vertreibung aus dem Paradies des Herrn verschmerzen lasse. Bei Dante hingegen stehe am Schluss als Erfüllung das »wunschlose Schauen der Geheimnisse Gottes« (RS I: 80). Puritanische Weltzugewandtheit gegen katholische Weltflucht, das soll hier wohl illustriert werden. Die »ganz andersartige Beziehung zwischen religiösem Leben und irdischem Handeln« mag damit angedeutet werden, aber ob die beiden Dichtungen wirklich verglichen werden können und was ihre Beziehung zu katholischen und protestantischen religiösen und sonstigen Lebenspraxen sein mag, bleibt ungeklärt. Klären will Weber hingegen, dass diese »Andersartigkeit« nicht auf einen »Volksgeist« zurückzuführen sei, wie er es auch schon früher (RS I: 65) getan hatte. »Erst die Macht religiöser Bewegungen ... hat hier jene Unterschiede geschaffen, die wir heute empfingen.« (81) Und wichtig zu klären sei auch, dass die Reformatoren natürlich nicht das *Ziel* gehabt hätten, den »kapitalistischen Geist« zu »erwecken«. Sie hatten rein religiöse Motive. »Das Seelenheil und dies allein war der Angelpunkt ihres Lebens und Wirkens.« Die »Kulturwirkungen der Reformation ... (waren) ... unvorhergesehene und geradezu *ungewollte* Folgen der Arbeit der Reformatoren ..., oft weit abliegend oder geradezu im Gegensatz stehend zu allem, was ihnen selbst vorschwebte.« (82)

Dementi einer »töricht-doktrinären These« über historische Zusammenhänge

Die Entwicklung der Fragestellung, des Problems, schließt mit einer Kaskade von Rücknahmen. Es wird zusammengestellt, was alles *nicht* behauptet und untersucht werden soll. Zunächst soll bestimmt nicht der »Gedankengehalt der Reformation in irgendeinem Sinn, sei es sozialpolitisch, sei es religiös« *gewertet* werden (RS I: 82). Auch müsse man sich

»von der Ansicht emanzipieren: man könne aus ökonomischen Verschiebungen die Reformation als ›entwicklungsgeschichtlich notwendig‹ deduzieren ... Aber andererseits soll ganz und gar nicht eine so töricht-doktrinäre These verfochten werden wie etwa die: daß der ›kapitalistische Geist‹ ... nur als Ausfluß bestimmter Einflüsse der Reformation habe entstehen *können* oder wohl gar: daß der Kapitalismus als *Wirtschaftssystem* ein Erzeugnis der Reformation sei.« (RS I: 83)

Das alles soll *nicht* untersucht und schon gar nicht angenommen werden. Worum also geht es dann?

Die positiven Bestimmungen dessen, was getan werden soll, sind eine Sammlung von Formeln der Bescheidenheit und Vorsicht. Der berühmte Satz, dass es hier um die Art gehe, »in der überhaupt die ›Ideen‹ in der Geschichte wirksam werden«, wird schon mit einer Kumulation von fünf solcher Formeln eingeleitet: Die Studie »könnte (!) ... an ihrem freilich bescheidenen (!) Teil vielleicht (!) auch einen Beitrag (!) bilden zur Veranschaulichung (!) der Art ...« Was getan werden soll, wird zweimal durch »lediglich«, einmal durch »nur« verkleinert. Beabsichtigt ist »lediglich«, die Zusammenhänge »etwas (!) deutlicher (!) zu machen« (82). Es wird nur die »allgemeine (!) Richtung (!)« einer Einwirkung »nach Möglichkeit (!) verdeutlicht (!)«. Es »könnte (!) der Versuch (!) gemacht werden, abzuschätzen (!) ...« (83). Es gibt wohl keinen zweiten Klassikertext mit einer derartigen Dichte an Formeln der Vorsicht und Bescheidenheit. Das wirkt dazu auf diesen letzten eineinhalb Seiten besonders frappierend, weil der Text bis dahin eher bestimmt auftritt und eher Formeln im Sinn von »wie alle wissen« verwendet. Von den harschen Worten gar nicht zu reden, mit denen Kritiken zurückgewiesen werden.

Dazu passen auch die jetzt verwendeten Metaphern für den Zusammenhang, der untersucht werden soll: Die erste bezeichnet die historische Entwicklung als »Gewebe« und untersucht werden soll der »Einschlag«, also ein einzelner Faden darin, den »religiöse Motive« darstellen mögen. Die zweite ist die »Zurechnung« einer »historischen Ursache«. Die dritte ist die berühmte »Wahlverwandtschaft«. Die erste Metapher bringt eine unübersehbare Vielfalt von kleinen Fäden vor Augen, die man einzeln kaum unterscheiden kann, die zusammen aber ein Muster erzeugen. Den Beitrag, den ein einzelner Faden oder selbst eine Zahl von parallelen Fäden zu diesem Muster leisten, kann man kaum angeben. Die zweite Metapher macht die historische Ursache zu einer Zuschreibung und zugleich auch wieder zu einem Ausschnitt aus einem komplexen Gefüge. Die dritte, die »Wahlverwandtschaft«, verdünnt einen möglichen Zusammenhang, der sonst im Text durchaus mit Worten im Begriffsfeld von »Ursache« bezeichnet wird, zu einer Affinität, Zusammengehörigkeit, vielleicht Ähnlichkeit. Die Metaphern signalisieren also Komplexität bis Unübersichtlichkeit und Unbestimmtheit in der Art der historischen Verknüpfung bis hin zur Erfindung eines neuen Begriffs für eine bestimmt nicht einfach ursächliche Beziehung.⁸

Eine »etwas genauere gedankliche Formulierung«?

Durch alle diese Relativierungen und Rücknahmen und Floskeln von Vorsicht ist die inhaltliche Präzisierung der Fragestellung verloren gegangen. Klar ist nur, dass wir zuletzt bei den »Calvinisten und den protestantischen Sekten« gelandet sind, also dem, was in der gleich nachfolgenden Überschrift »asketischer Protestantismus« genannt wird. Die andere Variable ist der »Geist des Kapitalismus« – und es geht immer noch um einen Zusammenhang zwischen den beiden, der jetzt freilich sehr vorsichtig formuliert wird. Zu Zeiten war diese Verbindung im Text schon viel stärker. Anfangs, im ersten Kapitel, sah es so aus, als gebe es da auch noch Ende des 19. Jahrhunderts harte Unterschiede zwischen Katholiken und Protestanten. Das wurde dann historisch zurückgenommen, galt aber in der Reformation ähnlich stark. Jetzt ist auch das nicht mehr der Fall: Die Differenzen zwischen Lutheranern und Calvinisten sind viel mehr in den Vordergrund gerückt. Verschoben hat sich auch der Inhalt von »Geist des Kapitalismus«: Zuerst bestand er in der ethischen Verpflichtung, Geld zu machen, dann im Stolz auf die eigene Tüchtigkeit, egal in welcher Position und Tätigkeit, dann in der Haltung, die Tätigkeiten des Lebens, darunter die Erwerbstätigkeit, als »Gottesdienst« und also heilige Verpflichtung zu verstehen. Das heißt noch nicht, dass man davon auch reich wird. Dann zeigte sich, dass Luther das gar nicht so gemeint hatte, sondern »traditional« nur wollte, dass jeder in seinem Stand bleiben und dort seine Pflicht tun sollte. Was genau ist die Frage?

---

8 Mehr zu den Metaphern im Kapitel »Kausalität und Wahlverwandtschaft«. – Ähnlich vorsichtig und zugleich bestimmt war übrigens schon Schmoller (1860: 715f) in seiner Studie über die Reformation gewesen: »Die Geschichte ist kein Nebeneinander von getrennten Zuständen und Thatsachen, sondern ein organischer Process, wo jedes Moment in ewiger Wirkung und Wechselwirkung beiträgt zur Entfaltung alles Künftigen ... Aber für uns liegt die Hauptbedeutung dieses Princips [des Protestantismus] darin, dass es die Entwicklung der folgenden Jahrhunderte beherrscht hat: es hat uns auf allen Gebieten von der Herrschaft der Autorität befreit; ... es hat durch das Schaffen eines freien Geistes in den protestantischen Ländern denjenigen Schwung und diejenige Kraftentfaltung möglich gemacht, denen wir unser modernes Kulturleben danken; ... Die Reformation des 16. Jahrhunderts musste vorhergehen, ehe im 18. und 19ten die Dampfmaschine erfunden werden und die National-Oekonomie als selbstständige Wissenschaft erfasst werden konnte.«

Weber verwendet auch hier wieder die Ankündigung, es gelte nun, »an die Stelle dieser unbestimmten Empfindung ... eine etwas genauere gedankliche *Formulierung* zu setzen und nach den inneren Gründen dieser Unterschiede zu fragen« (RS I: 80). Genau das hatte er sich schon am Schluss des ersten Kapitels vorgenommen: »das, was uns hier undeutlich vorschwebt, ... deutlich zu *formulieren* ...« (29). Schon dort hatte er angekündigt, die »dunkel empfundenen« Beziehungen zwischen wirtschaftlicher Haltung und Konfession eher bei den Calvinisten und Puritanern untersuchen zu wollen, obwohl er Befunde aus Deutschland, also für Unterschiede zwischen Katholiken und Lutheranern präsentiert hatte. Statt genauer ist die »gedankliche Formulierung« seit dieser ersten Zielvorgabe aber verschwommener geworden. Die »ganze Anzahl möglicher Beziehungen« zwischen Konfession und Wirtschaftsethik, die Weber schon im ersten Kapitel »dunkel empfand«, hat sich im weiteren Gang der Ausarbeitung des Problems nicht verringert, nicht auf eine oder mehrere klar beschriebene Alternativen reduziert, zwischen denen sich nun durch genauere Untersuchungen an dafür aus angebbaren Gründen besonders geeigneten Materialien entscheiden ließe.

Reduziert hat sich nur die historische Gültigkeit der groben These: Reformation und »kapitalistischer Geist« hingen nur historisch, also wohl höchstens bis zum 17. Jahrhundert zusammen, seither ist Kapitalismus selbsttragend geworden[9] und braucht keine »ethischen Maximen« mehr, die den »Gedanken der Berufspflicht« den Unternehmern wie den Arbeitern erst beibringen müssten. Das war, wie erinnerlich, schon an dieser Stelle (RS I: 36f) eine jener vorsichtigen Rücknahmen, wie wir sie auch am Ende der Ausarbeitung der Fragestellung gehäuft finden. Immerhin: Es soll also eine strikt historische Untersuchung sein. Der Einstieg im ersten Kapitel über die Verhältnisse am Ende des 19. Jahrhunderts in Deutschland ist zumindest überflüssig, tatsächlich aber mehr, nämlich irreführend.

Reduziert hat sich die These darauf, dass sie aus Gründen der Opportunität, nämlich der besseren Sichtbarkeit, aber auch wegen des Traditionalismus bei Luther, an den Calvinisten und besonders den Puritanern untersucht werden soll. Das soll offenbar nicht heißen, dass sie nur für diese Gruppe gelten soll, vielmehr wird unterstellt, dass sich der »Geist des Kapitalismus« von dort auf alle, offenbar besonders aber auf alle Protestanten (wenn man dem ersten Kapitel folgt) ausgebreitet hat. Wie diese Verallge-

---

9 Er wurde ein »faktisch unabänderliches Gehäuse«, das »dem einzelnen ... die Normen seines wirtschaftlichen Handelns« aufzwingt (37).

meinerung genau gegangen sein soll,[10] wird nicht einmal als Problem angesprochen. Reduziert hat sich schließlich der »Geist des Kapitalismus« auf »Berufspflicht«, also eine »ethische Maxime«, nach der man regelmäßig und zuverlässig und mit einem langen Arbeitstag den Tätigkeiten des Lebens, vor allem der Erwerbsarbeit nachzugehen hat – und das unabhängig von anderen Motiven, also unabhängig von äußeren Zwängen, besonders vom Druck, ein Einkommen verdienen zu müssen, oder vom Drang, möglichst reich werden zu wollen, oder vom Wunsch nach einem Leben in Luxus, Bequemlichkeit und allseitiger Befriedigung. »Rechenhaftigkeit« kommt als Bestimmung hinzu, wenn das insgesamt irregeleitete Beispiel Franklin irgendeinen Sinn gehabt haben soll, obwohl sie zu der Disziplin der »Berufspflicht« eigentlich im Widerspruch steht. Wie Weber selbst immer wieder betont: »Arbeit als Beruf« ist irrational, sie »rechnet sich nicht«, das genau macht sie zu einer ethischen Maxime.

Völlig aufgemacht wurde hingegen das Feld möglicher Pfade der Vermittlung und des Zusammenhangs. Es wird weder gesagt, was genau an den protestantischen Sekten es sein soll, das sich mit dem »Geist des Kapitalismus« verband, noch, wie das geschehen sein soll.[11] Es geht um ihre »Ideen«, so viel wird gesagt und auch durch die bisher verwendeten Materialien – Texte der Bibel und ihre Übersetzungen – nahegelegt. Es wird nicht diskutiert, ob noch andere Charakteristika dieser Konfessionen beachtlich sein könnten, etwa ihre interne Organisation und ihr Verhältnis zur weltlichen Obrigkeit, die Schichtzugehörigkeit ihrer Träger, die Art, wie sie sich wirtschaftlich reproduzieren. Es wird auch nichts dazu gesagt, mit welchen Materialien die weitere Untersuchung daher arbeiten wird. Etwas wie ein Forschungsplan wird an keiner Stelle auch nur angedeutet.

Die Ausarbeitung der Fragestellung endet damit, dass die »große« Fragestellung, wie sie angekündigt und suggeriert wurde – und wie sie bis heute

---

10 Wenn sie doch besonders die Protestanten betroffen haben soll, genügt der »selbsttragende Kapitalismus« nicht als Erklärung, denn unter dem wirtschaften auch die Katholiken.

11 Es gibt an anderer und nur an dieser Stelle, nämlich in der »Einleitung« zur *Wirtschaftsethik der Weltreligionen*, die berühmte »Weichensteller«-Metapher, mit der die Vermittlung veranschaulicht wird: »[D]ie ›Weltbilder‹, welche durch ›Ideen‹ geschaffen wurden, haben sehr oft als Weichensteller die Bahnen bestimmt, in denen die Dynamik der Interessen das Handeln fortbewegte.« (RS I: 252) Lepsius (1990) hat diese Metapher ausführlich gedeutet: Es wirke die Sanktionierung durch die Gruppe der Gläubigen, das »gute Gewissen« und die Abkopplung des Handelns von seinem Erfolg (also eine »fehlende Idee« durch die Trennung der Sphären). Entscheidend sind die sozialen Institutionen – Handlungspraxen und ihre Muster.

verstanden wird –, nämlich dass Kapitalismus »irgendwie« auf Protestantismus beruht, aufgelöst und de facto als unbeantwortbar erklärt wird. Protestantismus und »Geist des Kapitalismus« hängen zusammen, so viel ist gewiss, aber wie, das ist eine so komplizierte Geschichte, dass man sinnvollerweise keine genaueren Angaben dazu macht.

»Historisches Individuum« II: War Jakob Fugger der Reiche (1459–1525) ein Kapitalist?

Weber verwendet (RS I: 33f) Jakob Fugger als Beispiel für ein Streben nach Reichtum, das *nicht* aus dem »Geist des Kapitalismus« entspringe. Im Gegensatz zu Franklin, der eine ethische Verpflichtung zur Vermehrung von Geld postuliere, sei Jakob Fuggers viel zitierter Ausspruch, er »wollte gewinnen dieweil er könnte«, der »Ausfluß kaufmännischen Wagemuts und einer persönlichen, sittlich indifferenten Neigung« (33). Es war schon erstaunlich und unplausibel, wie Weber bei Franklin statt ironischer Lebensklugheit eine ethische Maxime behaupten konnte. Noch verblüffender ist, wie er aus dem kurzen Fugger-Zitat entnimmt, dass es sich hier *nicht* um eine Ethik und also auch nicht um »Geist des Kapitalismus« handelt. Jakob Fugger wäre damit ein Beispiel für das vor-puritanisch immer wieder vorkommende Streben nach großen Reichtümern, das mit Kapitalismus nichts zu tun habe, weil ihm der rechte »Geist« abgehe.

Weber nimmt das Beispiel im Anschluss an Sombart und in (nicht ausgesprochener) Kritik an dessen Interpretation auf. Sombart (1902: 397) sah darin gerade die Verkörperung von modernem Kapitalismus: »Er wollte gewinnen, dieweil er könne – das wird die Devise des kapitalistischen Unternehmers.« Der traditionale Unternehmer hätte im Gegensatz dazu aufgehört, wenn er genug für ein standesgemäßes Leben erwirtschaftet hatte. Weber stellt zwar später (RS I: 51ff) auch genau diesen Gegensatz vor, aber hier geht es erst einmal darum, eine ethische Maxime von einer persönlichen Marotte zu unterscheiden.

Woran also erkennt Weber, dass es sich bei Fuggers Ausspruch um eine persönliche Neigung handelt? Dem kurzen Satz ist das nicht zu entnehmen. In einer Version wie »*man* müsste gewinnen dieweil man könnte« wäre die beanspruchte Allgemeingültigkeit schon deutlicher nahegelegt, aber es könnte sich immer noch um eine Klugheitsregel handeln. Um den Satz verstehen zu können, braucht man einen Kontext. In welcher Situation wurde er als Antwort auf welche Herausforderung gesprochen?

Weber referiert ein wenig dieses Kontextes: »Wenn Jakob Fugger einem Geschäftskollegen, der sich zur Ruhe gesetzt hat und ihm zuredet, das gleiche zu tun, da er nun doch genug gewonnen habe und andere auch gewinnen lassen solle, dies als ›Kleinmut‹ verweist und antwortet: ›er (Fugger) hätte viel einen andern Sinn, wollte gewinnen dieweil er könnte‹, …« (33) Jetzt klingt der Satz so, als ginge es um die Frage, wann man sich in den Ruhestand zurückzieht, das »dieweil er könnte« bekommt die Bedeutung von »so lange er dazu noch körperlich und geistig imstande sei«. Zwei erfolgreiche ältere Herren sinnieren über die Frage, ob man mit 60, 65 oder 68 in Pension gehen soll.

Bei Sombart wird die Geschichte etwas ausführlicher erzählt: Der »Geschäftskollege« bekommt einen Namen: Jörg Thurzo, und er hat »mehreremale an Herrn Jacob Fugger sel. begehrt, er wolle weder gewinnen noch verlieren …« (Sombart 1902: 396). Es wird zwar nicht verständlich, was Thurzo »begehrt«, aber offenbar geht es um eine geschäftliche Transaktion zwischen den beiden und nicht um ein harmloses Gespräch über das richtige Pensionierungsalter. Warum Sombart die Geschichte so verkürzt zitiert, dass man die Geschäftsverbindung zwischen Thurzo und Fugger ahnt, aber nicht verstehen kann, weiß man nicht.

Es lässt sich jetzt auch wissen, was in der ganzen Kontroverse zwischen Sombart, Weber und Bretano um dieses kurze Zitat nirgends erwähnt, sondern als selbstverständlich vorausgesetzt wird: Man kann aus anderen Quellen (etwa Geiger 1895[1]: 44ff) erfahren, dass Hans Thurzo, der Vater, und seine Söhne, darunter Jörg, seit 1495 die Partner Jakob Fuggers (mit gleicher Gewinn- und Verlustbeteiligung) bei den sehr ertragreichen Bergwerksgeschäften in Ungarn waren. Die Fugger ergänzten das durch Handel und die Finanzierung auch dortiger Fürsten und Könige – die Art von Krediten, auf die sie als die Financiers von Päpsten und Kaisern ohnehin spezialisiert waren. Um 1518 begannen diese Geschäfte in Ungarn vor allem politisch schwierig zu werden.

Spätestens an dieser Stelle tut sich die Frage auf, was das eigentlich für eine Anekdote sein mag, an der wir hier herumdoktern, wie sie wohl überliefert wurde und wer es war, der dieses Gespräch gehört und dokumentiert hat. Bei Weber erfahren wir dazu gar nichts, auch nichts über seine unmit-

---

1 Dieses Buch ist ein eigener kurioser Fall: Es ist auf weite Strecken wörtlich aus den Aufsätzen von Dobel (1879, 1882) übernommen. Das ist zwar keine schlechte Quelle, sie wird auch in Fußnoten genannt, aber es wird nicht erwähnt, dass der Text seitenweise dort abgeschrieben ist.

telbare Quelle. Er gibt einzig den Verweis auf Sombart, so als hätte er die Geschichte von ihm übernommen. In dem Fall hätte er das von Sombart ohnehin schon sinnentstellend verkürzte Zitat in seinem Sinn umgedichtet. Sombart gibt die Quelle an: Er hat immerhin seiner ersten Erwähnung (1902: 193) hinzugefügt: »(Aus einem Promemoria Ant. Fuggers.)«[2] Anton Fugger war der Neffe und Nachfolger Jacob Fuggers, unter dessen Leitung das Haus Fugger seine größte Ausbreitung und seinen größten Reichtum erlebte. Es wird sich also um eine Geschichte handeln, die lange zurücklag, als sie aufgeschrieben wurde. Tradiert wird sie nicht als Zitat, sondern als nacherzählte Anekdote.

Von Ehrenberg (1896: 118) wird sie zum Beispiel so wiedergegeben:

»Er war ein Geschäftsmann ersten Ranges, ›hohen Verstandes‹ und noch in seinen letzten Lebenstagen so geschäftseifrig, dass er, als ihm sein Neffe Georg Thurzo rieth, die ungarischen Geschäfte, deren Lage gefahrdrohend war, aufzulösen, solchen Kleinmuth weit von sich wies und erwiderte, er hätte einen ganz anderen Sinn, er wolle gewinnen, so lange er könne. Gerade nach dem Eintritte jener Katastrophe zeigte sich seine Umsicht, sein Dispositionstalent am glänzendsten.«[3]

Hier bekommt das Zitat noch eine andere Bedeutung: Es geht jetzt um den Rückzug aus einem riskant gewordenen Geschäft, den Jakob Fugger (fälschlich) als verfrüht einschätzt. Das »er wolle gewinnen, so lange er könne« bezieht sich jetzt gar nicht auf die Person, sondern auf dieses spezielle Geschäft.

Das ausführliche Zitat aus dem »Promemoria« Anton Fuggers findet sich in Dobel (1879: 42f; wörtlich abgedruckt auch in Geiger 1895: 52f):

»›Es ist zu wissen,‹ schreibt Anton Fugger in einem später abgefassten Promemoria, ›dass Herr Jörg Thurzo selig sich zur Ruhe gesetzt, in Augsburg zu wohnen und sich wollen gar aus dem Handel thun; hat er mehrmalen an Herrn Jacob Fugger selig begehrt, ihm seinen Theil hinauszuzahlen, er wolle weder gewinnen noch verlieren, auch dabei allweg besorgt, man werde uns einmal nehmen Alles, was wir da haben; wir sollten davon abstehen, hätten nun lang genug gewonnen, sollten Andere auch

---

2 Und er nennt in der Fußnote (1902: 396) seine unmittelbare Quelle: Dobel (1879: 42). Datiert wird das »Promemoria« dort auch nur mit »später«. Friedrich Dobel war Archivar und erster Organisator des Fürstlich Fuggerschen Familien- und Stiftungs-Archivs in Augsburg. Zur Geschichte des Archivs lässt sich nachlesen unter www.fugger.de.
3 Ehrenberg zählt im Vorwort zu seinem zweibändigen Werk von fast achthundert Seiten die Archive auf, die er benützte, darunter das Fugger-Archiv in Augsburg, die »Archive einiger anderen oberdeutschen Patricierfamilien« und verschiedene Stadtarchive (Xf). Er dankt auch seinem »unvergesslichen, verehrten Freund Dr. Dobel«, war also kompetent beraten.

lassen gewinnen. Diese und dergleichen Reden habe ich selbst mehrmalen von ihm gehört, aber Herr Jacob Fugger hat ihm allweg zur Antwort gegeben: er wäre kleinmüthig, sollte nicht so kleinmüthig sein; er hätte viel einen andern Sinn, wollte gewinnen dieweil er könnte. So könne er ihm sein Hauptgut nicht hinausgeben, dass er ihm Baargeld zahle und nehme daran die alten, faulen und bösen Schulden. Er hätte so lange sein Geld im Handel auf Gewinn gehabt, solle es noch also lassen, denn es ja nichts koste, sei alles gewonnen Geld; denn es werde ohnediess nichts aus den bösen Schulden. Mit diesem und anderm hat ihn Herr Jacob Fugger allweg abgewiesen.'«

Jetzt ist klar, dass es um Beendigung oder Weiterführen einer Geschäfts-Partnerschaft geht, in der Thurzo große Verluste fürchtet, während Fugger die Sache noch optimistisch einschätzt und jedenfalls nicht bereit ist, den Partner auszuzahlen. Es ist jetzt eindeutig, dass es um dieses konkrete Geschäft geht, in dem Fugger gewinnen will »dieweil er könnte«. Der Ausspruch gibt in der Tat keine ethische Maxime wieder, nicht einmal eine Regel der Lebensklugheit, sondern einfach die konkrete Einschätzung des möglichen Gewinns in einem konkreten Geschäft.[4]

Man kann über diesen begrenzten Anlass hinaus fragen, wie sich die Figur des Jakob Fugger insgesamt einordnen lässt: War das »Abenteurer-Kapitalismus«, die Anhäufung von Reichtümern analog zu den Schatzkammern schon antiker Despoten, oder lässt sich hier ein Übergang zu einer neuen Wirtschaftsform »Kapitalismus« ausmachen? Brentano (1916: 132ff) bezieht sich auf Jakob Fugger in diesem Sinn (und gegen Weber gerichtet):

»Jakob Fuggers Ausspruch … war …, wie sein ganzes an praktischer Betätigung der Frömmigkeit reiches Leben zeigt, nichts anderes als der Ausdruck der Lehre, die der ehemalige Kleriker in sich aufgenommen hatte, als er nach seinem Austritt aus dem geistlichen Stand die hohe Schule des Handels in Venedig bezog. Was er aussprach, war die Lebensregel der dortigen Geschäftskreise.«

Er sieht also im Hintergrund dieses Ausspruchs sehr wohl eine ethische Maxime: »Bereichert euch – und tut damit Gutes!« Damit hätte die italienische Kaufmannschaft ihre erfolgreichen Handelsgeschäfte mit ihrem christlichen Glauben in Einklang gebracht und Jakob Fugger, ein frommer Katholik, hätte diese Moral in seinem ganzen Lebenslauf beispielhaft vorgelebt. Zur Frage, ob sich daraus etwas wie »Kapitalismus« erschließen lässt, fügt Brentano an derselben Stelle hinzu:

---

4 Übrigens wurde das Fugger-Zitat, dazu noch in einer schon oberflächlich zu Unsinn verballhornten Form, auch von Horkheimer (1936: 54) verwendet. Horkheimer beruft sich auf eine »Propyläen Weltgeschichte« von 1930 als Quelle.

»Für die Anhäufung von Kapital aber kam es auf dasselbe hinaus, ob der fromme Katholik großen Gewinn machte und dann in großen Stiftungen und Almosenspenden sich einen Platz im Himmel sicherte, oder der Calvinist nach großem Gewinn strebte und mittels desselben gute Werke verrichtete, weil großer Gewinn und gute Werke sichtbare Zeichen seines Glaubens und seines Gnadenstands waren.«

Die Religion hätte also keinen Einfluss auf die Wirtschaft: Dasselbe wirtschaftliche Handeln kann katholisch oder calvinistisch begründet werden. Es muss also anders erklärt werden und wird jeweils passend religiös rationalisiert. Brentano argumentiert insgesamt doppelt: Er versteht die Blüte des italienischen Handelskapitalismus als Ausgangspunkt für die Durchsetzung dieser Produktionsweise und er sieht keinen Unterschied zwischen der katholischen und der protestantischen Rechtfertigung dafür, nur liege die katholische früher.

Wenn wir aber ernst nehmen, dass man das ganze Leben einer Figur wie Jakob Fugger ansehen muss, um seine »Wirtschaftsethik« zu verstehen, finden wir hier in der Tat eine Übergangserscheinung. Er hat einerseits ungemein erfolgreiche Kreditgeschäfte geführt, indem er den Papst, Fürsten, Könige und Kaiser finanzierte. Er hat vor allem schon die Wahl von Kaiser Karl V (die Kurfürsten mussten mit bedeutenden Summen bestochen werden) und später dessen Kriege finanziert. Wie riskant und »abenteuerlich« das war, darüber kann man streiten. Aber es war die damals beste Annäherung an das, was heute Staatsanleihen, also die sicherste Form der Anlage wären. Und Fugger ist nicht bei Geldgeschäften und Handel geblieben, sondern er hat umfangreich in den Bergbau von Tirol bis Ungarn investiert. Dazu kommt die »Fuggerei« in Augsburg, die man nicht nur als »gute Werke« verstehen muss: Sie kann auch als ein Vorläufer von »Fabriksiedlung« und damit als »Investition in die Arbeitskraft« gesehen werden. In beiden Fällen hätten wir es mit einem Übergang zu kapitalistischer Investition zu tun: der Umwandlung von angesammeltem Reichtum in Produktionsmittel samt Pflege von geeigneter Arbeitskraft. Zumindest die Bergbau-Investitionen haben mit irgendwelcher Religion gar nichts zu tun, sie beruhen nur auf dem klugen Erkennen einer Gewinnmöglichkeit durch Einsatz von Lohnarbeit. Zweifellos war die so betriebene Entwicklung des Bergbaus in Europa damals für die Entstehung von Kapitalismus wichtiger als später die familienbetriebliche Arbeitsform von religiös dissidenten Handwerkern und Kleinhändlern in England und Schottland oder in mühsam überlebenden Kolonien in Nordamerika.

Jakob Fugger wäre ein gutes Beispiel dafür, dass man in der Erklärung, wie Kapitalismus entstand, weiter kommt, wenn man sich mehr um die tatsächlichen Wirtschaftsaktivitäten der frühen Kapitalisten kümmert – die mit ihren religiösen Überzeugungen vielleicht übereinstimmen und zur Not eben hinterher abgebüßt werden mussten, die aber nicht aus ihnen entstanden.

Zwischenbetrachtung:
Was ist das Forschungsprogramm?

Am Ende des Abschnitts »Das Problem« bleibt nicht nur die Fragestellung ungeklärt. Über den Forschungsplan, wie die Frage an welchem Material empirisch untersucht werden soll, den man an dieser Stelle erwarten könnte, wird gar nichts gesagt.[1] Es mag sich lohnen, diesen Forschungsplan aus dem, was Weber tatsächlich getan, und aus den Äußerungen, mit denen er die beiden letzten Kapitel eingeleitet hat, zu rekonstruieren.

Die eigentliche Untersuchung, wenn denn der zweite Abschnitt sie darstellt, besteht aus den zwei großen, fußnotenlastigen Kapiteln vier und fünf. Das erste, »Die religiösen Grundlagen der innerweltlichen Askese«, ist eine theologische Darstellung der Glaubensdogmen von Calvinismus, Pietismus, Methodismus und Täufertum als den vier Varianten von asketischem Protestantismus. Ihr Zweck ist es, die religiöse Begründung, die »Heilsprämie« für eine asketische Lebensweise genau herauszuarbeiten. Das zweite, »Askese und kapitalistischer Geist«, analysiert ein Material von pastoraltheologischen Texten, vor allem die Schriften des puritanischen Seelsorgers Richard Baxter (1615–1691), um daran die Umsetzung der Theologie in Anweisungen zur Lebensführung zu studieren.

Das Verhältnis dieser beiden Untersuchungen zu einander besteht, wie am Übergang zwischen ihnen ausgeführt, darin, dass zuerst gezeigt werde, wie »[d]ie christliche Askese« es unternahm, »das weltliche *Alltags*leben mit ihrer Methodik zu durchtränken, es zu einem rationalen Leben *in* der Welt ... umzugestalten«. Im zweiten Untersuchungsschritt werde zu zeigen versucht, »[m]it welchem Ergebnis« das geschah (RS I: 163), wie also daraus der

---

1 Für die ursprünglichen Leser war der Einschnitt an dieser Stelle schärfer als für uns heute: Der zweite Teil erschien erst Monate nach dem ersten im nächsten Heft des *Archiv für Sozialwissenschaft und Sozialpolitik*. Der erste Teil wurde also zunächst als eigenständig gelesen.

»kapitalistische Geist« der zweiten Überschrift[2] entstand. Das klingt wie eine logische Abfolge. Irritierend ist nur ein Satz am Beginn des zweiten Absatzes von Kapitel fünf: »Wir können nun für die Erörterungen *dieses* Abschnittes, im Gegensatz zu späteren (!) Erörterungen, den asketischen Protestantismus als *eine* Gesamtmasse behandeln.« (164) Tatsächlich gibt es keine »*späteren* Erörterungen«, in denen die verschiedenen Varianten des asketischen Protestantismus getrennt behandelt würden, sondern nur *frühere*, nämlich die des Kapitels vier. Der Satz ist nur zu verstehen, wenn er sich auf einen Zustand der Abhandlung bezieht, in dem entweder das jetzige Kapitel fünf *vor* Kapitel vier stand oder noch ein weiteres Kapitel geplant war, in dem noch einmal die vier Formen der protestantischen Sekten getrennt behandelt werden sollten. In jedem Fall ist er ein Hinweis, dass die Struktur der »Protestantischen Ethik«, wie wir sie jetzt vor uns haben, nicht sakrosankt, weil die nach der Logik des Forschungsprogramms einzig mögliche, sondern das Ergebnis einer Montage ist.[3]

Das wäre im *Entstehungs*zusammenhang von Abhandlungen und Monographien auch nicht so ungewöhnlich: In der wissenschaftlichen Arbeit werden häufig Kapitel getrennt entworfen und geschrieben und erst nachträglich mit Überleitungen versehen und so in eine Abfolge und einen Zusammenhang gebracht. Entscheidend ist, wie gut es im *Begründungs*zusammenhang gelingt, das Ergebnis zu rechtfertigen. Diese Begründungen aber sind hier dünn.

An der theologischen Untersuchung in Kapitel vier zum Beispiel hat Weber selbst seine Zweifel: Die »für uns wichtigen Erscheinungen der *sittlichen* Lebensführung« fänden sich »in gleichartiger Weise« bei den Anhängern der verschiedenen Richtungen und »mit verschiedenen dogmatischen Unterla-

---

2 Beide Kapitelüberschriften werden als Ankündigungen am Beginn dieses Abschnitts angegeben, aber im Text selbst nicht wiederholt: Dort werden die beiden Kapitel nur mit 1. und 2. bezeichnet. Die Überschriften erscheinen allerdings im *Archiv* wie in den *Gesammelten Aufsätzen zur Religionssoziologie* fortlaufend in der Kopfzeile über dem Text. Die zweite Überschrift hatte 1905 »Askese und Kapitalismus« geheißen. Erst 1920 wurde der »Kapitalismus« zu »kapitalistischer Geist« spezifiziert. In der Überarbeitung wird noch vorsichtiger eingegrenzt, was tatsächlich erklärt werden soll: nicht die Entstehung des Kapitalismus, sondern nur die seines »Geistes«.
3 Am 5. Februar 1905 hielt Weber im Eranos-Kreis einen Vortrag mit dem Titel »Die protestantische Askese und das moderne Erwerbsleben« – eine Vorschau auf den noch nicht veröffentlichten zweiten Teil der »Protestantischen Ethik«. Nach dem Protokoll, nachzulesen in Treiber (2005: 126f), hat Weber vor allem den ersten Teil von Kapitel vier referiert. Das fünfte geht in einem Nebensatz auf: »… wie insbesondere an der Ethik Baxters zu erläutern versucht wurde …« Kapitel vier existierte also schon.

gen verknüpft« (RS I: 85). Umgekehrt fände man in den seelsorgerischen Schriften der verschiedenen Konfessionen »große Aehnlichkeiten trotz notorisch sehr verschiedener Praxis der Lebensführung« (86). Wenn das so ist, drängt sich der Schluss auf: »Es könnte also fast scheinen, als täten wir am besten, die dogmatischen Unterlagen ebenso wie die ethische Theorie ganz zu ignorieren und uns rein an die sittliche Praxis zu halten, soweit sie feststellbar ist.« Fragen der Praxis, besonders der Praxis des Arbeitens in verschiedenen Tätigkeitsbereichen, wären allerdings nur schwer aus theologischen Texten zu klären. Die Untersuchung müsste sich anderen Materialien zuwenden, die näher an der Wirklichkeit des Lebens liegen.

Weber vermeidet diese Wendung des Forschungsplans: Tatsächlich gehe es um ein Drittes, nämlich die »Ermittlung derjenigen durch den religiösen Glauben und die Praxis des religiösen Lebens geschaffenen psychologischen *Antriebe*, welche der Lebensführung die Richtung wiesen und das Individuum in ihr festhielten« (86). Hier wird unvermittelt eine neue Variable eingeführt, auf die man durch nichts vorbereitet wurde und deren Stellenwert darin zu liegen scheint, die Beschäftigung mit Theologie zu rechtfertigen: Die Antriebe »entsprangen« den Glaubensvorstellungen, den »Heilsprämien«, wie es in der Fußnote heißt, mit denen bestimmte »Lebensregeln« erst »wirksam« gemacht wurden – und ohne die, so ist im Gegenschluss zu folgern, religiöse Dogmen und daraus abgeleitete ethische Maximen für die tatsächliche Lebensführung nicht sehr viel bedeuten müssen. »Der Weg durch einige dogmatische Betrachtungen ... ist unvermeidlich.« (86f)

Ähnlich gewollt klingt die Begründung dafür, warum es (in Kapitel fünf) »nötig« ist, »vor allem solche theologischen Schriften heranzuziehen, die sich als aus der seelsorgerischen Praxis herausgewachsen erkennen lassen. Denn ... [damals waren] ... die in *dieser Praxis* sich geltend machenden religiösen Mächte die entscheidenden Bildner des ›Volkscharakters‹.« (RS I: 163f) Die Praxis der Seelsorge zu untersuchen, ließe sich gut damit begründen, dass so eine Ebene des Normativen erreicht werde, die relativ nahe am Handeln der Gemeindemitglieder liege. Besonders wenn es sich um konkrete Anfragen von Pastoren oder gar einfachen Gemeindemitgliedern selbst handelt, wie mit konkreten Situationen und ihren Normkonflikten umzugehen sei, erfährt man erstens etwas darüber, was jene Situationen waren, in denen die Anforderungen des Alltags mit den religiösen Vorschriften nicht so leicht in Einklang zu bringen waren; und zweitens müssen bei der Gelegenheit diese Vorschriften so konkretisiert werden, dass sie im Alltag nicht dauernd gebrochen oder umgangen werden und, wenn das doch geschieht, durch geeignete Maßnahmen (Wiedergutmachung, Buße) trotzdem und gerade angesichts des Normbruchs als gültig bestätigt werden. Anders als in der hohen Abstraktion der Dogmatik wird in der Pastoraltheologie eine lebensnahe Konkretisierung der religiösen Normen erreicht.[4]

Es wird im Text gar nicht mehr gefragt, ob es überhaupt sinnvoll ist, theologische Schriften zu analysieren, sondern nur noch begründet, warum es gerade diese Art von theologischen Schriften sein soll. Es wird dazu erzählt, wie unglaublich einflussreich damals die Religion war – als sei das ein Argument dafür, als Untersuchungsmaterial theologische Traktate zu verwenden. Die Religion sei damals so wichtig gewesen, weil »das Jenseits alles war«, weil »an der Zulassung zum Abendmahl die soziale Position des Christen hing«, weil »die Einwirkung der Geistlichen in Seelsorge, Kirchenzucht und Predigt einen Einfluß übte, von dem … wir modernen Menschen uns einfach keine Vorstellung mehr zu machen vermögen …« (163f). Für wen war das Jenseits »alles«, wer hatte auch im Diesseits Ziele (etwa der Macht, des Besitzes, der Bewährung von kriegerischen, ritterlichen und höfischen Tugenden) oder war mit Überleben so ausgelastet, dass ihn das Jenseits nur gelegentlich beschäftigen konnte (und das eher im Rahmen einer Volksreligiosität tat, die man in theologischen Traktaten nicht repräsentiert finden wird)? Die Religion konnte Menschen ausschließen, aber machte sie das gläubiger oder unterwürfiger? Und dass man sich von dem Einfluss der Pfaffen und Pastoren keine Vorstellung mehr machen könnten, ist kein Argument, sondern die rhetorische Verhinderung von Argumenten.

---

4 Pastoraltheologische Schriften entsprechen der heute ausufernden Literatur der Lebensberatung, die jetzt überwiegend nicht mehr religiös, sondern instrumentell, mit irgendeinem »Erfolg« argumentiert. – Aber auch – modernisierte – religiöse Lebensberatung verkauft sich im Rahmen dieses Booms der letzten Jahrzehnte gut. Jede Suchmaschine liefert mit den Stichworten »Lebensberatung« und einem Ordensnamen von »Benediktiner« bis »Jesuiten« ein reiches Angebot von »spiritual consulting« über »Kurseelsorge« bis zu »Wir beraten Sie bei Ihrer Berufung«. Auf dem deutschsprachigen Buchmarkt ist der Abtprimas der Benediktiner Notker Wolf mit Lebenshilfen aus der Erfahrung der Mönche besonders aktiv. – Auch in der säkularisierten Form ist diese Literatur entweder an die »Letztverbraucher« adressiert und gibt dann Ratschläge zur Selbst-Instrumentalisierung, oder aber an die nächste Ebene derer, die als Berater, Coaches, Manager andere zu steuern haben und zu diesem Zweck auch sich selbst manipulieren müssen. Das meiste der Management- und Therapeuten-/Sozialarbeiter-Literatur entspricht dieser Ebene von Normvermittlung. Übrigens hat Foucault (1976) in seiner Untersuchung zum historischen Verständnis von Sexualität mit Erfolg genau diese Ebene der Normvermittlung in Beichtspiegeln und Erziehungshandbüchern untersucht. Es ist ihm zurecht (besonders von Aron und Kempf 1978) vorgehalten worden, dass er damit die Wirklichkeit der Sexualunterdrückung verfehlt und sich immer noch mit Idealisierungen beschäftigt hätte.

Das Arbeitsbündnis all dieser Passagen ist nicht vorsichtig abwägend, sondern überredend: Die angekündigten Untersuchungen sind »nötig« und »unvermeidlich« und so selbstverständlich, dass sich Begründungen erübrigen. Es werden kaum jemals alternative Möglichkeiten der Untersuchung auch nur angesprochen, und wo das, wie im oben zitierten Fall, doch andeutungsweise geschieht, wird es beiseite geschoben, nicht ernsthaft erwogen. Diese Rhetorik der Unvermeidlichkeit widerspricht allen Normen der wissenschaftlichen Darstellung, die Skepsis, vorsichtiges Abwägen, Aufzählen aller denkbaren Alternativen und nur vorläufige Entscheidung für eine Möglichkeit verlangen würden. Sie ist umso auffallender, als die vorgeschlagenen Untersuchungen sich alles andere als aufdrängen. Und sie verletzen in der Logik auch nur der Isolation von Faktoren das Erfordernis des Vergleichs, der Gegenprobe, der Kontrollgruppe.

Um es in einer möglichst verfremdeten Analogie zu illustrieren: Nehmen wir an, wir hätten die These, die Ablösung des im Winter reduzierten Aktivitätsniveaus durch den Aufschwung an Tätigkeitsdrang und Lebensfreude im März/April/Mai (nennen wir letzteren »Geist des Frühlings«) werde von der alpenländischen Sitte des Perchtenlaufs herbeigeführt. Eine Untersuchung, die diese These prüfen möchte, kann das nicht durch eine detaillierte Beschreibung der unterschiedlichen Masken und Verkleidungen, der mitgeführten Lärminstrumente und der Begründungen, die dafür in den Gruppen kursieren, die diese Veranstaltungen alle Jahre organisieren, auch nur plausibel machen. Auch die Unterschiede zwischen den Perchten in Bad Reichenhall, Bischofshofen und Wiener Neustadt und den Varianten von Erzählungen, die es dazu an diesen Orten gibt, werden den Zusammenhang nicht besonders erhellen. Vielmehr wird man in erster Linie zeigen müssen, dass das höhere Aktivitätsniveau *nicht* aus den längeren Tagen und höheren Temperaturen ab Januar (und diese aus dem Einfallwinkel der Sonnenstrahlen und alles zusammen aus der Neigung der Erdachse zur Sonne) zu erklären ist. Da es Befunde dazu gibt, wie Helligkeit, lange Tage und Sonnenschein den Menschen und seine Physiologie, aber auch die gesellschaftlichen Aktivitäten und ihre Zwänge beeinflussen, wird man sich besondere Mühe geben müssen, im Vergleich dazu die Einflüsse der Perchtenläufe nicht nur als irgendwie plausibel, sondern auch als stärker und bedeutender als diese bekannten Zusammenhänge nachzuweisen.

Man könnte dazu nach »natürlichen Experimenten« suchen: Ist der Perchtenlauf einmal ausgefallen? Und zwar nicht nur an einem der Orte, sondern an allen, denn es könnte ja sein, dass man den Zusammenhang nicht an jedem einzelnen Ort nachweisen kann, sondern nur an einem Muster der Verteilung in der Brauchtumspflege. Und ist dann der Aktivitätsschub oder gar der ganze Frühling ausgeblieben – oder wenigstens später gekommen oder besonders unbeständig gewesen? Aber das erste Erfordernis wäre bestimmt, die geläufigen alternativen Erklärungen auszuschließen. Und das sollte man tunlichst nicht aus den Texten zu erschließen suchen, in denen die Perchtenläufer ihr Tun und die benötigte Ausstattung beschreiben – den Gebrauch der Masken, die einzelnen Stationen und den Ablauf des Perchtenlaufs, die Aufforderungen, die an die Teilnehmer und an die Umstehenden gerichtet, die Sanktionen, die ihnen angedroht werden –, sondern an unabhängigen Daten, die den Eintritt von »Frühling« und seinem »Geist« indizieren. Wenn es einen Streit zwischen Typen von Perchtenläufen, etwa zwischen »schönen« und »schiachen« Perchten gibt, die aber beide stattfinden, wird die Untersuchung noch komplizierter. Sie wird sich umso weniger auf die Gebrauchsanweisungen und auf die Werbetexte kaprizieren, die von den beiden Gruppen für verschiedene Adressaten mit verschiedenen Absichten produziert werden.

Auch wenn man – aus welchen vorläufigen Beobachtungen und Erfahrungen immer – auf die Idee gekommen sein sollte, der »Geist des Kapitalismus«, also die Arbeits- und die Wirtschaftsmoral dieser Produktionsweise, bestehe in der Regelmäßigkeit und Unermüdlichkeit von disziplinierter Arbeit, muss man den »Beleg« dafür nicht einem manipulierten Zitat abquälen, das zufällig zu »passen« scheint. Man wird vielmehr – nach einer ersten Differenzierung in »Arbeitsmoral der Lohnarbeiter« und »Wirtschaftsmoral der Unternehmer« – andere Möglichkeiten schon des Begriffs auszuschließen suchen.

Heute wissen wir, dass es auch eine Form des »Konsum-Kapitalismus«, eine Produktionsweise des »Fordismus« gibt, die auf der Seite der *Lohnarbeiter* alles andere als Sparsamkeit und Disziplin, sondern zumindest zusätzlich die Bereitschaft zum Schuldenmachen und Geldausgeben und zur privaten Ansammlung von Waren mit zweifelhafter Brauchbarkeit verlangt. Aber schon zu Webers Zeit war sichtbar, dass es verschiedene Formen der Arbeit und entsprechende Unterschiede in der Arbeitsmoral gleichzeitig gibt: in der Landwirtschaft mit Tagelöhnern, im Handwerk mit Facharbeitern, in der Industrie zusätzlich zu den abgeworbenen Handwerkern mit schnell angelernten Massen- und Hilfsarbeitern, dazu die Verwaltungsarbeit der Beamten und Kontoristen. Der Unterschied ist groß zwischen dem unternehmerischen Mix der unregelmäßigen Arbeitsformen in der Armutsökonomie und der Erwartung, »standesgemäß versorgt zu werden«, bei den Beamten. Dazwischen gab es auch damals das Zusammenspiel von Eigen- und Hausarbeit mit Lohneinkommen. »Arbeit als Beruf« trifft nur einen Teil davon.

Aber Weber war in der »Protestantischen Ethik« kaum an den Arbeitern, vielmehr an der Wirtschaftsmoral der Unternehmer interessiert. Auch hier konnte Weber schon den Unterschied zwischen Eigentümern und Kapitalverwaltern – die wir heute »Manager« nennen – in der Übergangsphase im letzten Drittel des 19. Jahrhunderts beobachten, die von den Historikern als »Organisierter Kapitalismus« studiert wird. Aber schon ganz traditionell wäre etwa der Unterschied zwischen dem kleinen Bauern und dem Großgrundbesitzer, zwischen dem Handwerker und dem Fabrikherren, zwischen dem Betreiber eines kleinen Ladens als Familienunternehmen und dem Großkaufmann und Fernhändler, zwischen dem Industriellen und dem Bankdirektor interessant gewesen.[5] »Arbeit als Beruf«, so könnte dabei wahrscheinlich werden, beschreibt eher die Wirtschaftsweise der Kleinunternehmer und der Kapitalverwalter. »Rechenhaftigkeit«, so könnte man als nächstes vermuten, wird eher in Großunternehmen nötig. Wie verbreitet der »Verzicht auf den Genuss der Früchte der Arbeit«, also die »Irrationalität« des kapitalistischen Erwerbsstrebens als Selbstzweck tatsächlich eingetreten ist, außer vorübergehend in bestimmten Phasen des Geschäftsaufbaus, durch prekären Gewinn erzwungen bei den Kleinbetrieben und innerlich getrieben bei (manchen) Professoren und anderen Angehörigen der gebildeten Berufe, wäre erst zu erforschen. Jedenfalls ginge dann eine Verschiebung der Wirtschaftsmoral der Unternehmer historisch eher auf neue Formen des Betriebs zurück als auf ihren religiösen Hintergrund.

Wenn man als zweites die Idee hat, dass Elemente oder das Ganze der Arbeits- und Wirtschaftsmoral aus Gründen, die mit Wirtschaften gar nichts zu tun haben, in einer bestimmten Religion entstanden seien, wird man wieder nach anderen möglichen Erklärungen suchen und sich mit deren Verhältnis zu den Umständen und Variablen beschäftigen, die man selbst für wichtig oder interessant hält. Die einfachste »andere mögliche Erklärung« ist der äußere Zwang bei den Arbeitern und die neue Möglichkeit, die ergriffen wird, bei den Unternehmern.

Die von Einhegungen und anderen ländlichen Katastrophen ihrer Subsistenz beraubten Bauern hatten keine andere Möglichkeit, als ihre Arbeits-

---

5 In der Unterscheidung von »traditionalem« und »modernem« Kapitalismus findet sich ein Ansatz zu solcher Differenzierung, allerdings erfolgt sie rein auf der Zeitachse, nicht zwischen den diversen Unternehmer-Positionen.

kraft zu den Bedingungen zu verkaufen, die geboten wurden. Diese von Marx vorgeschlagene Sicht des Übergangs vom Feudalismus zum Kapitalismus hat zwar das Problem, dass zwischen der Enteignung und dem Verkauf der Arbeitskraft eine lange Phase lag, in der letztere gar nicht nachgefragt wurde und die Leute sich als Vagabunden, Tagelöhner, Bettler und zur Not auch als Räuber durchbringen mussten; aber auch im 19. Jahrhundert und besonders in seinem letzten Drittel war die »Landflucht« ebenso auffallend wie das Bemühen der Unternehmer um die Disziplinierung der Arbeiter. Die Arbeitsmoral der Arbeiter wurde in der Fabrik selbst und besonders wirksam in der Fabriksiedlung hergestellt. Die Arbeiter haben das nicht besonders willig mit sich geschehen lassen: Sie haben sich mit Aufständen und Maschinenstürmen dagegen gewehrt, bevor sie als »Arbeiterbewegung« und von ihr integriert wurden, indem sie als Gegengeschäft »Sicherheiten« und »Beteiligungen« erhielten. Dabei wurde auch die Religion eingesetzt, um die Sitten zu verfeinern und besonders die familiären Verpflichtungen abzusegnen, gar nicht zu reden von der gebührenden Demut gegenüber der immer noch monarchischen Obrigkeit »von Gottes Gnaden«, aber es ging auch ohne.[6] Und sie war wohl nicht der entscheidende Einfluss.

Für die Unternehmer bestand die »neue Möglichkeit« vor allem in der Masse von willigen und billigen »freien« Arbeitskräften, die durch geeignete Anordnung zuerst in einer Manufaktur oder in einer Verlagsorganisation, später in Fabriken höchst profitabel eingesetzt werden konnten. Das ist freilich eine banale Erklärung, die den Unternehmer zu nicht mehr als einem »Opportunisten«, völlig ohne Heroismus oder gar Tragik macht: Er nutzt die Gelegenheiten. Seine unermüdliche Arbeit entsteht nicht aus einer inneren Einsamkeit und dem verzweifelten Bemühen, seinem wortkargen Gott ein Zeichen der Auserwähltheit abzuringen, sondern aus den Anforderungen, die der Alltag seines Betriebs an ihn stellt. Eine »Große Erzählung« mit einer aparten Paradoxie und einer tragischen Schluss-Volte ist freilich interessanter zu lesen und zu phantasieren. Die Banalität hat die Stärke, dass sie wahrscheinlicher ist. Insofern liegt die Beweislast bei der Großen Erzählung: Sie muss erst einmal zeigen, dass die wahrscheinliche Banalität *nicht* zutrifft.

---

6 Wir haben (in Treiber und Steinert 1980/2005) das Disziplinarregime einer Fabriksiedlung mit seinen religiösen Anteilen ausführlich dargestellt. Die klassischen Studien zu Aufständen und Maschinenstürmen als Gegenwehr gegen die Fabrikdisziplin und zur Arbeiterbewegung als Prozess des Lernens im Widerstand und im Kompromiss – wie übrigens auch zur Reformation und zum Puritanismus (Hill 1970, 1972, 1977) – stammen aus der britischen Schule der Sozialgeschichtsschreibung, besonders von Rudé (1980), Thompson (1962, 1967, 1971) und Hobsbawm (1959, mit Rudé 1969).

Nun soll mit diesen Hinweisen nicht das »eigentliche« Forschungsprogramm entwickelt werden, mit dem die »Weber-These« untersucht werden könnte. Sie sollen aber immerhin andeuten, dass dieses Programm ganz anders aussehen könnte, als das, was Weber in der »Protestantischen Ethik« getan hat.[7] Ein solches Abweichen von der eigentlich »logischen« Art, die Frage anzugehen, lässt die Möglichkeit auftauchen, dass Weber vielleicht gar nicht das untersucht hat, was er ankündigt: die Entstehung von Kapitalismus aus der Reformation, sondern tatsächlich etwas anderes. Vielleicht lässt sich die Frage, die zwischen den starken Ankündigungen und den vorsichtigen Rücknahmen immer mehr an Kontur verliert, daraus rekonstruieren, wie Weber wirklich empirisch vorgegangen ist.

Weber verwendet, das können wir jetzt im Überblick sagen, die folgenden »empirischen«[8] Versatzstücke – ohne Rücksicht darauf zusammengestellt, ob sie gültig belegt werden (die meisten sind das nicht):

---

7 Um es immerhin an ein paar Beispielen anzudeuten: Man könnte nach einem unabhängigen Kriterium (das jedenfalls weder Reichtum noch Profitstreben, sondern eher disziplinierte, regelmäßige Tätigkeit und rechenhafte, also risikoarme Investition oder – im Sinn von »modernem« im Gegensatz zu »traditionalem« Kapitalismus – besonders einfallsreiches und konkurrentes Unternehmertum sein könnte) frühe Kapitalisten in katholischen und protestantischen Städten und in verschiedenen Branchen der Wirtschaft und Unternehmenstypen ausfindig machen. Das dürften also nicht Einzelfälle sein, die zufällig überliefert sind, sondern man müsste schon das Archiv aller Wirtschaftstreibenden einer religiös gemischten Stadt oder wirtschaftlich vergleichbarer Städte oder Gegenden mit unterschiedlicher Konfession auswerten. Deren religiösen Hintergrund kann man dann systematisch vergleichen. Ebenso könnte man – umgekehrt – nach Branche und Unternehmenstyp parallelisierte Wirtschaftseinheiten vor und nach der Reformation vergleichen – oder nach der Reformation solche gleicher Art, die von Angehörigen asketischer Sekten, von Lutheranern oder von Katholiken betrieben wurden, und zwar immer danach, ob das unterschiedlich »kapitalistisch« im oben genannten Sinn geschah. Das wäre alles nicht unmöglich, ist aber weder Max Weber noch sonst jemandem in dem Jahrhundert Streit um die These eingefallen. Für Weber wie für die Soziologen seither kann man daraus schließen, dass ihnen die Exegese von heiligen Texten interessanter war als die halbwegs rigorose Prüfung einer These vom Zusammenhang von Protestantismus und Kapitalismus.
8 Dabei verwende ich einen weiten Begriff von »empirisch«, der Untersuchungen von mehr oder weniger heiligen Texten mit einschließt: Das heißt umgekehrt, dass Texte als erklärungsbedürftiges Handeln in der gesellschaftlichen Wirklichkeit gesehen werden, nicht nur als Aussagen, die zu verstehen sind. Anders gesagt: »Verstehen« bedeutet mehr als die korrekte Paraphrase eines Gedankens, vielmehr die Analyse der Selbstverständlichkeiten, deren Kenntnis in einem Text vorausgesetzt wird, die Analyse des »Arbeitsbündnisses«.

1. Am Ende des 19. Jahrhunderts habe im Deutschen Reich und besonders in Baden eine Korrelation zwischen Religionszugehörigkeit und (wirtschaftlichem) Erfolg bestanden: Protestanten strebten mehr danach und erreichten ihn auch eher.
2. An ausgewählten Franklin-Zitaten lasse sich »Geldvermehrung als ethische Pflicht«, »Rechenhaftigkeit« und »Arbeit als Beruf« als »Geist des Kapitalismus« identifizieren.
3. Luther habe in seiner Bibelübersetzung an einer Stelle in den Apokryphen das Wort »Beruf« im modernen Sinn verwendet. Der lutherische Protestantismus sei aber insgesamt (und Luther selbst mit zunehmendem Alter zunehmend) bei einem »traditionalen« Verständnis von Beruf (als »Stand«) geblieben.
4. Das Wort »Beruf« im modernen Sinn gebe es nur in den Sprachen der Länder, die protestantisch geprägt seien, und das erst nach der Reformation.
5. In der deutschen Textilindustrie des 19. Jahrhunderts lasse sich, wie an einem Fallbeispiel aus der Weber-Dynastie dargestellt wird, eine »traditionale« und eine »moderne« Form der Betriebsführung unterscheiden.
6. In der religiösen Dogmatik von Calvinismus, Pietismus, Methodismus und Täufertum werde es (in unterscheidbaren Varianten) unmöglich gemacht, das Heil durch gute Werke, Sakramente oder sonst religiöse Rituale zu gewinnen. Es bleibe nur eine »innerweltliche Askese«, um diesen Zustand des hilflosen Ausgeliefertseins an die Gnade Gottes auszuhalten.
7. In ausgewählten pastoraltheologischen Schriften aus den protestantischen Sekten werde »Arbeit als Beruf« als religiöse Pflicht anempfohlen.
8. Schließlich wird im sechsten Kapitel, das nachträglich angefügt wurde, aus den nun wieder zeitgenössischen Beobachtungen in Amerika noch eine ganz andere Art von empirischen Belegen beigebracht: Zugehörigkeit zu einer Sekte ist gut für den wirtschaftlichen »Kredit« und erzwinge und stabilisiere zugleich eine gottgefällige Lebensweise. »Arbeit als Beruf« ist hier die Voraussetzung und das Ergebnis von Club-Zugehörigkeit, die wiederum dem wirtschaftlichen Erfolg zuträglich ist.

Mit Ausnahme von 1), 5) und 8) ist die Empirie etwas textlastig: Belege für das, was gezeigt werden soll, werden in verschiedenen heiligen und religiösen Schriften gesucht, nur bei Franklin in einigen wenigen Absätzen aus schriftstellerischen Arbeiten, die an zentraler Stelle aber auch sofort zur Bibel zurückführen. Hinweise auf die »Wirkungen« der Religion sollen innerhalb der religiösen Texte selbst gefunden werden.

Insgesamt hat in diesem Forschungsprogramm Kapitalismus nur marginale Bedeutung und der »Geist« desselben verselbständigt sich. Insgesamt, so wird an der »Empirie« deutlich, wird hier ein theologisches Forschungsprogramm abgearbeitet: Religiöse Askese habe sich in »Arbeit als Beruf« ausgedrückt – und zwar in den religiösen Schriften und Empfehlungen selbst. Welche gesellschaftliche Realität dem entsprach, wird nicht untersucht. In erster Linie kann man den empirischen Teilen der Abhandlung Information über Calvinismus und die dissidenten englischen Sekten entnehmen, deren Vorstellungen von Gott und der Welt denen der lutherischen Amtskirche kontrastiert werden.[9]

Im Zusammenhang mit den dissidenten englischen Sekten kann einem auffallen, dass Weber kein Wort über den Unterschied zwischen der deutschen und der englischen Reformation verliert. Da sich in dem, was man gar nicht erwähnen muss, das Selbstverständliche ausdrückt, zeigt diese Lücke an, wie sehr bei seinen (impliziten) Adressaten und Diskussionspartnern genaue Kenntnis der Reformationsgeschichte vorausgesetzt werden konnte: Es ging um die evangelischen Theologen, Pastoren und »Gebildeten aller Stände«. Ihnen wurde damit die Fortschrittlichkeit des »Kulturprotestantismus« gegen den Traditionalismus der evangelischen Amtskirche bestätigt. Es ist daher auch kein Wunder, dass Weber sich 1920 in der ersten Fußnote der Abhandlung polemisch über seine Kritiker aus der Geschichtswissenschaft und aus der Nationalökonomie auslässt, während er die Reaktionen von Theologen[10] als »im ganzen ... freundlich« und »sehr sachlich« preist und »zahlreiche wertvolle Einzelanregungen« dankend anerkennt (RS I: 17f Fn 1).

Auch in der Soziologie konzentriert sich das Interesse an der »Protestantischen Ethik« bis heute bei den Religions- und nicht bei den Wirtschaftssoziologen und Kapitalismustheoretikern (mit einzelnen Ausnahmen, versteht sich). Möglicherweise sind darunter überdurchschnittlich viele, denen Theologie nahe steht und geht.

---

9 Vielleicht sollte man bedenken, dass auch 1909 so wie 2009 ein »Calvin-Jahr« war, auf das sicher, gut kulturindustriell, schon davor hingearbeitet wurde und zu dem Webers Freund Ernst Troeltsch (1909a, b) einige wichtige Beiträge schrieb. Auch die Kritik des Historikers Felix Rachfahl an der »Troeltsch-Weber-These« (1906 von beiden komplett veröffentlicht zugänglich) erschien erst 1909, als Calvin und der Calvinismus ein Thema waren.

10 Er spricht einfach von Theologen und muss nicht dazusagen, um welche es sich handelt: Es werden schon nicht katholische gewesen sein.

Von außen wird die Vermutung, dass in der »Protestantischen Ethik« nicht in erster Linie die Entstehung von Kapitalismus das Thema ist, durch Webers Münchner Vorlesung zur Wirtschaftsgeschichte aus dem Jahr 1919/20 gestützt.[11] Das letzte Viertel dieser Vorlesung behandelt »Die Entstehung des modernen Kapitalismus« aus einer Vielzahl von Einflüssen: dem »freien Großhandel«, dem Kolonialismus, aus neuen Formen der »gewerblichen Betriebstechnik«, aus den Städten mit ihrem Bürgertum, schließlich dem »rationalen Staat«, das alles mit vielen Unterpunkten und Details auf etwa sechzig Seiten. Ganz am Schluss erst stehen nach einer langen Überleitung[12] gerade vier Seiten, auf denen die Askese und daher die Reformation und ihr Berufsbegriff für die »kapitalistische Erwerbstätigkeit ... auf rationaler Grundlage« (Weber 1923: 313) verantwortlich gemacht werden. Im Verhältnis zu dem, was bis dahin über die Entstehung des Kapitalismus mitgeteilt wurde, ist das ein kleines Anhängsel und ein Nachgedanke, dessen Stellenwert unklar, aber jedenfalls gering bleibt. Wenn die Entstehung des Kapitalismus erklärt werden soll, nennt Weber 1919/20 also eine große Zahl von historischen Einflüssen, unter denen die Auffassung von »Beruf« nur marginale Bedeutung hat.

Wenn man überblickt, was Weber tatsächlich an empirischen Materialien beigebracht hat, haben wir es jedenfalls *nicht* mit einer Untersuchung der Entstehung von Kapitalismus zu tun, wie verbreitet angenommen und in der Arbeit selbst auch versprochen – und am Schluss der Kapitel drei und fünf dementiert – wird. In der Hauptsache finden wir eine theologische Untersuchung über den lutherischen Protestantismus im Kontrast zu den dissidenten englischen Sekten, die unter »puritanisch« zusammengefasst und in ihre wichtigsten (vier) Strömungen aufgegliedert werden. In dieser theologischen

---

11 Die Vorlesung wurde also zeitgleich mit der Überarbeitung der »Protestantischen Ethik« für die »Gesammelten Aufsätze zur Religionssoziologie« gehalten. Ihre überlieferte Textform (Weber 1923) besteht laut Vorbemerkung der Herausgeber in einer Rekonstruktion aus mehreren (die genaue Zahl wird nicht genannt) Mitschriften von nicht identifizierten Hörern. 1958 wurde sie von Johannes Winckelmann überarbeitet und ergänzt, der dafür ebenfalls eine (weitere?) Mitschrift verwendete. Der Text besteht also nicht unbedingt aus Webers Formulierungen, enthält aber wohl, jedenfalls in den großen Zügen, die inhaltliche Substanz des Vorgetragenen.

12 Diese Überleitung argumentiert negativ. Zu den entscheidenden »Bedingungen für die Entfaltung des okzidentalen Kapitalismus« (Weber 1923: 300) gehörten *nicht*: die Bevölkerungsvermehrung, die Edelmetallzufuhr, der Erwerbstrieb, die Juden als »Pariavolk« mit dem Dualismus von Binnen- und Außenmoral; sehr wohl aber die Magiefeindschaft und die Prophetien in Juden- und Christentum als Voraussetzungen für eine »Rationalisierung der Lebensführung« (308), die in den Religionen Chinas oder Indiens ausblieb.

Untersuchung ist das Hauptmotiv die »Arbeit als Beruf« und allgemeiner die »methodische Lebensführung« und wie sie religiös begründet wird. Diese theologisch brisanten (Luther wird als konservativ, der Puritanismus als unbeabsichtigt fortschrittlich dargestellt), aber wirtschaftsgeschichtlich nicht besonders belangvollen Untersuchungen werden allerdings gerahmt von zwei im engeren Sinn soziologischen Kapiteln, in denen behauptet wird, es werde empirisch ein Zusammenhang zwischen Religionszugehörigkeit (in Deutschland) oder Sektenzugehörigkeit (in Amerika) mit wirtschaftlichem Erfolg und der Orientierung darauf Ende des 19. Jahrhunderts, also im gut entwickelten Kapitalismus, nachgewiesen. Wie das mit jenem zusammenhängt, bleibt zwar unsicher, suggeriert wird aber wieder eine »Fortschrittlichkeit« von Protestantismus, seine bessere Angepasstheit an die Bedingungen des »modernen Lebens«. Dass dieses moderne Leben in einer Schlussvolte als bedauerliches Disziplinar-Regime eine Note von »Verhängnis« zugeschrieben bekommt, hat mit den empirischen Untersuchungen nichts zu tun.

Was Weber tatsächlich untersuchte, schließt sich nicht zu einem Forschungsprogramm zusammen, es lässt sich nicht auf eine einheitliche Fragestellung beziehen, und es stimmt nicht mit den angekündigten Thesen überein. Negativ lässt sich sagen: Es ist sicher keine historische Untersuchung zur Entstehung von Kapitalismus, auch nicht zur Reformation (und ihren Varianten). Positiv ist es am ehesten die Erforschung der ethischen Vorschrift »Lebe, um zu arbeiten!« (»und führe insgesamt ein methodisch geordnetes, diszipliniertes Leben«) und ihrer religiösen Einbettung. Allerdings sind zwei auffällige Untersuchungen, das erste und das sechste Kapitel, enthalten, die beanspruchen, den wirtschaftlichen Erfolg der Angehörigen unterschiedlicher Konfessionen zu belegen. Dazu werden Interpretationen angeboten, *warum* das so sein könnte. Diese beiden Untersuchungen verwirren das Bild und machen das Verstehen der Abhandlung schwierig, wenn man sie als geschlossene Argumentation nimmt. Dazu haben gerade sie in der Rezeption viel Aufmerksamkeit auf sich gezogen. Ihre Ideologie: »Die protestantische Ethik, also Sparsamkeit und fleißige Arbeit, führt zu Erfolg in einer kapitalistischen Wirtschaft – und rechtfertigt ihn zugleich«, macht ihrerseits den Erfolg der so dargestellten »Weber-These« aus, nicht zuletzt in den USA, wo das wie eine Übersetzung und Bestätigung des populären »Amerikanischen Glaubensbekenntnisses« aussieht.

Die Schwierigkeiten und Diskrepanzen im Verständnis von Webers Abhandlung gehen auf die Brüchigkeit bis Widersprüchlichkeit ihrer Struktur zurück. Weber wollte zu viel auf einmal tun: Die Aufsatzsammlung ist eine

Antwort auf Sombarts Erfolgsbuch *Der moderne Kapitalismus*; sie ist ein Beitrag zu den Bemühungen um einen zur protestantischen Staatskirche oppositionellen »Kulturprotestantismus«, in denen besonders Webers damaliger Freund Ernst Troeltsch aktiv war; sie ist ein Nachtrag zum »Kulturkampf« gegen den politischen Katholizismus und damit eine Kritik an Bismarcks Kompromiss in der Beendigung dieser Auseinandersetzung und seinem so möglichen Schwenk zum »Zentrum«, wodurch die Liberalen im Reichstag bedeutungslos wurden; sie ist eine Abhandlung über Askese und Selbstdisziplin; sie ist politisch eine Erinnerung daran, warum England überlegen ist; sie ist ein Stück Zeitdiagnose des »preußischen Fin de siècle«. Unter dem Gewicht so vieler Anforderungen zerbricht die Struktur des Arguments.

Das vierte Kapitel

Die calvinistische Prädestinationslehre und wie man mit der metaphysischen Angst lebt, die sie macht

Für alle, die nicht gerade einer der in diesem Abschnitt vorgestellten Religionsrichtungen angehören oder protestantische Theologen sind, ist das vierte Kapitel ein Beitrag zur Allgemeinbildung: Hier erfährt man einigermaßen kompakt (auf etwa sechzig Seiten immer noch ausführlicher, als man es für Belange der Allgemeinbildung eigentlich wissen möchte), was in den verschiedenen protestantischen Sekten über Gott und die Welt gedacht wurde und wird.[1] Es wird Material für das Staunen darüber geboten, was einer

---

1 Auch für Fragen der Allgemeinbildung mag freilich die Darstellung verlässlicher sein, die ein Lebenslang-Theologe wie Ernst Troeltsch (1906/09/22) von diesen feinen Unterschieden der Dogmen gibt. Jedenfalls findet man dort im Kapitel »Anglikanismus und Independentismus« eine stärkere historische Einbettung der religiösen Strömungen und damit auch ihrer Beziehungen zueinander. Weber hat offenbar, wie Ghosh (2003) in Auswertung seiner Fußnoten und sonstigen Hinweise zeigt, umfassend gelesen, was damals an englischer Literatur und auch an Quellen zum Thema verfügbar war, aber deshalb bleibt diese theologische Fingerübung doch die Zusammenfassung und begriffliche Verarbeitung der Exzerpt-Hefte von höchstens ein paar Jahren, wenn nicht nur Monaten, und der Gespräche, die er mit Theologen, besonders mit Ernst Troeltsch führte. Vgl. ergänzend zu Ghosh Firsching und Tyrell (2009) mit ausführlichen Angaben zur damals überhaupt und für Weber verfügbaren Quellen- und Sekundärliteratur zum Puritanismus. – An positiven Bezügen zu deutschsprachiger Literatur nennt Weber damalige Standardwerke wie die von Karl Friedrich Müller (RS I: 90 Fn 1), Reinhold Seeberg (75 Fn 2, 89 Fn), Heinrich Heppe (92 Fn 2), dazu noch Eduard Bernstein (88 Fn 1) und ganz besonders Mathias Schneckenburger (75 Fn 2, 88 Fn 1, 106 und zahlreiche weitere Verweise in Fußnoten). Die in Bern, also für Reformierte gehaltenen Vorlesungen von Schneckenburger (1855, 1863) haben offenbar gut in das Konzept einer Aufwertung der calvinistischen Sekten auf Kosten der Lutherischen Kirche gepasst und daher besonders als Quelle gedient. Allerdings hat Weber diese Vorlesungen selektiv benutzt: Die von 1863 enthalten etwa große Kapitel über Arminianismus und Socinianismus – Richtungen des dissidenten Protestantismus, die Weber in seiner Typologie trotzdem weglässt. – In überwiegend erst 1920 eingefügten Fußnoten wird auch der langjährige Freund und Diskussionspartner Ernst Troeltsch

Grundidee (»ein allmächtiger Gott lässt nicht mit sich handeln«) alles an Bildern und Stimmungen abgewonnen werden kann und über welch feine Unterschiede in diesen Bildern sich Leute erregen bis gegenseitig die Köpfe einschlagen konnten. Für Theologen freilich war und ist schon die Kategorie »asketischer Protestantismus« in der Überschrift dieses Kapitels aufregend und auch Aspekte der Unterscheidung in die vier Gruppen sind nicht einfach selbstverständlich.[2]

Die Gruppen, die im »asketischen Protestantismus« zu unterscheiden sind, werden gleich eingangs genannt:

»1. der Calvinismus *in der Gestalt*, welche er in den westeuropäischen Hauptgebieten seiner Herrschaft im Lauf insbesondere des 17. Jahrhunderts annahm;
2. der Pietismus;
3. der Methodismus;
4. die aus der täuferischen Bewegung hervorgewachsenen Sekten.« (RS I: 84)

Die Bestimmung eines »asketischen Protestantismus« ist deshalb aufregend, weil erstens Askese etwas Katholisches, vom Protestantismus Überwundenes ist, und weil damit zweitens die Lutheranische Kirche zur offenbar nicht asketischen »Anstaltskirche« (um Webers Wort aufzugreifen) gemacht wird. Nun ist aber Luthers Reformation gegen die römisch-katholische »Anstaltskirche« gerichtet gewesen: Es wurde mit der Abschaffung der Position des im Zugang zu Gott und seiner Gnade privilegierten Priesters, der Sakramente, besonders der Beichte, als der autoritativ geregelten »Spende« von »Heilsgütern«, sowie der Heiligen als Fürbitter bei Gott alles getan, um das »Monopol

---

(manchmal auch als »Tröltsch«) gewürdigt. Weber verweist vor allem auf Troeltsch (1912) und gar nicht auf die Arbeiten von 1906, die Dokumente der engen Zusammenarbeit der beiden – und vor allem auf das, was Troeltsch von ihm, Weber, übernommen habe.

2 Man kann einzelne Argumente und das, was in diesem Kapitel insgesamt geschieht, nicht verstehen, wenn man nicht weiß, *gegen* wen und gegen welche Interpretation von Protestantismus Weber (gemeinsam mit Ernst Troeltsch) angeschrieben hat: die damals dominante des Theologen Albrecht Ritschl, niedergelegt in zwei Monumental- und Standardwerken zur christlichen Lehre von der Rechtfertigung und Versöhnung (1870–74) und zur Geschichte des Pietismus (1880–86). Danach war »Askese« spezifisch katholisch, mönchisch und dem Protestantismus fremd. Schließlich hatte ein wichtiger Teil von Luthers Reformation in der Ablehnung und Abschaffung der Orden bestanden. Ebenso hatten Ritschl und seine Schule die Deutung durchgesetzt, der Pietismus mit seiner Mystik sei ein Rückfall in den Katholizismus. Vgl. dazu Graf (1995), vor allem aber Treiber (1999), wo diese Beziehung zur protestantischen Theologie ausführlich dargestellt wird. Erst vor diesem Hintergrund wird der Skandal eines Begriffs wie »innerweltliche Askese« in der Anwendung auf Protestantismus sichtbar, in dem für die theologische Orthodoxie unverträgliche Gegensätze zusammengezwungen werden.

auf die Vermittlung der Heilsgüter«, das nach Weber entscheidende Merkmal einer Kirche als »anstaltsmäßig mit Beamten organisierte gnadenspendende Gemeinschaft«,[3] zu brechen und zu verhindern. Weber schreibt den Lutheranern nirgends explizit den Charakter einer »Anstaltskirche« zu,[4] aber implizit bleibt einem angesichts der besonderen Bedeutung, die er den Sekten des »asketischen Protestantismus« gibt, gar nichts anderes übrig, als das selbst zu tun und die Unterscheidung so zu verstehen. Hinzu kommt – und das geschieht sehr wohl explizit –, dass Weber, so wie Troeltsch, die historische Bedeutung der Reformation von Luther weg zu den »puritanischen Sekten« (Troeltsch zusätzlich zur Aufklärung) verlegt. Luther wird damit konservativ, zu einem »Mann des Mittelalters« gemacht. Erst die Weiterentwicklung der bei ihm noch vorsichtigen Ansätze in Genf, dann in Frankreich, Holland und besonders in England und in dessen amerikanischer Kolonie habe die Reformation vollendet.

Historisch eingekleidet ist das das Programm des »Kulturprotestantismus«: dem im Wilhelminischen Reich zur Quasi-Staatskirche und Orthodoxie gewordenen lutherischen Protestantismus eine individualistische und wissenschaftlich aufgeklärte »kulturelle« Religiosität entgegenzustellen. Bei Webers Freund Ernst Troeltsch wird das alles offen ausgesprochen, Weber liefert dafür die religionssoziologische Begrifflichkeit. Troeltsch unterscheidet (kirchlichen) Alt- und (individualistischen) Neuprotestantismus, Weber verwendet für letzteren den Begriff »asketischer Protestantismus«, praktisch gleichbedeutend auch »Puritanismus«,[5] beide unterscheiden darin noch as-

---

3 Das Zitat stammt aus der 1915 veröffentlichten »Einleitung« zu *Die Wirtschaftsethik der Weltreligionen* (RS I: 260). Weber hat seine religionssoziologische Begrifflichkeit außerdem im selben Werk noch in der »Zwischenbetrachtung« und in »Die protestantischen Sekten und der Geist des Kapitalismus« abstrakter dargestellt, beides Ausarbeitungen erst für die Ausgabe von 1920. Dazu kommt der Abschnitt »Religiöse Gemeinschaften« in *Wirtschaft und Gesellschaft* (MWG 22.2) aus etwa derselben Zeit. 1905, in der »Protestantischen Ethik«, werden einige dieser Begriffe, am offensichtlichsten das Begriffspaar »Askese« vs. »Mystik«, schon entwickelt und verwendet, aber nicht abstrakt beschrieben. Vgl. dazu die Beiträge von Krech (Mystik) und Treiber (Askese) in Kippenberg und Riesebrodt (2001).

4 In dem Aufsatz »›Kirchen‹ und ›Sekten‹« von 1906 (dem Ausgangspunkt für das erheblich erweiterte und umgearbeitete Kapitel sechs von 1920) schreibt Weber über die »›Kirche‹, die lutherische und reformierte ebenso wie die katholische« (Weber 1906: 325), aber in der Umarbeitung von 1920 findet sich diese Passage nicht mehr.

5 Ghosh (2003) hat akribisch herausgearbeitet, dass Weber in der »Protestantischen Ethik« die beiden Bezeichnungen als austauschbar verwendet. – Historisch ist »Puritanismus« als abfällige Bezeichnung bis Schimpfwort von den katholischen wie protestantischen Gegnern der Richtungen, die sich gegen die anglikanische Staatskirche wandten, erfunden

ketische und mystische Richtungen. Diese letzte Unterscheidung ist ein gewisses Problem, wenn schon der Oberbegriff »asketisch« heißt, aber es sollte eben auch der Pietismus einbezogen werden. In der »Zwischenbemerkung« von 1920 stellt Weber die »aktive Askese« als »gottgewolltes *Handeln* als Werkzeug Gottes« dem »kontemplativen Heils*besitz* der Mystik« (RS I: 538) gegenüber. Er argumentiert aber gleich anschließend, dass es nicht nur innerweltliche Askese und weltflüchtige Kontemplation, sondern genauso weltflüchtige Askese und innerweltliche Mystik und damit auch alle Mischungsverhältnisse und Übergänge geben könne. Weber wird oft für seine begriffliche Schärfe gepriesen.

Eher beiläufig und ohne weitere Begründung wird auch ein Begriff von »Calvinismus« im 17. Jahrhundert eingeführt, der mit den Schriften (und schon gar den Taten) des Jean Calvin in Genf nur lose verbunden ist. (Calvin starb 1564.) Das wird in der Fußnote 1 auf Seite 89 noch einmal wiederholt mit dem Zusatz: Es gehe um die Form von Calvinismus, zu der er sich »im 17. Jahrhundert in den großen Gebieten seines beherrschenden Einflusses, die zugleich Träger kapitalistischer Kultur (!) waren, entwickelt« habe. Das ist gleich doppelt bemerkenswert: Erstens wird ohne näheres Argument vorausgesetzt, Frankreich, Holland und England (denn um diese Länder geht es vor allem) seien im 17. Jahrhundert »Träger kapitalistischer Kultur« gewesen. Der Begriff »kapitalistische Kultur« ist übrigens auch an dieser Stelle neu und bleibt ohne nähere Erläuterung. Zweitens wird damit der Zusammenhang, der überprüft werden soll, als gegeben unterstellt. Schließlich wird der Kunstgriff wiederholt, mit dem schon im dritten Kapitel das Problem bewältigt wurde, dass die Religion Luthers nicht zu der Erwartung stimmt: Dann wechseln wir eben zu einer anderen Religion, die besser passt. Dort war es Calvin, auf den ausgewichen wurde. Jetzt ist Calvin bei näherer Betrachtung auch nicht so günstig, also wechseln wir nochmals, zum »Calvinismus des 17. Jahrhunderts«, und zwar gleich in den Ländern, die wir, nach welchen Merkmalen immer, als »Träger kapitalistischer Kultur« identifizieren können.

Diesem Calvinismus des 17. Jahrhunderts ist der größte Teil des Kapitels gewidmet (vierzig Seiten von 88 bis 127), allerdings mit ausladenden Ein-

---

und eingeführt worden (Collinson 2008). In der späteren Rezeption hat die Bewertung offenbar immer zwischen »Dissidenz« und damit Grundlage von Toleranz und Freiheit einerseits und »moralischer Rigorismus« und damit borniertere Disziplin und Gottesstaatlichkeit geschwankt. Puritanismus hat einfach beide Seiten – örtlich, zeitlich und nach jeweiliger Sekte unterschiedlich verteilt. Weber vereindeutigt in die Richtung von »Dissidenz«.

sprengseln allgemein begrifflicher Art, dann folgt der Pietismus mit weniger als der Hälfte dieses Umfangs (128–144), schließlich noch kürzer Methodismus (ab 145) und Täufertum (ab 150). Das Kapitel schließt mit etwa zwei Seiten Zusammenfassung und Überleitung.

Am wichtigsten im Sinn von historisch folgenreich sei am *Calvinismus* das Motiv der »Gnadenwahl« gewesen, wonach Gott vorweg die Menschen zu ewigem Leben oder Tod bestimmt habe. Der einzelne Mensch kann dazu oder dagegen nichts tun, er kann nicht einmal erkennen, auf welche Seite er selbst fällt. Diese Lehre, so heißt es hier, »mußte ... vor allem eine Folge haben: ein Gefühl einer unerhörten inneren *Vereinsamung des einzelnen Individuums*« (RS I: 93). Nach dieser Lehre sei der Mensch »darauf verwiesen, seine Straße einsam zu ziehen, einem von Ewigkeit her feststehenden Schicksal entgegen. Niemand konnte ihm helfen. Kein Prediger ... Kein Sakrament ... Keine Kirche ... Endlich auch: – kein Gott ...« (94). Nach diesem trostlosen Bild[6] unterbricht Weber, um zu unterstreichen, dass dieses Aufgeben aller magisch-sakramental-kirchlichen Praktiken der Heilsvermittlung der entscheidende (und von Luther nicht vollständig verwirklichte) Zug von Protestantismus sei. In dieser Situation bleibe nur Gottvertrauen und die Verpflichtung, Gott in Worten und Taten zu preisen. »In tiefer innerlicher Isolierung vollzog sich, trotz der Heilsnotwendigkeit der Zugehörigkeit zur wahren Kirche, der Verkehr des Calvinisten mit seinem Gott.« (97) Illustriert wird das mit einer Szene aus Bunyans *Pilgrim's Progress*, in der die Angst des Protagonisten um sein Schicksal im Jenseits alle diesseitigen Verpflichtungen gegenüber Frau und Kindern überspielt.

---

6 Die große Einsamkeit des Menschen wird in diesen Passagen sehr nachdrücklich und einfühlbar, nachgerade ergreifend dargestellt. Wer das so beschreiben kann, versteht offenbar einiges von innerer Einsamkeit und verzweifeltem Alleinsein. – Aber zwingend ist die Ableitung aus der Prädestination nicht. Viel plausibler würde man auf diese Idee mit Fatalismus reagieren und könnte sich geborgen fühlen in den wie immer undurchschaubaren Absichten, die Gott mit einem hat. Prädestination kann auch heißen: Ich kann nichts falsch machen, denn alles ist Gottes Wille. Sie heißt damit auch, man kann nicht bestraft werden – und wenn man ohnehin verloren ist, schon gar nicht. Dazu gibt es dann eine Gemeinschaft der Heiligen schon auf Erden, erkennbar an der Sektenzugehörigkeit. Prädestinationsglaube im Kollektiv aber erzeugt wahrscheinlich eine besonders elitäre Gemeinsamkeit und besondere Verachtung für alle, die nicht dazugehören: Wir sind die von Gott Auserwählten – alle anderen sind die von ihm Verdammten. Statt der Einsamkeit könnte man aus der Prädestination also genauso gut das Gegenteil: die besondere Zugehörigkeit und den Drang dazu, ableiten. – Was im Text apodiktisch als einzig denkbare Folgerung aus der Prädestinationslehre behauptet wird, ist tatsächlich eine empirisch offene Frage.

Der Text bleibt an dieser Stelle literarisch: Die puritanische Selbstbezogenheit erinnert an »salbungsvolle Gespräche« in Gottfried Kellers *Gerechte Kammacher*. Als nächstes fällt Alfonso Maria de Liguori ein, der Gründer des Ordens der Redemptoristen (1732), den dieselbe tiefe Sorge um das Schicksal nach dem Tod umgetrieben habe. Das kontrastiert zu dem »Geist stolzer Diesseitigkeit«, der sich bei Machiavelli findet, wenn der die Bürger von Florenz preist, denen im Kampf gegen den Papst ihre Stadt wichtiger war als ihr Seelenheil, und – in einem zeitlichen und sachlichen Sprung – erst recht bei Richard Wagner, in dessen »Walküre« der Held Siegmund »Walhalls spröde Wonnen« zurückweist, wenn er seine Schwester und Geliebte, später Mutter ihres inzestuös gezeugten Sohnes Siegfried (dass sie schwanger ist, weiß er zu dem Zeitpunkt noch nicht), dorthin nicht mitnehmen kann. Schließlich kehrt die Darstellung zu Alfonso de Liguori zurück, den die metaphysische Angst »zu jeder erdenklichen Selbsterniedrigung« getrieben habe,[7] während der Held von Bunyans Allegorie von derselben Angst »zu rastlosem und systematischem Kampf mit dem Leben« angespornt worden sei (RS I: 98). Der Absatz schließt mit der interessanten Frage: »Woher dieser Unterschied?«

In dieser kurzen, aber anspielungs-dichten Sequenz von weniger als einer Seite ist Gottfried Keller ein völliger Nebengedanke, Machiavellis Florentiner Bürger und Wagners Siegmund werden schon ausführlicher und in je zwei Zeilen wörtlich zitiert, Alfonso de Liguori wird nur angespielt und überhaupt nicht erklärt, hat aber eine wichtige Kontrastfunktion: Freilich wird mit keinem Wort gesagt, dass er als Sohn der herrschenden Klasse und erfolgreicher Jurist begann, dann à la Franz von Assisi Stand und Reichtum verwarf, dass er zwei Orden gegründet hat (den der Redemptoristinnen ge-

---

7 Der Verweis »wie Döllinger ihn uns geschildert hat« meint offenbar die Darstellung in Döllinger und Reusch (1889: 356–476, zu den Selbstquälereien, »Abtödtungen« genannt, 370ff). In der Hauptsache geht es um grausame Geißelungen. Hinzu kommen einfallsreiche Bosheiten wie kleine Steine in den Schuhen oder das »Würzen« der Speisen mit bitteren Kräutern. Schlafentzug und Fasten sind im Vergleich eher konventionell. Die Quelle dieser nicht ganz von Masochismus freien Darstellungen sind die Protokolle des Verfahrens zur Seligsprechung. – Anfälle von metaphysischer Angst bis Verzweiflung wären im übrigen nicht das Problem – die haben Anhänger aller Religionen; das ist vielleicht sogar Voraussetzung von ernsthafter Religiosität. In Webers Sinn geht es nur darum, wie sie damit umgehen: durch mystische Suche nach ekstatischen Erfahrungen von Gott oder von Aufgehobenheit im Kosmos (was Freud als »ozeanisches Gefühl« analysiert) oder aber durch Disziplin der Lebensführung, die dergleichen Momente der Not gar nicht auftreten lässt oder sie durch Ablenkung überspielt. Gebete, besonders wenn sie sich litaneihaft und automatisiert wiederholen, tun das auch.

meinsam mit der frommen Nonne Celeste Crostarosa, deren spiritueller Betreuer er war, ein Jahr vor dem entsprechenden Männer-Orden) und sich und die Tätigkeit dieser Orden besonders der Volksseelsorge und -mission widmete. Mit dieser Aktivität müsste er hier vor allem interessieren: als Beispiel für die Bemühungen von katholischen Orden um die Verbreitung von »Lebensführung«, damit von »innerweltlicher Askese«, analog zu den Trinitariern bei den Franziskanern, den Jesuiten mit ihren »Exerzitien« und sonst Schul- und Missionsorden aller Art, darunter den Redemptoristen.[8] Wenn man in der Quelle für den Liguori-Verweis nach der farbigen Schilderung der »Abtödtungen« ein wenig weiterliest (Döllinger und Reusch 1889: 378ff), findet man ausführliche Schilderungen seiner Tätigkeit als Bischof, der in Neapel und anderen Städten für christliche Ordnung und Moral, erst im Klerus, dann in der Bevölkerung sorgte. Das Wirken Liguoris und der Redemptoristen bestand in erster Linie darin, solche Gott und der Kirche gefällige »Lebensführung« durchzusetzen. Wirksam wurde die Moraltheologie des zwanghaften Schreibers, niedergelegt in kasuistischer Form, die der des Puritaners Baxter nicht nachsteht. Indem sie die Beichtenden und vor allem die Beichtväter anleitet, wie welche Sünden zu bewerten und zu bestrafen seien, enthält sie genauso fein ausgetüftelte Regeln der »Lebensführung«, also der »innerweltlichen Askese«, wie jede beliebige calvinistische Sprüchesammlung. Dass Liguori sich daneben noch selbst quälte, ist für die Heiligsprechung gut, macht ihn also zum »religiösen Virtuosen«, ist aber nicht wirklich Askese im Sinn von Webers Begriff. Dass es dafür das Wort »Abtödtung« (des »Fleisches«) gab, macht auch eine Differenz zwischen diesen Übungen und der Ordnung in der Gemeinde sichtbar.

Die oben zitierte Frage Webers nach dem Unterschied zwischen katholischer und puritanischer Askese war wohl eher rhetorisch gemeint. Bearbeitet wird vielmehr die andere Frage, wie die hoch individualisierte Einsamkeit des Calvinisten mit der »unbezweifelbare[n] Überlegenheit des Calvinismus in der sozialen Organisation« (RS I: 98) zusammengeht – wem und inwiefern in der Erreichung welcher Ziele überlegen, wird nicht gesagt; nur dass es »unbezweifelbar« so sei. Puritanische Askese basiert, wenn man die nächsten Seiten zusammenfasst, auf der Vorstellung, dass die Welt nur zum Ruhme Gottes existiert, dass es daher auch die Pflicht der Menschen ist, den Ruhm Gottes zu mehren und daher seine Ordnung pflichtmäßig zu leben – in (wir ahnen es) »Erfüllung der durch die lex naturae gegebenen

---

[8] Im »Kulturkampf« Bismarcks waren die Redemptoristen genauso verboten wie die Jesuiten.

*Berufs*aufgaben«. Trotzdem ist die calvinistische Ethik betont *utilitaristisch* – aber das »zu analysieren ist hier nicht der Ort« (101). Die »Überlegenheit« entsteht daraus, dass die soziale Organisation »sachlich-*un*persönlich«, als »Dienst an der rationalen Gestaltung des uns umgebenden gesellschaftlichen Kosmos« gepflegt wird und nicht auf etwas so Unverlässlichem wie etwa der »Nächstenliebe« beruht. Das lässt sich offenbar ganz wertfrei sagen: Eine Organisation auf der Grundlage von unpersönlicher Pflichterfüllung ist einfach einer, die sich auf Solidarität beruft, »unbezweifelbar überlegen«.

Der Gedankengang wird an dieser Stelle unterbrochen, der Text kehrt zur Prädestination und wie sie ertragen wurde zurück. Der Befund ist: Sie wurde nach Calvin, der sich seiner Erwähltheit sicher war, gar nicht ertragen, sondern zu durchschauen versucht. Die »Gnadengewissheit« entstand, so lernen wir, aus der Beobachtung und Selbstkontrolle des eigenen rechtschaffenen Lebenswandels: Wenn ich dazu imstande bin, richtig zu leben, dann gehöre ich gewiss zu den Auserwählten (RS I: 109ff). »Richtig leben« – das wollen wohl alle Religionen ihren Angehörigen beibringen. Aber für die Calvinisten heißt es etwas anderes als für Katholiken: Bei letzteren setze sich das Leben aus einer Reihe von Handlungen zusammen, die unterschiedlich gottgefällig gelingen, dazwischen aus Fehltritten und Irrtümern. Zuletzt werde daraus eine Art Bilanz gezogen, die zusätzlich beeinflusst werden kann durch Reue und Buße, Gebetsübungen und gute Taten. Dazu hat man den Priester: Er »war ein Magier, der das Wunder der Wandlung vollbrachte und in dessen Hand die Schlüsselgewalt gelegt war. Man konnte sich in Reue und Bußfertigkeit an ihn wenden, er spendete Sühne, Gnadenhoffnung, Gewißheit der Vergebung und gewährte damit die *Entlastung* von jener ungeheuren *Spannung*, in welcher zu leben das unentrinnbare und durch nichts zu lindernde Schicksal des Calvinisten war.« (114) Für den Calvinisten hingegen gibt es keinen Saldo und schon gar nicht, so darf man hinzufügen, was hier so nicht gesagt wird: die Rettung nach einem Leben von Gewalttätigkeit, Betrug und Ausschweifung durch Reue, Buße und gute Taten im Alter (darunter die testamentarische Überlassung eines Vermögens an die Kirche), wie es die Karikatur des Katholiken will.[9] »Die ethische Praxis des Alltagsmenschen wurde so ihrer Plan- und Systemlosigkeit entkleidet und zu einer konsequenten *Methode* der ganzen Lebensführung ausgestaltet.« (115) Wenn es also stimmt, dass seit dem Calvinismus des 17. Jahrhunderts dessen Anhänger in der methodischen Lebensführung ein sicheres Zeichen der eigenen

---

9 Die weibliche Variante hält der Volksmund in der knappen Formel »junge Hur – alte Betschwester« fest.

Auserwähltheit gewinnen – und im Kontrast sicher sein konnten, dass andere, die außerhalb ihrer Kreise lebten, bestimmt nicht zu dieser Gruppe gehörten, dann kann man sich das Selbstbewusstsein und die Überlegenheit dieser »Heiligen« vorstellen, die man in den »stahlharten puritanischen Kaufleuten jenes heroischen Zeitalters des Kapitalismus und in einzelnen Exemplaren bis in die Gegenwart« (RS I: 105) vorfindet.

An dieser Stelle (RS I: 116ff) schließt sich eine längere Abhandlung über Askese und ihre Geschichte an. Im Gegensatz zu den fastenden und sich kasteienden religiösen Virtuosen des Ostens entstand in den westlichen Klöstern seit Benedikt und seiner Regel der arbeitende, nach einem genau geregelten Tagesablauf lebende Mönch des *ora et labora*. Das war auch in Webers Sinn hoch entwickelte rationale Askese, »emanzipiert von planloser Weltflucht und virtuosenhafter Selbstquälerei« (116). Für die späteren Ordensgründungen, besonders den Arbeits- und Kolonisierungsorden der Zisterzienser, gilt das noch mehr. Die so gewonnene Selbstkontrolle und die Ordnung der Lebensführung verbänden die christlichen Mönche mit den Puritanern und bis heute mit dem englischen *gentleman* (117). Der Unterschied zwischen mönchischer und puritanischer Askese ist nur die »Innerweltlichkeit« der letzteren. Der Text relativiert hier diesen Unterschied und betont, dass auch der Katholizismus, trotz seiner »größeren moralischen Genügsamkeit« (118), die Lebensführung der einfachen Mitglieder zu gestalten suchte. Aber die Askese hätte sich eben doch in der »Ueberbietung der innerweltlichen Sittlichkeit« (119) ausgewiesen. Bei den Calvinisten hingegen hätte das Bewusstsein eigenen »Gottesgnadentums« zur Verachtung der nicht Erwählten führen können und damit zu dem Drang, sich von ihnen abzugrenzen, zur Sektenbildung. Die dauernde Kontrolle des Gnadenstands führte zu einer neuen Form von »Buchhaltung der Seele«, anders als die der katholischen »Beichtspiegel« nicht zur Vorbereitung von Reue, Buße und Vergebung, sondern mit der Folge einer »penetranten Christianisierung des ganzen Daseins« (124). Abschließend wird noch einmal der deutlich weniger asketische, bis hin zur Mystik (die »unio mystica« mit Gott) reichende Charakter des lutherischen Protestantismus betont.

Als nächstes werden *Pietismus* wie *Methodismus* damit charakterisiert, dass die Suche nach der Heilsgewissheit besonders in den Vordergrund rückte. Das verstärkte einerseits die asketische Kontrolle der Lebensführung, andererseits die Gefühlsseite der Religiosität bis hin zu der »aus zahllosen Beispielen bekannte[n], neuropathisch begründete[n], Abwechslung von halb-sinnlichen Zuständen religiöser Verzückung mit Perioden nervöser Erschlaffung, die als ›Gottferne‹ empfunden wurden«. Das war »im *Effekt* das direkte Gegenteil der nüchternen und strengen Zucht, in welche das systematisierte heilige Leben des Puritaners den Menschen nahm« (133). Die »religiöse Aristokratie der Heiligen« wurde besonders wichtig und gefühlsmäßig untermauert zu einer Tendenz, sich in »Konventikeln« abzusondern.[10] Der deutsche Pietismus wird an Francke, Spener und Zinzendorf besprochen. Das Ergebnis ist: Der Pietismus schwankt in der »religiösen Verankerung seiner Askese« (143). Der Methodismus wird, als »das englisch-amerikanische Seitenstück des kontinentalen Pietismus« (145) ebenso als schwankend beschrieben (149).

Als Zusammenfassung findet sich eine für die »Protestantische Ethik« ungewöhnliche Zuordnung von Pietismus und Calvinismus zu Berufspositionen: Der Pietismus »züchte« die Tugenden, wie sie »›berufstreue‹ Beamte, Angestellte, Arbeiter und Hausindustrielle« bräuchten, der Calvinismus hingegen sei »dem harten rechtlichen und aktiven Sinn bürgerlich-kapitalistischer Unternehmer wahlverwandter«. Zuletzt verliert Weber die Geduld: »Der reine Gefühlspietismus endlich ist … eine religiöse Spielerei für ›leisure classes‹.« (RS I: 145)[11]

Während Pietismus und Methodismus »*Abschwächungen* der konsequenten asketischen Ethik des Puritanismus« (150 Fn 3) darstellen, wird das *Täufertum* als »zweiter *selbständiger* Träger protestantischer Askese neben dem Calvinismus« (150) gewürdigt. Hier geht es grundsätzlich um Sekten,

---

10 Webers Darstellung des Pietismus hat große Ähnlichkeit mit der, die Troeltsch (1906/09/22: besonders 394ff, 399) gibt. Die Zuspitzung der lutherischen Bekehrungslehre, die dogmatische Gleichgültigkeit, »schwärmerische Erleuchtungen« und »ungewöhnliche Rührungen und Ergriffenheiten des Herzens«, andererseits die »religiöse Ermattung«, das »Schwanken« und die »Konventikelbildung«, das alles findet sich bei Troeltsch und entspricht dort der Darstellung bei Weber.

11 Campbell (1987) hat besonders kritisiert, dass Weber die »emotionale« Seite des Puritanismus im Pietismus vernachlässigt, oder jedenfalls nicht für angemessen wichtig gehalten habe. Er konstruiert daher einen Übergang vom Pietismus und seiner »Empfindsamkeit« zu dem, was er »Geist der Romantik« nennt. Ihn wiederum macht er für Bohème-Haltungen verantwortlich und sieht einen Zusammenhang zwischen ihrem gehäuften Auftreten und einer Ausrichtung auf Konsum. Im Bürgertum würden beide Werte, Utilitarismus und Romantik, erstere mehr durch Erwachsene und Männer, letztere durch Jugendliche und Frauen, ausgelebt und tradiert. Damit ist es ihm möglich, Puritanismus nicht nur für »Fleiß und Sparsamkeit«, sondern auch für »Konsumfreude« verantwortlich zu machen. Seit der Phase des »Fordismus«, auch als »Konsumgesellschaft« beschrieben, ist ja die Erklärung von Kapitalismus aus einem »asketischen Protestantismus« etwas unplausibel geworden. Campbells Konstruktion behebt dieses Problem und beansprucht daher, Weber angemessen zu ergänzen.

also um »Gemeinschaft[en] der *persönlich Gläubigen und Wiedergeborenen*« (153), und nicht um kirchliche »*Anstalt[en]* – sei es zur Mehrung des Ruhmes Gottes (calvinistisch), sei es zur Vermittlung von Heilsgütern an die Menschen (katholisch und lutherisch)« (152). Neben den deutschen Täufern zählen zu ihnen die angelsächsischen Baptisten, Mennoniten und Quäker. Entscheidend für sie sei die »individuelle *Offenbarung*« (153), die »Fortdauer einer im täglichen Leben der Gläubigen wirkenden Kraft des Heiligen Geistes, der direkt zu dem einzelnen, der ihn hören will, spricht« (155). Ein wichtiger Teil der religiösen Praxis bestehe in Übungen, um diese persönliche Erweckung und Berufung geschehen zu lassen, im Harren auf die Wiedergeburt und in der Hingebung an sie. Damit wird nicht nur das Wort der Bibel entwertet, sondern auch radikal mit allen Sakramenten Schluss gemacht, im Extrem sogar mit der Taufe. Die täuferischen Gemeinschaften wollten mit der Welt und ihrer Politik nichts zu tun haben, sondern in ihren eigenen Grenzen ein »reines« Leben führen. Dadurch sei einerseits die »Berufskonzeption« abgeschwächt worden (159), andererseits aber auch »*gesteigert*«: Durch die Ablehnung aller Ämter sei nur eine Konzentration auf die Berufstätigkeit übrig geblieben, und die gesteigerte Innerlichkeit in der Gemeinschaft der Sekten hätte eine viel intensivere und dazu freiwillig gepflegte »innerweltliche Askese« bewirkt, als es jede äußere »Kirchenzucht« jemals erreichen konnte.

Als Resümee, das Kapitel abschließend, ergibt sich: Allen Varianten von Puritanismus sei gemeinsam, dass das Heil nur durch einen bestimmten Lebenswandel zu erreichen sei, der daher persönlich methodisch kontrolliert werden müsse. Es gebe kein Heil »durch irgendwelche magisch-sakramentalen Mittel oder durch Entlastung in der Beichte oder durch einzelne fromme Leistungen« (162). Den Abschluss bildet – in einem ungewöhnlich »poetischen« Ton und mit paradoxen Wendungen – eine Apotheose der Askese:

> »Die christliche Askese, anfangs aus der Welt in die Einsamkeit flüchtend, hatte bereits aus dem Kloster heraus, indem sie der Welt entsagte, die Welt kirchlich beherrscht. Aber dabei hatte sie im ganzen dem weltlichen *Alltags*leben seinen natürlich unbefangenen Charakter gelassen. Jetzt trat sie auf den Markt des Lebens, schlug die Tür des Klosters hinter sich zu und unternahm es, gerade das weltliche Alltagsleben mit ihrer Methodik zu durchtränken, es zu einem rationalen Leben *in* der Welt und doch *nicht von* dieser Welt oder *für* diese Welt umzugestalten.« (RS I: 163)

Welches Ergebnis »die Askese« damit erreicht habe, solle im nächsten Kapitel gezeigt werden.

Kirchen, Orden, Sekten

Es fällt auf, dass in der »Protestantischen Ethik« die katholische Religion fast nur aus Mönchen und ihren Orden besteht, während die Kirche selbst so gut wie gar nicht vorkommt. Dem entspricht die Behauptung und Unterstellung, die *katholische* Askese, also die systematische Gestaltung des Lebens der Mitglieder nach religiösen Maximen, habe vor allem im Kloster stattgefunden. Damit sei sie »außerweltlich« orientiert und könne auf die gewöhnlichen Mitglieder, die nicht im Kloster, sondern zum Beispiel im Dorf leben und dort ihre Landwirtschaft oder ihr Handwerk betreiben, nicht zutreffen. Sie hätten »natürlich unbefangen« getan, was sie auch ohne Kirche und Religion getan hätten. Das kann nur jemand so schreiben, der nie auf dem Dorf, einem katholischen zumal, gelebt hat.[12]

Die katholische Religion war (und ist) aber in erster Linie als Kirche organisiert, mit einer Hierarchie von Funktionären, die vom Papst und seinem Hofstaat über Kardinäle, Erzbischöfe, Bischöfe und Dechante zum Pfarrer reicht, der für die konkrete Seelsorge und die Organisation der Gemeinde zuständig ist. Das ist eine großartige Bürokratie, historisch nach den Außenstellen der Besatzung durch das Heer des Imperium Romanum und der zugehörigen Verwaltung die erste und viele Jahrhunderte lang die einzige, die international funktionierte. Orden und Mönche sind in dieser Organisation zunächst nicht vorgesehen.

Anfangs handelte es sich bei dem, was später Mönche wurden, um Einsiedler und andere Fanatiker (»religiöse Virtuosen«, wie Weber sie so treffend nennt), die sich in unwirtlichen Gegenden aufhielten und allenfalls von ein wenig Volksreligiosität beachtet, manchmal auch verehrt wurden – und die naturgemäß, sei es als Einsiedler, sei es als Konkurrenten um diese Aufmerksamkeit, von einander nicht viel wissen wollten. Lose Zusammenschlüsse als »Kolonien« hat es zuerst wohl unter dem Druck einer feindlichen oder der an einem Ort besonders geeigneten Natur gegeben. Selbst wo es zum Zusammenleben in einem Gebäudekomplex kam, blieben das zunächst »Virtuosen«, die mit ihrem je eigenen Heil beschäftigt waren. Die entscheidende Erfindung machte Anfang des sechsten Jahrhunderts ein Einsiedler namens

---

12 Webers Erfahrungen mit der katholischen Religion wurden außer durch den »Kulturkampf« von seinen Rom-Aufenthalten 1901/02 und – für die »Protestantische Ethik« unmittelbar relevant – 1904 bestimmt. Bekanntlich bildet Reisen – Vorurteile. Zu Weber und Italien vgl. Kaesler (2004b). – Neuerdings haben wir in Michael Hanekes Film *Das weiße Band* (2009) die filmisch-literarische Darstellung eines protestantischen Dorfs um 1900, die uns die religiöse Bedrückung und ihre Folgen nacherlebbar macht.

Benedikt (480–547), der nach seiner Solo-Zeit im Wald und in den Dornen (immerhin unterstützt von einem frommen Gefährten, der ihn mit Nahrung versorgte) ein enges und strikt reguliertes Zusammenleben von Mönchen forcierte und dazu die später berühmte »Regel des Hl. Benedikt« aufstellte. Sie legt vor allem einen engmaschig eingeteilten Tagesablauf fest, der – fast noch wichtiger – neben Gebeten und Alltagsverrichtungen »Arbeit als Gottesdienst« enthält. Selbst die Legende vom Hl. Benedikt erzählt davon, dass die zunächst für dieses Regime gewonnenen Brüder es zu Zeiten unerträglich fanden und ihren gestrengen Klostervorsteher sogar zu vergiften versuchten (was der HErr durch ein Wunder verhinderte).[13] Mit dieser Verpflichtung zur Arbeit, die sich nur im Westen durchsetzte, die östlichen Klöster blieben kontemplativ und damit von Zuwendungen von außen abhängig,[14] wurden die Klöster wirtschaftlich erfolgreich. Durch aktive Mission und Vorbildwirkung breiteten sich Klöster aus. Der Orden zunächst der Benediktiner wurde von der Kirche anerkannt.

Diesem ersten Orden folgten über die Jahrhunderte weitere, immer nach demselben Muster: Es handelte sich von Bernhard (Zisterzienser) bis Franziskus und weiter um Fundamentalisten, die in geschlossenen Gemeinschaften eine »reinere« Religiosität pflegen wollten, als sie ihnen im weltlichen Getriebe der Kirche stattzufinden schien. Ein anderer, späterer Typus von Ordensgründung erfolgte um bestimmte Aufgaben, etwa Ketzerverfolgung und Inquisition, den Betrieb von Schulen und Spitälern, Armenpflege oder die Mission der Heiden, oder als Mission nach innen die Verbesserung der Christen. Die Jesuiten stellen den Übergang dar: Ihre Aufgabe war die damals notwendige Reform der Kirche und des Glaubenslebens. Sie wären ein ausgezeichnetes Beispiel für eine katholische Organisation zur Verbreitung von »innerweltlicher Askese«.[15] Auch der Augustiner-Mönch Martin Luther war ein solcher Fundamentalist, der wie andere vor ihm besonders die Verstöße der Kirche gegen das Armutsgebot unerträglich fand, dessen Dissidenz

---

13 Eine ausführliche Analyse der Benedikt-Legende, wie sie von Gregor dem Großen um das Jahr 600 überliefert, vielleicht erfunden, und wie sie in Fresken- und Gemäldezyklen dargestellt wurde, findet sich in Treiber und Steinert 1980/2005: 75–86.

14 Man konnte die Nachteile dieser Abhängigkeit etwa auf Athos mit dem Ausfall der Zuwendungen aus den damals kommunistischen Ländern der Ost-Kirche als traurigen Verfall und Untergang der dortigen Klosterstädte besichtigen. Da musste etwa das imposante »Russenkloster«, für zweitausend Bewohner ausgelegt, von um die zwanzig alten Männern betrieben werden. Seit 1990 soll es wieder aufwärts gehen.

15 Das »Opus Dei« kannte Weber noch nicht, es wurde erst 1928 gegründet. Aber hier haben wir heute ein Beispiel für die katholische Organisation von »innerweltlicher Askese«, wie man es sich schlagender nicht wünschen kann.

aber aufgrund der historischen Umstände nicht mehr mit einer weiteren Ordensgründung zu integrieren war. Orden zuzulassen war also ein kluger Schachzug der Kirche, um mit Fundamentalisten und Enthusiasten fertig zu werden, ohne durch ihren Ausschluss Spaltungen zu riskieren und anschließend Ketzer verfolgen zu müssen. Wenn es möglich war, wurden Abweichungen auf diese Weise in der Kirche gehalten und neutralisiert. Wenn es nicht möglich war, musste die heilige Inquisition aktiv werden.

Freilich wurden die Orden mit der Infrastruktur von Klöstern in allen Ländern und mit ihrem Reichtum (indem die Mönche individuell das Armutsgebot strikt beachteten, machten sie das Kloster und den Orden reich) eine bedeutende Macht in der Kirche: Schon um 600 war der erste Benediktiner als »Gregor der Große« Papst. Die Kirche und ihre Orden verschränkten sich immer mehr, zumal die Orden die Aufgabe der Ausbildung bekamen oder an sich zogen. Heute (1997–2008) sind in Deutschland 13–14 Prozent der kirchlich angestellten Priester zugleich Angehörige eines Ordens, der ihnen als brüderlicher Rückhalt, Krankenstation und nicht zuletzt Altersheim dient.[16] Dass es auch ein gewisses Ausmaß an Flucht aus der Enge der Gemeinschaft in Außenaktivitäten gibt, ist unverkennbar.

Trotzdem: Das Zentrum der katholischen Gemeindearbeit ist der Pfarrhof und die Kirche, der Gemeindepfarrer, seine Pfarrersköchin, der Mesner, der Organist und die Ministranten. Deren Tätigkeit strukturiert (durch das Angebot der heiligen Messe) für die ganz Eifrigen den Tag, für alle anderen aber jedenfalls die Woche mit ihrem Sonntag und ebenso das Jahr mit seinen Feiertagen und mehr oder weniger heiligen Zeiten. Ihre Tätigkeit strukturiert den Mitgliedern den Lebenslauf: Der Pfarrer tauft, unterrichtet, verstärkt in Erstkommunion und Firmung die Zugehörigkeit zur Gemeinde, hört die Beichte, verheiratet und hält nach der letzten Ölung die Grabrede. Dazu organisiert er die Jugend-, die Frauen- und (mühsam) die Männergruppe, Wallfahrten, Krankenbesuche, den Kirchenchor, diverse Basare und

---

16 Statistiken der Deutschen Bischofskonferenz unter www.dbk.de/zahlen_fakten/statistik/index.html. Der Prozentsatz bezieht sich auf die Priester, die »im Dienst des Bistums«, also in der Hierarchie der Kirche arbeiten. Die Gesamtzahl der »Ordenspriester« liegt um ein Viertel bis ein Drittel höher, das also außerhalb der kirchlichen Bürokratie arbeitet. Dazu kommen noch nicht-priesterliche Ordensmänner in der Größenordnung der Hälfte der Ordenspriester. Es gibt in Deutschland (mehr als) fünfmal so viele Ordensfrauen wie -männer. Bei beiden sind die Zahlen 1998 bis 2008 drastisch gesunken: von etwa 33.000 Frauen und 6.000 Männern auf etwa 23.000 und 4.700 – das ist ein Rückgang auf 70 und 80 Prozent. Die Zahl der Priester ohne Ordenszugehörigkeit hat ebenfalls abgenommen, aber etwas weniger.

Spendenaktionen – nicht unähnlich einem Sozialarbeiter mit den Techniken des *community work*, nur dass er zusätzlich den privilegierten Zugang zu den Seelennöten »seiner Schäfchen« hat. Die Gemeinde unterstützt ihn dabei, indem sie diese Tätigkeiten und teilweise auch ihre Organisation übernimmt. Die Beichte mag, wie Weber immer wieder betont, die Sünderinnen entlasten, aber sie ist zugleich ein phantastisches Mittel der Kontrolle, wie es als Macht der Beichtväter von bedeutenden Männern – und ihren Gemahlinnen – in der Geschichte oft beschrieben wurde. Aber im Alltag gilt diese Vorform des »Coaching« genauso und erst recht. Es gibt keinen Grund, die Wirkung dieser Gemeindearbeit (katholisch wie protestantisch, mit oder ohne Sakrament der Beichte) zu unterschätzen – und sie besteht in der Herstellung einer Disziplin des Lebens und seiner Abläufe, also in »Lebensführung«. Und sie ist zu einem nicht geringen Teil unabhängig von der Intensität des Glaubens. Selbst wer gar nicht innerlich beteiligt ist, neigt bekanntlich dazu, wenigstens Taufe und Begräbnis kirchlich organisiert zu bekommen. Und auch wer gar nichts damit zu tun hat, kann sich dem Sonntag und den Feiertagen nicht völlig entziehen.

Dazu kommen auch katholisch immer wieder Anstrengungen, das Glaubensleben der gemeinen Christen über die routinemäßige Unterrichtung hinaus von Zeit zu Zeit zu intensivieren – zu »allen heiligen Zeiten«, zu Fasten- und anderen Vorbereitungszeiten, durch Wallfahrten und »Exerzitien«-Tage, durch besondere Gebetsinitiativen. Dass sich gerade Schul- und Missionsorden darin besonders hervorgetan haben, ist bekannt, aber auch die Kirche selbst setzt immer wieder solche besonderen Aktionen. Im preußischen »Kulturkampf« war es genau diese Art von katholischer Aktivität, die als »subversiv« und gefährlich wahrgenommen und mit dem Verbot zumindest der aktivsten Orden beantwortet wurde. Es ist kurios, dass Weber, für den der »Kulturkampf« ein prägendes politisches Jugenderlebnis war, diese »innerweltliche Askese« der katholischen Kirche so konsequent vernachlässigt.

In der »Protestantischen Ethik« wird mehr als das getan: Um die puritanische »innerweltliche Askese« plausibel zu machen, muss die »Außerweltlichkeit« der Orden und Klöster besonders stilisiert werden. Tatsächlich waren die westlichen Klöster keine Orte der weltabgeschiedenen Kasteiung und Kontemplation. Sie waren (besonders die Benediktiner) Mittelpunkte einer Lehensherrschaft, (besonders die Zisterzienser) Vorposten der Kolonisation, Stützpunkte des Pilgerverkehrs und der Kreuzzug-Aktivitäten, die Templer waren bekannt als international wirksame Bank-Äquivalente, spätestens ab den Bettelorden, also den Franziskanern, bewegten sich die Mönche ohnehin in den Städten als Prediger. In den Ritterorden wurde das Lebensideal des »christlichen Ritters«, in den Vorfeld-Organisationen der Laienbruderschaften und der Beginen das christliche Leben von Handwerkern, von Frauen, die nicht heiraten wollten, und viel an Versorgung von Armen und sonst Bedürftigen gepflegt.[17] Nicht nur das Leben der christlichen Pfarrgemeinde, sondern auch das der Orden reichte tief in das Alltagsleben hinein und gestaltete es nach christlichen Grundsätzen – »innerweltliche Askese« lange vor der Reformation.

Was hinzukommt, ist die Doppelmoral, der übliche und manchmal eklatante Unterschied zwischen Sonntagspredigt und realem Handeln oft schon im unmittelbaren Anschluss an den Kirchgang, der im Wirtshaus abgeschlossen wird, jedenfalls aber im Rest der Woche. Jede Religion muss mit dieser Differenz fertig werden und dafür sorgen, dass die Sünderinnen die Regeln, die sie nicht einhalten können, trotzdem nicht gleich ganz aufgeben. Und am anderen Ende des Spektrums: dass die Gläubigen, die sich als besondere moralische Vorbilder und Vertreter einer hochgezogen anspruchsvollen Moral darstellen und selbst verstehen, an dem »fleischlichen Begehren« oder dem Ausnützen der Unerfahrenheit des Gegenübers in einem Geschäft, die ihnen auch unterlaufen, nicht gleich völlig zerbrechen. Insofern kann man an den heiligen Texten und den Sonntagspredigten allein nicht ablesen, wie eine Religion im Alltag funktioniert. Dazu muss man schon die Praxen studieren, in denen sie gelebt wird.

Ohnehin ist es sinnvoll, einen »Glauben« als einen Satz von Lebenspraxen zu verstehen, die man mit anderen gemeinsam verwirklicht. Nur im Extrem zieht man sich in die Einsiedelei zurück, um seine Solo-Glaubens-

---

17 Escher-Apsner (2009: 12) spricht von den Bruderschaften als einem »regelrechten Massenphänomen des hohen und vor allem des späteren Mittelalters …, und das nahezu im gesamten westlichen Europa«. Köln hätte im ausgehenden Mittelalter etwa 100 Bruderschaften gehabt, Trier 50, Florenz ca. 160. Mallinckrodt (2005) geht für Köln von einem weiteren Anstieg bis ins 17. Jahrhundert aus, besonders als Ergebnis jesuitischer Anstrengungen. In dem schönen Band von Helbling et al. (2002) wird die soziale Tätigkeit von Bettelorden, Bruderschaften und Beginen in Zürich anschaulich dokumentiert – und auch das Ergebnis von Zwinglis Reformation, dass diese Tätigkeiten jetzt kommunal, also durch eine Verwaltung geleistet werden mussten. Dasselbe Ergebnis wird von Fehler (1999) für das calvinistische Emden berichtet: Die christliche Armenversorgung musste nach der Reformation von der Kommune übernommen werden – und sie wurde dabei mit Arbeitsauflagen und anderen Disziplin-Anforderungen verbunden. Für diesen Teil der Bevölkerung jedenfalls war die »methodische Lebensführung« keine Verherrlichung Gottes, sondern sie wurde ihm von außen aufgezwungen.

praxen ohne Kompromisse mit anderen Mitspielern leben zu können. Umgekehrt ist eine »Religion« die organisierte Vermittlung und Pflege solcher Lebenspraxen durch einen Stab von Experten und sonst ausgezeichnete Autoritäten dafür (die gewöhnlich von ihren Diensten auch leben können wollen), gerechtfertigt und angeleitet durch ein System von Glaubensvorstellungen, das auch sein Eigenleben hat. Es ist die Teilnahme am Gemeindeleben, durch die der Glaube erhalten und bestärkt wird, nicht umgekehrt. Wer aufhört, sich an den gemeinschaftlichen Übungen und Ritualen zu beteiligen, dem wird auch der Glaube schwammig und »unwirklich« werden. Jede Religion weiß das. Nur die kleine Fraktion derer, die für Dogma und Rechtgläubigkeit zuständig sind, verliert das aus dem Blick und hält das Wort und die Moral für den Mittelpunkt der Welt. Alle anderen wissen: Die Verbindungen zwischen den Glaubensvorstellungen, der davon abgeleiteten und gerechtfertigten Moral und den Praxen des Lebens sind vielfältig interpretierbar und lose. Vor allem aber haben die realen Handlungen noch anderen Anforderungen gerecht zu werden als denen des Glaubens.

Die katholische Religion ist in ihrer Praxis genau um diese notwendige Diskrepanz organisiert, alle fundamentalistischen Strömungen wollen sie aufheben. Dabei lebt jede Moral von der »moralischen Überforderung«: Sie erzeugt und benützt das »schlechte Gewissen«, um Gehorsam und umso tiefere Unterwerfung herbeizuführen. Nach den katholischen Orden trat Luther klassisch fundamentalistisch gegen die Verkommenheit der Kirche auf, die zu gut gelernt hatte, die Diskrepanz zugleich zu nutzen und zu tolerieren, letzteres vor allem bei den eigenen Funktionären. Calvin ist der nächste Fundamentalist, jetzt schon gegenüber Luther; die Puritaner, das beschreibt Weber überzeugend, sind tatsächlich die Aufweichung von Calvins Härte und Konsequenz. Was das »schlechte Gewissen« betrifft, entsteht in diesen Fundamentalismen einerseits die Überzeugung der völligen eigenen Verworfenheit, die nur durch Gottes Gnade aufzuheben ist (bei Luther, verstärkt bei Calvin), andererseits die aristokratische Zuversicht der eigenen Auserwähltheit (bei den späteren Calvinisten). Hier lässt sich nicht mehr herrschaftlich mit dem »schlechten Gewissen« spielen. Mit dem Gewissen müssen die Sünder selbst klar kommen. Dafür wird die Regelung des äußeren Handelns strenger und anspruchsvoller, wenn man so will: der Zwang zur unbedingten Selbstdarstellung als rechtschaffen und moralisch einwandfrei. Das lässt dem gelernten Katholiken die Puritaner nicht nur verklemmt, sondern vor allem als Heuchler erscheinen. Umgekehrt sieht der gelernte Puritaner in den Katholiken ohnehin Ausgeburten der Hölle oder, weniger dramatisch: in seinen Augen sind sie verworfen und (bestenfalls) zu bedauern.

Die Überschätzung der Orden bis zur Reduktion der katholischen Religion auf sie unter Vernachlässigung der Kirche ist offenbar eine protestantische Projektion, die im preußischen »Kulturkampf« wohl auch damit zu tun hatte, dass man nicht gleich die katholische Kirche verbieten konnte, sehr wohl aber ihre militantesten Orden. Damit wurden die auch öffentlich besonders in den Vordergrund gerückt, zum Teil mit schaurig-schönen Greuelgeschichten und jedenfalls mit verschwörungstheoretischen Untertönen.

»Historisches Individuum« III: Leon Battista Alberti (1404–1472) und Sombarts zweiter »Geist des Kapitalismus«

Der Florentiner Bürgerssohn Leon Battista Alberti ist vor allem als Architekt und Theoretiker der Malerei, Bildhauerei und Baukunst in der Kunstgeschichte überliefert. Jacob Burckhardt habe ihn als »›wahrhaft Allseitigen‹ zum Idealtypus (!) des ›uomo universale‹ der Renaissance« erhoben (Tauber 2004: 11). Burckhardt (1860: 113ff) tat das auf der Grundlage von Albertis *Vita*, die er – sie ist ohne Autor überliefert – für eine Biographie hielt, während sich in den letzten Jahrzehnten die Forschung einig war: Es handle sich um eine Autobiographie.[1] Er hat damit die (Fehl-)Einschätzung Albertis für das 19. Jahrhundert festgelegt. Alberti hat auch einen langen Traktat *Della Famiglia – Über das Hauswesen* (1433) in vier Büchern und einer Vorrede verfasst. Das dritte Buch hat den Titel »Oeconomicus«, das vierte »Über die Freundschaft«. Dazu sind von ihm satirische und sonst unterhaltende Schriften überliefert.

Im Namensregister von Sombarts *Der Bourgeois* (1913a) lässt sich leicht feststellen, dass Alberti der dort bei weitem meistzitierte Autor ist. (Als zweiter folgt Franklin.) Weber setzt sich in der zweiten Fassung der »Protestantischen Ethik« in einer langen Fußnote (RS I: 38ff) kritisch mit Sombarts »gelegentlicher« Behauptung auseinander, schon Alberti hätte dieselbe (kapitalistische) Ethik vertreten wie Franklin.

Battista Alberti wurde als unehelicher Sohn seiner Mutter Bianca Fieschi, die starb, als er zwei Jahre alt war, und seines Vaters Lorenzo Alberti während

---

1 Neuerdings widerspricht dem Enenkel (2008: 189ff): Es würden in der *Vita* zu viele Regeln der Autobiographie gebrochen, sie müsse daher doch eine Biographie sein. Der Biograph müsse aber jedenfalls ein großer Bewunderer Albertis, der ihn seit der Studentenzeit kannte, und er müsse wie Alberti ein entmachteter Florentiner Bürger gewesen sein – quasi sein zweites Ich. Enenkel kann sogar einen Kandidaten namhaft machen, der dafür in Frage kommt. Das ändere aber nichts daran, dass Burckhardts *uomo universale* eine Überstilisierung und von dem, was man über Alberti weiß, nicht gedeckt sei.

dessen Exil in Genua geboren. Den ersten Vornamen »Leon«, der Löwe, hat er sich später selbst zugelegt (Boenke 1999: 53). Die Familie Alberti war seit dem 13. Jahrhundert eine Kaufmanns- und Bankiersdynastie und gehörte zur Oberschicht von Florenz. In den Auseinandersetzungen innerhalb der herrschenden Klasse konnte man offenbar auch unterliegen und dann verbannt werden. Aber das zerstörte weder Reichtum noch Einfluss auf Dauer. Zur Zeit von *Della Famiglia* waren die Alberti schon wieder gut etabliert. Der Vater starb, als Battista siebzehn war. Das Erbe, von dem er überzeugt war, es stehe ihm zu, wurde ihm von der Familie verweigert. Er brachte sich im Dienst der Kirche und des Papstes selbst nicht schlecht durch. Literarisch ist er wohl weniger als Humanist (wie seit Burckhardt üblich), sondern – was sich übrigens nicht ausschließt – als gebildeter, an der Antike geschulter Satiriker und Kyniker einzuschätzen. Sein Werk wie sein Leben sind von der Haltung eines Höflings und distanzierten »Beraters« geprägt.

Della Famiglia ist in der Vorrede sehr klar adressiert: nämlich an die »Jünglinge unseres Hauses« (Alberti 1433: 4, 11). Der Autor, so liest man, habe sein Buch geschrieben, um den Ruhm des Hauses Alberti zu vergrößern, und gebe zugleich den Jüngeren gute Ratschläge, wie sie das auch tun könnten und sollten. Es wird die Frage abgehandelt, ob die Schicksale einer Familie mehr von Glück (im Sinn von »fortuna« – Zufall) bestimmt werden oder mehr von Tüchtigkeit – und eindeutig für letztere entschieden. Die Vorrede schließt (14) mit der ungewöhnlichen Aufforderung an die »jungen Alberti«: »Leset und liebt mich!« In der *Vita* (Alberti 1438: 48/49) muss er bitter mitteilen, dass seine Verwandten die Bücher nicht gelesen und sich noch über sie lustig gemacht hätten. Man kann also der Vorrede entnehmen, dass Alberti sich damit in seine Familie »hineinschreiben« wollte, und der *Vita*, dass ihm das nicht gelang. Das Buch betont Albertis Zugehörigkeit zur Familie und damit seine Erbansprüche.

Der Rest von *Della Famiglia* ist in Rollenprosa geschrieben, in der auch »Battista«, sonst aber sein Bruder, seine Cousins, ein Onkel und sogar der Vater auftreten. Gleich das erste Buch ist eine Rede des Vaters auf dem Sterbebett, in der er die Söhne und Neffen ermahnt, die Ehre und den guten Ruf des Hauses Alberti zu pflegen, die Nachwachsenden gut zu erziehen und das Vermögen sinnvoll, nämlich für Ruhm und Ehre und die Pflege des Schönen, Guten und Wahren einzusetzen.[2] Daran schließen sich lange Gesprä-

---

2 »Auch das Vermögen, das ich euch hinterlasse, müßt ihr anwenden und in jeder Weise darüber verfügen, die dazu dienen kann, euch Dank zu verdienen (!), wie bei euren Angehörigen so auch bei jedem Fremden.« (30) »In euren Wünschen werden nur die Ehre und

che der Söhne untereinander, in denen es um die Pflichten zwischen Vätern und Söhnen geht, vor allem die Festigkeit in der Erziehung, das Fordern und die Tüchtigkeit. Im zweiten Buch stehen Ehe und Haushaltsführung samt Anforderungen an die Hausfrau im Mittelpunkt. Das dritte Buch handelt von den Geschäften und der Wirtschaftsführung.

Sombart (1913a) führt Alberti zunächst als Beobachter und Zeugen für Gewinnsucht und hemmungsloses Streben nach Reichtum in der damaligen Gesellschaft ein, besonders auch im Klerus (13, 36f). Dann wird er aber plötzlich zu einem »Mann wie *Alberti*, der mitten im Geschäftsleben stand und sicher schon vom kapitalistischen Geiste durchdrungen war ...« (44) – eine Charakterisierung, die von Sombart nicht belegt wird und allem widerspricht, was man sonst über Alberti weiß, der gerade *nicht* »im Geschäftsleben stand«, sondern eine Position zwischen Schreiber und Höfling hatte. Schließlich ist er dann der Autor der »berühmten Bücher über das Familienregiment ..., in denen in der Tat schon alles steht, was *Defoe* und *Benjamin Franklin* nachher auf englisch gesagt haben«. Berühmt waren diese Bücher freilich erst im 19. Jahrhundert: Sie erschienen erst 1843 im Druck (Grafton 2002: 152) und wurden daher wohl eher nicht »schon zu ihrer Zeit bewundert und viel gelesen« (Sombart 1913a: 136).[3]

Damit verwendet Sombart eine »Beweisführung« für das, was »Bürgerlichkeit« ausmacht, die großzügig durch die Jahrhunderte und die Literaturgattungen »Belege« sammelt. Es macht ihm nichts aus, einen Höfling wie Alberti und also ein beliebiges einzelnes Exemplar aus der Höflingsliteratur[4] einzubeziehen, das noch dazu in dem entscheidenden dritten Buch den gleichnamigen »Oeconomicus« des Xenophon, eines Sokrates-Schülers, imitiert (Grafton 2002: 162). Dass Franklin dafür herhalten kann, ist ihm völlig selbstverständlich. In ihm »feiert die ›bürgerliche‹ Weltauffassung ihren Höhepunkt« (Sombart 1913a: 152). Das ist so bekannt, dass man kein weiteres Wort dazu sagen muss. Die Ähnlichkeiten zwischen Alberti und Franklin

---

der Ruf (!) die ersten Plätze beanspruchen, niemals werdet ihr Auszeichnung (!) hinter den Reichtum zurücksetzen ... Zweifelt nicht: wer tüchtig ist, wird, wann es auch sei, die Frucht seiner Arbeit ernten, kein Mißtrauen halte euch ab, mit Beharrlichkeit und Hingabe fortzufahren in der Übung edler Künste (!), in der Erforschung seltener und hochgerühmter Dinge (!), im Lernen und Bewahren wertvoller Kunde und Wissenschaft (!): denn ein später Zahler pflegt sich nicht selten dafür mit vielen Zinsen einzustellen.« (31)

3 Sombart sagt leider nicht, woher er sein Wissen über Alberti bezieht, gibt auch nicht an, nach welcher Ausgabe er *Della Famiglia* zitiert, er tut das aber in den Fußnoten auf Italienisch, so als hätte er selbst übersetzt.

4 Am bekanntesten ist heute noch Castiglione, aber das war bekanntlich eine umfängliche Gattung.

bestünden darin, dass beide davon sprachen, man solle nicht mehr ausgeben als man einnehme, und beide meinten, man solle seine Zeit nicht verschwenden. Drittens betonten beide den guten Ruf der Familie (Alberti) und des Geschäftsmanns (Franklin) als hohes Ziel. Eine Klugheitsregel, Einnahmen und Ausgaben halbwegs im Gleichgewicht zu halten, ist freilich, wenn man schon einmal dabei ist, kluge Ratschläge zu geben, kein besonders origineller und nicht typisch kapitalistischer Einfall. Der Rat, seine Zeit nicht zu verschwenden, geht in der Tat durch die Jahrhunderte und verweist manchmal darauf, dass das Leben kurz ist, manchmal darauf, dass es viel zu tun gibt. Das berühmte »Zeit ist Geld« bei Franklin ist die Erinnerung an die merkwürdigen Folgen der Vereinbarung, dass Kreditzinsen per Zeiteinheit zu zahlen sind und überhaupt keine moralische Regel. Alberti betont den Ruhm der Familie, um sich bei ihr beliebt zu machen, Franklin gibt satirische Ratschläge, wie man Gläubiger bei Laune halten kann. Es ist völlig offen, was eventuelle Ähnlichkeiten bedeuten mögen. Aus solchen Äußerungen Schlüsse auf die Wirklichkeit zu ziehen, ist schwierig genug und setzt zumindest Kenntnis darüber voraus, was mit dem Text bezweckt wurde, in welchem »Arbeitsbündnis« er damals gelesen wurde und heute gelesen werden kann.

Weber hat sicher recht, wenn er gegen Sombarts »wilde« Analogien Differenzierung einfordert: Die »Ehre der Familie« sei, anders als bei Franklin, bei Alberti dynastisch zu verstehen, er beziehe sich dazu auf antike Autoren, man müsse beachten, welcher seiner Figuren welche Aussagen in den Mund gelegt würden. Dann findet allerdings auch Weber eine »innere Verwandtschaft« zwischen den beiden: Sie bestehe darin, dass beide keine religiösen Motive für ihre Empfehlungen zur Lebensweise gäben, Alberti noch nicht, Franklin nicht mehr (RS I: 40). Dazwischen liegt die kurze Phase der puritanischen innerweltlichen Askese.

Sombarts *Der Bourgeois*, nach *Der moderne Kapitalismus* sein zweites, populärer geschriebenes Buch zum Thema, ist Parallel- wie Gegenentwurf zu Webers »Protestantischer Ethik«. Er verwendet dieselben Beispiele wie Weber, nämlich Franklin und Baxter, und fügt ausführlich nur Alberti hinzu. Sie werden verwendet, um einen durch die Jahrhunderte universellen »bürgerlichen Geist« zu konstruieren. Franklin wird ausführlicher als bei Weber, aber genauso naiv nach dem Schema des *self-made man* des 19. Jahrhunderts dargestellt. Kapitalismus aber entsteht nach Sombart auf komplizierte Weise aus vielerlei Quellen, von denen er hier einige nennt: biologisch aus Unternehmer- und Bürgernaturen und aus der Veranlagung der Völker, sittlich aus Philosophie und Religion, sozial aus der Staatstätigkeit, aus Wanderungen, aus Bodenschätzen, Technik und dann als Selbstlauf.[5] Diese Vielfalt und Unentschiedenheit kommt Sombart selbst etwas unbefriedigend vor, er entschuldigt sich auch dafür, aber eine allgemeine Formel, wenn man dringend eine brauche, könne nur sein, dass dies alles sehr kompliziert sei. Der Religion wird jedenfalls ein höchstens marginaler Einfluss zugestanden. Solche Mehr-Faktoren-Ansätze enthalten fast notwendig auch etwas Richtiges, bleiben aber beliebig. Webers »Geist des Kapitalismus« kann man immerhin kritisieren, der Sombarts lässt sich nicht einmal resümieren.

Alberti wurde wohl durch Burckhardts Fehlinterpretation berühmt gemacht, die sich vertrauensvoll von wenigen Passagen der Selbstdarstellung in der *Vita* leiten ließ und alles, was dort dem *uomo universale* widersprach, beiseite ließ (Grafton 2002: 17). Dort wird in der Tat ein striktes Regime der Selbstdisziplin und das harte Training von Eigenschaften geschildert, die der Höfling zum Überleben braucht. Das erinnert uns daran, dass Selbstdisziplin weder exklusiv bürgerlich, noch unbedingt religiös motiviert geübt wird. Die »höfische Gesellschaft« (Elias 1983), die man sich auch nicht nur christlich unterfüttert oder überhöht vorstellen muss, obwohl sie das in Europa war, erzeugte eine Disziplin, die der in einer calvinistischen Sekte nicht nachsteht. Das ist nicht, wie Sombart es vereinnahmt, ein frühes Beispiel für »Bürgerlichkeit«, sondern ein interessantes Gegenbeispiel, das helfen könnte, den auf Protestantismus und »Geist des Kapitalismus« eingeengten Tunnelblick zu erweitern.

---

5 Sombart hat zu einzelnen »Faktoren« der Entstehung von Kapitalismus Monographien geschrieben: zum Einfluss der Juden (1911), aus gegebenem Anlass und besonders adressiert an »gebildete Offiziere« zur Bedeutung des Krieges (1913b), zur Wirkung des Luxuskonsums und daher der Kurtisanen (1922). Das sind alles frühe Beispiele der Kategorie »Sachbuch« und sollten daher nicht unter dem Aspekt von Wissenschaftlichkeit gelesen werden.

Das fünfte Kapitel

Seelsorgerische Lebensberatung und die Kapitalbildung durch asketischen Sparzwang

Weber entwirft in den beiden ersten Absätzen des fünften Kapitels eine Untersuchung, die so klingt, als würde sie die Frage der Diskrepanz von Sonntagspredigt und Alltagshandeln aufnehmen, indem jetzt pastoraltheologische Schriften mit ihren konkreten Anweisungen zur Lebenspraxis ausgewertet würden. Was tatsächlich folgt, ist eine weitere theologische Darstellung, diesmal der Frage, wie »Reichtum« in ausgewählten puritanischen Texten des 17. Jahrhunderts, vor allem denen des Predigers Richard Baxter (1615–1691), behandelt wird.

Merkwürdig ist ein kleines Element gleich am Beginn dieser Untersuchung: das Wort »ebionitisch«. Bei Baxter »fällt auf den ersten Blick in den Urteilen über den Reichtum und seinen Erwerb die Betonung gerade der ebionitischen Elemente der neutestamentlichen Verkündigung auf« (RS I: 165). Es erscheint zweimal auf der Seite 165, weder vorher noch nachher in der ganzen Abhandlung, es wird wie selbstverständlich verwendet, zwar einmal, in der Fußnote, in Anführungszeichen, aber mit keinem Wort erläutert – und es hat keine Funktion: Man könnte es weglassen und würde dadurch keine Information verlieren, die für den Kontext wichtig wäre. Ob die Einschätzung: »Der Reichtum als solcher ist eine schwere Gefahr«, ein »ebionitisches Element« ist oder nicht, ist insgesamt nicht wichtig für die lange und natürlich bis zur Reformation (und darüber hinaus) reichende christliche Tradition der Ablehnung von Reichtum und hat keinerlei Relevanz für das Argument, dass auch die Puritaner gegen Reichtum auftraten. Wichtig daran kann nur sein, dass auch heute »ebionitisch« ein Wort ist, das nur Theologen kennen, und das damals, 1904, als Weber es so demonstrativ verwendete, theologische Kenntnisse auf dem allerneuesten Stand signalisiert haben muss.¹ Webers Kollegen aus der Nationalökonomie konnten damit wahrscheinlich nicht viel anfangen. Weber spricht damit zu Theologen und weist sich als deren und nur ihr kompetenter Gesprächspartner aus.

Die Geschichte selbst ist schnell erzählt: Die Reichtumsfeindlichkeit habe die Puritaner so wie seinerzeit die Klöster, nicht daran gehindert, reich zu werden. Wenn sie sich mit der Vorschrift koppelt, zu Gottes Ruhm diszipliniert und unermüdlich zu arbeiten, dann erzeuge sie paradoxerweise gerade wirtschaftlichen Erfolg. Weber zeigt, dass für die Puritaner außerdem nicht die weltlichen Güter an sich verwerflich sind, sondern nur ihr »Genuß« und das »Ausruhen« darauf, der Müßiggang und die Zeitvergeudung, die mit ihnen und ihrem Erwerb verbunden sein mögen (RS I: 166ff). Hingegen werde von Baxter und seinesgleichen die unermüdliche Arbeit dringend anempfohlen, um sich damit von allen Anfechtungen abzulenken.² Dazu ist Arbeit ohnehin Selbstzweck des Lebens – was freilich, so Weber, auch schon bei Thomas von Aquin zu finden sei (171ff). Die Kombination der beiden ist entscheidend, die erratische Arbeit des Tagelöhners tut es nicht, es muss schon »beruflich« sein. Schließlich wird sogar explizit Reichtum erlaubt, wenn denn »für Gott« gearbeitet wurde und also Gott den Reichtum gegeben habe (176f).

Bei all dem geht es nicht um den Lohnarbeiter, sondern um den »Geschäftsmenschen« (178). An dieser Stelle springt Weber mit seinem Beleg (in Fn 1) überraschend in das Jahr 1904: Das *Baptist Handbook* aus diesem Jahr erwähne ausdrücklich *men of affairs* als die Stützen der puritanischen Kirchen.

Hier werden drei Seiten (RS I: 180ff) und eine lange Fußnote zwischengeschaltet, in denen die puritanische Bevorzugung des Alten Testaments und der dortigen Sprüche-Bücher (Jesus Sirach taucht wieder auf) sowie die daraus abgeleitete Bezeichnung von Puritanismus als »English Hebraism« be-

---

1 »Ebionitisch« bezeichnet das »Judenchristentum«, besonders das vor-paulinische, also die kleine Jesus-Sekte in Jerusalem in der Zeit, bevor Saulus-Paulus daraus in den Jahren 50 bis 60 eine auch und besonders für Nicht-Juden interessante Religion organisierte (der Verzicht auf die Beschneidung als Ritual der Aufnahme war entscheidend wichtig) und zu dem Zweck Briefe mit nützlichen Anweisungen an die neu gegründeten Gemeinden in Ephesus, Korinth und anderswo schickte. Auch die Evangelien sind etwa in der Zeit geschrieben. Vgl. Schoeps (1949); Lohse (1996); Sanders (1991).

2 Diesem Schutz vor Anfechtungen diene neben der Arbeit auch die Ehe (RS I: 169ff) mit ihren günstigen sexualhygienischen Beschränkungen – bekannt Luthers »in der Woche zwier ...« – und beruhigenden Wirkungen – was freilich schon bei Paulus angelegt ist.

handelt werden. Weber legt Wert darauf, einen deutlichen Unterschied zwischen jüdischer und puritanischer Wirtschaftsethik herauszuarbeiten:

»Das Judentum stand auf der Seite des politisch oder spekulativ orientierten ›Abenteurer-Kapitalismus‹: sein Ethos war, mit einem Wort, das des Paria-Kapitalismus, – der Puritanismus trug das Ethos des rationalen bürgerlichen Betriebs und der rationalen Organisation der Arbeit. Er entnahm der jüdischen Ethik nur, was in diesen Rahmen paßte.« (RS I: 181)

Die Belege dafür in der erwähnten langen Fußnote sind wenig aussagekräftig. Der 1920 eingefügte Schluss der Fußnote wiederholt wörtlich, was im Text gesagt wurde. Was »Paria-Kapitalismus« sein mag, wird nicht erläutert, vielmehr (1920) auf die »Wirtschaftsethik der Weltreligionen« verwiesen.

Diesem kurzen Zwischenspiel lässt Weber einen langen Abschnitt (RS I: 183–203) zum Thema »Wie ›die puritanische Auffassung des Berufs und die Forderung asketischer Lebensführung direkt die Entwicklung des kapitalistischen Lebensstils beeinflussen mußte‹« folgen (183). Er schließt mit wenigen Seiten (203–205), in denen in gern zitierten Sätzen konstatiert wird, die Verselbständigung der von Askese und Disziplin geprägten Wirtschaftsform und Lebensweise habe (im preußischen Fin de siècle um 1900) fatale Formen angenommen und verheiße für die Zukunft nicht Gutes.

Die direkten Einflüsse von Puritanismus auf Kapitalismus ließen sich in zwei Gruppen gliedern: Die Kritik des »unbefangenen Genießens« münde in eine »Uniformierung des Lebensstils, welcher heute das kapitalistische Interesse an der ›standardization‹ der Produktion zur Seite steht« (187f). Damit verbunden sei die Verpflichtung zur »rastlosen, stetigen, systematischen, weltlichen Berufsarbeit« und dazu, den »als Frucht der Berufsarbeit« entstehenden Reichtum produktiv, als »Anlagekapital« (192f) einzusetzen. Beide zusammen, die »Einschnürung der Konsumtion« und die »Entfesselung des Erwerbsstrebens«, hätten das »naheliegende« Ergebnis: »Kapitalbildung durch asketischen Sparzwang« (192).

Im ersten Fall haben wir es mit einer jener »Wahlverwandtschaften« zu tun, diesmal über die Jahrhunderte hinweg, einer großzügigen Analogie, von der gar nicht zu sehen ist, wie sie überhaupt vermittelt sein sollte. Dass verschiedene historische Phänomene, die zeitlich wie sachlich weit auseinander liegen, einander »zur Seite stehen«, ist eine Metapher für einen Zusammenhang, mit der man der Geschichtswissenschaft nur viel Glück wünschen kann. Und dass, im zweiten Fall, Kapital durch Konsumverzicht und Sparen entsteht, ist zwar eine beliebte Phantasie, gilt aber nur in einer bestimmten wirtschaftlichen Situation und dort umgekehrt: Der kleinbürgerliche Familienbetrieb wirft häufig so wenig Gewinn ab, dass die beteiligten Selbstausbeuter auf Konsum verzichten und sparen müssen. Weber bleibt auch nicht bei dieser Art von zweifelhaftem Erfolg stehen, sondern sieht eine allgemeinere Folge des Puritanismus:

»Soweit die Macht puritanischer Lebensauffassung reichte, kam sie unter allen Umständen – und dies ist natürlich weit wichtiger als die bloße Begünstigung der Kapitalbildung – der Tendenz zu bürgerlicher, ökonomisch rationaler Lebensführung zugute; sie war ihr wesentlichster und vor allem: ihr einzig konsequenter Träger. Sie stand an der Wiege des modernen ›Wirtschaftsmenschen‹.« (RS I: 195)

Was »ökonomisch rational« sein mag, wird hier als bekannt und selbstverständlich vorausgesetzt. Interessant sind aber die Metaphern für den Zusammenhang: »kam ... zugute«, »war ihr ... Träger« und »stand an der Wiege«. Eine religiöse Lebensauffassung kam einer Tendenz zu einer wirtschaftlichen Lebensführung zugute: Sie verstärkte also wohl diese Tendenz, die daher zunächst unabhängig von dieser Unterstützung anderswo entstanden sein muss. Im nächsten Satz freilich ist jene Auffassung der Träger dieser Lebensführung: Eine religiöse Vorstellung vom richtigen Leben »trägt« eine Lebensführung, sie ist ihr Fundament, ihr Stützbalken, oder aber ihr Transportmittel, dem sie aufsitzt, chemisch die Trägersubstanz, von der sie lebt.[3] Schließlich steht diese Lebensauffassung auch noch »an der Wiege«, als professionelle Hebamme, als treusorgende Mutter, als gute Fee, als glücklicher Vater, jedenfalls in der ersten Zeit nach der Geburt, wie und ob damals und auch noch länger beteiligt, bleibt offen.

Es ist ein ziemliches Metaphern-Gewitter – um auch eine Metapher beizutragen –, dem wir hier ausgesetzt werden. Keine davon schlägt ein, vielmehr zucken die Blitze auf und lassen uns vielleicht geblendet, aber umso mehr im Dunkel zurück. Zur Erhellung einer historischen Beziehung taugen sie alle nicht – zumal es um den Zusammenhang zwischen einem Phantasieprodukt »Lebensauffassung« und einer gesellschaftlichen Tendenz (unbekannter Herkunft) zu einer bestimmten »Lebensführung« geht. Die grundsätzliche Problematik, wie gedankliche Gebilde und gesellschaftliche Praxen, und dann gar noch eine »Tendenz« zu ihnen, vermittelt vorgestellt werden können, lässt sich durch diese Metaphern ohnehin nicht bearbeiten.

---

3 Woher die Tendenz zur bürgerlichen Lebensführung mit ihrer ökonomischen Rationalität erst einmal kam, so dass sie vom Puritanismus verstärkt werden konnte, sagt uns der Text nicht; wer ihre anderen, weniger wesentlichen und nicht so konsequenten Träger waren, auch nicht.

Was als Aussage bleibt: Wichtiger als grob praktische Effekte der puritanischen »Lebensauffassung«, wie etwa eine denkbare Ermutigung von Vermögensbildung, seien allgemeine wie die Verstärkung von »Rationalität« der Lebensweise. Das wird alles nicht weiter erklärt. Weber bringt vielmehr ein neues Problem ins Spiel, nämlich dass durch Reichtum die puritanischen Ideale abgebaut worden wären. Das Paradoxon verlängert sich also: Die disziplinierte Berufsarbeit bringt gegen ihre Absicht Reichtum hervor, der seinerseits als Nebenfolge die Disziplin auflöst. Daher entstehe die »volle ökonomische Wirkung« des Puritanismus erst nach Abflauen des religiösen Enthusiasmus durch seine säkularisierte Form der »utilitaristischen Diesseitigkeit« (RS I: 197). Anschließend wird noch mehrfach wiederholt, dass die Auffassung von »Arbeit als Beruf« einerseits Mittel zur Versicherung über den eigenen Gnadenstand, andererseits die Grundlage für Arbeitswilligkeit und ihre Ausbeutung war. Das bürgerliche Wirtschaftsethos, der *spirit of shopkeepers* im Gegensatz zu Projektemacherei »großkapitalistischen Gepräges«, ist »geboren aus dem Geist der christlichen Askese« (202).

Auf den letzten vier Seiten des fünften Kapitels wendet Weber zuerst die bisher neutral und eher als Errungenschaft beschriebene Entwicklung von der puritanischen zur kapitalistischen Disziplin in ein Verhängnis. Er endet mit einer Seite Forschungsprogramm und einer Fußnote, die zum sechsten Kapitel überleitet. Hier (RS I: 203f) finden sich auf zwei Seiten konzentriert auch die Sätze, die am häufigsten und außerhalb des Zirkels der Weber-Experten praktisch ausschließlich aus der »Protestantischen Ethik« zitiert werden – obwohl sie deren Tendenz nicht entsprechen und schon gar keine Zusammenfassung darstellen. Die Attraktion liegt möglicherweise darin, dass diese beiden Seiten sich nach Webers eigenem Urteil auf dem »Gebiet der Wert- und Glaubensurteile« (204) bewegen.

Die Umdeutung setzt damit ein, dass »Askese«, bisher neutral die Umsetzung eines Glaubens in eine Lebensweise, nun doch wieder und unter Berufung auf Goethe die Alltags-Bedeutung von »Entsagung« bekommt. Und die hat sich in dem ersten der Pflichtzitate verselbständigt: »Der Puritaner wollte Berufsmensch sein, – wir müssen es sein.« Als nächstes kommt (203) das Bild vom Triebwerk und der Ölkrise (Weber dachte dabei wohl eher noch an Kohle): Die Askese »half ... mit daran, jenen mächtigen Kosmos der modernen ... Wirtschaftsordnung erbauen, der heute den Lebensstil aller einzelnen, die in dieses Triebwerk hineingeboren werden ..., mit überwältigendem Zwange bestimmt und vielleicht bestimmen wird, bis der letzte Zentner fossilen Brennstoffs verglüht ist.«

Daran anschließend wird das Bild vom »stahlharten Gehäuse« (Parsons' *iron cage*) entwickelt und ausgemalt: »Nur wie ein ›dünner Mantel, den man jederzeit abwerfen könnte‹, sollte nach Baxters Ansicht die Sorge um die äußeren Güter um die Schultern seiner Heiligen liegen. Aber aus dem Mantel ließ das Verhängnis ein stahlhartes Gehäuse werden.« (RS I: 203) Der Geist der Askese sei heute »aus diesem Gehäuse entwichen«. Kapitalismus setze die Berufspflicht auch ohne ihn durch. In diesem Zusammenhang kennt auch Weber ein Gespenst, das bei ihm nicht in Europa, aber »in unserem Leben« umgeht: »der Gedanke der ›Berufspflicht‹ ... als ein Gespenst ehemals religiöser Glaubensinhalte« (204). Und: »Niemand weiß noch, wer künftig in jenem Gehäuse wohnen wird ...«, aber es ist auch ein Entweder-Oder: »entweder ganz neue Propheten oder eine Wiedergeburt alter Gedanken und Ideale ... *oder* aber ... mechanisierte Versteinerung, mit einer Art von krampfhaftem Sich-wichtig-nehmen verbrämt.« Weber schließt mit den berühmten »Fachmenschen ohne Geist, Genußmenschen ohne Herz«, die wie ein Zitat aus Nietzsches *Zarathustra* daherkommen, aber keines sind, vielmehr ein Spruch, den Weber selbst nachempfunden haben muss.[4]

Es spricht für Webers Sinn für Proportionen, dass er nach so viel Pathos noch einen nüchternen Abgesang anfügt. Dieser Abgesang besteht in einer zweiten Rücknahme aller Ansprüche: Erstens gäbe es noch viel zu tun, um »das Maß der Kulturbedeutung des asketischen Protestantismus im Verhältnis zu anderen plastischen Elementen der modernen Kultur« abschätzen zu können. »Hier ist ja erst (!) Tatsache und Art (!) seiner Einwirkung in einem (!), wenn auch wichtigen, Punkt auf ihre Motive zurückzuführen versucht (!) worden.« (205) Zweitens wäre die Fragerichtung auch umzukehren: »wie die protestantische Askese ihrerseits durch die Gesamtheit der gesellschaftlichen Kulturbedingungen, insbesondere auch der ökonomischen, in ihrem Werden und ihrer Eigenart beeinflußt worden ist ...« Weber versteigt sich nicht noch einmal zu einem so starken Wort wie »töricht-doktrinär«, aber immerhin: Es kann »natürlich nicht die Absicht sein, an Stelle einer einseitig ›materialistischen‹ eine ebenso einseitig spiritualistische kausale Kultur- und Geschichtsdeutung zu setzen. Beide sind gleich möglich, aber mit beiden ist, wenn sie nicht Vorarbeit, sondern Abschluß der Untersuchung zu sein beanspruchen, der historischen Wahrheit gleich wenig gedient.« (205f)[5]

---

[4] Wie Aschheim (1992) zeigt, war Nietzsche im Jahrzehnt vor 1900 in Deutschland omnipräsent und hat so auch Weber beeinflusst – auch über diesen nachempfundenen Aphorismus hinaus.

[5] Weber lässt den Text, ungewöhnlich genug, in einer (1920 hinzugefügten) Fußnote enden. In ihr verwahrt er sich gegen Fehlinterpretationen; er teilt mit, dass er die Untersuchungen

Die Reformation im Rückblick

Johann Joseph Ignaz Döllinger, 1799–1890, ein angesehener katholischer Theologe, der von der Unfehlbarkeit des Papstes nicht so viel hielt und in den Turbulenzen, die sich daraus bis hin zur Exkommunikation ergaben, zuletzt zum Mitbegründer der »altkatholischen« Abspaltung von der römisch-katholischen Kirche wurde, veröffentlichte 1846–48 eine dreibändige Studie *Die Reformation*. Darin versammelte er die Äußerungen von deutschen Reformatoren (von Luther und Melanchthon abwärts) über das Ergebnis ihrer Tätigkeit, wie sie es einige Jahrzehnte später sahen – ein nicht alltägliches Material. Er beteuert im Vorwort des ersten Bandes:

»Im Verlaufe werden ... nahezu alle bedeutenden Reformatoren, dann ihre Schüler und Freunde, so weit der Inhalt ihrer Schriften und Briefe es gestattet, vorgeführt werden. Dagegen sind die polemischen Schriftsteller der katholischen Kirche aus dieser Zeugenreihe absichtlich ausgeschlossen worden.« (1846: VII)

Das Panorama der Enttäuschungen ist auch ohne katholische Polemik eindrucksvoll. Im Rückblick erscheint den Protagonisten selbst die Reformation nicht als der große Erfolg.

Eindrucksvoll ist etwa das Bild von Straßburg, der Stadt, die er einen »protestantischen Mikrokosmus« (sic) nennt, weil dort »alle Richtungen, welche die gewaltige religiöse Gährung der Zeit ausgeboren, ... in engem Raum zusammengedrängt« waren (1848: 3). Die bloße Zahl der Prediger mit ihren jeweiligen Richtungen und Rechthabereien genügte schon. Es wird aus Straßburg berichtet:

»Die Prediger seien rachgierig; wer ihre Lehre antaste, den beschweren sie mit falschen Anklagen, bringen ihn in große Gefahr, üben Tyrannei gegen die armen Leute und stören den Frieden in den Gemeinden. Darum seien sie auch manchen vornehmen Geschlechtern, selbst im Rathe, und dem Volke verhaßt.« (5)

»Ueber den unermeßlichen sittlichen Schaden, den von Anfang an die bittere, schmähsüchtige, höhnische Predigtweise der Reformatoren und ihrer Schüler stiftete, sprach sich Bucer [der einflussreichste Reformator Straßburgs] offen aus ...« (30)

---

leider nicht machen konnte, die er im letzten Absatz als notwendige Fortsetzung angedeutet hatte – stattdessen hätte er sich mit den »*universal*geschichtlichen Zusammenhängen von Religion und Gesellschaft« befasst; und er stellt den Übergang zu dem hier »sechstes Kapitel« genannten »Sekten«-Aufsatz her – den er als »kurzen Gelegenheitsaufsatz« bagatellisiert (tatsächlich ist er in der Umarbeitung 1920 so lang wie das zweite und deutlich länger als das erste oder das dritte Kapitel).

Die Konkurrenz der Prediger, die sich vor allem gegeneinander abgrenzen mussten, kann sich jeder ausmalen, der den Zerfall der Studentenbewegung in ihre kommunistischen Sekten noch miterlebt oder erzählt bekommen hat – nur dass es in der Reformation offen um das Seelenheil ging, das in der Studentenbewegung nur im Hintergrund stand. Aber in beiden Fällen galt wohl: je kleiner die Unterschiede zwischen den Dogmen, umso wütender die Abgrenzung und die Kämpfe.

Entsprechend findet Döllinger als Hauptbefund, die Reformation hätte eine allgemeine Missachtung und Geringschätzung der Geistlichen zur Folge gehabt, auch der Pastoren und Prediger. Man kann als Geistlicher nicht die Ungeheuerlichkeiten im Glauben und Leben anderer Geistlicher anprangern und geißeln und glauben, dass davon nicht an einem selbst auch etwas hängen bleibt. Insofern hat die Reformation offenbar unbeabsichtigt antiautoritär und aufklärerisch gewirkt. Daraus ergab sich freilich, dass sich das Volk auch von den protestantischen Predigern nichts vorschreiben ließ:

»Wenn ein Prediger irgend eine ascetische Uebung ... zu empfehlen versuchte, so zog er sich sofort den Vorwurf des Papismus zu; zum Fasten zu ermuntern, durfte er gar nicht wagen; ... jede religiöse Zucht wurde ... als neue Möncherei, neues Papstthum mit Verachtung und Abscheu zurückgestoßen.« (Döllinger 1848: 698)

Noch auf eine andere Weise sei die Position der Geistlichkeit untergraben worden:

»Ueber die Bevormundung der Prediger durch die weltliche Macht, die Mißhandlungen, welchen sie vom Adel und von den Beamten ausgesetzt waren, den Uebermuth, mit dem man sie ihre völlige Abhängigkeit und geknechtete Stellung bei allen Gelegenheiten fühlen ließ, finden sich hier Zeugnisse und bittere Beschwerden in Menge.« (1848: 697)

Die Reformation war auch – und in England besonders offensichtlich – der Sieg der Fürsten und Könige in dem jahrhundertelangen Kampf um die Autonomie, wenn nicht Überlegenheit der Kirche, zugespitzt in der Frage, wer die Bischöfe ernennen (und absetzen) kann und ob Kaiser und Könige auch ohne Anerkennung und Krönung durch den Papst Kaiser und Könige sein können. Auch die Geschichte von Calvins Wirken in Genf ist in der Hauptsache die Geschichte eines Kampfes zwischen Rat der Bürger und Konsistorium der Pfarrer, weltlicher Regierung und »Kirchenzucht«, letztlich säkularer Toleranz und »Gottesstaat« (Strohm 2009; Reinhardt 2009a). Die Unterstützung der Fürsten für Luther (wenn sie nicht, wie der englische König, die Reformation gleich selbst betrieben) beruhte auf dem erfreulichen Zugeständnis, dass der Landesfürst zugleich Oberhaupt der Kirche sein konnte. Dass er und seine Verwaltung diese Macht auch in der Behandlung des geistlichen Personals nutzten, kann nicht überraschen.[6]

Geklagt wurde auch, dass die »Thätigkeit der Christen in guten Werken« nachließ – was keine Überraschung ist, nachdem die »guten Werke« unter dem *sola fide*-Prinzip keine Bedeutung für das Heil hatten. Dazu machte die öffentliche Kanzelrüge anstelle der privaten Ermahnung in der Beichte es nicht gerade erfreulicher, sich die Predigt anzuhören. Die Folge seien Feindseligkeit, Misstrauen und Verdächtigungen in der Gemeinde gewesen. Es erscheint heute kurios zu hören, dass religiöse Dispute im Wirtshaus geführt wurden und entsprechend den dort üblichen lästerlichen Stil annahmen. Sogar geistliche Lieder seien im Wirtshaus gegrölt worden.

In einem eigenen Kapitel (1848: 426ff) wird der »Einfluß der Reformation auf die sittliche Haltung in geschlechtlicher Beziehung« behandelt. Die interessante These ist, Luther habe erst die Idee verbreitet, dass der Geschlechtstrieb unbeherrschbar sei und daher in die Ehe kanalisiert werden müsse. Der »Enthaltung« sei damit die religiöse Grundlage entzogen worden – und alle wollten heiraten, auch die Armen, die sich das nicht leisten konnten. Auf der anderen Seite seien Scheidungen und Trennungen erleichtert worden. Dazu kommen die üblichen Klagen über Lüsternheit, geschlechtliche Frechheit, Hurerei und Ehebruch, die wohl immer und in unruhigen Zeiten besonders geführt werden.

Ein anderes Kapitel (1848: 656ff) betrifft die »Vervielfältigung der Verbrechen nach der Religionsänderung«. Neben Zahlen und Schätzung aus ungeklärten Quellen wird über die Zunahme von Strafen berichtet, die man schon eher glauben kann. Schließlich wird an vielen Beispielen über »Todes-Sehnsucht, Melancholie und Verzweiflung« bei den Reformatoren im Alter erzählt (1848: 687ff).

Dabei enthalten die Schilderungen, die Döllinger gesammelt hat, noch gar nicht den ersten Akt des Dramas der Reformation: was es bedeutete, wenn die Reformatoren in die Stadt kamen. Was in den Geschichtsbüchern abstrakt die »Ausbreitung« der Reformation genannt wird, hieß in der Realität ja, dass Hetz- und Hassprediger, so mussten sie den »ordentlichen« Bürgern wohl erscheinen, in der Stadt auftraten und das Volk für Maßnahmen

---

6 Ein zwar historisch nicht ganz korrektes, aber dafür anschauliches Bild von diesen Machtkämpfen gibt das Theaterstück *Becket oder Die Ehre Gottes* von Jean Anouilh (1959), besonders in der Filmversion von Peter Glenville (1964) mit Richard Burton und Peter O'Toole.

gegen die etablierte Kirche begeisterten. Wenn sie zunächst als Störung von Predigten und Messen auftraten, wird das nicht ganz ohne Rempeleien abgegangen sein. Wenn es gar zu einem »Bildersturm« oder zur »Schließung« eines Klosters samt Vertreibung der Nonnen kam, wurden da möglicherweise nicht in aller Ruhe in der Kirche die Gemälde abgehängt und die frommen Frauen höflich und zuvorkommend in ein neues Quartier komplimentiert. Die »Ausbreitung« der Reformation bedeutete einen von Stadt zu Stadt getragenen mehr oder weniger »heißen« Bürgerkrieg. MacCulloch (2003: 224) spricht von den »klassischen, von Tumulten geprägten ersten Stadien von Reformation in einer nordeuropäischen Stadt: evangelische Predigten, Denunziationen des Papsttums, sogar Kommunion nach dem Schweizer Ritus«. Dabei ging es nicht fein zu, auch wenn vor allem katholische Geistliche und Mönche gefährdet waren. Aber das Volk wurde doch beunruhigt und in die Konflikte der Kirchenfunktionäre hineingezogen, weil man sich entscheiden und also Religionsfragen und vor allem Religionsunterschiede und die daraus folgenden Spaltungen und Feindschaften ernst nehmen musste.

Vor allem sollte man bedenken, dass die Leute nichts davon wussten, dass sie die Ehre und das zweifelhafte Vergnügen hatten, an einem bedeutenden historischen Vorgang namens »Reformation« teilzunehmen, der den Beginn der »frühen Neuzeit« oder einen bedeutenden Schub an Rationalisierung inauguriert hätte. Selbst von Professor Luther kann man lesen, dass er das Wort *reformatio* vor allem im Sinn von »Studienordnungsreform« gebrauchte (Scribner and Dixon 2003: 4). Die meisten Leute, die am Land wohnten zumal, wussten kaum, was sich in der nächsten Stadt gerade abspielte, geschweige denn in den Beratungen irgendwelcher Konzile oder Reichstage. Und die Nachrichten, die in Form von Flugblättern, dem neuen Medium der Zeit, aus einer Ferne, die sie nicht genau lokalisieren konnten, zu ihnen kamen, werden sie eher erschreckt oder vielleicht auch amüsiert als informiert haben. Wenn sie einen Begriff von etwas wie »Fortschritt« hatten, dann war es die Erwartung der Apokalypse und des Reichs Gottes (Carozzi 1996). Der Papst in Rom war ihnen noch weiter entfernt als der Kaiser und selbst der Landesfürst, und was sie sich dachten, wenn sie ihn auf den Stichen der Agentur für Bildpropaganda »Lucas Cranach« als Antichrist und Ungeheuer dargestellt sahen, wissen wir nicht. Was wir als die »Probleme« dargestellt bekommen, die von der Reformation gelöst werden sollten, waren jedenfalls Probleme der Herrschaft und der Religionsfunktionäre. Ob der Ablasshandel dem gemeinen Mann wirklich so lästig war, dass er für seine Abschaffung das Verjagen seines Geistlichen, das Erlernen eines neuen Ritus von Gottesdienst und Straßenkämpfe oder jedenfalls Wirtshausschlägereien in Kauf nahm – das alles unter dem Risiko seiner ewigen Seligkeit, falls die Seite, der er sich anschloss, doch die falsche war? Realistischer sieht man darin wohl Kämpfe zwischen Fraktionen von Intellektuellen, die das Volk für sich zu instrumentalisieren versuchten und ihrerseits von Fraktionen der weltlichen Herrschaft genützt oder unterdrückt wurden.

Und umgekehrt: Wenn sich die Leute enthusiastisch hinreißen ließen, dann vielleicht doch eher für spektakuläre Aktionen wie eine Massentaufe im Fluss, eine Springprozession oder einen verzweifelten Aufstand wie die Bundschuh-Bauern oder gar eine Täufer-Kommune und weniger für die Frage, ob der Herr Jesus in der Hostie real oder symbolisch anwesend ist. Um nachzuvollziehen, welche Bedeutung die Frage der Lebensform von Geistlichen und Mönchen und Nonnen und besonders die Organisation ihres Sexuallebens hatte, muss man sich nicht sehr anstrengen: Man kann das auch heute noch überall beobachten, wo es ein Zölibat gibt.

Es ist heute in den Wissenschaftsgeschichten der Reformationsgeschichtsschreibung Standard, als Ausgangspunkt im 19. Jahrhundert Leopold von Rankes *Deutsche Geschichte im Zeitalter der Reformation* (1839–1847) zu markieren. Danach war die Reformation das Werk Luthers, notwendig geworden durch die Verkommenheit der Kirche, sie ist der Beginn der Neuzeit und vor allem ist sie der Ausgangspunkt einer »Deutschen Nation« (Brady 2001, Scribner and Dixon 2003). Das mündet in eine Spaltung zwischen katholischer und Lutheranischer Kirche, der Calvinismus bleibt in dieser Version unbedeutend.

Vielen, die an der Reformation kein über Allgemeinbildung hinausgehendes Interesse haben, wird diese generelle Vorstellung auch heute noch sehr bekannt vorkommen. In der Geschichtswissenschaft wurde sie im 20. Jahrhundert auf allen Dimensionen revidiert: Heute ist die Reformation nicht nur und oft nicht einmal in erster Linie ein Gegenstand der Religions- und Kirchengeschichte – vielmehr ist sie eingebettet in die Bevölkerungs- und Wirtschaftsentwicklung und besonders in die Geschichte der Ausbildung von staatlicher Herrschaft. Sie hatte eine lange Vorgeschichte, am unmittelbarsten in den Hussiten- und Bauernkriegen, und eine Nachgeschichte, die den Dreißigjährigen Krieg einschließt (MacCulloch 2003; Brady 2009). Luther gilt heute als »Mensch des Mittelalters« und als sehr moderater Reformer, der sich nicht zuletzt deshalb durchsetzen konnte, weil er sich verlässlich gegen die radikalen Bewegungen wandte und sich für die Ordnungsbedürfnisse der Fürsten aussprach. Wenn man über den Tellerrand

Deutschlands hinausblickt, sind der Calvinismus und die von ihm abgeleiteten Sekten der wesentlich relevantere Teil der Reformation (Oberman 2003).

Dazu kommen zahlreiche Detail-Fragen, etwa die, ob es wirklich um Missbräuche in der Kirche ging, ob nicht vielmehr die Reformation Teil eines langen Schubs von besonderem religiösem Eifer war, zu dem dann auch noch die katholische Kirchenreform und die Gegenreformation gehören würden. Oder die Frage, was und wie viel die Reformation an den (vorher wie nachher magischen) Praxen der Frömmigkeit der gemeinen Leute wirklich verändert hat (Karant-Nunn 1997; Scribner 2002). Oder die, wie sich katholische, protestantische und reformierte Kirchenzucht zu anderen, etwa städtischen, landesfürstlichen, militärischen, armenpflegerischen und sonst wirtschaftlichen Disziplinar-Praxen verhielten und wie da die jeweiligen Gewichte verteilt sind (Hsia 1989; Schilling 1994, 1999). Und einige mehr.

Für unseren Zusammenhang macht das deutlich, dass Weber, der ein großer Verehrer und eifriger Leser Rankes war, einerseits solid in der sowohl nationalistischen als auch rationalistischen Vereinnahmung der Reformation steckte. Die Parole »von Luther zu Bismarck« (Brady 2001: VII) hätte ihm völlig eingeleuchtet. Dass die Reformation einen Schub an »Rationalisierung« darstellte, war eine seiner zentralen Überzeugungen. Andererseits war er mit Ernst Troeltsch bemüht, Calvin gegen Luther aufzuwerten und Luthers Traditionalismus herauszuarbeiten. Für einen Nationalökonomen blieb er in seinem Interesse an der Reformation in erstaunlicher Weise auf die Theologie eingeschränkt und vernachlässigte alle Wirtschaftsgeschichte und im übrigen sogar die politischen Entwicklungen als zumindest »Umfeld« der religiösen Querelen. Insofern damals Protestantismus »Staatsreligion« im Wilhelminischen Reich war, ist die Aufwertung von Calvinismus ein oppositioneller Akt. Die Interpretation der Reformation als Ausgangspunkt eines historischen Prozesses der »Rationalisierung« wiederum gehört zum Inhalt dieser Opposition: wissenschaftliche Weltanschauung und intellektuelle Disziplin gegen alle Gefühlsreligiosität. Aber das sind kleine Abweichungen im Rahmen der großen nationalistischen Übereinstimmung: Mit der Reformation hätte die Herausbildung dessen begonnen, was schließlich im preußisch vereinigten Deutschen Reich seine nationale Erfüllung fand.

Das sechste Kapitel

Wissenschaftliche Erfahrungen in Amerika über den Nutzen, einer Sekte anzugehören, sowie Vermutungen über die Grenzen der Abendmahlsgemeinschaft

Nachdem die ersten fünf Kapitel 1904/05 in zwei Teilen im *Archiv für Sozialwissenschaft und Sozialpolitik* erschienen waren, schrieb Weber in Auswertung der Erfahrungen, die er während der Amerikareise 1905 gemacht hatte,[1] einen kurzen Aufsatz »›Kirchen‹ und ›Sekten‹«. Er wurde in einem anderen Kontext, nämlich in der protestantischen Zeitschrift *Die Christliche Welt* veröffentlicht und damals wahrscheinlich von den geneigten Lesern nicht der »Protestantischen Ethik« zugerechnet.[2] Diese Verbindung hat Weber erst für die Ausgabe von 1920, dann aber unmissverständlich hergestellt: Er überarbeitete den seinerzeitigen Aufsatz, erweiterte ihn auf gut das Doppelte und schloss ihn unter einem neuen Titel »Die protestantischen Sekten und der Geist des Kapitalismus« an die ersten fünf Abschnitte an. Wenn man also die Ausgabe von 1920 als die Fassung letzter Hand versteht, kann man von diesem Aufsatz als dem »sechsten Kapitel« der »Protestantischen Ethik« sprechen.

Man sollte das auch deshalb tun, weil darin – nach dem ersten Kapitel – nachdrücklich soziologisch angesetzt wird: Hier wird die Wirklichkeit der Sektenzugehörigkeit beobachtet, nicht ein religiöser Text paraphrasiert. Auch

---

1 Um das also noch einmal klarzustellen: Die ersten fünf Kapitel sind vor der Amerikareise geschrieben und haben daher mit irgendwelchen »Erfahrungen in Amerika« nichts zu tun.
2 Von den Kritikern der »Protestantischen Ethik« wird das jedenfalls nicht getan. Aber Weber weist selbst im »Antikritischen Schlußwort«, und zwar im Teil »Positives Resumé« (Weber 1910b: 585ff), auf diesen Aufsatz hin und referiert Beobachtungen daraus, bezieht ihn damit also schon damals in den Kontext ein. Auch in der ersten Reaktion auf Rachfahl hatte er ihn schon in einer Fußnote (Weber 1910a: 199) als einen Text erwähnt, den sein Kritiker kennen müsste, um kompetent mitreden zu können.

hier tut sich das Problem auf, das schon das erste Kapitel in seiner Bedeutung entwertet: Weber geht davon aus, dass Kapitalismus aktuell (also um 1900) schon lang keine religiöse Grundlage mehr habe und sie auch nicht brauche. Daher sind damals beobachtbare Beziehungen zwischen Religion und Wirtschaft nicht ohne weiteres bis gar nicht auf die historische These zu beziehen.

Zunächst aber hat Weber einige interessante Beobachtungen aus Amerika zu berichten: Obwohl in den USA Kirche und Staat streng getrennt sind, ist die Zugehörigkeit zu einer der »Kirchen« gesellschaftlich wichtig: Man wird zum Kennenlernen danach gefragt, die Leute zahlen dafür bedeutende Beiträge. Diese Zugehörigkeit wird besonders beachtet, wenn es darum geht, die Kreditwürdigkeit einer Person einzuschätzen (RS I: 209f). Das gilt nicht nur innerhalb der Sekte, sondern wird auch von außen so gesehen. Weber referiert dazu die Kommentare, mit denen Außenstehende ihr geschäftliches Verhältnis zu Sektenangehörigen oder deren Geschäftsgebarung erläutern: Da die Zugehörigkeit auf einer strengen Auswahl beruhe, diene sie zugleich als Indikator für einen verlässlichen Charakter. Es zeigt sich freilich, dass die Zugehörigkeit zu allen möglichen Vereinigungen diese Wirkung haben kann, es muss nicht unbedingt um Religion gehen (212f, 215f). Weber nennt als Beispiel Sterbekassen (213) und die kleinen Nadeln am Revers, mit denen die Leute ihre Zugehörigkeit zu einer kenntlich machten. Später (RS I: 233) fallen ihm auch die deutschen Couleur-Studenten und Leutnants ein, die in Universitäts- und Garnisonsstädten überall anschreiben lassen konnten. In der Fassung von 1906 beschreibt Weber das noch als eigene seinerzeitige Erfahrung, 1920 lässt er diesen persönlichen Bezug weg.

Wie lassen sich die Beobachtungen und Auskünfte verstehen, die Weber hier vor allem aus den USA mitteilt? Naheliegend wäre die Interpretation, dass Wirtschaft und besonders Kredit Vertrauen voraussetzen, welches wiederum durch eigene soziale Nähe oder durch die Empfehlung von vertrauenswürdigen, möglichst wohlhabenden Personen gestützt wird. Hinzu kommt, dass mit einer solchen Empfehlung sozial eine »Bürgschaft« übernommen wird, manchmal sogar formell. Zugehörigkeit eines möglichen Geschäftspartners zu einem exklusiven Kreis indiziert daher solche »Kreditwürdigkeit«, selbst wenn man ihm selbst nicht angehört. Die Welt, und besonders die Welt der Wirtschaft, ist bis heute voll von solchen Verbindungen, vom CV bis zu den Rotariern, die neben Geselligkeit, Weitergabe nützlicher Informationen und sonst gegenseitiger Unterstützung auch genau diesen Zweck oder jedenfalls Effekt haben, Vertrauen und »Kredit« herzustellen. In der Geschichte finden sich durch die Jahrhunderte solche Zusammenschlüsse, von Gilden der Kaufleute und den Zünften der Handwerker über Gelehrten-Gesellschaften und Aufklärer-Logen zu den Lesezirkeln der Arbeiter, die, wenn sie nicht explizit dafür gegründet wurden, doch als Nebenwirkung Verbindlichkeiten schufen.[3] Und natürlich ist ideologische und religiöse Gemeinsamkeit auch ein mögliches Vehikel, um solche Zirkel zusammenzuhalten und die Personen auszuwählen, die aufgenommen werden können.

Weber wählt eine andere Interpretation: Statt als Beispiele für eine soziale Struktur oder (in der Terminologie von Elias) »Figuration« sieht er die weltlichen Fälle als »Produkt eines *Säkularisations*prozesses« (217) oder als »Ausläufer, Rudimente und Ueberbleibsel jener einstmals in allen asketischen Sekten und Konventikeln herrschenden Verhältnisse, die heute im Verfall sind« (233). Der Begriff »Vertrauen« kommt bei ihm in dem ganzen Zusammenhang nicht vor. Die Freimaurer, die auf Zünfte und Bauhütten rekurrieren, der Ku-Klux-Klan, der zwar nicht ganz ohne protestantischen Einschlag, aber doch nicht von den Quäkern oder Methodisten herzuleiten ist, oder die »Crewes«, die in New Orleans (mit französisch-katholischer Tradition) die Karnevals-Umzüge organisieren, schließlich schon die Zugehörigkeit zu einem exklusiven Golf- oder Country-Club haben ähnlich »nützliche Beziehungen« organisiert, wie es die sind, die Weber von den Baptisten berichten werden.[4] Aber Weber ist sich da ganz alternativlos sicher: »Jene heutigen Rudimente in Amerika sind die Ausläufer einer einstmals überaus

---

3 Wie erinnerlich war Benjamin Franklin ein Meister der Organisation solcher Clubs, die er »Junto« nannte und die offensichtlich zu seinem wirtschaftlichen Erfolg beachtlich beitrugen. – Heute erfahren wir über solche Zusammenschlüsse, die sich dann gewöhnlich nicht als Verein registrieren lassen, oft unter dem Stichwort »Freunderl-Wirtschaft«, »Amigos«, »Frühstücks-Kartell« und »Korruption«. (Zu Korruption wird die Sache vor allem, wenn sie sich nicht innerhalb der Wirtschaft hält, sondern Beamte mit einschließt.) Manchmal sind solche Aktivitäten tatsächlich auch kriminell, aber häufig auch nicht. Dass eine kapitalistische Wirtschaft auf unpersönlichen, rein formalen Beziehungen funktioniere, ist ein Mythos: Wo es drauf ankommt, sind sie von persönlichen »Verbindungen« und von persönlichen Bekanntschaften in einer Subkultur der Wirtschaft (oder der Banken oder der lokalen Handwerker, der Alumni der John F. Kennedy School of Government in Harvard oder der Reichen, die sich immer zu Silvester im Grand Hotel des Bains in St. Moritz treffen, usw.) und den »Empfehlungen«, die man so bekommen kann, unterfüttert.

4 Weber argumentiert später (235f), die Zünfte hätten die Wirkung, die die Sekten hatten, deshalb nicht bringen können, weil sie Zusammenschlüsse von Konkurrenten waren. Aber das ist das Wesen aller dieser Zusammenschlüsse, dass sie die wirtschaftliche Konkurrenz zum gemeinsamen Nutzen der Beteiligten intern in Kooperation aufheben. Außerdem wird es auch innerhalb der Sekten Konkurrenz gegeben haben – nicht zuletzt um das *holier than thou*, also darum, wer besonders heiligmäßig lebt.

penetrant wirkenden Organisation kirchlicher Lebensreglementierung« (219f). Und weiter:

> Das Sekten-Mitglied »musste, um sich in diesem Kreise zu *behaupten*, den Besitz dieser Qualitäten dauernd *bewähren*: sie wurden in ihm konstant und kontinuierlich gezüchtet. Denn wie ... seine jenseitige Seligkeit, so stand und fiel auch seine diesseitige ganze soziale Existenz damit, dass es sie ›bewährte‹. Ein stärkeres Anzüchtungsmittel als eine solche Notwendigkeit der sozialen Selbstbehauptung im Kreise der Genossen gibt es nach aller Erfahrung nicht, und die kontinuierliche und unauffällige ethische Zucht der Sekten verhielt sich deshalb zur autoritären Kirchenzucht wie rationale Züchtung und Auslese zu Befehl und Arrest.« (RS I: 234)

Insofern geht es damals wie heute um eine ganz bestimmte Kreditgarantie: Die Zugehörigkeit beweise persönliche Qualitäten der disziplinierten Lebensführung und damit Verlässlichkeit als Charaktermerkmal.

Auf den fünfzehn Seiten zwischen den beiden Zitaten entwickelt Weber (erst für die Version von 1920) die Geschichte von der Zulassung zum Abendmahl und dem Ausschluss davon. Die Sekten als Zusammenschlüsse der per Prädestination Heiligen hatten das Problem, wer daher durch wen vom gemeinsamen Abendmahl, der Kommunion, die zwar nicht unbedingt mehr ein heiliges Sakrament, aber doch die wichtigste Feier von Gemeinschaft der Heiligen war, ausgeschlossen werden könne – und müsse, um die Feier nicht zu »verunreinigen«. Besonders heiß wird die Frage, wenn es um den *minister* geht, wenn also Zweifel an der Erwähltheit eines Predigers oder Gemeinde-Ältesten geäußert wurden. Sonst konnte man ja diesen die Entscheidung überlassen, aber die konsequenten Sekten sahen die Gemeinde und also alle Laien in der Pflicht, über diese Reinheit der Zugehörigkeit zu wachen. Das Problem ist theologisch und auch organisatorisch nicht schlüssig zu lösen. Weber nennt Versuche, diese Kompetenz unter Cromwell dem Parlament (224) oder »triers (lokale Körperschaften für die Ausstellung von Qualifikationsattesten) und ejectors (geistliche Disziplinarinstanz)« (231) zu geben. Die organisatorische Lösung sei es gewesen, die Mitgliederzahl klein zu halten oder Sub-Gruppierungen herzustellen, in denen alle mit allen so gut bekannt waren, dass Zweifel an der Zugehörigkeit spätestens nach einer Probezeit nicht mehr auftraten und eine »außerordentlich straffe Sittenzucht« (227) geübt werden konnte.

Es ist nicht ganz klar, was damit eigentlich gezeigt wird, außer dass die Lehre von der Prädestination in der Praxis jede Menge an Problemen nach sich zieht. Alles, was Weber erzählt, weist jedenfalls darauf hin, dass der Glaube an die Prädestination nicht zu einer »ungeheuren Einsamkeit« der

Sektenmitglieder führte, sondern im Gegenteil zu besonders enger Zusammengehörigkeit mit penibler gegenseitiger Kontrolle, aber auch mit einem hochgezogenen gemeinsamen Elite-Bewusstsein und scharfer Ablehnung aller, die nicht zur Gemeinschaft der Heiligen gehörten. Daraus ergibt sich, dass man sich gegenseitig zur »methodischen Lebensführung« anhalten konnte, die ihrerseits »dem ›Geist‹ des modernen Kapitalismus die Wege ebnete« (RS I: 235). Weber spricht in diesem Kapitel nirgends mehr von »Arbeit als Beruf«, sondern allgemeiner von der »methodisch-rationalen« Art der Lebensführung und – wie vorhin schon gezeigt – davon, dass dadurch den Beteiligten Qualitäten angezüchtet worden wären. Wichtig ist also, dass es, auch im Unterschied zwischen Kirchen und Sekten, der in der ersten Fassung des Kapitels von 1906 im Mittelpunkt stand, nicht um Anpassung an einen äußeren Zwang, sondern um die Aufnahme der »methodisch-rationalen« Disziplinierheit in die Persönlichkeit oder in einen Habitus ging. Die Sekten hätten bestimmte – hoch disziplinierte – Menschen »gezüchtet« oder ausgewählt, die Kirche dagegen nur oberflächlichen Gehorsam erzwungen. Kapitalismus, so können wir schließen, hätte jene besonderen Menschen gebraucht, einfache opportunistische Anpassung hätte nicht gereicht, die notwendige Disziplin entstehen zu lassen.

Zugehörigkeit und Ausgrenzung: Die Puritaner und ihr Gottesstaat in Massachusetts 1630–1690

Die calvinistische Prädestinationslehre eignet sich in besonderer Weise dazu, fundamentalistische Dissidenz zu begründen: Man muss danach so oder so die Überzeugung entwickeln, dass man selbst zu den Auserwählten und Heiligen gehört, und wenn man das geschafft hat, kann man daraus eine antiautoritäre Kraft gewinnen, die es in einer bestimmten historischen Situation sogar möglich macht, den König köpfen zu lassen. Diese antiautoritäre Selbstgewissheit ist es ja, die zunächst die Bildung der Sekte gegen die jeweilige Kirche ermöglicht. Die Situation ändert sich freilich schon, wenn sich die Sekte organisatorisch verfestigt: Dann kann sich die Selbstgewissheit einzelner Unzufriedener auch gegen die Gemeinschaft richten. Sie ändert sich grundlegend, wenn die Sekte nicht mehr in Opposition ist, sondern, etwa durch Auswanderung in die Kolonie Neu-England, selbst zur Herrschaft gelangt und das Gegenüber verliert, gegen das sie sich abgrenzen konnte.

Das Problem der Zugehörigkeit, wie es Max Weber theologisch als die Frage beschreibt, wie man die Abendmahlsgemeinschaft »rein« hält, stellt sich real in besonderer Weise, wenn die Gemeinschaft größer wird und sich einen Rahmen von stabilen politischen und Verwaltungseinrichtungen gibt.

Angeführt von John Winthrop, einem kleinen Landbesitzer aus Suffolk, und dem Prediger John Cotton, segelten 1630 mehrere Schiffe mit etwa 700 Puritanern nach Massachusetts. Die Teilnehmer an dem Abenteuer hatten in dieser Wildnis einen großen Landstrich gekauft und besaßen ihn gemeinsam in der Form einer Aktiengesellschaft, der »Massachusetts Company«. Sie hatten die Absicht, dort, ungestört von politischen Händeln und von Gegnern ihrer Religion, eine Gemeinschaft von Heiligen zu errichten, ein »Neues Jerusalem«, so wie die »Pilgrim Fathers« zehn Jahre davor, die damit nicht richtig erfolgreich gewesen waren, sondern es gerade schafften zu überleben. Mit dem durch die »Winthrop Flotte« mehr als verdreifachten Personal begann die Kolonie rund um Boston, Cambridge und Salem zu florieren. Sie hatte schon durch den Gesellschaftervertrag eine »Verfassung« und damit eine Verwaltungsstruktur mit dem Gouverneur Winthrop, mit Predigern und Friedensrichtern und mit einer Gemeinde- als Gesellschafterversammlung.

Bei der Größe konnte es nicht ausbleiben, dass Konflikte und Spaltungen entstanden. Tatsächlich gab es in den sechzig Jahren des puritanischen Gottesstaats in Massachusetts drei große Konflikte, die insgesamt die Kolonie völlig veränderten und ihrerseits als Versuche gesehen werden können, gesellschaftliche Veränderungen zu bearbeiten. Sie sind in der reichhaltigen Literatur dazu (schließlich handelt es sich um die frühen Jahre der Gründungsgeschichte der USA) bekannt als der »Antinomistenstreit« Ende der 1630er Jahre, als die Auseinandersetzung mit den Quäkern im Jahrzehnt um 1660 und als die »Hexen von Salem« im Jahr 1692, das zugleich das Ende des theokratischen Experiments in Massachusetts markiert.[5] Kai T. Erikson (1966) hat eine berühmt gewordene Studie dieser drei »Wellen« von Abweichung und Verbrechen geschrieben, an die ich mich im folgenden halten werde.

---

5 Diese letzte Episode wurde durch Arthur Millers Theaterstück *Hexenjagd* (*The Crucible*) von 1953 und diverse Verfilmungen bekannt und zum Prototyp auch neuerer »Hexenverfolgungen« verallgemeinert. Miller spielt unmittelbar auf die Kommunistenverfolgung McCarthys an.

Im Mittelpunkt der ersten Episode steht eine Mrs. Anne Hutchinson, die in Boston einen theologischen Salon führte[6] und irgendwann zu der Überzeugung kam, dass einer der Prediger, John Wilson, nicht zu den Auserwählten gehöre. Sie nahm damit die puritanische Überzeugung ernst, dass jede(r) Heilige in gleicher Weise »Heilsexpertin« ist, auch wenn damit die Autorität und Ordnung in der Gemeinde in Frage gestellt wird. Sie war in dem Sinn radikal und fundamentalistisch – schließlich berief sie sich dabei auf die frühen Predigten des großen John Cotton, als dessen Anhängerin sie die Reise nach Massachusetts mitgemacht hatte – und konnte sich nicht um Kompromisse kümmern, die um des lieben Friedens willen in einer groß gewordenen Kolonie schon nötig sein mögen. Sie forderte eine alte puritanische Freiheit ein, die ihr ein politisches Gemeinwesen nicht zugestehen konnte. Als die Auseinandersetzung um die Bostoner Prediger immer weitere Kreise zog, wurde schließlich den »Antinomisten« um Mrs. Hutchinson der Prozess wegen »Aufforderung zum Aufruhr« gemacht. Er endete mit der Verbannung von Mrs. Hutchinson und des ihr nahestehenden Predigers, mehreren Personen wurde das Bürgerrecht entzogen und viele wurden entwaffnet. Die herrschende Gruppe beendete die Auseinandersetzung, in der es anhand von theologischen Spitzfindigkeiten um die Frage der Autorität in der Gemeinde gegangen war, mit einer Säuberung.

In der zweiten Episode ging es um die Angehörigen einer neuen puritanischen Sekte, der Quäker, die sich selbst »Society of Friends« nannten und nach 1655 vermehrt in Massachusetts auftauchten.[7] Die Quäker (*quake* = zittern) hatten sich durch enthusiastisches und unkonventionelles Benehmen ihren ursprünglich Spottnamen schon in England erworben. Der Ruf von antiautoritärer Unbeherrschbarkeit ging ihnen voraus und versetzte offenbar die ernsthaften Puritaner im Massachusetts in eine Panik, die dazu führte, dass Quäker, die dort landeten, sofort deportiert und mit Strafen für den Wiederholungsfall bedroht wurden. Da auch die Quäker halsstarrig weiter missionieren wollten und in größeren Zahlen und immer wieder kamen, wurden sie immer öfter ausgepeitscht – was ohnehin kein öffentliches Schau-

---

6 Erikson bemerkt so spitz wie plausibel, dass Gespräche über theologische Fragen unter den Puritanern die einzige Unterhaltung darstellten.

7 Ihr für die amerikanische Geschichte wichtigstes Mitglied war der reiche Quäker William Penn, der 1681 auf einem größeren Stück Land in der Wildnis, das er Pennsylvania nannte und wo er eine Stadt namens Philadelphia gründete, ein weiteres heiliges Experiment startete, zu dem Zeitpunkt allerdings schon auf der religiösen Toleranz aufbauend, was die Sache in Politik und Verwaltung erleichterte. Die Quäker taten sich durch Pazifismus und strikte Ablehnung von Sklaverei hervor.

spiel ist, das zur Beruhigung einer Situation besonders beitragen kann –, es wurden zur Strafe Ohren abgeschnitten und schließlich kam es sogar zu Hinrichtungen. Die sinnlose Brutalität des Umgangs mit den harmlosen Quäkern eskalierte die Situation in etwas beinahe Kriegerisches, jedenfalls Fanatisches auf der Seite der Autoritäten, was auch vielen Siedlern nicht passte.

In diesem Fall ging es offenbar überhaupt nicht um theologische Fragen, sondern einfach um antiautoritäres Benehmen: Die Quäker hatten sich schon in England vor allem dadurch hervorgetan, dass sie Predigten durch Zwischenrufe störten und Priester attackierten, vor Autoritätspersonen den Hut nicht abnahmen und die altertümlichen Personalpronomina »thee« und »thou« verwendeten und damit die devot übliche zweite Person Plural verweigerten. Theologisch (so Hill 1972: 233f) seien sie eigentlich völlig im puritanisch akzeptablen Bereich geblieben. Erikson (1966: 112f) berichtet dazu, dass eine ihrer Respektlosigkeiten darin bestand, in Versammlungen nackt aufzutreten. Dafür wurden sie dann ebenso nackt durch die Stadt gepeitscht (bei einer Frau »insgesamt nicht über dreißig Schläge«, für Männer galt diese Beschränkung also nicht).

Die Quäker erwirkten 1661 ein Edikt des Königs, das es den Behörden der Kolonien untersagte, mit Körperstrafen und Hinrichtungen gegen sie vorzugehen. Das hat offenbar den Verfolgungseifer etwas gebremst, aber nicht ganz zum Stillstand gebracht, weil schon davor ein Gesetz gegen »Vagabundage« erlassen worden war, das für Personen ohne festen Wohnsitz ebenfalls die öffentliche Auspeitschung vorsah und in dem das Wort »Quaker« oder sonst eine Anspielung auf Religionsfragen nicht vorkam. Aber schließlich wurden die öffentlichen Brutalitäten eingestellt und das Problem und die damit verbundene Erregung »verlief« sich. Erikson resümiert: »Die eigentliche Anklage von Massachusetts gegen die Quäker war, daß sie keinerlei äußeren Respekt vor dem Geist puritanischer Disziplin zeigten und sich nicht an die rituellen Gebote des Gemeinschaftslebens hielten; damit schienen sie eine Art subjektiver Freiheit zu fordern, die zu gewähren die Kolonie nicht in der Lage war.« (119) Die Episode zeigt noch »schlagender« als die erste, wie sehr sich der antiautoritäre Geist einer Gemeinschaft der Heiligen in der organisierten Theokratie in gröbsten Autoritarismus wandelte.

In den folgenden Jahrzehnten löste sich die Kolonie von außen und von innen auf: Die ursprüngliche Charta mit ihren Autonomiegarantien wurde von König Charles II aufgehoben und intern griffen Konkurrenz und Missliebigkeit um sich, der Geist der Brüderlichkeit verlor an Kraft. In dieser Situation wurden in dem kleinen Ort Salem einige pubertierende Mädchen von Anfällen geplagt, die sie auf Hexerei zurückführten, zu der sie auch die Personen zu nennen wussten, die ihnen diese Plagen antaten. Das dafür eingesetzte Sondergericht, dem Hexerei genauso plausibel war wie ein paar hysterischen jungen Frauen, die aus ihren Leiden einen ungeahnten »Krankheitsgewinn« an öffentlicher Aufmerksamkeit und Macht bezogen, erpresste nach bewährtem Verfahren Geständnisse und Denunziationen und weitete so den Kreis der Angeklagten unaufhaltsam aus. Erst als die Beschuldigungen sozial höher kletterten, entstand die Notwendigkeit, skeptischer und vorsichtiger zu werden. Die Kriterien, an denen Hexerei zu erkennen sei, wurden überdacht und modifiziert. Schließlich wurde nach einem Jahr die Sache mit einer Amnestie beendet. Aber in dieser Zeit waren zwanzig Personen hingerichtet, mehrere hundert in Haft genommen (wo zwei verstarben) und mehr oder weniger peinlich verhört worden und tausende Personen waren in Angst und Schrecken versetzt worden. Die puritanische Theokratie hatte vor ihrer Auflösung noch einmal grausam ihre Grenzen verteidigt.

Die calvinistische Prädestinationslehre eignet sich, besonders wenn sie zur herrschenden Ideologie wird, auch hervorragend dazu, die Grenzen der Gemeinschaft der Heiligen durch Ausstoßen derer zu markieren und zu schützen, die in den Verdacht geraten, nicht auserwählt zu sein. Unter Herrschaftsbedingungen kehrt sich der ursprünglich antiautoritäre Elitismus um: Wer sich nicht konform benimmt, kann wohl kein Heiliger sein. Wer die Gemeinschaft in Frage stellt, muss entfernt werden, notfalls mit drastischen Mitteln. Erikson betont, dass die Strafen in Massachusetts auch nicht rigoroser ausgesprochen und grausamer exekutiert wurden als in anderen Teilen der Welt. Aber die Prädestinationslehre führte zu einer »kalten Rechtschaffenheit« (165) des Strafens. Die Auserwählten trennen sich leichten Herzens von den ohnehin Verdammten und alle Grausamkeiten, die sie ihnen antun, sind nichts im Vergleich zu dem, was ihnen ohnehin in alle Ewigkeit bevorsteht. Die Grenze der Zugehörigkeit kann und muss gezogen werden.

Teil II:
Die Logik von historischen Zusammenhängen

Fragen der historischen Begriffsbildung: Wie unterscheidet sich eigentlich ein »Idealtypus« von einem üblichen, also weniger idealen Typus?

Weber wird gern nachgesagt, er hätte eine eigene Methode, die der »idealtypischen« Darstellung und Analyse erfunden und verwendet. Daher seien seine Ergebnisse nicht an den gängigen Anforderungen an empirische Forschung zu messen. Zugleich ist »idealtypisch« und »Idealtypus« in die zumindest sozialwissenschaftlich infizierte Alltagssprache übergegangen: In dieser Verwendung ist kein Unterschied zu »Typus« auszumachen. Mit dem Zusatz »Ideal« wird im gängigen Sprachgebrauch offenbar extra unterstrichen, dass dieser Typus so nicht genau und wortwörtlich erscheine und nicht in jedem einzelnen seiner Exemplare vorzufinden sei, er sei vielmehr eine »Idealisierung« oder eine »Ideal-Gestalt«. In der empirischen Wirklichkeit können die einzelnen Merkmale, die den »Typus« ausmachen, unterschiedlich ausgeprägt sein, einzelne davon vielleicht einmal auch ganz fehlen. Ein »Idealtypus« würde also durch einzelne Beispiele, die ihm in einzelnen Merkmalen nicht entsprechen, nicht widerlegt.

Das freilich ist ein Verhältnis zwischen gedanklicher Konstruktion und empirischer Wirklichkeit, das für jede Typenbildung, ja für jeden simplen Begriff gilt (so auch Schmid 1994). Kein Apfel, der vom Baum fällt, erfüllt perfekt die Idee des Apfels. Unter den Begriff »rot« passen alle Schattierungen dieser Farbe. Keiner der »Pykniker«, die der Psychiater Ernst Kretschmer als Körperbau- und Temperamentstypus beschrieb, gleicht den anderen Pyknikern aufs Haar, aber trotzdem kann ein bestimmter Mensch so eingeordnet werden, zumindest im Kontrast zu einem »Leptosomen« oder »Athletiker«. Selbst wenn sich einzelne oder sogar viele Menschen in diese Typologie nicht einordnen lassen, mag es immer noch für manche Zwecke[1] sinnvoll sein, an ihr festzuhalten und als Ausweichmöglichkeit »Mischtypen« oder

---

1 Die Zwecke, die der spätere SS-Angehörige Ernst Kretschmer damit verfolgte, mögen sinister gewesen sein. Aber das hat nichts mit der Logik der Typenbildung und der Kategorisierung zu tun.

eine Restkategorie »Andere« anzunehmen. Umgekehrt besteht Begriffsbildung immer darin, dass man an einer Vielzahl von Einzelexemplaren ein »Muster« wahrzunehmen imstande ist, das man am Einzelfall nicht als »typisch« erkennen könnte. In der Psychologie wurde das als »Gestalt-Wahrnehmung« thematisiert.

Was mag also das Besondere an Webers »Idealtypus« sein?

Das Programm einer neuen Zeitschrift und/oder das Methodenkapitel zur »Protestantischen Ethik«?

Webers Ausführungen zum »Idealtypus« finden sich konzentriert in dem Aufsatz »Die ›Objektivität‹ sozialwissenschaftlicher und sozialpolitischer Erkenntnis«, der in der Weber-Literatur als etwas wie das Methodenkapitel zur »Protestantischen Ethik« gehandelt wird. Er wurde zwar parallel dazu geschrieben und veröffentlicht, hatte aber in erster Linie die Funktion einer Programmatik für die Zeitschrift: Er erschien im ersten Heft des *Archiv für Sozialwissenschaft und Sozialpolitik* nach der Übernahme der Herausgeberschaft durch Edgar Jaffé[2], Werner Sombart und Max Weber 1904 samt Änderung des Namens. Das *Archiv* hatte bis dahin achtzehn Jahrgänge lang *Archiv für Soziale Gesetzgebung und Statistik* geheißen und war unter der Herausgeberschaft von Heinrich Braun eine wissenschaftliche Zeitschrift mit anerkannt sozialistischer Tendenz gewesen. Die neuen Herausgeber wollten das ändern – Sombart weniger, Weber mehr. Das erste Heft enthielt ein »Geleitwort« der drei neuen Herausgeber, dann einen Aufsatz von Werner Sombart zur »Systematik der Wirtschaftskrisen« und daran anschließend Max Webers »Objektivitäts«-Aufsatz. Dann folgten Beiträge von Ferdinand Tönnies und Eduard Bernstein.

Die Abfolge ist im Ergebnis insofern etwas kurios, als Webers Aufsatz in seinem Teil I an das »Geleitwort« anschließt und noch einmal und ausführlicher die »Tendenz« des – wie es heute heißen würde – »Re-launch« der Zeitschrift beschreibt und begründet. Obwohl für den gesamten Aufsatz als Autor Max Weber genannt wird, ist in der ersten Fußnote klargestellt, dass Teil I von allen drei Herausgebern verantwortet werde: Die Äußerungen die-

---

2 Edgar Jaffé (1865–1921), Nationalökonom und Schüler Max Webers, seit 1902 mit Else von Richthofen, ebenfalls Weber-Schülerin, verheiratet, hatte die Zeitschrift gekauft und Weber und Sombart als Mitherausgeber gewonnen. Edgar und Else Jaffé stellten Webers Verbindung zur Münchner Bohème dar. Jaffé war 1918/19 Finanzminister der Münchner Räterepublik.

ses Teils, die das *Archiv* beträfen, seien »von den Mitherausgebern ausdrücklich gebilligt« – also von Weber geschrieben und dann (eventuell mit Änderungen) autorisiert.[3] Die Leserschaft des ersten Hefts des neuen *Archivs* bekam also im Effekt die Programmatik in zwei Teilen vorgesetzt, die durch einen Aufsatz Sombarts getrennt waren. Zugleich haben damit Sombart wie Weber ihre Darstellungen des Programms der Zeitschrift getrennt vorgelegt, auch wenn beide Versionen von allen drei Herausgebern sanktioniert wurden.

Nur für Teil II des »Objektivitäts«-Aufsatzes übernimmt Weber als alleiniger Autor die Verantwortung. Aber die Grenze ist nicht ganz scharf: Auch Teil II handelt noch von den Aufgaben der Zeitschrift und geht von ihrem Programm der »Wertfreiheit« aus, die mit der »Objektivität« im Titel gemeint ist.[4] Es geht noch immer darum, ob wissenschaftliche Arbeiten, wie sie in der Zeitschrift erscheinen sollen, eine »Tendenz« haben, was durchaus mit »Parteimeinungen« gleichgesetzt wird (WL: 160). Weniger grob und stärker verallgemeinert heißt das dann »Erkenntnisinteresse« (161) und »Kulturbedeutung« (165), aber es geht Weber – der bekanntlich lieber Politiker als Professor geworden wäre – um Wissenschaft in ihrem Charakter als politische Intervention.[5] Die Zeitschrift soll nicht »unpolitisch« sein, sondern das, was wir heute »pluralistisch« nennen: nach allen Seiten weit offen. Und so verhält es sich auch mit der Wissenschaft: Weber redet nirgends einer »unpolitischen« Wissenschaft das Wort. Er geht umgekehrt davon aus, dass es unmöglich ist, aus den »Kulturbedeutungen« und »Erkenntnisinteressen«

---

3 Inzwischen ist durch Ghosh (2010) und in Korrektur der irreführenden Mitteilung durch Marianne Weber (1926: 291) geklärt, dass das »Geleitwort« im selben Verfahren auf einem Entwurf von Sombart beruht.

4 Teil II enthält noch – abgezählt – zehn programmatische Aussagen zur Zeitschrift, von Seite 161 bis 208 – er reicht von 161 bis 214.

5 Hennis (1996) hat überzeugend gezeigt, dass Weber das Postulat der »Wertfreiheit«, im Kontext von Hochschulpolitik, zur Abwehr von politischen und Verwaltungseingriffen in die Autonomie der Wissenschaft entwickelt hat. Hier haben wir einen zweiten Kontext, in dem er »Wertfreiheit« politisch einsetzt: zur Umwandlung einer Zeitschrift mit »Tendenz« in eine pluralistische, also zur Erweiterung des Kreises der Beiträger wie der Leser und zum Gewinnen von allseitiger Glaubwürdigkeit. Ebenso politisch ist »Wertfreiheit« im späteren »Werturteilsstreit« 1914 im Verein für Sozialpolitik zu verstehen: Inhaltlich ging es offensichtlich um die Verpflichtung der Wissenschaft auf Sozialreform und um die damit verbundene Staatsfixiertheit Schmollers. Argumentiert wurde das aber von Weber nicht inhaltlich, sondern formal als Postulat der Wertfreiheit (vgl. Roth 1968: LIII; Gorges 1980: 477ff; Ritsert 2003). Und die Forderung, nicht vom Katheder aus zu politisieren, in »Wissenschaft als Beruf« 1919 ist nicht mehr als eine Maxime der politischen Klugheit eines Liberalen in revolutionären Zeiten.

herauszukommen. Weber legt hier seine Version dessen vor, was in der klassischen und dann besonders der Marxschen Tradition als Frage der »Ideologie« behandelt wurde, als Frage des Zusammenhangs zwischen Denken und Herrschaft und wie damit umzugehen sei.

Hier tritt Weber dezidiert anti-marxistisch auf: Ein Primat der Ökonomie kommt nicht in Frage. Er transformiert vielmehr die Frage der Herrschaft sofort in eine der Kultur und der damit gegebenen Perspektive der Betrachter. Die »Kulturerscheinungen« aus »materiellen‹ Interessenkonstellationen« erklären zu wollen, bezeichnet er nur als einen »veralteten Glauben« (WL: 166). Umgekehrt: Es sei schon eine Abstraktion, wenn man die Kultur einseitig unter dem Aspekt ihrer Ökonomie ansieht: »Die Reduktion auf ökonomische Ursachen *allein* ist auf *keinem* Gebiete der Kulturerscheinungen je in irgendeinem Sinn erschöpfend, auch nicht auf demjenigen der ›wirtschaftlichen‹ Vorgänge.« (169) Jede Wissenschaft konstituiert eine bestimmte Perspektive auf die Welt. Keine einzelne davon kann zur Grundlage der anderen gemacht werden. Jede dieser Perspektiven sei einseitig.

Ursachen und Gesetze

So weit, so konventionell – aus heutiger Sicht. Nicht so selbstverständlich ist die Bestimmung des Verhältnisses zwischen den Wissensbereichen und damit den Perspektiven als eines von »Ursachenkategorien« (WL: 170), die damit zur Verknüpfung gewählt würden. Durch die gewählte Perspektive werden aus den unendlich vielen Kausalitäten, die den individuellen Fall bestimmen, einige als »wesentlich« ausgezeichnet und alle anderen als »zufällig« beiseite geschoben (168, 171). Das Kriterium der Auswahl könne aber nicht die »Gesetzmäßigkeit«, also die regelmäßige »Wiederkehr bestimmter ursächlicher Verknüpfungen« (171, ähnlich 174) sein. Ohnehin ließe sich nie »aus jenen ›Gesetzen‹ und ›Faktoren‹ die Wirklichkeit des Lebens jemals *deduzieren*« (174). Die »Gesetze« seien Hilfsmittel der Erklärung, ihre Kenntnis also schon vorausgesetzt. Dazu komme als »völlig neue und *selbständige* Aufgabe«, die gegenwärtige Bedeutsamkeit der Wirklichkeitskonstellation, die wir erklären möchten, verständlich zu machen (175). Dem folgt erst die historische Erklärung und eventuell die Extrapolation in die Zukunft.

Kulturwissenschaftliches Arbeiten erfolgt also in vier Stufen: 1) Feststellen der »Gesetze« und »Faktoren«, mit denen sich »individuelle Gruppierungen« der Wirklichkeit »kausal erklären« lassen; 2) »Verständlichmachung des

Grundes und der Art [der] Bedeutsamkeit« dieser Konstellation; 3) »Zurückverfolgung der einzelnen ... individuellen Eigentümlichkeiten dieser Gruppierungen in ihrem Gewordensein«; 4) »Abschätzung möglicher Zukunftskonstellationen« (WL: 174f). Die Auswahl aber folge *Wert*gesichtspunkten.[6] Die »Bedeutsamkeit« des Gegenstands, mit dem wir uns beschäftigen, ergebe sich aus seiner »Beziehung ... zu den *Kulturwertideen*, mit welchen wir an die Wirklichkeit herantreten« (178). Es seien zwei völlig unverbundene und kategorial getrennte Vorgänge, eine Erscheinung in ihrer »Kulturbedeutung verständlich zu machen« oder aber sie in ihrer »historischen Entstehung kausal zu erklären« (176). Noch radikaler konstruktivistisch: Die Auswahl der Merkmale, die man als bedeutsam einbeziehen will, hat nichts mit dem Gegenstand zu tun, sondern erfolgt – wie von Rickert vorgegeben – rein nach gegenwärtigen »Wertideen«. Das Grundmodell entspricht dem von Ding an sich und Erscheinung: »Die Zahl und Art der Ursachen, die irgend ein individuelles Ereignis bestimmt haben, ist ja stets *unendlich*, und es gibt keinerlei in den Dingen selbst liegendes Merkmal, einen Teil von ihnen als allein in Betracht kommend auszusondern.« (177) Die Erkenntniskategorien sind ersetzt durch die Kulturbedeutungen.[7]

Insofern versteht Weber kulturwissenschaftliche Erkenntnis als »subjektiv«. Damit wechsle aber nicht die Gültigkeit der Erkenntnisse, sondern nur das Interesse, das jemand an ihnen habe (WL: 183f). Die »Werte«, um die es dabei geht, sind einerseits die der Wissenschaftlichkeit überhaupt, die Orientierung auf »Erfahrungswissen« und »wissenschaftliche Wahrheit«, auch

---

6 Wie Bruun (2001) in einer Analyse des »Nervi-Fragments«, einem Stück aus Webers Notizen nach der Lektüre von Rickert (1902), zeigt, war Weber mit der »Wert«-Terminologie nicht glücklich. In diesem Aufsatz, etwa ein Jahr später, verwendet er sie aber zunächst ungebrochen. Wenn, wie Bruun (155) zu zeigen beansprucht, der ›Idealtypus‹ die Unklarheiten der Redeweise von »Wert« und »Kulturbedeutung« beseitigen sollte, dann ist das Wort denkbar ungünstig gewählt: Mit »Ideal« wird eher noch stärker nahegelegt, dass es sich um etwas besonders hoch Bewertetes handelt.

7 Übrigens schwankt der Text in der Behandlung der »Kulturwertideen« auffällig zwischen »Bedeutsamkeit« und »Bedeutung«: Überwiegend ist die »Kulturbedeutung« die Wichtigkeit und Wertschätzung dessen, was Gegenstand der Wissenschaft wird. Es kann aber auch ein Unwert-Urteil sein, das einen Gegenstand interessant macht: »Eine *Kultur*erscheinung ist die Prostitution so gut wie die Religion oder das Geld ...« (WL: 181). Man kann diese Bedeutsamkeit also mit »Relevanz« übersetzen. Aber die gesellschaftliche Bewertung stellt (oft, gelegentlich?) diese Relevanz her. Und wenn es in den Sozialwissenschaften darum geht, geistige Vorgänge »nacherlebend zu verstehen« (WL: 173), dann ist das Ziel nicht ein Wert- und auch kein Relevanz-Urteil, sondern der semantische Sinn, die Einordnung in ein Netz von Begriffen und Denk-Modellen, eine kognitive Aufgabe. Es sind mindestens drei Bedeutungen von »Kulturbedeutung« möglich.

sie »Produkt bestimmter Kulturen und nichts Naturgegebenes« (213, ähnlich auch schon 184). Dazu kommen aber die spezifischen Interessen einer Zeit. Dadurch ist Erkenntnis vor allem zeitlich begrenzt (207 nochmals betont). Weber findet dafür ein beeindruckendes Bild von allseitiger Grenzenlosigkeit:

> »Endlos (!) wälzt sich der Strom des unermeßlichen (!) Geschehens der Ewigkeit (!) entgegen. Immer neu (!) und anders gefärbt bilden sich die Kulturprobleme, welche die Menschen bewegen, flüssig (!) bleibt damit der Umkreis dessen, was aus jenem stets unendlichen (!) Strome des Individuellen Sinn und Bedeutung für uns erhält, ›historisches Individuum‹ wird.« (RS I: 184)

Über die Herkunft der »Kulturbedeutungen« und »Wertideen« aber erfahren wir nur das: »Gewiß: ohne Wertideen des Forschers gäbe es kein Prinzip der Stoffauswahl und keine sinnvolle Erkenntnis des individuell Wirklichen ...«. Aber gegenläufig zu dieser Kulturabhängigkeit des gemeinen Forschers werden »die Werte, auf welche der wissenschaftliche Genius die Objekte seiner Forschung bezieht, ... die ›Auffassung‹ einer ganzen Epoche zu bestimmen, d.h. entscheidend zu sein vermögen: nicht nur für das, was als ›wertvoll‹, sondern auch für das, was als bedeutsam und bedeutungslos, als ›wichtig‹ und ›unwichtig‹ an den Erscheinungen gilt.« (WL: 182) Die Wertideen einer Kultur werden vom »wissenschaftlichen Genius« bestimmt und bilden dann die Voraussetzung für die Arbeit der gewöhnlichen Forscher.

Die »theoretische« Nationalökonomie auf dem Weg zur Modellrechnung

Abgesehen von solchen Einblicken in ein Weltbild, in dem der »wissenschaftliche Genius« durch Auswahl des Relevanten aus dem endlosen »Strom des unermeßlichen Geschehens« dem Sinnlosen Sinn gibt und so Kultur schafft, die für alle verbindlich ist, arbeitet sich Webers Text in diesen Passagen an der Unterscheidung von »historischer« und »theoretischer« Nationalökonomie ab, die damals ein großer Streitpunkt war.[8] Die »historische Schu-

---

8 In *Idealtypus* von Gerhardt (2001), der stärksten Behauptung aus jüngerer Zeit, es gebe eine besondere Methode namens »Idealtypus« und Weber habe sie erfunden, wird dieser Kontext der Entwicklungen in der Nationalökonomie völlig weggelassen. Die Namen Menger oder Schmoller kommen (soweit feststellbar; das Buch hat weder Literaturverzeichnis noch Register) nicht vor. Der Begriff »Idealtypus« wird im Kontext der Arbeiten von Simmel und Schütz und also nach seiner möglichen *späteren* Bedeutung für die Soziologie und nicht historisch nach seiner Herkunft aus Problemen der damaligen National-

le« Schmollers, der auch Weber grundsätzlich zugehörte, wurde Ende des 19. Jahrhunderts zunehmend in Frage gestellt von Bestrebungen, eine »theoretische« Nationalökonomie nach dem Modell der Naturwissenschaften zu entwickeln. Das fand auch Weber, der selbst historistisch arbeitete, höchst interessant. Auf der einen Seite stand die Idee, wirtschaftliche Zusammenhänge könnten nur konkret historisch untersucht werden, auf der anderen der Anspruch, allgemeine Gesetze der Wirtschaft zu finden. Der Proponent dieser zweiten Position war seit seinem Buch *Untersuchungen über die Methode der Socialwissenschaften, und der Politischen Oekonomie insbesondere* von 1883 und dem anschließenden Streit darüber mit Gustav Schmoller der Wiener Nationalökonom Carl Menger.[9]

Carl Menger (1840–1921), seit 1873 Professor der Staatswissenschaften, besonders Politische Ökonomie und Statistik, an der Universität Wien, liberaler Lehrer und Freund von Kronprinz Rudolf, behauptete, in der Theorie des Grenznutzen ein allgemeines Gesetz der Wirtschaft entdeckt zu haben und ging auch in seiner methodologischen Arbeit offensiv gegen den Historismus vor. 1903 zog er sich deprimiert aus der Universität und aus der Öffentlichkeit zurück. In der Geschichte der Nationalökonomie sind er und seine Schüler – die Genealogie wird von Böhm-Bawerk und Wieser über Mises bis Hayek gezogen – die Sieger: Der Historismus wurde aus der Wirtschaftswissenschaft verdrängt oder als Wirtschaftsgeschichte abgespalten.

Menger wird von Weber nicht genannt, aber in der Polemik gegen die »abstrakt-theoretische Methode« (WL 187ff) wird vom »Schöpfer der Theorie« gesprochen, der »die prinzipielle methodische Scheidung gesetzlicher und historischer Erkenntnis … als Erster und Einziger« vollzogen und sich

---

ökonomie untersucht. Um die aber geht es hier. Zur Bedeutung Mengers für Weber schon Tenbruck (1959: 588ff), neuerdings auch Ghosh (2006).

9 Der Streit hatte zugespitzt 1883/84 stattgefunden und mit einer etwas herablassenden Besprechung des Buchs von Menger (1883) durch Schmoller (1883) begonnen, auf die Menger wiederum mit einer eigenen Broschüre (1884) antwortete. Sie ist als Folge von sechzehn fiktiven Briefen an einen Freund verfasst und witzig, polemisch und *ad personam*, aber in der Sache interessant geschrieben. Auf die Zusendung dieses Buchs reagierte Schmoller (1884) nur mehr mit einem kurzen offenen Brief, in dem er mitteilte, er werfe alle solche persönlichen Angriffe ungelesen in den Ofen oder den Papierkorb. Er wolle aber nicht so unhöflich sein, »ein so schön ausgestattetes Büchlein von Ihrer Hand zu vernichten« und sende es daher zurück. Der Rest war beiderseits beleidigtes Schweigen. – Für Weber – er war zum Zeitpunkt dieses Streits zwanzig und hatte andere Sorgen – ist das tiefe Vorgeschichte und er geht auch nirgends explizit darauf ein. Aber die Unterscheidung zwischen historischer und theoretischer Nationalökonomie war ab dann Allgemeingut.

dann selbst nicht daran gehalten hätte. Am Ende der Passage spielt ein kleiner Scherz nochmals auf ihn an:

»Die Frage, wie weit z. B. die heutige ›abstrakte Theorie‹ noch ausgesponnen werden soll, ist schließlich auch eine Frage der Oekonomie der wissenschaftlichen Arbeit, deren doch auch andere Probleme harren. Auch die ›Grenznutzentheorie‹ untersteht dem ›Gesetz des Grenznutzens‹.« (WL: 190)

Menger ist also präsent, auch wenn in der ausführlichen Auseinandersetzung der Name und auch das Buch (Menger 1883), auf das Weber sich bezieht, nicht genannt werden. Vielleicht war das damals nicht nötig, weil alle wussten, wer und was gemeint war.[10]

Weber sucht, wie sich im »Objektivitäts«-Aufsatz zeigt, in dem alten Streit eine vermittelnde Position: Er lässt Gesetze der Ökonomie gelten, gibt ihnen aber eine untergeordnete Bedeutung als »Hilfsmittel« und erste Stufe der Forschung, deren eigentliche Aufgabe in der Analyse der Kulturbedeutungen und der historischen Kausalitäten am »historischen Individuum« (nach Rickert 1902) bestehe. Diese Terminologie des »Individuellen« im Gegensatz zum »Generellen« verwendet auch schon Menger (1883: 3f Fn) im selben Sinn, »um den Gegensatz ... zwischen den *concreten Erscheinungen* und den *Erscheinungsformen* zu bezeichnen«. Menger will damit »concret« vs. »abstract« vermeiden, die seien ihm nicht genau genug. Was Menger und Weber auch gemeinsam haben, ist die Annahme, »wirklich« und streng kausal determiniert sei nur »Individuelles«, seien nur die konkreten Abläufe, während das »Generelle«, die Gesetze, gedankliche Konstruktionen mit problematischem Bezug zur Wirklichkeit seien.

Carl Menger macht die Typenbildung zu seinem Ausgangspunkt: Man könne an den Erscheinungen und auch an den Beziehungen zwischen ihnen meist sehr schnell das erkennen, was mit einiger Regelmäßigkeit vielleicht nicht ganz identisch, aber doch zuordenbar wiederkehre – das »Typische« an ihnen. Im Alltag wie in der Wissenschaft sei die »Erforschung der Typen und typischen Relationen der Erscheinungen von geradezu unermesslicher Be-

---

10 Carl Menger wird auch sonst von Weber nur einmal erwähnt, nämlich in dem Aufsatz »Die Grenznutzlehre und das ›psychophysische Grundgesetz‹« von 1908, wo es (WL: 396 Fn) über ihn heißt: »K. Menger hat methodologisch nicht zu Ende geführte, aber ausgezeichnete Gedanken vorgetragen ...« und er sei zwar kein Meister des Stils, aber dafür sei Böhm-Bawerk einer. – Dass Menger und die »theoretische« Nationalökonomie trotzdem für Weber eine stabile und bis zum *Grundriss der Sozialökonomik* zunehmend wichtige Bezugsgröße waren, ist offensichtlich. Schluchter (1996b: 151ff Fn) versucht in einem Doppel-Schema zu zeigen, wie Weber Rickert und Menger in gegenseitiger Kritik verarbeitet hätte.

deutung«, denn ohne sie gebe es keine »über die unmittelbare Beobachtung hinausreichende Erkenntniss, d. i. [keine] *Voraussicht* und *Beherrschung* der Dinge ...« (1883: 5). Typen zu bilden sei die wissenschaftliche Basisoperation, und zwar für beide Formen der Forschung: die historische (individuelle) ebenso wie die theoretische (generelle) oder auch die »empirisch-realistische« und die »exacte«.[11]

Beide Formen der Forschung führen zur Erkenntnis von allerdings verschiedenen Gesetzen: Die erste Richtung will sich der »Typen und typischen Relationen der Phänomene ... in ihrer ›vollen empirischen Wirklichkeit‹, *also in der Totalität und der ganzen Complication ihres Wesens«*, versichern (Menger 1883: 34). Das sei aber tatsächlich nicht möglich, weil die Typisierung nie diese »Totalität« erreichen könne, ja dazu diene, von ihr absehen zu können und gerade so zu Erkenntnissen zu kommen. Daher könne die empirisch-realistische Richtung der theoretischen Forschung nur zwei Produkte liefern: »Realtypen« und »empirische Gesetze«, die beide nur mit einem »mehr oder minder weiten Spielraum für Besonderheiten« gelten (36).

Die »exacte« theoretische Forschung, die ausnahmslos gültige »exacte Gesetze« anstrebe, müsse daher anders vorgehen: Sie ergründet die *»einfachsten Elemente* alles Realen«, und zwar »ohne Rücksicht darauf, ob dieselben in der Wirklichkeit als selbständige Erscheinungen vorhanden, ja selbst ohne Rücksicht darauf, ob sie in ihrer vollen Reinheit überhaupt selbständig darstellbar sind« (Menger 1883: 41). Ebenso werden die »typischen Relationen« zwischen diesen Elementen, die »Gesetze«, unabhängig von der empirischen Wirklichkeit als in der »vollständigen Isolirung von allen sonstigen verursachenden Factoren« (42) allgemein und ausnahmslos gültig konstruiert.[12]

Dass und wie die Wirklichkeit von solchen Konstruktionen abweicht, ist nicht von Bedeutung. Die »exacten Gesetze« an der empirischen Wirklichkeit prüfen zu wollen, ist nachgerade »methodischer Widersinn«, analog dem Versuch eines Mathematikers, die Gesetze der Geometrie durch Messungen in der Realität verbessern zu wollen (Menger 1883: 54). Menger zeigt an einem Beispiel, dass »exacte« und »empirische« Gesetze sehr ähnlich aussehen können: Das exakte Gesetz für den Zusammenhang von Nachfrage

---

11 Menger nennt als dritte Form noch die »praktischen Wissenschaften, oder Kunstlehren« (1883: 7f) – auch das die Vorschau aus der später siegreichen Position auf die zukünftigen Schicksale der Nationalökonomie, die seit damals bekanntlich zu Modellrechnung, also Mengers »Theorie«, häufig im Dienst von staatlicher Wirtschaftspolitik, also als »Kunstlehre«, mutiert ist.

12 Und das gilt nach Menger in den Naturwissenschaften ebenso wie in den »Socialwissenschaften«, die er auch als »ethische« einordnet.

und Preis behaupte eine ausnahmslose und auch im Ausmaß genau bestimmte Korrelation der beiden »*unter bestimmten Voraussetzungen*« und gelte »für alle Zeiten und Völker, welche einen Güterverkehr aufweisen«. Ein empirisches Gesetz dazu besage, »dass auf Steigerung des Bedarfs *der Regel nach* eine solche der *realen* Preise thatsächlich folge und zwar eine Steigerung, welche der Regel nach in einem gewissen, wenn auch keineswegs exact bestimmbaren Verhältnisse zur Steigerung des Bedarfes steht« (58). Selbst wenn sie ähnlich aussehen, darf man die exacten »*Gesetze der Wirthschaftlichkeit*« nicht mit den »Regelmässigkeiten ... der *realen* Erscheinungen der menschlichen Wirthschaft« verwechseln und schon gar nicht die einen an den anderen prüfen wollen. Die »volle empirische Wirklichkeit« enthalte »ja auch zahlreiche Elemente der *Unwirthschaftlichkeit*« (59). Wir haben uns heute angewöhnt, solche Konstruktionen als »Modelle« zu bezeichnen[13] und vor allem: mit ihnen machtvolle Computer rechnen zu lassen. Das Problem ihres Bezugs zur empirischen Wirklichkeit hat sich keineswegs erledigt, aber mit Hilfe der mathematischen Statistik, besonders der Stichproben-Theorie als mathematischer Theorie der Möglichkeiten und Grenzen von induktiver Verallgemeinerung, die Menger wie Weber noch nicht zur Verfügung stand, modifiziert.

Realtypus – Idealtypus

Was wir in Webers »Objektivitäts«-Aufsatz ab Seite 190 über den »Idealtypus« lesen, entspricht ganz genau dem, was Menger über die »exacte Theorie« und die »exacten Gesetze« sagt.[14] Auch die Bezeichnung »Idealtypus« ist als Gegenbegriff zu Mengers »Realtypus« (siehe oben) plausibel.[15] Weber

---

[13] Im Kontext der Weber-Exegese hat Roth (1971) diese Terminologie aufgenommen, die in den heutigen Wirtschafts- wie den Naturwissenschaften üblich ist, und sie anstelle von »Idealtypus« verwendet.

[14] Weber hat in der ersten Fußnote des »Objektivitäts«-Aufsatzes (WL: 146) andere Abhängigkeiten genannt: Windelband, Simmel, Rickert. An sie sei »in allem Wesentlichen lediglich ... angeknüpft«. Weber betont dort auch, dass er für seine Überlegungen keine Originalität beanspruche, »sondern es sollen bekannte Ergebnisse der modernen Logik für uns nutzbar gemacht, Probleme nicht gelöst, sondern dem Laien ihre Bedeutung veranschaulicht werden«.

[15] Allgemein wird angenommen, das Wort habe Weber aus dem »idealen Typus« seines Kollegen Georg Jellinek (1900) übernommen. Wenn das so wäre, hätten wir hier ein fatales Erbe: Jellinek bezeichnet damit ein »Sein-Sollendes«, also einen normativen Begriff. Schon Pfister (1928: 139) fällt auf, dass Jellineks und Webers Begriff inhaltlich in nichts überein-

wendet diesen Begriff in zwei Beispielen auf die historische Forschung an: im »*Ideal*bild der Vorgänge auf dem Gütermarkt bei tauschwirtschaftlicher Gesellschaftsorganisation, freier Konkurrenz und streng rationalem Handeln« und in der »›Idee‹ des ›Handwerks‹« (WL: 190f). Dazwischen taucht noch der Begriff der »mittelalterlichen Stadtwirtschaft« auf und wird ebenfalls zu einem »Idealtypus« erklärt.[16] Der Idealtypus wird gewonnen »durch einseitige *Steigerung eines* oder *einiger* Gesichtspunkte ... zu einem in sich einheitlichen Gedankengebilde. In seiner begrifflichen Reinheit ist dieses Gedankenbild nirgends in der Wirklichkeit empirisch vorfindbar, es ist eine *Utopie*, und für die *historische* Arbeit erwächst die Aufgabe, in jedem *einzelnen Falle* festzustellen, wie nahe oder wie fern die Wirklichkeit jenem Idealbilde steht ...« (191). Die idealtypische Konstruktion wird als unvermeidlich und notwendig erklärt, um die empirische Wirklichkeit begrifflich scharf auch nur beschreiben zu können. Auch »das einfachste Aktenexzerpt oder Urkundenregest [kann] nur durch Bezugnahme auf ›Bedeutungen‹, und damit auf Wertideen als letzte Instanz, irgend welchen wissenschaftlichen Sinn haben ...« (193). In diesen »einfachen« Fällen ist also »Idealtyp« identisch mit »Typisierung« überhaupt und eine notwendige Operation jeder Erkenntnis. In den komplexeren Fällen kommt vielleicht hinzu, dass man das Modell als eigenständiges Gedankengebilde in seinen Implikationen und internen Beziehungen auskonstruieren und weiterentwickeln kann, bevor man sich damit wieder an eine empirische Wirklichkeit heranmacht. Aber das ändert nichts an der Logik: Modelle sind der Hintergrund jeder Begriffsbildung. Was als »Idealtypus« beschrieben wird, ist keine besondere Methode Webers, sondern Voraussetzung jeder Erkenntnis.

---

stimmen, dass Weber »nur den Namen ... und nicht die Funktion« übernommen habe. Er schließt daraus freilich nicht, dass diese (ohnehin ziemlich irrelevante) Spekulation über die Herkunft des Wortes falsch sein könnte, sondern er macht aus der Umdefinition, die er entsprechend annehmen muss, eine »durchaus originäre und eigenständige That« Webers. – Viel wahrscheinlicher ist, dass Weber das Wort als Gegensatz zu Mengers »Realtypus« eingefallen ist. – Dass ihm an dem Wort nichts liegt, hat Weber unmissverständlich in »Der Sinn der ›Wertfreiheit‹ ...« von 1917 mitgeteilt: Dort spricht er (WL: 535) vom »Idealtypus« als »einer mir für jeden anderen Ausdruck feilen Terminologie«.

16 Weber sagt nichts zur Wahl gerade dieser Beispiele, aber das »Modell« von *Tausch und Markt* geht durch die gesamte Klassik der Ökonomie und wird von Menger als Modell im Gegensatz zu erfahrbarer Wirklichkeit dargestellt, das *Handwerk* verwendet Sombart (1902) und die *mittelalterliche Stadtwirtschaft* spielt bei Georg von Below eine große Rolle. Dieser stillschweigende Bezug auf seine Arbeit erklärt vielleicht mit die positive Besprechung des Aufsatzes durch Below – und auch die darin ausgedrückte Irritation darüber, dass Weber seine Literatur-Bezüge (besonders den auf ihn, Below) nicht ausweise. Vgl. S. 221 Fn 4 im Abschnitt »Die ›Troeltsch-Weber-These‹ und ihre Kritiker«.

Eine besondere Anwendung sieht Weber in dem, was er »*genetische* Begriffe« (WL: 194f) nennt. Hier werden die »wesentlichen« Merkmale eines Begriffs dadurch bestimmt, dass sie in »adäquater ursächlicher Beziehung« zu den Kulturbedeutungen des Begriffs heute stehen. Als Beispiel nennt Weber den »Sektengeist« – ein Begriff, der in seinem gesamten Werk nur dieses eine Mal vorkommt, der aber, so ist das wohl zu verstehen, die Kulturbedeutungen von »Sekte« damals und heute oder aber das, was Sekte einmal bedeutet hat, mit einer vielleicht gar nicht mehr so bezeichneten Kulturerscheinung heute verbinden soll. Daraus folgt im nächsten Schritt: »Die Begriffe werden aber alsdann zugleich *ideal*typisch, d. h. in voller begrifflicher *Reinheit* sind sie nicht oder nur vereinzelt vertreten.«[17] (194f) Dabei braucht man solche Begriffe gar nicht unbedingt für die Forschung, es genügt oft »unbestimmt Empfundenes«, aber für die Darstellung sind sie »ganz unvermeidlich« (195). Man darf die Begriffe nur nicht naturalisieren, sie nicht als die »eigentliche Wirklichkeit« oder als »reale Kräfte« hypostasieren. Sie seien nur Hilfsmittel des Verstehens.

Hinzu kommt, dass die handelnden Menschen selbst auch mit Begriffen hantieren und damit ihre Situation begreifen und bewerten. Die Begriffe sind nun ihrerseits idealtypisch zu konstruieren, was aber nicht zu einer Bewertung durch den Forscher führen darf, obwohl er seinerseits von den »Kulturwerten« abhängig ist. Dazu kommen Gattungsbegriffe, die ihrerseits wieder idealtypisch verstanden werden können. Auch Entwicklungen lassen sich idealtypisch konstruieren und die handelnden Menschen tun das auch und bewerten sie zudem, was aber den Forscher nicht dazu verleiten darf, nun seinerseits zu werten, obwohl er die Kulturwerte … Etwa ein Drittel der Seite 205 wird ausgefüllt von einer Aufzählung der verschiedenen Permutationen von Idealtypus, Gattungsbegriff, Entwicklung, Begriff der handelnden Menschen von der Entwicklung, Ideal und theoretische Konstruktion. Die Folgerung daraus? »… – diese Musterkarte allein zeigt schon die unendliche Verschlungenheit der begrifflich-methodischen Probleme, welche auf dem Gebiet der Kulturwissenschaften fortwährend lebendig bleiben.« (WL:

---

17 Schelting (1934) findet neben diesem »real-kausalen« einen »relativ-historischen« (333ff) und später (354ff) noch einen »noetisch-ideellen Idealtypus« und beklagt (362), dass Weber sie nicht hinreichend unterschieden habe. Um »Verstehen« geht es in allen Bedeutungen, aber wie bei Weber selbst wird die Logik dieser Operation (in zehn Schritten, 262) so komplex, dass man sie kaum mehr versteht. Eine andere Aufgliederung trifft Bienfait (1930): von »generellen« (45) über (als unbrauchbar abgelehnte) »individuelle« Idealtypen zu »Phänotypen« zu »Genotypen« und schließlich »Epochalgenotypen« (84ff). Menger kommt bei ihm nicht vor.

205) Dabei, so setzt Weber nach, haben wir die praktischen Fragen und etliche zentrale Beziehungen der Begriffe noch gar nicht behandelt.

Weber hat das logische Problem so komplex gemacht, dass es daran nichts mehr zu lösen gibt. In dem grundsätzlich von Kant her überlieferten Modell eines unstrukturierten und unerkennbaren Ding an sich, an dem der Erkenntnisapparat mit seinen Kategorien seine Arbeit der Umwandlung in wahrnehmbare und begrifflich geordnete Erscheinungen vollzieht, werden die Verhältnisse unüberschaubar, indem auch noch die »Kulturwerte« hinzugefügt werden. Sie changieren zwischen Ideen und Idealen, bei den handelnden Menschen und bei den Wissenschaftlern, die das aber genau auseinanderhalten sollten. Das Ergebnis ist die Einsicht, dass alles sehr kompliziert ist – und dass Idealtypen notwendig, aber empirisch nicht zu überprüfen sind.

In der Metapher ist das Ergebnis, dass dem »Strom des unermesslichen Geschehens« ein ebenso unermesslicher Strom von kulturwissenschaftlichen Begriffsbildungen entspricht.

»[E]s gibt Wissenschaften, denen ewige Jugendlichkeit beschieden ist, und das sind alle historischen Disziplinen, alle die, denen der ewig fortschreitende Strom der Kultur stets neue Problemstellungen zuführt. Bei ihnen liegt die Vergänglichkeit *aller*, aber zugleich die Unvermeidlichkeit immer *neuer* idealtypischer Konstruktionen im Wesen der Aufgabe.« (WL: 206)

Das Bild hat an dieser Stelle, unterstützt durch das Ansprechen von »Jugendlichkeit«, erfreuliche Aspekte: Es gibt dauernd und immer wieder neu etwas zu tun. Später klingt es eher düster:

»[D]as Leben in seiner irrationalen Wirklichkeit und sein Gehalt an möglichen Bedeutungen sind unausschöpfbar, die konkrete Gestaltung der Wertbeziehung bleibt daher fließend, dem Wandel unterworfen in die dunkle Zukunft der menschlichen Kultur hinein. Das Licht, welches jene höchsten Wertideen spenden, fällt jeweilig auf einen stets wechselnden endlichen Teil des ungeheuren chaotischen Stromes von Geschehnissen, der sich durch die Zeit dahinwälzt." (WL: 213f)

Das (wahrscheinlich idealtypische) Bild verkompliziert sich inzwischen ein wenig, indem sich die Ströme verdoppelt haben: Dem chaotischen Strom des Geschehens läuft der »ewig fortschreitende Strom der Kultur« parallel? quer? entgegen? und lässt die sich ändernden Wertideen ein Licht auf einen dadurch sichtbar werdenden Abschnitt des ersten Stroms werfen. Das ist schon sehr gewaltig, aber mehr »unklar empfunden« als »idealtypisch scharf« – zumal zuletzt die »großen Kulturprobleme« mit ihrem Licht auch noch zu »Gestirnen« werden:

»Das Licht der großen Kulturprobleme ist weiter gezogen. Dann rüstet sich auch die Wissenschaft, ihren Standort und ihren Begriffsapparat zu wechseln und aus der Höhe des Gedankens auf den Strom des Geschehens zu blicken. Sie zieht jenen Gestirnen nach, welche allein ihrer Arbeit Sinn und Richtung zu weisen vermögen ...« (WL: 214)

Weber schließt mit vier Zeilen aus Fausts Osterspaziergang, die etwas überraschend mit »der neue Trieb erwacht« einsetzen, aber, zum Bild passend, mit »unter mir die Wellen« enden. Es handelt sich um einen Flugtraum, in dem die Sonne nicht untergeht, weil man ihr nachfliegen kann: »Vor mir den Tag und hinter mir die Nacht«. Eine ergreifende Phantasie von einem neuen Aufbruch.

Idealtypen, Kulturwerte – und Herrschaft

Der »Objektivitäts«-Aufsatz ist einerseits ein *call for papers* für eine Zeitschrift, die aus einer mit »Tendenz« in eine pluralistisch weit offene umgebaut werden soll. Diesem Umbau wird ein Modell unterlegt, nach dem die orientierenden »Kulturbedeutungen« sich ändern, wodurch die (Kultur-)Wissenschaft die Bereiche der – unendlichen und unendlich strömenden – Wirklichkeit anders beleuchtet und damit auswählt.

Als zweiter Motivstrang zieht sich durch den Aufsatz ein Bild von den »Kulturbedeutungen« als Orientierung für die Begriffsbildung: Sie erlauben die Konstruktion von »Idealbegriffen«, die wir »Idealtypen« nennen und die dazu dienen, die Wirklichkeit, die von ihnen abweicht, im Kontrast aufzuschlüsseln. Aus der Wirklichkeit in ihrer Individualität nämlich lassen sich nur Abstraktionen gewinnen, die Carl Menger »Realtypen« genannt hat, nicht aber Gesetze. Weber will beides: Beschreibung der Wirklichkeit in ihrer Einmaligkeit *und* Gesetze, die auf verschiedene solche »Individuen« angewandt werden können und er will – auch hier gut pluralistisch – keine der beiden Aufgaben bevorzugen. Beide, »theoretische« Nationalökonomie und historische Forschung, sind gleich notwendig.

Die Frage, wie die Gesetze zu gewinnen seien, verknüpft das logische Problem noch einmal mit den »Kulturbedeutungen«: Sie müssen ja doch aus der individuellen Wirklichkeit, also aus »Realtypen«, durch Zuspitzung und Verallgemeinerung abgeleitet werden, und dafür muss man aus den möglichen Merkmalen auswählen – nach den Vorgaben der Kultur. Die Kulturwerte bleiben in ihrer logischen Funktion doppel- bis mehrdeutig: Sie bestimmen einerseits die semantischen Bedeutungen, andererseits die Bedeutsamkeit im Sinn von Relevanz. Und sie sind schließlich auch noch Bewertungen nach gut, schön und wahr. Die Wissenschaft kann sie nicht entbehren, darf aber (pluralistisch) keiner bestimmten Bewertung anhängen. Doppeldeutig bleibt auch der logische Status des »Idealtypus«: Entweder ist er eine logische Notwendigkeit jeder Begriffsbildung oder ein Modell, das sich durch Ausbau seiner Eigenlogik von der Realität weg entwickelt und dann als Folie genommen werden kann, um die Wirklichkeit begrifflich zu fassen.

Die Kulturwerte schließlich sind einfach da und wälzen sich ihrerseits durch die Nacht, in der sie sich langsam – oder auch einmal plötzlich? – verändern. Die Wissenschaft ist von ihnen abhängig, der »wissenschaftliche Genius« aber gestaltet sie seinerseits durch die Arbeit an »historischen Individuen« und Gesetzen.

Es spricht einiges dafür, dass der Begriff »Idealtypus« für Weber weniger wichtig war, als manche seiner Interpreten anzunehmen scheinen. Er kommt in der ganzen »Protestantischen Ethik« gerade viermal vor (RS I: 51 Fn, 55 + Fn, 87, 113 Fn) und hat an keiner dieser Stellen strategische Bedeutung. Nur einmal (55 Fn) wird auf den »Objektivitäts«-Aufsatz verwiesen. Der Begriff kommt in den anderen Aufsätzen zur Wissenschaftslehre nur noch gelegentlich vor und schon 1906 kann Weber eine Abhandlung über »Objektive Möglichkeit und adäquate Verursachung in der historischen Kausalbetrachtung« (WL: 266–290) veröffentlichen, also genau zu dem Thema, zu dessen Bewältigung der »Idealtypus« erfunden wurde, ohne ihn darin überhaupt zu bemühen.

Es bleibt als Fazit ein großartiges, aber nicht ganz bruchloses Bild von unendlichen Strömen und wechselnden Beleuchtungen, in dem zuletzt der Geist über den Wassern schwebt. In ihm, das seine Metaphorik grundsätzlich von Kant bezieht, erweist sich Weber als Konstruktivist mit heroisch-tragischen Anflügen. In der von Popper (1948) eingeführten Unterscheidung folgt er einem »Scheinwerfer«- im Gegensatz zu einem »Kübel«-Modell der Erkenntnis: Der Wissenschaftler sammelt die Wirklichkeit nicht auf, sondern er wählt sie aus, indem er seine Perspektive auf sie anwendet. Diese Wirklichkeit aber hat selbst keine Struktur, sie ist ein »chaotischer Strom«.

Was auffällig fehlt, ist die Herrschaftsdimension von Kultur. Die Wirklichkeit, die wir vorfinden, mag als Ding an sich strukturlos sein, als empirische Wirklichkeit ist sie herrschaftlich vorstrukturiert. Die »Kulturwerte« sind nicht Bewertungen, die jeder treffen kann, wie er mag, und über die sich reden lässt, sie sind vielmehr harte, mit Normen und Sanktionen bewehrte Vorgaben, über die sich nicht einmal der Wissenschaftler mit seinen besonderen Freiheiten einfach hinwegsetzen kann, geschweige denn der gemeine Mensch. Die harte Arbeit der wissenschaftlichen Reflexivität besteht darin, die Herrschaftsaspekte noch in den Begriffen und Denkmustern zu analysieren. Erkenntnis kann und muss gesucht werden, um sich von Herrschaft zu befreien.

Die Begriffe, in denen Weber in der »Protestantischen Ethik« »historische Kausalität« zu bestimmen versucht, sind ein zentrales Beispiel dafür, wie die historische Darstellung ohne eine solche reflexive Analyse ihrer eigenen Begrifflichkeit in Metaphern stecken bleibt. Sie werden im nächsten Abschnitt untersucht. Vorwegnehmend kann man sagen, dass die um 1900 verfügbaren Methoden und Denkmodelle nicht ausreichen, um lange historische »Kausalitäten« zu konzipieren. Damit soll nicht gesagt werden, dass wir das heute besser könnten. Aber wir sind vielleicht vorsichtiger geworden. Max Weber hat uns jedenfalls kein Modell hinterlassen, an dem wir uns in dieser Frage orientieren könnten.

Kausalität und Wahlverwandtschaft: Wie der Kapitalismus geboren wird, sich durchkämpft, sich beschafft was er braucht – und seine Wahlverwandtschaften pflegt

So unglaublich es uns heute vorkommen mag, es gab eine Zeit, da mussten zumindest die Mitglieder der Oberschicht sich selbst nicht als statistische Einheiten denken: nicht als umsichtige Manager ihrer eigenen Arbeitskraft, nicht als Träger eines Konsumvermögens und nicht als Vertreter einer Mehrheits- oder einer abweichenden Meinung, die allesamt nach wissenschaftlichen Verfahren von den Mächten (und den Mächtigen) der Wirtschaft und der Politik verwaltet werden. Sie dachten sich selbst als »Individuen«, jedes im Mittelpunkt seiner eigenen Welt und mit den anderen Individuen durch schwierige, aber gestaltbare Beziehungen verbunden.[1]

Diese hier nur angedeutete Bedeutung des »Individuums« schlägt bis in die Methodologie der Sozialwissenschaften durch. Rickert und nach ihm Weber bezeichneten damals den historischen Einzelfall eben nicht als »Fall«, sondern als »historisches Individuum«.[2] Und sie gingen davon aus, dass nur

---

1 In den Erfahrungen des 20. Jahrhunderts, beginnend mit dem Ersten Weltkrieg und kulminierend in der Shoah, ist dieses bürgerliche Individuum gründlich reduziert worden. Robert Musil schrieb schon 1927 (800f): »Der Strom der Zeit hat eine ihnen [den normativen Institutionen] günstige Richtung, die individuellen Reste, die er mit sich führt, schleifen sich ab. Die Liebe, dieses Urwaldgebiet der Eigenbrötelei, wird zur reinen Verlegenheit. Wer kann heute noch mit gutem Gewissen ›Du Einzige‹ sagen? Jedermann weiß, dass es richtig ›Du Typische‹ heißen muß.«

2 Es versteht sich, um das bei der Gelegenheit anzumerken, dass ein »historisches Individuum«, wie es Rickert (1902: 336ff) als zugleich »einzigartig und unteilbar« (343) und durch Bezug auf einen »Werth … ein Ganzes« (352, zusammenfassend 368) bestimmt, gewöhnlich kein einzelner Mensch ist, sondern ein konkreter Fall, ein Ereignis, ein umschriebener Ablauf, eine Interaktion, ein Phänomen, das, so ausgewählt, erklärt werden soll. Diese Einheit zu bestimmen und festzuhalten, ist freilich kein simpler Vorgang. Wagner und Zipprian (1985) haben gezeigt, wie er für Weber durch das Modell der kausalen Zurechnung zum Problem wurde, so dass er das Denken Rickerts überschreiten musste. Ausführlicher dazu Wagner (1987).

am historischen Einzelfall »Kausalität« der Zusammenhänge und Abläufe festzustellen ist. Nur das Einzelne, Einmalige ist »wirklich«, was darüber hinausgeht, ist abstrakt, gedankliche Konstruktion, »unwirklich«. Schon, dass man »typisieren« muss, um das Einzelne zu beschreiben, gaben sie ungern zu. Das Denken in Wahrscheinlichkeiten, das uns heute in der Wissenschaft selbstverständlich ist und das auch große Bereiche des Alltags beherrscht, war ihnen fremd.

Wir verwenden heute im Verständnis von Mensch und Gesellschaft eher das umgekehrte Modell: Das Handeln der einzelnen Personen hat den Charakter der Brownschen Molekül-Bewegungen, die einzeln zufällig und nicht vorherzusagen sind, aber im Aggregat als Temperatur gemessen werden können.[3] »Wirklich« sind uns heute die gesellschaftlichen Strukturen, (re)produziert in Herrschaftsverhältnissen, und darin und dazwischen bestehen keine »Kausalitäten«, sondern Korrelationen von mehr oder weniger hoher Wahrscheinlichkeit.

Damals, im Fin de siècle, war das Denken in Wahrscheinlichkeiten in der Wissenschaft ohnehin nicht stark entwickelt und dazu herrschte die von Heinrich Rickert (1898, 1902) nachhaltig begründete kategoriale Unterscheidung von Natur- und Kulturwissenschaften in Deutschland noch ungebrochener als heute. Zu den Kulturwissenschaften zählte selbstverständlich die Geschichtswissenschaft und noch nicht sehr umstritten die Nationalökonomie und der Historismus in derselben. Max Weber geriet nach 1902 in einer Auftragsarbeit in die Situation, den Historismus zu relativieren, indem er sich in mehreren langen Abhandlungen mit dessen Altmeistern Wilhelm Roscher und Karl Knies auseinandersetzte. Das sind sehr deutlich Selbstverständigungstexte und entsprechend schwer für Außenstehende zu lesen, zumal uns die Objekte der Auseinandersetzung nicht geläufig sind. Klar wird aber, dass Weber hier dem »älteren« Historismus eine Absage erteilt und dass er das mit einer Gegen-Konzeption tut, die andere »Gesetze« der Wirtschaft voraussetzt als die im Effekt geschichtsphilosophischen, die im Historismus erhofft wurden. Tatsächlich argumentiert er so, wie es auch Carl Menger gegen Schmoller getan hatte (vgl. auch Rossi 1987: 31ff).

Weber hat außerdem in der Zeit begonnen, sich mit Wahrscheinlichkeitsrechnung zu befassen, nicht mit der Mathematik, sondern mehr mit

---

[3] Popper (1966) hat dieses Modell der »Wolke« – im Gegensatz zu dem der exakt funktionierenden und vorhersagbaren »Uhr«, dem Weber und seine Zeit anhingen – und seine Geschichte in der Wissenschaft beschrieben. Die Vorstellung, die Welt sei eine perfekte Maschine, wurde von der Einsicht abgelöst, dass jede »Uhr« auch Aspekte einer »Wolke« hat.

den philosophischen Grundlagen. Sein Gewährsmann dafür war der Freiburger Physiologe Johannes von Kries, auf den Weber in seinem Aufsatz »Objektive Möglichkeit und adäquate Verursachung in der historischen Kausalbetrachtung« von 1906 nachdrücklich verweist.[4] Besonders in seiner Arbeit von 1888 setzt Kries es als seinen Ausgangspunkt, dass *»jedes Ereignis, welches thatsächlich eintritt, durch die Gesammtheit der zuvor bestehenden Verhältnisse mit Nothwendigkeit herbeigeführt ist«* (4). Hier haben wir perfekte Kausalität. Von Wahrscheinlichkeit und Möglichkeit müssen wir nur sprechen, weil wir die vielfältigen Kausalketten nicht überblicken oder gar nicht kennen. Genau in der Situation des Nichtwissens können wir aber das Ausmaß der Möglichkeit (oder die Wahrscheinlichkeit) angeben, mit der zwei bestimmte Ereignisse gemeinsam auftreten werden. Die »Kausalität« in einem allgemeinen, gesetzmäßigen Zusammenhang ist also abgestuft, während sie im Einzelfall immer hundertprozentig gilt. Aber auch im Einzelfall müssen wir zwischen den vielen möglichen Ursachen unterscheiden können, und das tun wir anhand von Wissen über Gesetzmäßigkeiten: Nur eine Ursache, die über den Einzelfall hinaus verallgemeinerbar gilt, akzeptieren wir als »adäquate«, also »angemessene« Ursache, was nur im Einzelfall auch noch zu einem bestimmten Ereignis beigetragen hat, nennen wir »zufällige« Ursache.

An den Beispielen, die Kries einführt, um seine Unterscheidungen und Folgerungen zu illustrieren, wird überdeutlich, dass es bei diesem Zugang um »Kausalität« in einem Sinn geht, der uns heute bei diesem Wort nicht mehr so präsent ist: Es geht um das Zuschreiben von Verantwortung im juristischen Sinn. Man will die »adäquate« Ursache kennen, um ihr den »Erfolg«, der eingetreten ist, zuschreiben, um sie dafür verantwortlich machen zu können. Das Modell ist nicht die Mechanik oder die Chemie, wo das Einwirken einer Kraft eine Bewegung oder das Zusammentreffen zweier Substanzen eine Reaktion »verursacht«, sondern das inquisitorische Verfahren, in dem festgestellt werden soll, wer wie einen bestimmten Schaden »verursacht«, also durch Handeln eine Veränderung in der materiellen und/oder sozialen Welt herbeigeführt hat. Weber, der ja von der Ausbildung Jurist war, wird dieses Verständnis von »Kausalität als Verantwortung« auch deshalb be-

---

4 An einer Stelle (WL: 288 Fn 1) schreibt er über seinen eigenen Text: »Der Umfang, in welchem hier wieder, wie schon in vielen vorstehenden Ausführungen v. Kries' Gedanken ›geplündert‹ werden, ist mir fast genant, zumal die Formulierung vielfach notgedrungen an Präzision hinter der von Kries gegebenen zurückbleiben muß. Allein für den Zweck dieser Studie ist beides unvermeidlich.«

sonders plausibel gewesen sein,[5] aber es war offenbar darüber hinaus verbreitet. Und es wird der Geschichtswissenschaft als für ihre Fragen angemessenes Modell angetragen. In der Nationalökonomie hingegen gibt es starke Tendenzen, sich davon zu lösen und das Modell der Naturwissenschaften zu übernehmen.

Nun ist es eine Sache, ein so starkes Modell von »Kausalität« prinzipiell zu unterstellen, eine andere, es im Einzelfall auch einzulösen – besonders wenn in der »Protestantischen Ethik« das »historische Individuum«, um das es geht, etwas so Komplexes und zugleich »Ätherisches« wie ein »Geist des Kapitalismus« und seine Vermittlung über viele Jahrhunderte ist. Eine »Kausalität« für einen so weiten Begriff und über solche Distanzen zu rekonstruieren, ist schon eine Aufgabe. Wenn dazu noch der »Geist des Kapitalismus« aus den Eigenarten von Protestantismus (auch ein ziemlich weiter Begriff), also aus einem Bereich von Gesellschaft, dem intuitiv eher Wirtschaftsfeindlichkeit unterstellt wird, als paradoxe Wirkung hergeleitet werden soll, wird die Aufgabe nicht einfacher. Weber verwendet daher in der konkreten Untersuchung sehr wohl die Terminologie von »Kausalität«. Die konkreten Mechanismen – oder genauer: Metaphern – des Zusammenhangs, die Weber jeweils beschreibt, muss man allerdings aus den Beispielen im Text zusammentragen.

Wenn man das tut, fällt zunächst auf, dass Weber (wie übrigens auch Sombart) gern abstrakte Begriffe zu handelnden Subjekten macht: Kapitalismus, Geist des Kapitalismus (oder kapitalistischer Geist), Rationalismus, aber auch zum Beispiel die Reformation kämpfen, siegen, stoßen auf Widerstand oder gebären etwas. Inhaltlich geordnet finden wir Metaphern des Kampfes, der Entwicklung und des technisch-funktionalen oder biologischen Hervorbringens und der Auslese. Eine kleine, zusätzlich auffällige Eigenheit ist, dass der »Geist des Kapitalismus« sich benimmt wie der Heilige Geist der Religion. Ich gebe die Belege komplett wieder,[6] damit Webers Metaphorik anschaulich erfahrbar wird.

---

5 Es ist kein Zufall, dass gerade der Jurist Radbruch (1902) Kries' Arbeit aufgenommen und detailliert auf ihre juristische Brauchbarkeit geprüft – und sie für diesen Zweck nicht ausreichend befunden – hat. Auf den oft übersehenen juristischen Hintergrund von Webers Denken hat Treiber (1997) vor allem für die methodologischen Schriften aufmerksam gemacht. Vgl. auch Quensel und Treiber (2002), Quensel (2007) und als einen anderen frühen Beitrag dazu Buss (1999).
6 Es wurden aus der »Protestantischen Ethik« sämtliche Passagen herausgeschrieben, in denen »Kapitalismus«, »Geist des Kapitalismus« oder »kapitalistischer Geist« vorkommt. Hier wiedergegeben sind die davon, in denen eine »kausale« oder auch nur zeitliche Bezie-

1. zu Kampf, Ringen und Sieg:
   »Der heutige, zur Herrschaft (!) ... gelangte Kapitalismus ...« (37)
   »Der kapitalistische Geist ... hat sich in schwerem Kampf (!) gegen eine Welt feindlicher Mächte (!) durchzusetzen gehabt.« (38)
   »Der Gegner (!), mit welchem der ›Geist‹ des Kapitalismus ... in erster Linie zu ringen (!) hatte ...« (43)
   »Ueberall, wo der moderne Kapitalismus sein Werk (!) ... begann, stieß er auf ... Widerstand (!) ...« (44f) (das »Werk« gehört in Kategorie 3)
   »Heute gelingt dem einmal im Sattel sitzenden (!) Kapitalismus die Rekrutierung (!) seiner Arbeiter ... verhältnismäßig leicht.« (46) (»Rekrutierung« ist militärisch, passt aber auch in Kategorie 3); ansonsten kann man sich bei diesem Bild fragen, wer oder was das Pferd ist)
   » ... Erscheinungen einer Zeit, in welcher der moderne Kapitalismus, zum Siege (!) gelangt, sich von den alten Stützen emanzipiert hat.« (56)
   »Der siegreiche (!) Kapitalismus jedenfalls bedarf, seit er auf mechanischer Grundlage ruht, dieser Stütze (!) nicht mehr.« (204) (»mechanische Grundlage« und »Stütze« gehören in Kategorie 3)
2. Entwicklung:
   »Aber die Jugend (!) solcher Ideen ist überhaupt dornenvoller ... und ihre Entwicklung (!) vollzieht sich nicht wie die einer Blume.« (38) (»Jugend« des Kapitalismus auch 48)
   » ... daß jedenfalls ohne Zweifel im Geburtslande Benjamin Franklins ... der ›kapitalistische Geist‹ ... vor der ›kapitalistischen Entwicklung‹ (!) da war ..., daß er z. B. in den Nachbarkolonien ... ungleich unentwickelter (!) geblieben war ...« (37)
   die »Gesinnung ..., aus welcher der spezifisch moderne kapitalistische ›Geist‹ als Massenerscheinung ... hervorbrach (!)« (42) (falls das »Hervorbrechen« als das von Blüten zu verstehen ist, es könnten aber auch die Wassermassen bei einem Dammbruch sein)
   Wie »der moderne Kapitalismus ... dereinst nur im Bunde (!) mit der werdenden modernen Staatsgewalt die alten Formen ... sprengte (!) ...« (falls das »Sprengen« als das Ausschlüpfen aus einer Larve zu verstehen

---

hung dieser Begriffe zu anderen historischen Größen angesprochen wird. – Es fällt als Nebenergebnis auf, dass Begriffe aus dem Umfeld von »Kapitalismus« in den Kapiteln 1 und 4 gar nicht vorkommen, in Kapitel 5 erst auf den letzten Seiten. Das belegt auch an diesem formalen Indikator, dass 1, 4 und 5 Untersuchungen mit einem anderen Thema sind: 1 ist der aktuelle »Aufhänger« und 4 wie der Hauptteil von 5 sind theologische Abhandlungen.

ist, sonst wäre es eher eine militärische Metapher; »im Bunde« verweist auf politische Aktivitäten des Kapitalismus)

»... weil die Geschichte des Rationalismus keineswegs eine auf den einzelnen Lebensgebieten parallel fortschreitende Entwicklung (!) zeigt.« (61)

»Die Rationalisierung ... blieb am rückständigsten (!) ...« (61 f)

Dies ist »keineswegs der Boden (!) ..., auf welchem jene Beziehung des Menschen auf seinen ›Beruf‹ als Aufgabe, wie sie der Kapitalismus braucht (!), vorzugsweise gediehen (!) ist.« (62) (»braucht« gehört als funktionalistische Beziehung in Kategorie 3)

»Wie der ›Berufs-Gedanke‹ ... weiter entwickelt (!) wurde, das hing von der näheren Ausprägung der Frömmigkeit ab, wie sie ... sich entfaltete (!).« (74)

3. technisch-funktionales Hervorbringen:

»Der heutige ... Kapitalismus also erzieht (!) und schafft sich im Wege der ökonomischen Auslese (!) die Wirtschaftssubjekte ... deren er bedarf (!).« (37)

»Der Kapitalismus kann den praktischen Vertreter des undisziplinierten ›liberum arbitrium‹ als Arbeiter nicht brauchen (!), so wenig er ... den skrupellosen Geschäftsmann brauchen (!) kann.« (42)

»Gewiß verlangt (!) der Kapitalismus zu seiner Entfaltung (!) das Vorhandensein von Bevölkerungsüberschüssen ...« (45) (»Entfaltung« gehört in Kategorie 2)

»... jene Auffassung der Arbeit als Selbstzweck, als ›Beruf‹, wie sie der Kapitalismus fordert (!) ...« (47)

»... daß der ›kapitalistische Geist‹ ... nur als Ausfluß (!) bestimmter Einflüsse der Reformation habe entstehen können oder wohl gar: daß der Kapitalismus ein Erzeugnis (!) der Reformation sei.« (83) (der »Ausfluß« kann auch eine biologische Metapher sein; Weber verneint hier, aber das ändert nichts daran, dass er die Metapher verwendet)

4. die Geburts-Metapher:

»... wie ... der Geist dieser asketischen Religiosität ... den ökonomischen Rationalismus geboren (!) hat ...« (165 Fn 3)

»die rationale Lebensführung auf Grundlage der Berufsidee ist ... geboren (!) aus dem Geist der christlichen Askese.« (202)

»es half den ›Geist‹ des modernen Kapitalismus ... entbinden (!).« (235)

5. wo der »Geist des Kapitalismus« so weht:
Franklin war von ihm »erfüllt« (49), er »beseelte« (52) die Unternehmer, die von ihm »erfüllte Naturen« (54) sind. Heute ist der »Geist« (in dem Fall der Askese) aus dem stahlharten Gehäuse, zu dem die »Sorge um die äußeren Güter« wurde, »entwichen« (204).

Um die »Kausalität« im Einzelfall zu rekonstruieren, werden nicht so sehr »Gesetze« oder Modelle (»Idealtypen«) mobilisiert, als vielmehr Metaphern. Am ehesten kontrollierbar sind dabei noch die *funktionalen* Zuordnungen, die sich leicht entpersonalisieren ließen: Statt zu postulieren, was »der Kapitalismus braucht«, lassen sich auch Bedingungen angeben, die erfüllt sein müssen, damit eine Produktionsweise wie Kapitalismus funktionieren kann. Die *Kampf*-Metaphern zu entpersonalisieren ist schon etwas schwieriger: Hier müsste man ein Stück an Theorie (oder auch nur an historischem Wissen) darüber zwischenschalten, wer gegen wen mit dem Effekt der Durchsetzung von welchen Elementen dieser Produktionsweise gekämpft hat. Später hat Weber in seiner Herrschafts-, aber auch in der Religionssoziologie genau diese Konkretisierungen eingeführt, die in der »Protestantischen Ethik« auffällig fehlen.[7] Um über die *Entwicklung* Genaueres angeben zu können, müsste man erst eine Abfolge von Stadien und Stufen einer solchen regelhaften Veränderung – mit Abhängigkeit jeder Stufe von den vorhergehenden und der Möglichkeit unterschiedlicher Verläufe – entwerfen und möglichst empirisch kennen. In der Verwendung von »Jugend« ist ein solches Modell auch angedeutet: das des menschlichen Lebenslaufs. Die *Geburts*-Metapher und das Wehen des *Geistes* sollte man wohl besser gar nicht versuchen, in Beobachtbares zu übersetzen.

Inhaltlich deuten sich in Kampf und Auslese, auch im paradoxen, also »zufälligen« Entstehen von Eigenschaften, die sich dann »bewähren«, schließlich in den biologischen Metaphern die Elemente eines darwinistischen Modells der Geschichte an. Dazu kommt ein Funktionalismus, mit dem Weber ja auch in der Rezeption, besonders bei Parsons, gut kompatibel war. Darwinistische Gedanken und Modelle waren damals allgemein verbreitet und

---

[7] Wie Hanke (2001) zeigt, ist die Herrschaftssoziologie erst im Zusammenhang mit *Wirtschaft und Gesellschaft*, also nach der »Protestantischen Ethik« entwickelt worden. Treiber (1984) hat nachdrücklich darauf hingewiesen, dass in den Arbeiten zur Wirtschaftsethik der Weltreligionen wie in der Rechtssoziologie, die 1911–13, also in großer zeitlicher Nähe zueinander, aber ebenfalls deutlich nach der »Protestantischen Ethik« geschrieben wurden, die »Trägerschichten« (neben politischen und wirtschaftlichen Rahmenbedingungen) als wichtiges Bestimmungsstück der Entwicklung behandelt werden.

gehörten sicher zum avancierten Gedankengut in der Wissenschaft. Weber verwendete sie hier implizit und ohne daraus eine Theorie zu machen.

Formal werden große Allgemeinbegriffe wie »Kapitalismus« oder »Geist« desselben zu handelnden Akteuren gemacht, das heißt: die »Kausalität« stellt sich als Handeln dar. Das entspricht der (juristischen) Bedeutung von »Kausalität« als »verantwortlich sein« (oder genauer: verantwortlich gemacht werden können). Die Redeweise ist nur für ein heutiges, naturwissenschaftliches Verständnis von Kausalität befremdlich.

Wie kompliziert es mit diesen historischen »Kausalitäten« aussieht, hat Weber am Schluss von Kapitel drei der »Protestantischen Ethik« deutlich ausgesprochen: Dort ist die Rede vom »Gewebe der Entwicklung unserer aus zahlreichen historischen Einzelmotiven erwachsenen modernen spezifisch ›diesseitig‹ gerichteten Kultur« und von einem »Einschlag«, den »religiöse Motive« zu diesem Gewebe »geliefert« haben mögen (82). Der »Einschlag« oder »Schuss« ist beim Weben der Querfaden. Er ist also das variable Element des Gewebes. Nach diesem Bild wären die religiösen Motive ein farbiger Faden irgendwo weit hinten in der langen Stoffbahn, die mit anderen Fäden immer weiter verlängert – und von der »Kette«, den Längsfäden getragen wird. Eigentlich sollten wir über sie mehr wissen, wenn wir »verstehen« wollen, was den Stoff zusammenhält. Lübbe (1993) verfolgt die Metapher des Gewebes zu John Stuart Mill zurück und zeigt, dass damit Multi-Kausalität dargestellt und der Übergang zu einem probabilistischen Kausalitätsbegriff angelegt wird.

Vielleicht muss man insgesamt resigniert feststellen, dass zwischen den hohen »Kausalitäts«-Ansprüchen, besonders in methodologischen Traktaten, und den Mühen der konkreten Rekonstruktion von Abhängigkeiten weite Ebenen liegen. Die hochgezogenen, strengen Anforderungen der Methodologie werden konkret in gängigen Metaphern auf den Boden der wenigen und höchst interpretierbaren Tatsachen zurückgeholt, über die man bei so großen Themen verfügt.[8]

---

[8] Eine »Kausalität« über drei Jahrhunderte hinweg zu bestimmen, traut sich nicht einmal die »What If?«-Geschichtsspekulation zu (etwa Ferguson 1997; Cowley 1999), von der man nicht so genau weiß, ob sie ein heuristisches Hilfsmittel der Geschichtswissenschaft oder doch mehr populäre Unterhaltung ist. In Fergusons Buch findet sich übrigens eine Phantasie, dass Charles I 1639 die schottischen Rebellen besiegt hätte und Cromwell ein unbedeutender kleiner Grundbesitzer in der Provinz geblieben wäre. Die Puritaner hätten es dann wohl auch nicht zu so viel an historischer Prominenz gebracht, dass ein deutscher Professor um 1900 sie für den »Geist des Kapitalismus« verantwortlich gemacht haben könnte.

Wenn es mit der »Kausalität« so schwierig aussieht, vielleicht hilft das andere Instrument, das Weber einsetzt: die »Wahlverwandtschaft«. Hier ist die Situation insofern günstig, als es dazu keinerlei methodologische Äußerungen und daher auch keine hochgeschraubten Erwartungen gibt. Der Begriff wird fast nebenbei und wie selbstverständlich eingeführt, als wäre er ganz geläufig und unproblematisch. Er taucht in der »Protestantischen Ethik« kurz nach dem Bild vom »Gewebe« der historischen Entwicklung auf:

»Dabei kann nun angesichts des ungeheuren Gewirrs gegenseitiger Beeinflussungen zwischen den materiellen Unterlagen, den sozialen und politischen Organisationsformen und dem geistigen Gehalte der reformatorischen Kulturepochen nur so verfahren werden, daß zunächst untersucht wird, ob und in welchen Punkten bestimmte ›Wahlverwandtschaften‹ (!) zwischen gewissen Formen des religiösen Glaubens und der Berufsethik erkennbar sind. Damit wird zugleich die Art und allgemeine Richtung, in welcher infolge solcher Wahlverwandtschaften (!) die religiöse Bewegung auf die Entwicklung der materiellen Kultur einwirkte, nach Möglichkeit verdeutlicht. Alsdann erst, wenn dies leidlich eindeutig feststeht, könnte der Versuch gemacht werden, abzuschätzen, in welchem Maße moderne Kulturinhalte in ihrer geschichtlichen Entstehung jenen religiösen Motiven und inwieweit anderen zuzurechnen sind.« (RS I: 83)

Das Forschungsprogramm wird darauf reduziert, zunächst einmal solche »Wahlverwandtschaften« herauszufinden. Allerdings taucht der Begriff später in der »Protestantischen Ethik« nicht mehr auf, hingegen an etlichen Stellen »innere Verwandtschaft« oder »Verwandtschaft« ohne nähere Qualifikation. Nach den Kontexten ist ein Unterschied der Bedeutungen zwischen diesen verschiedenen Worten nicht auszumachen.[9] Daher hat offenbar die »Wahl« in der »Wahlverwandtschaft« keine besondere Funktion: Es geht immer um Nähe, Zusammengehörigkeit, Analogie – oder einfach Ähnlichkeit. Die noch ausführlichste Bestimmung der »Wahlverwandtschaft« zweier Größen findet sich in *Wirtschaft und Gesellschaft* (MWG I/22–1: 81) durch: »ob und wie stark sie sich gegenseitig in ihrem Bestande begünstigen oder umgekehrt einander hemmen oder ausschließen: einander ›adäquat‹ oder ›inadäquat‹ sind.« Hier entfernt sich der Begriff aus dem Kontext der ähnlichen *Wort*bedeutungen, der sonst immer wieder vorkommt, und erhält stattdes-

---

[9] Insofern ist die Aufzählung der Fundstellen bei Howe (1978) unvollständig: Sie vernachlässigt, dass für Weber »Wahlverwandtschaft«, »innere Verwandtschaft« und »Verwandtschaft« (wenn metaphorisch gebraucht) offenbar äquivalente Ausdrücke sind. Es gibt einmal auch die »innere Wahlverwandtschaft« (PS: 366). Dazu kommen noch die adjektivischen Formen.

sen eine Funktion in der *Realität*. Durch die Verbindung mit »adäquat« wird er näher beschrieben als »angemessen«, »stimmig« oder »passend«.

Bei »Wahlverwandtschaft« fällt gewöhnlich Goethes Roman gleichen Titels ein, der seinerseits auf die Chemie des 18. Jahrhunderts anspielt: Wahlverwandt sind Elemente, die, wenn sie zusammenkommen, eine bestehende Verbindung auflösen, um die neue einzugehen. Goethe hat das als Versuchsanordnung zwischen einem verheirateten Paar (Otto, der den Namen Eduard angenommen hat, und Charlotte) und zwei weiteren, einem Freund des Mannes (Otto, üblicherweise »der Hauptmann« genannt) und Ottilie, der Nichte der Frau, arrangiert. Die chemische Reaktion der »Liebe als Passion« findet quer zur Ehe zwischen Eduard und Ottilie und Charlotte und dem Hauptmann statt, aber das Ehepaar zeugt in einer schwachen Stunde ein eheliches Kind: Die Moral siegt über die Chemie. Aber das Kind von Eduard und Charlotte sieht Ottilie und dem Hauptmann ähnlich: Die Wahlverwandtschaft siegt in der Vererbung über die Biologie. Zuletzt sterben fast alle.

Adler (1987) hat gezeigt, dass die geläufige Rückführung des Begriffs auf ein Buch des schwedischen Chemikers Torbern Olof Bergman wahrscheinlich ein Irrtum ist, dass aber die Lehre von den »Sympathien« und »Affinitäten« der Elemente ohnehin ein altes und gängiges Motiv der Chemie ist – und offenbar für Goethe eine interessante Erwägung in den ehelichen und familiären Beziehungen war. Jedenfalls kann man davon ausgehen, dass den Gebildeten Ende des 19. Jahrhunderts der Begriff geläufig war.[10]

Tatsächlich hilft diese Herkunft des Wortes wenig, wenn es dabei, wie oben gezeigt, auf die »Wahl« gar nicht ankommt. Eine »innere Verwandtschaft« festzustellen, ist dann eine intellektuelle Operation, in der die Beobachter Übereinstimmung und Zusammenpassen konstatieren. Das sagt noch nichts darüber aus, wie diese Passform real zustande gekommen sein mag. Sie könnte auch rein zufällig sein. Ob sie mehr als das ist und durch welche konkreten Schritte sie hergestellt wurde, ist eine eigene Untersuchung. Solche »Verwandtschaften« als »Muster« sehen zu können, ist ein Aspekt jeder Interpretation, sei es von Beobachtungsprotokollen oder von Tabellen, und damit eine der Fertigkeiten, die den »soziologischen Blick« ausmachen. Damit werden Hypothesen generiert, nicht mehr – aber auch nicht weniger:

---

10 Er wird auch von anderen Autoren in der Literatur gelegentlich und beiläufig verwendet. So habe ich ihn – als frühestes Fundstück – zufällig bei Ritschl (1880: 29) angetroffen. Beiläufig gebraucht wird er auch von Schelting (1934: 284): Er verwendet ihn austauschbar mit »Analogie«.

Über das gesellschaftlich Selbstverständliche hinausdenken zu können, ist schließlich der entscheidende Ausgangspunkt aller soziologischen Erkenntnis, und der (unpassende) Vergleich ist der Königsweg dazu.

Insofern sind Webers Vergleiche – die man auch als die Suche nach »(inneren) Verwandtschaften« oder eben »Wahlverwandtschaften« benennen kann – wichtige Erkenntnismittel, besonders der zwischen Askese im Kloster und in der Sekte[11] und natürlich der zwischen puritanischer und kapitalistischer Auffassung von Arbeit. Dabei zeigt sich in den Auseinandersetzungen und auch den empirischen Nachforschungen, dass man über diese Ähnlichkeiten trefflich streiten kann, ohne zu einem Ergebnis zu kommen. Jeder weiß noch ein Beispiel, das dafür oder dagegen spricht, oder findet noch eine andere Interpretation des bekannten Materials. Tatsächlich lohnt es nicht, sich damit aufzuhalten, weil man damit in keinem Fall etwas beweisen kann. Man muss vielmehr die so generierten Hypothesen möglichst systematisch und mit Gegenproben, also Kontrollgruppen, an der historischen Wirklichkeit überprüfen. Wenn jemand die Ähnlichkeit nicht sieht oder eine andere »Verwandtschaft« plausibler findet, kann man zwischen den beiden Sichtweisen nur dadurch entscheiden, dass man unterschiedliche Folgerungen daraus empirisch kontrolliert.

Zum Beispiel haben wir (in Treiber und Steinert 1980/2005) eine andere »Wahlverwandtschaft« interessant gefunden, nämlich die zwischen der Fabriksiedlung, dem Kloster und der Sekte als »geschlossene Anstalten«[12], die aus dieser Struktur die Disziplin der jeweiligen Lebensweise innerhalb ihrer Grenzen erzeugen. Die Mechanismen der herrschaftlichen Koordination und der Kontrolle (auch auf Gegenseitigkeit), nach denen das geschieht, las-

---

11 Treiber (1985: 812) hat die von Weber behaupteten Ähnlichkeiten und Unterschiede der beiden Formen von »Askese« tabellarisch zusammengestellt. Ob man das »Ähnlichkeiten« oder »Wahlverwandtschaft« nennt, ändert nichts am Erkenntnisgewinn, den es bringt. Der entscheidende Schritt war aber, beide Formen erst einmal als Varianten von »Askese« zu verstehen und damit überhaupt vergleichbar zu machen. Wie es dazu bei Troeltsch und Weber in Auseinandersetzung mit der damaligen theologischen Literatur kam, zeigt im Detail Treiber (1999).

12 »Geschlossen« wird eine Einrichtung in erster Linie sozial, indem die ihr Zugehörigen ihren gesamten Alltag darin verbringen. Das wird gewöhnlich physisch unterstützt, etwa durch eine Mauer, einen Zaun oder eine auch nur symbolische Grenze. Wenn die Angehörigen freiwillig in der Anstalt sind, dient die Abgrenzung mehr zum Schutz gegen Eindringlinge von außen, wenn sie gezwungenermaßen dort sind, ist es mehr eine Einsperrung – und oft beides. Die Sekten haben gewöhnlich zusammen (oft in Subgruppen gegliedert) gelebt, aber es ist das Extrem einer Sekte vorstellbar, deren Mitglieder sogar (zeitweise) nur spirituell, also in ihren Phantasien verbunden leben.

sen sich angeben. Ebenso kann man historisch untersuchen, wie das Disziplinarwissen zum Teil völlig explizit und gelegentlich sogar durch das dortige Personal vom Kloster in die Fabriksiedlung übertragen wurde. Wir haben also, von einer »Verwandtschaft«, die wir zu sehen glaubten, ausgehend, an Elementen der historischen Wirklichkeit zu zeigen versucht, wie sie tatsächlich hergestellt wurde.[13]

Ich würde auch argumentieren, dass diese Analogie der »geschlossenen Anstalt« günstiger gewählt ist als Webers »Askese«, die dann inner- oder außerweltlich gewendet wird – hauptsächlich deshalb, weil die Anstalt sich als soziale »Struktur«, »Institution« oder »Figuration« beschreiben lässt. Damit ist man nicht nur näher bei Beobachtbarem, sondern hat auch eine breitere Palette von Vergleichen, die sich ergeben. Aber das muss man nicht auf dieser Ebene abstrakt entscheiden, man kann es vielmehr ausprobieren. Auch in der Wissenschaft gilt: *The proof of the pudding is in the eating.*

Fassen wir zusammen:

Webers methodologische Arbeiten sind besonders deutlich »datiert«: Sie bearbeiten Probleme, die wir nicht mehr haben.[14] Weber arbeitete am Übergang von Historismus zu Strukturgeschichte – und die Begriffsbestimmungen in *Wirtschaft und Gesellschaft* lassen sich als Versuch lesen, wichtige Strukturelemente für die Weiterarbeit an einer historisch informierten Gesellschaftsanalyse zu identifizieren.[15] Aber in der »Protestantischen Ethik«

---

13 Wir haben dort (Treiber und Steinert 1980/2005: 112) eine zweite, riskantere »Wahlverwandtschaft« aufgestellt, nämlich die zwischen der unterschiedlichen Ökonomie der drei Kategorien von eher kontemplativen und selbstversorgenden (Benediktiner), Kolonisierungs- und Arbeitsorden (Zisterzienser) und der Bettelorden (Franziskaner) und der jeweils unterschiedlichen Produktionsweise zur Zeit ihrer Gründung. Die besonderen Bedingungen, unter denen einerseits die Ritterorden, andererseits die späteren Schul- und Missions-Orden entstanden, kommen noch hinzu. Diese »Verwandtschaft«, die auch nicht eine der »Ähnlichkeit« ist, sondern eine der wirtschaftlichen und sozialen Bedingungen, an die sich die Orden gerade in ihrer fundamentalistischen Dissidenz, in der sie sich zugleich dagegen wehrten, anpassen mussten, konnten wir nur als plausibel darstellen, nicht aber empirisch erforschen. Das wäre ein ziemlich aufwendiges, aber soziologisch ergiebiges Projekt.

14 Sie waren auch Weber selbst nicht besonders wichtig, wie schon Tenbruck (1959: 582f) oder Dux (1974) gezeigt haben. Zu ihren Hinweisen darauf, dass es sich um Auftragsarbeiten und Wiederholungen handelte, kann man hinzufügen, dass Weber später in seinem Plan für den *Grundriss der Sozialökonomik* ein Kapitel zur Methodologie wieder strich, weil das nicht wichtig genug sei (Schluchter 2009: 26).

15 Dazu schließt sich hier die hoch interessante Linie der Handlungstheorie an – besonders vorangetrieben in Webers Arbeiten zur Industriearbeit 1908/09 (MWG I/11). Hier stellte sich das Problem der »Kausalität« und des »Verstehens« noch einmal und war wie für die Geschichte auch für die Person mit den damals verfügbaren Mitteln nicht zu lösen. Zu-

wird noch zwischen Rickert und Menger laviert – mit dem Ergebnis, dass Begriffe von beiden übernommen werden: das »historische Individuum« von Rickert, der »Idealtypus« de facto von Menger. Interessant daran ist vor allem das Modell der Wirklichkeit, dem sie zugehören: ein juristisches Modell, in dem es beim Stichwort »Kausalität« darum geht, Verantwortung »adäquat« zuschreiben zu können und in dem statistische Zusammenhänge und Gesetzmäßigkeiten mit einer angebbaren, aber weit unter hundert Prozent liegenden Gültigkeit nicht verarbeitet werden können.[16] Statistisches Denken war damals einfach nicht hinreichend entwickelt.

Mit diesem Modell der Wirklichkeit ist der Zugang zu einer Strukturgeschichte versperrt, zu einer Geschichte der Kräfte, die durch die Personen hindurch und hinter ihrem Rücken wirken, und zu einer Geschichte der gesellschaftlichen Widersprüche. Das ist nicht (nur) gegen Marx gerichtet, sondern schon gegen Adam Smith. Weber bevorzugt stattdessen die »Paradoxie«, die »nicht beabsichtigten Nebenfolgen«, das prekäre Verhältnis von Absichten und Ergebnissen des Handelns.

Etwas verwirrend ist auch die Übernahme der »Wert«-Terminologie von Rickert, samt »Kulturwerten« und schließlich »Wertfreiheit«. Damit ist einerseits nicht mehr als »Relevanz« für die wissenschaftliche Arbeit, also für eine bestimmte Frage gemeint, andererseits spielt mit dieser Wortwahl immer die moralische oder politische Bewertung hinein und verwirrt die Frage. Stattdessen »ideal« wie in »Idealtypus« zu nehmen, macht es auch nicht besser. Die Verwirrung entsteht dadurch, dass Rickert und nach ihm Weber die

---

dem ist bei diesem Thema die Beziehung zu Fragen des Materialismus eng, weshalb es sich empfiehlt, in die Analyse von Webers Handlungstheorie den Materialismus-Theoretiker Friedrich Albert Lange (1828–1875) einzubeziehen, wie es Jacobsen (1999) mit Gewinn getan hat. Das ist Stoff für ein weiteres Buch und liegt in Webers Entwicklung zeitlich *nach* der »Protestantischen Ethik«.

Zur »Kausalität« sei nur angemerkt, dass wir es in der historischen wie in der menschlichen Entwicklung (ebenso wie innerhalb des Nervensystems und in der Vererbung) mit extrem langen Kausalketten und -netzen zu tun haben, so dass sich zwischen den Endpunkten nur (meist geringe) Korrelationen feststellen lassen. Statt von »Kausalität« lässt sich hier nur mehr von »fördernden« (*enabling*) oder begrenzenden Bedingungen (*constraints*) sprechen. Dazu wird sich eine Handlungstheorie heute endlich vom Konzept des »absoluten« (Robinson-)Individuums lösen und stattdessen die soziale Handlung wie von George Herbert Mead entworfen als zentrale Kategorie verwenden müssen (Kreissl und Steinert 2008, 2009).

16 Die wahrscheinlichkeitstheoretischen Entwürfe des Physiologen Johannes von Kries haben es ermöglicht, das juristische Modell von »Kausalität als Verantwortung«, das Weber aufgrund seiner fachlichen Herkunft ohnehin nahe lag, zu rationalisieren und zu verallgemeinern.

»Kulturbedeutungen« nicht als herrschaftlich bestimmt verstehen, nicht als aktuelle und zu Selbstverständlichkeiten abgesunkene Normen, sondern als zumindest für den »Genius« verfügbar und politisch neutral. Damit bleibt die Gegenüberstellung von »materiell« und »kulturell« erhalten, die Weber selbst programmatisch abgelehnt,[17] aber in seiner Praxis nicht überwunden hat.

Und es kommt noch das Missverständnis der »wertfreien« Wissenschaft dazu, das Weber – ein politischer Denker, wenn es je unter Soziologen einen gab – so nicht gemeint hat: »Wertfrei« im Sinn von »frei von Kulturwerten«, also ohne vorgegebene Relevanzen zu denken und zu forschen, ist nach seinem Verständnis schlicht nicht möglich. Und die »Wertfreiheit« im banalen Sinn von Abstinenz, sich durch Forschung oder vom Katheder in die tagespolitischen Auseinandersetzungen der Zeit einzumischen, war eine Formel, um politische Eingriffe in die Wissenschaft abzuwehren oder um seine Zeitschrift als pluralistisch auszuweisen oder um sich sonst nicht vereinnahmen zu lassen. Deshalb die späte Betonung, dass man in der Vorlesung nicht politisieren soll – wie er es selbst in seiner Freiburger Antrittsvorlesung exemplarisch getan hatte. Außerhalb des Hörsaals ließ er sich die politische Teilnahme ohnehin nicht nehmen.

Was wir uns fragen können, ist allerdings, ob wir Webers Probleme, die wir nicht mehr haben, nicht haben *sollten*. Die Bedeutung des individuellen Falls, die im Historismus so hoch war, ist uns abhanden gekommen. Aber das Denken in Verwaltungskategorien, das stattdessen in die Wissenschaft eingezogen ist, ist ein zweifelhafter Fortschritt. Jede Institution und Struktur hat *auch* Akteure mit Gesichtern, Namen und Telefonnummern, die mitmachen oder sich dagegen stemmen. Die Idee des bürgerlichen Individuums war von Anfang an geprägt von »Eigen«tum und »Eigen«schaften und der Aneignung von gesellschaftlichen Leistungen als persönliche Qualifikationen, um sich auf einem Markt (für Arbeitskraft oder Einfluss oder Absicherung) zu verkaufen. Heute haben die verschiedenen Verwaltungen diese Eigenschaften als Kriterien übernommen und zwingen uns, sie zu erwerben und dann nachzuweisen. Der Vorgang kommt so herrschaftlich daher, dass es über den Charakter als »repressive« Individualität, erzwungen in der Konkurrenz und für sie, keine Täuschung mehr geben kann. An einem Klassiker

---

17 Vgl. den Schluss von Kapitel drei und fünf, wo »materialistisch« und »spiritualistisch« (RS I: 205) als unbrauchbare Polarität behandelt wird. Das dort angedeutete Programm zu ihrer Überwindung hält sie aber zunächst einmal fest. Eine Alternative, wie sie »Herrschaft« bieten könnte, wird nicht erwähnt.

wie Weber zu erkennen, dass es bis in die Wissenschaftslehre hinein einmal diese Priorität des Individuellen gab, könnte uns ermutigen, die Mehrheit und den Durchschnitt nicht zum einzigen Gegenstand oder gar Maßstab des Nachdenkens über Wirtschaft, Staat und Gesellschaft zu machen. Die Abweichungen sind vielleicht interessanter.

Der Text als Springprozession:
Wie man durch starke Behauptungen und vorsichtige Rücknahmen zugleich populär wirksam und wissenschaftlich seriös ist

Ein Gutteil der Unwiderlegbarkeit der »Weber-These« liegt daran, dass Kritiken nicht zur Kenntnis genommen werden. Es findet sich immer ein Weber-Apologet, der behauptet, der Kritiker habe Weber missverstanden und etwas widerlegt, das Weber gar nicht behauptet habe. Dann wird ein Zitat aus Webers Schriften und eine Interpretation geliefert, in deren Licht der untersuchte Zusammenhang sich als nicht relevant erklären ließe.[1] Es erscheinen – nach hundert (!) Jahren Forschung zur »Protestantischen Ethik« – immer noch Aufsätze mit dem Anspruch, nun endlich klarzustellen, was die Weber-These »wirklich« sei. Auch über einzelne seiner Begriffe wird noch immer diskutiert. Nun besteht, zugegeben, ein Teil der Weber-Literatur darin, dass jede Generation »ihren« Weber entdecken und bestimmen muss. Aber die Vermutung ist auch nicht ganz abwegig, dass Unwiderlegbarkeit wie andauernde Unklarheit etwas mit dem Text und seinen Immunisierun-

---

1 Dieses Muster der Blockade wiederholt sich übrigens in der Diskussion um die an Weber anschließende These von Merton (1938), das moderne Verständnis von Wissenschaft sei im Puritanismus entstanden. In der Dokumentation von Cohen (1990) findet man zahlreiche Beispiele dafür. Eine Erklärung könnte sein, dass es ein Problem zwischen Soziologie und Geschichtswissenschaft gibt: Historiker forschen im Detail und hüten sich vor großen Verallgemeinerungen. Soziologen gehen für sie mit »zu großen« Begriffen an die Geschichte heran und sehen dabei großzügig über die Details hinweg. Damit konfrontiert reagiert der historisch arbeitende Soziologe durch Relativierungen und Rücknahmen, gibt aber deshalb die große These nicht gleich auf. Das kann auch sehr sinnvoll sein: Nicht jede kleine Widerlegung einer Einzelheit ruiniert eine sonst bewährte Theorie. Da kann es klüger sein, Zusatzannahmen und Ausnahmeklauseln einzubauen. Aber das sollte nicht zu oft passieren, sonst entsteht ein Zustand wie der des Ptolemäischen, geozentrischen Bilds der Sternenbahnen kurz vor Kepler und Galilei: Die vielen Epizyklen, die notwendig wurden, machten das Modell immer unübersichtlicher. Auf die Bilanz kommt es an.

gen und Ungeklärtheiten, mit dem Vorpreschen und Zurücknehmen,[2] also mit Widersprüchen in Webers Abhandlung selbst zu tun haben könnte. Ebenso fällt in einzelnen, durchaus zentralen Begriffen eine Doppeldeutigkeit in der Verwendung auf, die ebenfalls dieses Spiel von Hase und Igel möglich macht. Die Grundlage der vielen »Missverständnisse«, so soll im folgenden gezeigt werden, liegt im Text selbst.

Vom 20. ins 17. Jahrhundert und zurück

Am eklatantesten ist das Missverständnis, die »Weber-These« besage, Protestanten seien disziplinierter und fleißiger als Katholiken und hätten deshalb im Kapitalismus mehr wirtschaftlichen Erfolg. Daraus ergibt sich eine ganze Sub-Spezialität der empirischen Sozialforschung, in der mit verschiedenen Indikatoren und verschiedenen Untersuchungseinheiten Religionszugehörigkeit und Wohlstand korreliert werden. Aber Weber hat in der Tat (im dritten Kapitel) klar und deutlich geschrieben, dass seine These nur den Beginn von Kapitalismus betreffe, dass dieser im oder spätestens nach dem 18. Jahrhundert selbsttragend geworden sei und keine religiöse Unterstützung mehr nötig habe. Mehr noch: Am Ende des fünften Kapitels lesen wir, dass die disziplinierte Lebensweise aus einer Errungenschaft zu einer Bedrückung geworden sei.

Aber das Missverständnis liegt nicht nur an einer oberflächlichen Lektüre, in der diese Rücknahmen überlesen würden, sondern an dem ersten Kapitel, in dem Weber genau so eine Untersuchung zur aktuellen Korrelation zwischen Protestantismus und Kapitalismus zum Auftakt seiner Exposition des Themas macht. Dass sie für sein Gesamtprojekt nichts aussagt, wird erst ein Kapitel später (RS I: 37) zum ersten Mal angedeutet, ein weiteres Kapitel später (83) nochmals und dezidiert gesagt. Im ersten Kapitel (bis Seite 23) kann bis muss man den Eindruck bekommen, es gehe um die bessere »Eignung« von Protestanten für unternehmerische Tätigkeit, historisch überkommen und jeweils in der Familie anerzogen.

Man kann nur darüber spekulieren, warum ein Autor einen Einstieg in sein Thema wählt, der so viel Verwirrung anrichten kann. Der Effekt ist

---

2 Die Echternacher Springprozession, so kann man nachlesen, bewegte sich ursprünglich in einem Rhythmus von drei Schritten vorwärts und zwei zurück. Als sie größer wurde, erwies sich das als schwer zu organisieren und wurde auf Zwischenschritte zur Seite vereinfacht.

noch heute und muss es damals im Wilhelminischen Deutschland noch viel stärker gewesen sein, dass damit ein bestehendes Vorurteil angesprochen und so Interesse geweckt wird: Man kann eine historische Begründung für einen Sachverhalt erwarten, der allen bekannt und den einen erfreulich, den anderen ärgerlich, jedenfalls also emotional besetzt ist. Und bis heute ist das hier gestiftete Missverständnis ein Ausgangspunkt dafür, warum die »Weber-These« zumindest in den USA interessant ist. Die angemessen zurückgenommene These, dass eine Möglichkeit konstruiert werden soll, wie man sich vorstellen könnte, dass im 17. Jahrhundert in England Calvinismus begrenzten Einfluss auf eine beginnende kapitalistische Arbeitshaltung gewonnen haben mag – so die Rekonstruktion der wissenschaftlich vorsichtigen Version der »Weber-These« durch Breiner 2005 –, hätte allenfalls bei einem Dutzend Fachgelehrten Aufmerksamkeit gefunden.

Von einem Zusammenhang zu seiner Möglichkeit und zurück

Diese Rücknahme der These findet sich auch in Webers »Antikritiken«, besonders im »Antikritischen Schlusswort«. Hier ist Webers Theorie deutlich modifiziert, wie im folgenden Kapitel über die Diskussionen der Herren Professoren gezeigt wird. Das als »Klarstellung« zu verharmlosen, schließt sich nur Webers eigener Behauptung in der Fassung von 1920 (RS I: 18 Fn) an, er habe »*nicht einen einzigen Satz* [s]eines Aufsatzes, der irgendeine sachlich wesentliche Behauptung enthielt, gestrichen, umgedeutet, abgeschwächt oder sachlich *abweichende* Behauptungen hinzugefügt«. Es wäre ja auch nichts dabei, wenn Weber aus kritischen Einwänden gelernt hätte – was er tatsächlich auch tat, nur darf er es offenbar seinen Kontrahenten nicht zugeben. Wer zurückweicht, hat auf dem Paukboden verloren. Mit dieser Behauptung, er habe nichts dazugelernt, trägt er zu der Verwirrung bei, von der die Diskussion über die Jahrzehnte unentscheidbar getragen wurde.[3]

Tatsächlich *hat* Weber hinzugelernt: Gegenüber der Fassung von 1904/05 rücken im »Antikritischen Schlußwort« die Institutionen in den Vordergrund: die Sakramente oder ihr Fehlen einerseits, die geschlossene Gemeinschaft der Sekte und die unter gegenseitiger Überwachung gesicherte Regel-

---

3 Die meisten Weber-Interpreten sind offenbar von dieser apodiktischen Behauptung Webers so beeindruckt, dass sie sie ungeprüft übernehmen. Eines der seltenen Beispiele für dezidierten Widerspruch dagegen samt ausführlichem Nachweis der Rücknahmen Webers ist Nielsen (2003).

mäßigkeit des Lebenswandels andererseits. Dazu beginnt er, den »Geist« als Lebensweise in den Kontext der Stadt und ihres Bürgertums, der Technik und der Wissenschaft zu stellen, also die Randbedingungen von Kapitalismus aufzuzählen, wie er es später noch weiter ausholend in der *Wirtschaftsgeschichte* (Weber 1923) getan hat. Ganz fraglos gibt es eine Entwicklung zwischen den beiden Fassungen, die Hennis (1987, 1996) zutreffend als Verschiebung vom »Beruf« zur »Rationalität« beschrieben hat. Und das ist nicht einfach Ausweitung der Perspektive oder Verallgemeinerung, das ist eine Veränderung der Theorie und damit der Begriffe – und das ist ganz unabhängig von Webers trotzigem Bestehen darauf, dass er nichts zu revidieren gehabt hätte, feststellbar.

Vom Protestantismus zum Puritanismus und zurück

Ähnlich müsste die Artikelfolge eigentlich, wie Ghosh (2003) anmerkt, »Die *puritanische* Ethik und ...« heißen, auch »Die *calvinistische* Ethik und ...« würde den behandelten Sachverhalt eher treffen. Aber wen hätte das damals in Deutschland interessiert? Mit »Die *protestantische* Ethik ...« wird erst einmal Protestantismus insgesamt angesprochen, erst im Verlauf der Untersuchung, genauer gesagt im dritten Kapitel, wird herausgearbeitet, dass Luther sich für das, was gezeigt werden soll, nicht eignet. Der lutheranische Protestantismus ist gar nicht gemeint. Obwohl das schon im zweiten Teil des ersten Kapitels angekündigt wird, dort allerdings noch als Vermutung, bleibt im Titel allgemein »Protestantismus« stehen.

Weber stellt hier, ein wenig unvermutet nach der Abhandlung über die badischen Lutheraner und ihre Bildungsbeflissenheit, die Annahme vor, dass besonders die Calvinisten wirtschaftlich erfolgreich seien. Dass es sich dabei wissenschaftlich um nicht mehr als eine Vermutung handelt, drückt der Text allerdings durch das Gegenteil aus: in einer Rhetorik von völliger Gewissheit. Auf diesen Seiten RS I: 25 bis 29 werden alle Behauptungen zuerst (25) mit »bekanntlich«, dann (26) mit »auffallend« als selbstverständlich und allgemein bekannt erklärt. Andere Wendungen mit demselben Effekt sind etwa »Schon die Spanier wussten, ...« (26f), »wie aus Colberts Kämpfen bekannt ist« (28) oder »Noch eklatanter ist, woran ebenfalls nur erinnert zu werden braucht« (28), dazu die »zahlreichen wohlbekannten Tatsachen, die das illustrieren« (28) und schließlich ist das alles »bekannt genug«, daher brauchen »die Beispiele nicht weiter gehäuft werden« (29). Was an dieser frühen Stelle in der Abhandlung als so »allgemein bekannt« behauptet wird, ist der besondere wirtschaftliche Erfolg »der« Calvinisten zu verschiedenen Zeiten in Frankreich, Holland, England, Schottland und Amerika.

Schließlich ist es dann aber erst das dritte Kapitel, in dem, vor allem in der von Weber selbst so benannten »Fußnotengeschwulst« (RS I: 90 Fn), einerseits gezeigt werden soll, dass der moderne Berufsbegriff auf Luthers Bibelübersetzung zurückgehe, dass Luther zugleich aber traditionalistisch im Mittelalter feststeckte. Einerseits wird über Luther die Reformation zum entscheidenden Ausgangspunkt, andererseits für die weitere Entwicklung zugunsten der Calvinisten irrelevant gemacht.[4]

Von »Arbeit als Beruf« zu Reichtum und zurück

Durch die Darstellung des Zusammenhangs von Calvinismus und wirtschaftlichem Erfolg im zweiten Teil des ersten Kapitels als so selbstverständlich und jenseits aller Zweifel wird zudem eine Untersuchung über Religion und Reichtum suggeriert. Später werden aber mehrere Beispiele für Reichtum ohne »Geist des Kapitalismus« vorgestellt. Und es wird nirgends gezeigt, dass man durch diesen »Geist« notwendig oder auch nur wahrscheinlich reich wird. Tatsächlich geht es auch nicht um Reichtum, sondern um »Arbeit als Beruf«, eine besondere Ethik des Wirtschaftens, die besonders im Calvinismus hergestellt werde. Zugleich aber wird dann doch wieder als Argument verwendet, dass in calvinistischen Texten die Gefährlichkeit von Reichtum für die ewige Seligkeit geringer veranschlagt werde als in katholischen (Belege Seite 246f) – was erstens empirisch nicht stimmt, zweitens und wichtiger aber ohnehin für das, was Weber zeigen will, irrelevant ist. Dieses Schwanken im Text ermöglicht es aber, empirische Widerlegungen als belanglos zu erklären, weil sie ohnehin Webers »tiefer« liegende These nicht träfen.

Askese: von der Selbstquälerei zur Gottgefälligkeit und zurück

Schwankend ist auch die Verwendung des Begriffs »Askese« und besonders des ja nicht gerade unwichtigen »asketischen Protestantismus«. Weber hat

---

4 Dass es sich hier um eine Rückprojektion kulturprotestantischer Politik der Jahrhundertwende in das 16./17. Jahrhundert handelt, wurde bereits dargestellt.

einerseits einen sehr klaren Begriff, nach dem »Askese« die Ausrichtung der gesamten Lebensweise nach den Idealen der Religion bedeutet. Das hat nichts mit Fasten, Einsiedelei oder gar dem Tragen von Bußketten, gegenseitigen oder Selbstgeißelungen und sonstigen phantasievollen Kasteiungen zu tun. Die Anhänger von »asketischen« im Gegensatz zu den »mystischen« Religionsrichtungen finden vielmehr das Heil durch ein Leben nach den ethischen Maximen ihres Glaubens und nicht durch besondere, ekstatische Erfahrungen, die über sie kommen oder durch spezielle Übungen und/oder Drogen herbeigeführt werden können, auch nicht durch die Teilnahme an magischen Praktiken wie etwa Sakramenten. Man kommt zur ewigen Seligkeit, indem man im Alltag gottgefällig lebt. Punktum.

Aber ein wenig vom Begriffsfeld »Verzicht«, »Strenge« und »Kasteiung« bleibt doch erhalten, wenn die Puritaner als Richtungen des »asketischen« Protestantismus herausgehoben werden. »Die Arbeit ist zunächst das alterprobte asketische Mittel, als welches sie in der Kirche des Abendlandes ... von jeher geschätzt war. Sie ist namentlich das spezifische Präventiv gegen alle ... Anfechtungen« (RS I: 169), darunter »auch gegen alle sexuellen Anfechtungen« (171). Hier ist »Askese« etwas wie »Ablenkung« von den eigenen Lüsten und Wünschen, notfalls auch dadurch, dass man sich Schmerzen zufügt: Der Hl. Benedikt etwa hat sich in seiner Einsiedlerzeit vor den »sexuellen Anfechtungen« gerettet, indem er sich nackt in einen Dornbusch warf. Auch im »methodischen Charakter der Berufsaskese« (174) hat »Askese« nicht die Bedeutung von »gottgefällig leben«, sondern von »Selbstdisziplin«, von einer besonderen Leistung, die man sich abverlangt, von Verzicht und Arbeitsleid. Wenn sich die Askese gegen das »*unbefangene Genießen* des Daseins und dessen, was es an Freuden zu bieten hat« (183), wendet, so fallen hier die beiden Bedeutungen zusammen: Das gottgefällige Leben besteht darin, dass man sich jeden möglichen Verzicht antut.

Das gilt noch mehr für die aparte Begriffsschöpfung »innerweltliche Askese«. Hier ist unterstellt, dass »Askese« als gottgefälliges Leben nur »außerweltlich«, konkret im Kloster, möglich war. Aber auch vor-reformatorisch konnten alle Christen gottgefällig leben. Schließlich war es zu keiner Zeit das Ziel, sie alle in Klöstern zu versammeln. Vielmehr schwingt auch hier wieder die Bedeutung von »Verzicht« mit. Wenn man »innerweltliche Askese« vereindeutigt als »innerweltliche Gottgefälligkeit« übersetzt, verliert der Begriff viel von seinem Charme, der offenbar genau in der Doppeldeutigkeit liegt, dass auch die Bedeutung als »innerweltliche Verzichtleistung« mitschwingt.

Ein gottgefälliges Leben aber muss keineswegs in Verzichtleistungen bestehen. Tugendlehren waren traditionell Anweisungen zum guten Leben, Techniken, um Schmerz zu vermeiden und Zufriedenheit zu gewinnen oder – in einer Krieger-Kultur – heldenhaft zu tun, was getan werden muss, und dabei vielleicht auch ehrenhaft unterzugehen. Die heidnische »Göttergefälligkeit« bestand in einem Leben, das ein gut organisiertes Einzelschicksal und öffentliches Ansehen geglückt verband – nicht zuletzt Foucault hat das als »Sorge für sich« dargestellt und ist damit, für Weber relevanter, dem zu seiner Zeit allgegenwärtigen Nietzsche gefolgt. Die Anweisung für ein gottgefälliges Leben müsste nicht ein Katalog der Sünden sein, die man sich verkneifen muss, sie könnte auch in einer Lebens- und Liebeskunst bestehen, die das Gegenteil von Verzichtleistung ist.

In »Askese« schwingt als weiteres Bedeutungselement »Außergewöhnlichkeit« des Verzichts mit, letztlich etwas von dem, was Weber geglückt »religiöses Virtuosentum« genannt hat: als Säulenheiliger wochenlang auf einer kleinen Plattform hocken, vierzig Tage ohne Nahrung in der Wüste leben, so lange mit kunstvoll verschränkten Beinen in einer Höhle meditieren, bis man halluziniert oder ganz leer im Kopf wird, sich stunden- und tagelang im Kreis drehen, in einer spektakulären Aktion den Reichtum und seine Insignien von sich werfen und nackt in die Wildnis laufen, unaufhörlich beten, kein Wort mehr sprechen, grobe Kleidung tragen und wenig schlafen, sich geißeln und sich sonst Schmerzen zufügen. Leute, die derartiges tun, nennen wir auch »Asketen«. Sie verkörpern aber ziemlich das Gegenteil dessen, was auch vor der Reformation ein geordnet »gottgefälliges« Leben ausgemacht hat. Wie die Beispiele zeigen, gibt es darin einen Übergang zu den Techniken der Ekstase, die einem zu außergewöhnlichen religiösen Erfahrungen verhelfen sollen, und sie bewegen sich in einem Spektrum von Buße bis zu »Abtötung des Fleisches« und Gewinnen eines »Nirwana«. Erst in Kontrast zu derart virtuosen Übungen gewinnt die »innerweltliche Askese« als »alltäglicher, unspektakulärer« Verzicht ihr paradox Ansprechendes.

Es wäre freilich günstig, nicht für verschiedene Inhalte – gottgefälliges Leben und Verzicht, alltägliche Orientierung des Lebens an der Religion und Formen von religiösem Virtuosentum – ein Wort – »Askese« – zu verwenden.

Von der »rationalen Lebensführung« zum »okzidentalen Rationalismus« (und nicht mehr zurück)

Durch die Überarbeitung von 1920 für die zugleich unvollendet gelassenen Studien zu den Weltreligionen und den nicht ganz geklärten Stellenwert, den die »Protestantische Ethik« in diesen vergleichenden Studien hat, gerät auch der Begriff des »Rationalismus« ins Zwielicht. Auch über ihn wird ergebnislos diskutiert, er wird in Dimensionen ausgefaltet – Eisen (1978) etwa unterscheidet sechs, Schluchter (1998) verwendet drei Gegensatz-Paare – und er muss immer noch geklärt werden. Dabei gibt es eine bei Weber relativ einfache Hauptbedeutung, die mit »Rationalisierung« zusammenhängt und von »sprachliche Darstellung« bis »Rechenhaftigkeit« reicht: Die Dinge des Lebens werden nicht dumpf gefühlt, emotional oder gewohnheitsmäßig erledigt, sondern man kann sie sprachlich und begrifflich repräsentieren und so gedanklich (durch »Probehandeln«) planen und miteinander absprechen und damit effektiver, sparsamer oder konsent gestalten und verallgemeinern. Man kann Regelwerke für die Prozeduren aufstellen – und verhandeln –, nach denen bestimmte Probleme bearbeitet werden sollen. Aber dann gibt es die andere Schattierung, in der sich »Rationalismus« mit »Rationalität« verbindet und so einen Aspekt von »vernünftig« bekommt. Das geschieht besonders, wenn Fragen der technisch-instrumentellen Wirksamkeit und in der Wirtschaft des Erfolgs ins Spiel kommen. Und es geschieht durch die Verbindung von »Rationalismus« mit hochgeschätzten Kulturleistungen wie Wissenschaft, Recht, Kunst und Organisation (in Verwaltung und Betrieb) und dieser mit »okzidental«.

Wenn man nach einiger Beschäftigung mit der »Protestantischen Ethik« die »Vorbemerkung« zu den *Gesammelten Aufsätzen zur Religionssoziologie* wieder liest, ist es frappierend, wie sehr dieser Text von den Wortstämmen »Okzident« und »rational« und ihren Ableitungen dominiert ist. Nicht nur wegen der Häufung der Wortwiederholungen fällt das auf, sondern im Kontrast: In der »Protestantischen Ethik« gibt es zwar »Rationalismus«, aber nicht in Verbindung mit »okzidental«. Man kann auch feststellen, dass der Wortstamm »rational« in der »Vorbemerkung« proportional zur Länge der Texte etwa zehnmal so oft verwendet wird wie in der »Protestantischen Ethik« und dass er in der Überarbeitung für die Ausgabe von 1920 nur geringfügig häufiger auftritt als 1904/05. Und es gibt ihn zwar auch als »protestantischen« und »asketischen« Rationalismus, aber ebenso als »alttestamentarischen« (RS I: 122) und als die »rationalen Formen des katholischen

Ordenslebens« (123), als »praktischen« (62), »liberalen« (99 Fn) oder »humanistischen« (205) und vor allem als »ökonomischen« (23, 38ff Fn, 60, 101). Rationalismus wird dem Klosterleben ebenso zugeschrieben wie der calvinistischen Lebensführung. (Zum vor-reformatorischen christlichen Rationalismus vgl. Tyrell 2003.) Den »Okzident« hingegen gibt es praktisch nur in der »Vorbemerkung«. Fast immer, wenn in der »Protestantischen Ethik« das Wort »Okzident« oder »okzidental« auftaucht, stammt es aus der Überarbeitung von 1920. Es findet sich 1904/05 gerade einmal als »mönchische Lebensführung im Okzident« im Gegensatz zum »orientalischen Mönchtum« (116) und einmal als »westeuropäischer Rationalismus« im Gegensatz zur »patriarchalen Gebundenheit des deutschen (!) Ostens« (140 Fn 3). Erst nach dem Durchgang durch die anderen Weltreligionen ist der Okzident erstens relevant, zweitens monopolistisch »rational« geworden.[5]

Weber distanziert sich zwar ein wenig, aber er konstatiert doch gleich einleitend in der »Vorbemerkung«, dass »wenigstens wir uns gern vorstellen«, dieser Rationalismus der okzidentalen Kultur liege »in einer Entwicklungsrichtung von *universeller* Bedeutung und Gültigkeit« (RS I: 1). Man muss kaum vergröbern, um diese Aussage in ein Verständnis von »Unterentwicklung« der nicht-okzidentalen Welt zu übersetzen – wie das Verhältnis nach 1945 genannt wurde, für das im Kolonialismus zur Zeit Webers noch viel härtere Begriffe der Über-/Unterlegenheit geläufig waren. Weber hat dem Missverstehen seines Begriffs von Rationalismus zumindest nicht deutlich gegengearbeitet.

Die »Protestantische Ethik« ist in dem, was später Webers *soziologische* Schriften wurden, ein Frühwerk. Der Fragment gebliebene Versuch der Systematisierung seiner Begriffe in *Wirtschaft und Gesellschaft*, der ihm den Ruf eines Meisters der scharfen Definition einbrachte, lag in der Zukunft. Die Aufsatzfolge gehört in den Zusammenhang der nationalökonomischen Arbeiten und laboriert an den Fragen und Problemen, die dieses Fach zwischen Historismus und »Theorie« hatte, mit den Mitteln einer neu-kantianischen Wissenschaftstheorie (Henrich 1952). Die Methoden und die Methodologie aller beteiligten Disziplinen haben sich seither verändert. Eine Theorie des

---

5 Man kann in der deutschsprachigen Rezeption eine »Schluchter-Linie«, die Rationalismus in den Vordergrund schiebt und die Überarbeitung der »Protestantischen Ethik« von 1920 als Maßstab und Ausgangspunkt nimmt (am deutlichsten dargestellt in Schluchter 1988a), und eine »Hennis-Linie« unterscheiden, die »Beruf« und »Lebensführung« als die zentralen Begriffe versteht und strikt historisch von der Fassung 1904/05 ausgeht. Dass mir die zweite Auffassung plausibler ist, lässt sich nicht verbergen. Vgl. dazu auch den Abschnitt »Die Schicksale der ›Protestantischen Ethik‹«.

Verstehens lässt sich heute für die Sozialwissenschaften besser begründen als durch Rekurs auf den Neo-Kantianismus Rickerts und Windelbands und den Historismus in der Nationalökonomie – wie man es tut, wenn man sich auf Webers »Wissenschaftslehre« beruft.

Es ist in dem Jahrhundert seit ihrem Erscheinen aber keineswegs gelungen, die »Protestantische Ethik« in dieser Weise historisch eingeordnet abzulegen. Sie ist vielmehr auf wechselvolle Weise immer wieder so rezipiert worden, als sei sie ein aktueller Beitrag zum Selbstverständnis der jeweiligen Zeit und Gesellschaft – fast bis heute. Die lange Rezeptionsgeschichte ist ein Teil der Bedeutung, die der »Protestantischen Ethik« heute zukommt. Es wird daher im Folgenden versucht, zumindest in den Grundzügen die Geschichte der Auseinandersetzungen um die »Protestantische Ethik« und vor allem die empirischen Nachprüfungen zu resümieren. Das beginnt noch mit Webers eigener Beteiligung und ist bis heute nicht abgeschlossen. Es besteht aber Hoffnung, dass wir – nicht zuletzt mit den dabei erarbeiteten Materialien – heute gute Grundlagen für eine Historisierung haben.

Teil III:
Die Blockade von wissenschaftlichem Fortschritt

Die »Troeltsch-Weber-These« und ihre Kritiker: Die Herren Professoren diskutieren

Max Weber konnte gewarnt sein: Die Kollegenschaft würde seine Protestantismus-Studie nicht nur freudig entgegennehmen und sich von ihr belehren und überzeugen lassen. Besonders von der Historikerzunft waren weder Wohlwollen noch Nachsicht zu erwarten.

In den 1890er Jahren hatte es dort eine ausgedehnte und scharfe Kontroverse um die Methoden der Geschichtswissenschaft gegeben, deren Auslöser die *Deutsche Geschichte* (ab 1891, zahlreiche Bände) von Karl Lamprecht war, einem Historiker, der als Schüler von Wilhelm Roscher der historischen Schule der Nationalökonomie nahestand. Genauer gesagt waren es die sehr kritischen Rezensionen dieses Werks durch Georg von Below (1893) und Felix Rachfahl (1896). Das verallgemeinerte sich zu einer Methodenkritik durch Below (1898), auf die Lamprecht (1899) antwortete.[1] Später holte Below (1904a) in einer Serie von acht über das ganze Jahr verteilten Aufsätzen gegen Schmoller und die historische Schule der Nationalökonomie noch weiter aus. Dieser Methodenstreit war die erfolgreiche Abwehr einer beginnenden sozialhistorischen Orientierung durch die konventionelle Geschichtswissenschaft. Georg von Below war vor allem als scharfzüngiger Kritiker bekannt und wohl auch gefürchtet. Wenn man sich einen Eindruck davon verschaffen will, was die Redewendung »nach Gutsherrenart« in der

---

[1] Vgl. zu den einzelnen Eskalationsstufen der Kontroverse Below und Rachfahl gegen Lamprecht Takebayashi (2003: 220 Fn 292; 279 Fn 563). – Ernst Troeltsch bezeichnete in einer Rezension (1902) diesen »jüngste[n] Streit über die historische Methode« als »ein trauriges Denkmal moderner philosophischer Unbildung« (213f). Er lässt offen, wen von den Kontrahenten er damit meint, impliziert sind alle. – Bruch (1980: 367) urteilt in seiner Darstellung der Kontroverse, es sei besonders Below um »eine völlige Vernichtung Lamprechts« gegangen und der Effekt der Kritiken sei gewesen, dass sie »die Entwicklung der Geschichtswissenschaft auf ... [eine] ... ›soziale Wissenschaft‹ hin maßgeblich verzögerten«.

wissenschaftlichen Diskussion bedeutet, ist man mit Belows Äußerungen über die Leistungen und die Fähigkeiten seiner Kollegen gut bedient.[2]

Below war außerdem auch Wissenschaftsfunktionär und hatte als solcher Einfluss auf die »Historikertage«, die alle zwei Jahre stattfindenden Konferenzen der Zunft. Auf der »Siebten Versammlung deutscher Historiker« 1903 in Heidelberg setzte er sich in einem Referat mit Sombarts *Der moderne Kapitalismus* (1902) auseinander.[3] Er hatte auch Sombart zur Teilnahme eingeladen und nach den Berichten ging dieser in der Diskussion unter. Der schwache Auftritt soll Sombart sogar die Nachfolge auf Webers Lehrstuhl in Heidelberg gekostet haben – was immer solcher Tratsch aus dem Innenleben von Berufungskommissionen wert sein mag (Takebayashi 2003: 219–230, bes. 225ff).

Als zwei Jahre später Weber von Below eingeladen wurde, auf dem neunten Historikertag 1906 in Stuttgart seine Thesen zu Kapitalismus und protestantischer Ethik vor- und zur Diskussion zu stellen, trat er das Referat an seinen Freund Ernst Troeltsch ab. Er schrieb, dieser sei »der theologische Fachmann und beherrscht damit das Entscheidende: die massgebende Idee« (Rendtorff 2001: 17). Umgekehrt betont Troeltsch gleich im ersten Satz der Vorbemerkung zur Veröffentlichung des Vortrags, dass Weber »in jeder Hinsicht dazu hervorragend berufen gewesen wäre«, ihn zu halten (Troeltsch 1906/1911: 201). Weber nahm an dem Historikertag überhaupt nicht teil.

Aber es lief diesmal ganz anders als seinerzeit bei Sombart: Der Vortrag von Troeltsch unter dem Titel »Die Bedeutung des Protestantismus für die Entstehung der modernen Welt« wurde mit großem Applaus bedacht. Eine Diskussion dazu gab es nicht. Auch die nachfolgenden Berichte und Besprechungen waren überwiegend positiv. Dieser Erfolg wird auch damit zu tun haben, dass Troeltsch den Abschlussvortrag des Kongresses hatte – und dass er ein guter Redner war. Selbst der streitlustige Below fand, »daß es das angemessenste sei, die bedeutende Rede einfach auf sich wirken zu lassen, daß

---

2 Below hat im übrigen auch eine ostpreußische Junker-Herkunft, ebenso wie Sombart. Eine ausführliche Darstellung der zahlreichen Auseinandersetzungen, die Below führte, findet sich in Cymorek (1998). Der harte, personalisierte Stil von Kontroverse, wie wir ihn bei Rachfahl vs. Weber finden, war also nicht einmalig und auch nicht neu.

3 Below hat diese kritische Stellungnahme nicht nur damals zweimal, in einer Tageszeitung und in der *Historischen Zeitschrift*, veröffentlicht, sondern sie später (1920) auch zu einem umfänglichen Kapitel »Die Entstehung des modernen Kapitalismus«, in seinem Lehrbuch der Wirtschaftsgeschichte gemacht.

es aber keinen Zweck habe, bei einem so gewaltigen Thema etwa ein paar Punkte in einer Debatte zu besprechen«.[4]

Die Historiker-Kritik folgte später, am ausführlichsten erst 1909, im Calvin-Jahr, durch Felix Rachfahl, der auch schon früher an Debatten um den Historismus teilgenommen hatte.[5] Die Antworten von Max Weber auf diese Kritik sind Teil des Corpus von Texten zur »Protestantischen Ethik«. Der Vortrag von Ernst Troeltsch (1906) und seine Replik (1910) auf Rach-

---

[4] Vgl. dazu den Editorischen Bericht zu »Die Bedeutung des Protestantismus ...« in Troeltsch *Kritische Gesamtausgabe* Bd. 8: 186ff, das Below-Zitat 188; Takebayashi 2003: 278 Fn 558. – Below hatte zwar Vorbehalte gegen Troeltsch, aber ein gutes Verhältnis zu Weber. Er hatte (1904b) – für ihn ganz ungewöhnlich – eine positive Besprechung von Webers »Objektivitäts«-Aufsatz veröffentlicht. Sie besteht zwar fast ausschließlich in einer Aneinanderreihung von Zitaten aus Webers Aufsatz, ist aber auch gespickt mit Empfehlungen, ihn zu beachten, weil er einen Ausweg aus der Polarisierung von abstrakter Theorie und empirisch-historischer Forschung biete. Er hat einen Kritikpunkt: Weber argumentiere oft, für den Insider erkennbar, *gegen* bestimmte Autoren, zitiere sie aber nicht – eine Schwierigkeit, mit der die Weber-Philologie bis heute kämpft. Aus diesem Artikel, den Below Weber schickte, entwickelte sich eine von gegenseitiger Hochachtung getragene Korrespondenz.

[5] Georg von Below hat erst 1916 und dort nebenbei seine Kritik zu Protokoll gegeben. Offensichtlich geht es darum, die Bedeutung Luthers gegenüber Calvin und die historischen Veränderungen, die Luther bewirkte, hervorzuheben – während Troeltsch Luthers Konservatismus und seine Verankerung im Mittelalter betonte (Below 1916: 8f). Below erklärt diese zuletzt referierte Sichtweise als »Aufklärungsprotestantismus«, als die Sicht von Historikern der Reformation, die eine entscheidende »Modernisierung« erst im 18. Jahrhundert sähen. Ansonsten sind ihm Weber und Troeltsch aber Kronzeugen gegen Albrecht Ritschl, der »Mystik und Pietismus« als »spezifisch katholisch« verstanden und damit eine entscheidende Quelle der Reformation geleugnet habe (68ff). Ritschl habe »den Pietismus der mönchischen Askese gleichgesetzt. Weber und Troeltsch stellen der mönchischen Askese, der mönchischen Weltflucht den Pietismus als die protestantische innerweltliche Askese gegenüber.« (71) In der Fußnote findet sich dort das ungewöhnliche Bekenntnis: »Max Weber hat die Theorie Ritschls in seiner Abhandlung über die protestantische Ethik und den Geist des Kapitalismus ... widerlegt. Ich bekenne, daß ich diese Abhandlung mit unendlicher Freude begrüßt habe.« Auch im Literatur-Anhang zur Veröffentlichung eines einschlägigen Vortrags 1918 war es ihm wichtig zu betonen, dass Troeltsch mit seiner Abwertung Luthers nicht recht hätte. Ansonsten beschreibt Below wie Troeltsch die Stärkung der landesfürstlichen und damit der staatlichen Macht als eine Auswirkung der Reformation. Belows Kritik richtet sich also in erster Linie gegen Troeltsch, während er Weber mit erstaunlicher Emotionalität preist. Es bleibt trotzdem dabei, dass er die beiden als gemeinsame Vertreter einer gemeinsamen These darstellt. – Um Weber gegen Ritschl in Anspruch zu nehmen, kann man sich auf folgende Anmerkungen in der »Protestantischen Ethik« beziehen: RS I: 106f Fn 2; 128ff Fn 3; 135 Fn 1; 151 Fn 1. Dagegen stehen freilich zahlreiche positive Bezüge auf ihn, besonders der im Text Seite 145.

fahl gehören aber genauso dazu.[6] Bevor auf diese Kontroverse eingegangen wird, soll geklärt werden, wie sich der Vortrag von Ernst Troeltsch eigentlich zu Webers »Protestantischer Ethik« verhält: Schon oberflächlich hat man den Eindruck, dass die Unterschiede größer sind als die Gemeinsamkeiten.

Der wichtigste Unterschied ist bereits im Titel markiert: Troeltsch hat nicht die Entstehung des Kapitalismus zum Thema, sondern die der »modernen Welt«, auch als »moderne europäisch-amerikanische Kultur« (Troeltsch 1906/1911: 208) umschrieben. Diese Kultur sei dadurch bestimmt, dass keine Kirche mehr Verbindliches über Gott und die Welt verkünden und besonders nicht einen »asketischen Grundcharakter der ganzen Lebensanschauung und Lebensgestaltung« (209) durchsetzen könne. Die seinerzeitige »Autoritätskultur« (209) sei durch einen »gesteigerten Individualismus der Überzeugungen, Meinungen, Theorien und praktischen Zielsetzungen« (212) ersetzt worden. Nicht die Autorität einer Kirche, sondern ein »rationalistisch-wissenschaftlicher Charakter« beherrsche die moderne Kultur. Daraus ergebe sich die »Zersplitterung« durch *Relativismus*, die *Innerweltlichkeit* der Lebensrichtung« (213) und schließlich ein »fortschrittsgläubiger *Optimismus*« (215). Es sei gar keine Frage, dass der Protestantismus »an der Herausbildung dieses religiösen Individualismus und an seiner Überleitung in die Breite des allgemeinen Lebens seine Bedeutung« habe, die Frage sei nur, »worin nun im einzelnen wirklich diese Bedeutung besteht« (223).

Als nächstes unterscheidet Troeltsch einen *Alt-* und einen *Neu*protestantismus, ersterer »kirchlich« organisiert, und zwar bei Luther wie Calvin, letzterer im Gegensatz dazu »freikirchlich und sektenhaft« oder in »ganz individualistisch-subjektivistischem Spiritualismus« (226f). Hier werden immer wieder Täufertum und Mystizismus als Gegensatz zu Luthertum *und* Calvinismus und als von diesen bekämpft dargestellt.[7]

Im Abschnitt III betont Troeltsch besonders die Kontinuitäten zwischen katholischer und protestantischer Religiosität und damit den konservativen, anti-modernen Charakter auch des Protestantismus. Man müsse seine Bedeutung »nicht in einer allgemeinen Wiedergeburt oder Neubildung des Gesamtlebens, sondern großenteils in indirekten und unbewußt hervorgebrachten Folgen, ja geradezu in zufälligen Nebenwirkungen oder auch in wider Willen hervorgebrachten Einflüssen suchen« (Troeltsch 1906/1911: 246).

---

6 Weber hat in der Überarbeitung der »Protestantischen Ethik« von 1920 zwar mehrfach auf Troeltsch (1912) hingewiesen, nicht aber auf den Vortrag von Troeltsch (1906/11), der die »Troeltsch-Weber-These« erst bekannt machte.

7 Zur Unterscheidung von Alt- und Neuprotestantismus und zur damaligen Kontroverse darum vgl. Albrecht 2004: 11ff.

Diese Denkfigur der Paradoxie der Auswirkungen ist genau die auch von Weber präferierte.

Abschnitt IV ist der Hauptteil der Untersuchung: Die paradoxen und Nebenwirkungen der Reformation werden auf verschiedenen Gebieten des Lebens verfolgt, von denen die Wirtschaft nur eines ist. Die allgemeine Annahme ist, dass der Protestantismus »durch die Zerbrechung der Alleinherrschaft der katholischen Kirche die *Kraft der kirchlichen Kultur trotz vorübergehender Wiederbelebung überhaupt gebrochen hat*« (247). Das wird dann für die Familie (privatisiert, weil kein Sakrament mehr), für verschiedene Gebiete des Rechts (wenig Neuerungen), für den Staat (der gestärkt wurde), die Wirtschaft (hier wird Weber und die Herausbildung von »Beruf« referiert), für die Ungleichheit in der Gesellschaft (Stärkung der gebildeten Schicht), für die Wissenschaft (Säkularisierung gefördert) und für die Kunst (Bildersturm, gegen Ästhetisierung) durchdekliniert. Es ist ein gewaltiges Panorama, das aufgespannt wird. Das Ergebnis bleibt ambivalent, oder, so Troeltsch, ein »Doppelergebnis«: Der Protestantismus habe »die Entstehung der modernen Welt oft großartig und entscheidend gefördert«, sei aber »auf keinem dieser Gebiete einfach ihr Schöpfer« (Troeltsch 1906/1911: 297).

Abschnitt V, der, wie Troeltsch anmerkt, für die Druckfassung hinzugefügt wurde, untersucht den Einfluss des Protestantismus auf die Religiosität, was natürlich seine erste »völlig eigene und unmittelbare« Wirkung sei (298). In der Wirkungsgeschichte findet Troeltsch vor allem »ein Bild sehr verworrener Zustände« (303). Insgesamt kommt er dann aber doch zu dem Urteil, die »Überzeugungs- und Gewissensreligion des protestantischen Personalismus ist die der modernen individualistischen Kultur gleichartige und entsprechende Religiosität« (Troeltsch 1906/1911: 314). Besonders für den angelsächsischen Calvinismus in seinen Varianten wird konstatiert, hier sei die »Ausgleichung des Protestantismus mit den politischen und wirtschaftlichen Grundlagen des modernen Lebens« vollzogen (304). Die zunehmende Bedeutung und damit Kenntnis des amerikanischen Lebensstils werde das selbstverständlich machen. Der deutsche Protestantismus mit seiner Verbindung zum deutschen Idealismus habe es da etwas komplizierter, das löse sich aber durch »die Konstituierung des Protestantismus als einer mit der Wissenschaft und Philosophie verbündeten Bildungsreligion« (312). Damit formuliert er die Bestrebungen des damaligen »Kulturprotestantismus« als das Entwicklungsziel des Protestantismus überhaupt.

Troeltsch hält sich in seinen Ausführungen an das, was er ausführlicher in seinem ebenfalls 1906 erschienenen Buch »Protestantisches Christentum und Kirche in der Neuzeit« geschrieben hatte. Weber wird in beiden Texten zustimmend mit dem Begriff »innerweltliche Askese« und als Gewährsmann für den Berufsbegriff zitiert, aber beides ist bei Troeltsch nur ein Aspekt, und kein zentraler. In seinem Begriff von »moderner Kultur« geht er weit über alles hinaus, was Weber damals interessierte. Die »moderne Kultur« ist auch nicht identisch mit Webers »okzidentalem Rationalismus«. Durch diese Ausweitung des Gegenstands geht es vielmehr um Weltanschauung und auch nicht so sehr um spezialistisch erforschte historische Zusammenhänge, wie bei Sombart oder Weber mit ihrer Konzentration auf den modernen Kapitalismus. Hinzu kommt, dass er – anders als Weber – recht unspezifisch bei der Zuschreibung von historischen Auswirkungen der Reformation bleibt, ihr immer wieder solche Auswirkungen auch abspricht. Weber ist eingebaut, aber nur als ein Beispiel unter vielen. Die Zusammenführung der beiden zu einer »Troeltsch-Weber-These« ist durchaus nicht zwingend, eher sogar verfälschend.

Rachfahl (1909) hingegen geht in seiner Kritik dezidiert von einer solchen gemeinsamen Urheberschaft aus. Wie macht er das – und warum eigentlich? Seine Kritik konzentriert sich auf den schon im Titel »Kalvinismus und Kapitalismus« angesprochenen Zusammenhang und schreibt die entsprechende These einem »Nationalökonom von großem Ruf, Max Weber in Heidelberg« zu. Ihm hätten sich zuerst »sein Kollege, der ausgezeichnete Heidelberger Theologe Ernst Troeltsch«, dann der Historiker und Nationalökonom Eberhard Gothein, neuerdings noch »der Kirchenhistoriker v. Schubert« angeschlossen[8] (Rachfahl 1909: 1217f/58).[9] Es bleibt zunächst Webers Theorie, die im ersten Abschnitt ausführlich referiert wird. Erst gegen Ende dieses Referats wird an Troeltsch erinnert, indem eine These Webers so wiedergegeben wird, »wie Troeltsch sich ausdrückt« (1232/73). Damit ist schon impliziert, dass die Formulierungen der beiden austauschbar sind. Auch im zweiten Abschnitt, hier geht es um den »Geist des Kapitalismus«, bleibt Weber im Vordergrund. In der Kritik des Begriffs taucht als ein

---

8 Später, 1294/146f, wird in der Fußnote auch noch Schulze-Gävernitz genannt, dessen Buch von 1906 »ganz beherrscht von der Weberschen These« sei.

9 Rachfahl wird hier jeweils doppelt mit Angabe der Spalte im Original und der Seite im Nachdruck in Winckelmann (1968) zitiert. Die Winckelmann-Ausgabe ist der einzige Nachdruck der Kritiken, auf die Weber geantwortet hat. Sie ist nur leider nicht zuverlässig: In der Wiedergabe des Aufsatzes von Rachfahl (1910) sind gleich ganze Seiten weggelassen. – Ich hatte andere Sorgen, als den Abdruck systematisch mit dem Original zu vergleichen, aber an einem krassen Beispiel ist es aufgefallen: Vgl. Fußnote 15 Seite 229. Ich kann nicht ausschließen, dass es noch mehr davon gibt.

Argument auf: »Nicht einmal Troeltsch teilt vollkommen Webers Standpunkt.« (1251/80) Auch in diesem Vorwurf ist die gemeinsame Theorie unterstellt. Im dritten Abschnitt geht es hauptsächlich um den Begriff der Askese, bei Rachfahl »Aszese«, und hier findet sich zum ersten Mal die Doppelbezeichnung eines »Troeltsch-Weberschen« (Begriffs) (1260/89). Abschnitt IV behandelt den Zusammenhang von Kalvinismus und Kapitalismus und in diesem Hauptteil kommen Weber und Troeltsch ziemlich gleichgewichtig, auch als »Weber und Troeltsch« (oder umgekehrt) vor, auch ist jetzt wieder vom »Troeltsch-Weberschen« (Schema) (1326/115) die Rede. In Abschnitt V geht es um die historische Interpretation Calvins und seiner Verdienste. Weder Troeltsch noch Weber werden genannt, aber Troeltsch sah sich hier, wie seine Reaktion zeigt, besonders angegriffen.

Die Behandlung durch Rachfahl gibt also eindeutig Weber die Priorität, unterstellt aber vor allem in den Abschnitten, in denen Theologie wichtig wird, Gemeinsamkeit mit Troeltsch. Diese grundsätzliche Gemeinsamkeit wird besonders unterstrichen, indem pointiert auf Unterschiede zwischen den beiden hingewiesen wird. Sie werden grundsätzlich als Abweichungen Troeltschs dargestellt, die umgekehrte Formulierung, dass in irgendeiner Annahme Weber Troeltsch »nicht folgen könne« oder ähnlich, kommt nicht vor. Weber hat die Priorität in der unterstellten Partnerschaft. Es wäre interessant zu wissen, warum die Redaktion trotzdem Troeltsch zur Replik eingeladen hat[10] und nicht Weber, der ungebeten und in seiner eigenen Zeitschrift antworten musste und auf diese »Unhöflichkeit« auch spitz hinwies.

Weber reagiert schnell, noch vor Troeltsch, und ungehalten. Er moniert vor allem, dass ihm Rachfahl kritisch vorhalte, was er an anderer Stelle ohnehin selbst gesagt habe, mit der Implikation, die Kritik sei entweder uninformiert oder bösartig, Rachfahl mache sich nur auf seine, Webers Kosten wichtig und habe tatsächlich nichts beizutragen, was der Diskussion wert sei.[11] Nicht ein einziges von Rachfahls Argumenten wird aufgenommen und in-

---

10 Im »Editorischen Vorbericht« (144) zur »Kulturbedeutung des Calvinismus« vermuten die Herausgeber von Band 8 der *Kritischen Gesamtausgabe*, es könnte daran liegen, dass Troeltsch als »ständiger Mitarbeiter« der *Internationalen Wochenschrift für Wissenschaft, Kunst und Technik* geführt wurde.

11 Nun ist das ja tatsächlich so, dass Rezensenten leicht in die Haltung des Obergutachters rutschen und dann weniger über das besprochene Werk, als über ihre eigenen besseren Einsichten schreiben. Aber Weber verwendet den ungeduldigen Stoßseufzer des unverstandenen Autors ein wenig gar oft und er zeigt dabei die Wut dessen, dem der Respekt verweigert wurde. Die Herren preußischen Professoren lebten offenbar auch als Bildungsbürger in dieser Kultur der »Ehrenhändel«.

haltlich diskutiert, es geht durchgängig darum, dass Weber das alles schon gesagt und Rachfahl es nicht gelesen oder nicht verstanden habe. Dazu kommen persönliche Ausfälle, etwa dieser: »... in Wahrheit hat leider Rachfahl einen eigenen Standpunkt, mit dem man sich auseinandersetzen könnte, *überhaupt nicht.* Man kaut bei ihm auf Sand.« (Weber 1910a: 190)[12] Kurz darauf (191) spricht er ihn als »meinen Herrn Zensor« an. Oder: »Daß ... ein Historiker kein Unterscheidungsvermögen für die ökonomischen Existenzbedingungen des Gewerbes in einem *Kolonial*land ... und im europäischen *Mittelalter* hat ..., ist schlimm genug. Noch schlimmer freilich, daß er von der Bedeutung des Hugenottentums ... einfach gar nichts weiß.« (186 Fn) Zuletzt fällt es Weber selbst auf, dass das alles für Dritte etwas merkwürdig klingen muss, und er entschuldigt sich bei den Lesern:

> »Es ist bedauerlich, daß die Antwort auf eine ganz sterile, mit dem höhnischen Ton, den sie anschlägt, wie mit ihrem Nichtverstehen*wollen*, einen üblen professoralen Typus darstellende Kritik auch ihrerseits so steril ausfallen musste, wie es die Umstände bedingen und dem Archiv Raum kostet. Alles, was *hier* gesagt wurde, steht bereits in meinen Aufsätzen ...« (Weber 1910a: 202)

Rachfahls Ton, der anfangs durchaus respektvoll ist, steigert sich besonders in seinem Abschnitt IV zu persönlichen Sottisen Troeltsch gegenüber.[13] Es ist einer von diesen Texten, in denen sich der Autor in Rage schreibt. Das trifft auf Webers Replik nicht zu: Sie ist von Anfang an wütend geschrieben und hält das Niveau der Empörung auch durch. Insgesamt wird von Rachfahl vor allem Troeltsch gegenüber die besserwisserische Haltung des Fach-Historikers aufgebaut, der Dilettanten, die in seinem Gebiet wildern, zurechtweist. Im Gegensatz zu Troeltsch wird Weber nirgends persönlich angegriffen. Rachfahls Ton ist auch ihm gegenüber nicht gerade freundschaft-

---

12 Webers Antikritiken werden mit Angabe der Seitenzahl im Original zitiert. Die Zitate können damit auch in der Ausgabe von Kaesler (2004) gefunden werden, wo die Original-Seitenzahl am Rand angegeben ist.
Wie der Übersetzer Austin Harrington in Chalcraft et al. (2002: 23) anmerkt, fänden sich in der Ausgabe von Weber (1910b) in Winckelmann (1968) »some small omissions where the text becomes especially vituperative«. Winckelmann hat also sogar Weber zensuriert.

13 »Solche Konstruktionen ... können nicht mehr als wirkliche Geschichtsforschung gelten« (Rachfahl 1909: 1293/102); »der phantasievolle Autor« (1297/106); »Theologen, die das Grenzgebiet der Geschichtswissenschaft streifen«; »ebenso kühn wie falsch kennzeichnet er ...« (1327/116). Auch über Webers Thesen fällt er später harsche Urteile: »... so beweist das eben nur, daß seine ›idealtypische‹ Bestimmung dieses Begriffes falsch ist« (1298/107); »So ungeheuerlich ist die Einseitigkeit und Übertreibung des Weberschen Schemas ...« (1325/114); »Die Übertreibung des Einflusses religiöser Momente und Lehren auf die reale Entwicklung – das ist der charakteristische Zug der Troeltsch-Weberschen These« (1327/116).

lich, aber Webers Antwort hat Aspekte einer Überreaktion. Ernst Troeltsch hätte viel mehr Grund gehabt, beleidigt zu sein, reagierte aber in seiner Antwort (1910) deutlich souveräner und sachlicher.

Schon die Zurückweisung der Behandlung als »eine gemeinsame wissenschaftliche Firma« (Troeltsch), die beide eingangs nötig finden, fällt bei Weber etwas schrill aus und hat bei ihm einen Beiklang von Behaupten einer Priorität: Es mag schon sein, dass Troeltsch von Webers Aufsätzen »angeregt« wurde, ein Einfluss in der anderen Richtung kann aber gar nicht sein, Weber war früher da. Ansonsten betonen beide, dass sie – an sich überschneidendem oder ergänzendem Material – völlig verschiedene Fragestellungen untersucht hätten.

Dann aber ist Weber von Rachfahls Bemerkungen zur »Askese« irritiert: Er »polemisiere« gegen den *Namen* als Bezeichnung für die Lebensweise, die Weber untersucht habe (Weber 1910a: 178). Ferner akzeptiere Rachfahl nicht, dass Weber nicht von Calvin, sondern vom »asketischen Calvinismus«, also den dissidenten Sekten spreche (182). Er unterstreicht noch einmal, wie sich die asketische Berufsauffassung vom Abenteurer-Kapitalismus unterscheide (188). Schließlich stellt er klar, dass es ihm bei der Verknüpfung von asketischem Calvinismus und Geist des Kapitalismus darum ging »festzustellen, nicht wo und wie stark, sondern *wie*, durch welche seelischen Motivationsverknüpfungen, bestimmte Formungen des protestantischen Glaubens in den Stand gesetzt wurden, so zu wirken, wie sie dies … taten« (191), und dass der Geist des Kapitalismus in der Berufspflicht bestehe und nicht im Erwerbstrieb (200).

Das sind in der Tat alles Wiederholungen dessen, was Weber an anderer Stelle schon geschrieben hat, aber sie gehen auch völlig an dem vorbei, was Rachfahl an möglichen Ideen einbringt: Er versucht, drei Formen von Askese zu unterscheiden, die katholische, die lutherische und die kalvinistische. Erstere sei weltverneinend, am Jenseits orientiert gewesen, die lutherische trage »einen mehr passiv-resigniert-pessimistischen Charakter; die kalvinistische ist erfüllt vom Geiste der Aktivität, des Heroismus und der Initiative« (Rachfahl 1909: 1257/86). Daher sei die kalvinistische Askese nicht die »innerweltliche« Version der katholischen, sondern eine ganz neue religiöse Haltung. Man kann diese Unterscheidung anzweifeln und sollte das auch tun, weil sie – so wie es Weber selbst notorisch tut – die katholisch-mönchische »Weltverneinung« überstilisiert, aber der Vorschlag ist mehr als ein Streit um Worte. Auch die Idee, dass vielleicht nicht so sehr puritanische Herrschaft, sondern die mit dem nicht so herrschenden Protestantismus notwendige Toleranz erstens die wichtigste Auswirkung der Reformation und zweitens der kapitalistischen Entwicklung förderlich gewesen sein mag, ist nicht so absurd, dass man sie ungeduldig als längst erledigt wegwischen müsste. Schließlich ist Webers textlastigen Forschungen gegenüber Rachfahls Hinweis darauf nicht aus der Luft gegriffen, dass man die Bedeutung der Religion und schon gar ihrer Texte und Predigten für das reale Leben nicht überschätzen, dass man vielmehr im Vergleich auch andere Einflüsse untersuchen sollte, die möglicherweise stärker sind als die religiösen.

Wo Weber nur defensiv und zurückweisend oder durch Ignorieren reagieren kann, findet Troeltsch schließlich in seinem Abschnitt III sehr wohl eine diskussionswürdige These Rachfahls: Der Zusammenhang zwischen Calvinismus und Kapitalismus sei vermittelt durch die von Calvins Lehre bewirkte »Emanzipation des Staates von der kirchlichen Herrschaft« und die »Toleranz«. Damit hätten die staatlichen wie die persönlichen Interessen ungehemmter verfolgt werden können und das sei der wirtschaftlichen Entwicklung zugute gekommen.

Zuerst freilich muss auch Troeltsch sich mit der Unterstellung von Dilettantismus auseinandersetzen: In den beiden ersten Abschnitten, oberflächlich geduldige Klarstellungen zu den Forschungen von Weber und Troeltsch und ihrem Verhältnis zueinander, kommen auf fast jeder Seite und oft mehrfach Worte und Sätze aus dem Begriffsfeld von »Fachmann« und »gründlichen Kenntnissen« vor. Defensiv betont Troeltsch seine Zuständigkeit für Fragen der Religionsgeschichte, offensiv beschuldigt er Rachfahl, selbst auf diesem Gebiet, für das er nicht zuständig sei, wenn nicht auf dem der Theologie zu wildern. Das habe die Folge von »Irrtümern«, die auch ihm, Rachfahl, »bei dem – übrigens unvermeidlichen – Betreten eines ihm nicht fachwissenschaftlich vertrauten Gebiets ... untergelaufen« seien (Troeltsch 1910: 150). Anders als Weber bestreitet Troeltsch nicht die Fachkompetenz des Historikers, reklamiert aber dieselbe, wenn nicht eine höhere für sich auf den Gebieten der Religionsgeschichte und der Theologie. Auf dieser Grundlage diskutiert er dann die oben genannte These an verschiedenen Beispielen und weist sie schließlich zurück.

Dabei entsteht freilich die nicht entscheidbare Frage, ob Religion »viel« oder »wenig« Einfluss auf die Lebensführung und damit auf historische Abläufe habe. Indem er sich darauf allgemein einlässt und gegen die Skepsis Rachfahls zu zeigen versucht, dass dieser Einfluss sehr wohl beachtlich sei, fällt Troeltsch hinter das Niveau der Argumentation seines Vortrags zurück: Dort ist klar und wird auch vorgeführt, dass man eine solche Frage nur an einzelnen Institutionen untersuchen kann und dass die Antwort einmal so, einmal anders ausfallen wird. Jetzt aber wird er persönlich und findet, die Betonung von Toleranz und Aufklärung sei das »Kultur*ideal*« Rachfahls, nicht ein historischer Befund (180). Daraus bezieht er seinen eleganten ironischen Schluss: »Ja, ich möchte glauben, dass die Animosität, die Rachfahls Aufsätze durchzieht, nicht bloß in der von mir bereitwillig anerkannten Überlegenheit seines historischen Wissens, sondern auch ein ganz klein wenig in der Intoleranz seiner Aufklärung ihren Grund hat.« (181)

Mit der Fortsetzung der Kontroverse über diesen Punkt hinaus haben sich die Beteiligten keinen Gefallen getan. Überzeugende neue Argumente fallen nicht mehr ein. Die persönlichen Beschimpfungen häufen sich, wobei man zugeben muss, dass Rachfahl noch vergleichsweise zurückhaltend schreibt und das Verhältnis von Beschimpfungen zu Argumenten weniger krass ist als im ersten Teil von Webers »Schlusswort«. Chalcraft (2002: 16ff) hat die Worte in der Debatte zusammengestellt, die aus dem Begriffsfeld der Mensur stammen. Die ganze Veranstaltung verlagert sich, wie Weber selbst anmerkt, zunehmend auf den Paukboden einer schlagenden Verbindung.[14] Es ist nicht recht einzusehen, warum man dem Treiben dort zusehen soll. Das merken auch die beiden Duellanten: Rachfahl will mit seinem »Nochmals Kalvinismus und Kapitalismus« die Debatte abschließen und resümiert, er habe sein Ziel durchaus erreicht: »die Aufrichtung einer Warnungstafel, damit die ›Weber-Troeltsch'sche These‹ … nicht unbesehen akzeptiert werde«. Er schließt mit einem Bild:

»Die schillernde Seifenblase, die am Neckarufer aufstieg, ist geplatzt. Der Beifall, den ihr Erscheinen hervorrief, war blinder Lärm, und vom ersten Rausche der Begeisterung wird den Beteiligten vermutlich auf die Dauer nicht viel mehr bleiben, als ein nicht gerade sehr behagliches Gefühl der Ernüchterung.« (Rachfahl 1910: 796)[15]

---

14 Diese Anmerkung Webers ist möglicherweise eine ironische Anspielung auf Rachfahls Mitgliedschaft in der »Alten Breslauer Burschenschaft der Raczeks«, einer alten, 1817 gegründeten, schlagenden Verbindung, mit der Rachfahl so verbunden war, dass er später (1917) ihre Geschichte schrieb. Webers Corporation, die »Allemannia Heidelberg«, selbstverständlich damals und auch heute noch »pflichtschlagend«, ist viel jünger (gegründet 1856). – Weber selbst war der Paukboden nicht fremd: Er beschrieb sich selbst im Rückblick auf seine kraftmeierische Studenten- und Militärzeit mit: »Ich focht sie alle an die Wand und soff sie alle unter den Tisch.« – Vgl. das Kapitel »Max und Minimax« in Radkau 2005, besonders 70ff.

15 In dem Abdruck in Winckelmann (1968) fehlen die letzten drei Spalten von Rachfahls Artikel und also auch die hier wiedergegebenen Bilanz-Zitate, dazu eine längere Aufzählung von Verbalinjurien und rhetorischen Kunstgriffen aus Webers »Antikritik«, mit denen Rachfahl den Stil des »Austausches« charakterisiert.

Aber Weber behält dank eigener Zeitschrift das letzte »Antikritische Schlusswort«. Freilich muss er sich gleich einleitend wieder bei den Lesern entschuldigen und stellt ihnen anheim, den ersten Teil, in dem er nur Rachfahl zurechtweise, zu überschlagen.[16] Auch der zweite Teil, in dem er seine These noch einmal klarstelle, sei eigentlich Wiederholung, aber halt notwendig. Der zweifelhafte »Gewinn« ist, dass Studenten heute gern diesen zweiten Teil des »Schlussworts« als Zusammenfassung oder gleich an Stelle der »Protestantischen Ethik« lesen.

Tatsächlich entwirft Weber in diesem zweiten Teil zunächst die Karikatur eines Forschungsprogramms, wie er wahrnimmt, dass Rachfahl es ihm unterstellt hätte, und in Kontrast dazu das, wie er selbst es wirklich durchgeführt hätte. Es setzt mit der »idealtypischen« Entwicklung von »Geist des Kapitalismus« am Beispiel Franklin ein. Dabei sei er auf den Berufsgedanken gestoßen, habe die »Wahlverwandtschaft« des Calvinismus zum Kapitalismus erinnert, und so die Frage entwickelt, wie sich in den verschiedenen Varianten von Protestantismus der Berufsgedanke und daraus »diejenigen ethischen Qualitäten des Einzelnen« entwickelt hätten, »welche seine Eignung für den Kapitalismus beeinflussen« (Weber 1910b: 581). Die »eigentliche Behandlung des Problems selbst« habe nachzuweisen gehabt, wie in verschiedenen Varianten des Protestantismus diese Ethik theoretisch verankert sei, und »welche *praktisch-psychologischen* Motive die Eigenart der Religiosität einer jeden von ihnen für das reale ethische Verhalten enthielt« (582). Die »mächtigen Stützen« dieser Motive in den »kirchlichen und von den Kirchen und Sekten beeinflußten *sozialen* Institutionen« (584) seien außerdem in dem Bericht über seine Beobachtungen in Amerika ausführlich beschrieben worden.

Dieser einleitende Überblick wird anschließend durch Details ergänzt: zunächst ein ausführliches Referat der zuletzt genannten Sekten-Beobachtungen (Weber 1910b: 584–588), nochmalige Klarstellungen zur Askese (588–591), nach einem Hinweis zur Methode, nämlich zur besonderen Eignung von Pastoral-Texten (Baxter, Spener) für die gestellte Frage (592), zur Arbeit, besonders zur unternehmerischen Arbeit als Beruf (593–595). Abschließend werden noch einmal Zumutungen Rachfahls zurückgewiesen: Es gehe nicht um den Vergleich der unterschiedlichen Entwicklungen in verschiedenen Ländern (595), es wird nochmals Abenteurer-Kapitalismus

---

16 Dieser ganze erste Teil ist im *Archiv* in Kleindruck gesetzt, nur wenig größer als die Fußnoten, die auch in diesem Teil etwa die Hälfte des Textes ausmachen. Weber hat auch durch das Layout vom Lesen dieses Teils seines »Schlusswortes« abgeschreckt.

streng gegen Kapitalismus als Beruf (596), schließlich »Rationalismus« der Lebensführung gegen den der Wissenschaft abgesetzt (597).

Was an der Selbst-Zusammenfassung Webers auffällt: Das erste Kapitel der »Protestantischen Ethik« kommt darin überhaupt nicht vor und das sechste, nachträglich hinzugefügte – und an anderem Ort veröffentlichte, daher damals von Außenstehenden der Abhandlung nicht zugerechnete – Kapitel bekommt besonderes Gewicht; das vierte Kapitel wird zwar erwähnt, aber inhaltlich nicht weiter behandelt. Über die aktuellen Unterschiede zwischen Katholiken und Protestanten braucht man nicht zu reden, wenn es um die Logik des Arguments geht. Die Abhandlung über die Unterschiede zwischen den protestantischen Sekten ist zwar wichtig, muss aber für diesen Zweck nicht im einzelnen präsent sein, wenn nur klar ist, dass es nicht um Calvin in Genf, sondern um die Dissidenten in England geht. Die amerikanische Empirie, die dort beobachtbare Bedeutung der Gemeindezugehörigkeit für das Wirtschaften, ist besonders interessant und wichtig, fast wichtiger als das, was sich aus den Texten, etwa Baxters, ableiten lässt. Hier haben sich die Gewichte in dem Gesamtargument nicht unwesentlich verschoben. – Insofern sollte man die Studenten warnen: Dies ist keine Zusammenfassung der »Protestantischen Ethik«, die deren Lektüre ersparen könnte.

Neben der späten Auseinandersetzung mit Rachfahl ist auch Webers Kontroverse mit dem Philosophen Heinrich Karl Fischer aus den Jahren 1907/08 bekannt geblieben. Fischer versteht Webers Untersuchung als eine psychologische oder jedenfalls psychologisch fundierte. Er bietet daher den psychischen Mechanismus der »Übertragung« von Gefühlen von einem Gegenstand (Glückseligkeit über die mit Geld erkauften Dinge) auf das Mittel (das Geld) selbst als Interpretation an. Die Schätzung von Geld als Selbstzweck oder auch der systematischen Berufsarbeit, statt der Suche nach unmittelbarer Befriedigung, sei daher als solche »Übertragung« zu verstehen. Eine zusätzliche Erklärung durch religiöse Maximen sei nicht nötig. Weber habe eine »geistreiche Parallele« aufgezeigt, die aber anders als durch Religion zu erklären sei.

Webers Replik,[17] die gemeinsam mit Fischers Kritik im *Archiv* abgedruckt wird, besteht auch schon in diesem Fall in Zurückweisungen: Fischer (»mein Herr Kritiker«) habe ihn umfassend falsch gelesen. Erst auf den letzten zwei Seiten geht er auf die »positiven, ›psychologischen‹, Erörterungen« ein, mit denen er freilich »gar nichts ... anfangen« könne (Weber 1907: 246f). Die Puritaner hätten keinerlei »Freude« am Geld gehabt, daher hätte

---

17 Auch dieser Text ist klein gesetzt, sozusagen eine Fußnote, nicht mehr.

sich von da auch nichts auf die methodische Lebensführung »übertragen« können. Er könne der Psychologie, der von Fischer vorgetragenen und der anderer, für sein Problem »nichts von Belang zur Befriedigung meines kausalen Bedürfnisses entnehmen« (249).

Fischer meldet sich zur allgemeinen Überraschung noch einmal, weil sein »Herr Gegenkritiker« in seinen »temperamentvollen Ausführungen« den »Kernpunkt der Streitfrage außer acht« gelassen habe (1908: 270/38).[18] Auch gehe es dem Kritiker nicht darum, was ein Autor *will*, sondern was er feststellbar getan hat. Und da ist Fischers Befund: »Mit Hilfe der beigebrachten religiösen Literatur ist nur bewiesen worden das gleichzeitige Vorhandensein und die enge Verknüpfung beider Faktoren [Calvinismus und ›angestrengteste Berufsarbeit‹] miteinander in jenen Schriften. Nicht mehr.« (272/40) Um etwas über »wirksam gewesene Motive« sagen zu können, brauche man Psychologie.

Diese Renitenz macht Weber doch etwas ungeduldig und lässt ihn feststellen, dass sein »Herr Kritiker« von dem »hier in Betracht kommenden Material schlechthin *nichts* kennt«, es fehle die »Sachkunde«. Daher: »Eine nicht auf *irgend* welcher Sachkenntnis ruhende Besprechung kann ... überhaupt, auch bei den schönsten ›methodologischen‹ Vorsätzen, nicht wohl mit der Prätension auftreten, eine ›Nachprüfung‹ historischer Untersuchungen darzustellen.« (Weber 1908: 276) Der Historiker könne nie andere als die von ihm als sinnvoll herausgefundenen Motive »als kausale Komponenten« völlig ausschließen, aber er wird sie *auch* untersuchen und mit diesem »kausalen Regressus« habe er, Weber, auch schon in seinen Arbeiten begonnen (279f). Am interessantesten ist wohl, dass Weber – in Wiederholung aus dem abschließenden Satz seiner ersten Replik – auf »jene ›Religionspsychologie‹, welche das ›Erlebnismäßige‹, Irrationale, des religiösen Vorgangs als ›pathologischen Prozeß‹ behandelt«, als Hoffnung »für die Aufklärung der hier in Betracht kommenden *charakterologischen* Wirkungen bestimmter Arten von Frömmigkeit« (282) verweist. Er weist Psychologie nicht ganz zurück, sondern nur die von Fischer vorgeschlagene. Psychopathologie hingegen könnte hilfreich sein. Die letzte Seite der Replik besteht wieder in Persönlichem und nicht gerade Schmeichelhaftem.

Man könnte vermuten, dass die Einwände von Webers Fach-Kollegen Lujo Brentano (1916) und Werner Sombart (1913) wichtiger waren als die

---

18 Fischer wird (wie Rachfahl) mit der Seite im Original und im Abdruck bei Winckelmann (1968) zitiert.

Reaktionen von »außen«. Das ist aber nicht der Fall. Weber hat auf sie in der Überarbeitung von 1920 in Fußnoten geantwortet.

Die Antwort auf Brentano ist über sechzehn Fußnoten verteilt und besteht meist nur in kleinen Anmerkungen: Zehn davon weisen eine Kritik Brentanos damit zurück, dass das eh in Webers Text stehe, Brentano es also übersehen oder nicht verstanden habe, dass das nicht zum Thema gehöre, oder damit, dass er, Brentano, sich damit nicht auskenne. Die Wörter »seltsam«, »merkwürdig« oder »in unglücklicher Weise« häufen sich in den Referaten von Brentanos Äußerungen. In zwei weiteren (RS I: 33 Fn; 36 Fn) wird Brentanos Verteidigung Franklins als unnötig zurückgewiesen, er, Weber, wüsste Franklins »ethische Qualitäten« sehr wohl zu schätzen. Zweimal (24 Fn; 166 Fn) wird Brentanos Verweis auf seinen katholischen und (trotzdem) disziplinierten Bankiers-Großvater als irrelevant zurückgewiesen: Bankiers »fremder Provenienz« (24), anders gesagt »fremdbürtige Händler und Bankiers« (166) hätte es »in der ganzen europäisch-asiatischen Welt« schon immer gegeben. In Brentanos Beispiel hatte freilich irgendwelche »Fremdbürtigkeit« keine Rolle gespielt, sondern die katholische Religionszugehörigkeit. In einer Fußnote (35 Fn) wird Brentano belehrt, was »Rationalisierung« bedeutet, in einer anderen (42 Fn) angemerkt, dass er alles Erwerbsstreben in einen Topf werfe und damit das Spezifische von Kapitalismus verfehle. Brentanos Ausführungen zur Entstehung von Kapitalismus, die oben im Kapitel über die historische Schule der Nationalökonomie referiert wurden, sind viel interessanter, als diese Bemerkungen Webers vermuten ließen.[19]

Es ist unklar, ob Weber andere Besprechungen, auf die er nicht geantwortet hat, mehr Freude machten – wie etwa die sehr positive und ehrerbietige des Berliner Pädagogik-Professors Ferdinand Jakob Schmidt (1905). Von ihm wird Webers Studie als Nachweis der Härte des kapitalistischen Geistes und der Notwendigkeit genommen, diese »dämonische Herrschaft der Sache über die Person« aufzuheben in der »Idee des lutherischen Protestantismus und des deutschen Idealismus überhaupt« (208). Schmidt entwickelt in mäandernden Wiederholungen, dass die Berufspflicht sich vom selbstsüchtigen Individualismus lösen und in der »Totalität« aufgehen müsse, die schließlich die des »Volkes« ist. Mag sein, dass das Webers Nationalismus ansprach, aber die sich andeutende Gegenüberstellung des hart kapitalistischen puritanischen England mit dem »idealistischen« Deutschland, die

---

19 Sombart wird, anders als Brentano, gelegentlich als positive Referenz genannt (RS I: 48f; 60f). Der kritischen Auseinandersetzung mit ihm dient die lange Fußnote zu Alberti (38ff Fn) und Franklin. Darüber ist hier in dem Exkurs zu Alberti nachzulesen.

im Ersten Weltkrieg eine wichtige Rolle spielte, wird nicht unbedingt das gewesen sein, was er unterstützen wollte.

Wissenschaftlich wird an den Debatten, die nicht enden können und zu keinem Ergebnis kommen, jedenfalls deutlich, dass sich mit historischen Beispielen nichts beweisen lässt. Da fällt immer wieder noch ein Beispiel ein, das dazupasst oder nicht, zu dessen Interpretation aber so viele Randbedingungen beachtet sein wollen, dass sich sofort weitere Forschungsfelder und damit zumindest vorläufige Unentscheidbarkeiten auftun. Wenn die Gültigkeit der Interpretation, um die es geht, nicht eng örtlich und zeitlich eingegrenzt wurde, tendiert der Vorrat an solchen Beispielen gegen unendlich – und auch der an Gegenbeispielen. Dabei ist nie ganz auszuschließen, dass einem »bei dem – übrigens unvermeidlichen – Betreten eines ihm nicht fachwissenschaftlich vertrauten Gebiets« Irrtümer unterlaufen. Nicht einmal die Bedeutung eines Grundbegriffs wie »Askese« lässt sich, wie das Beispiel zeigt, so klären. Das historistische Verfahren geht nicht auf. Entsprechend war Weber auch dauernd gezwungen, den Geltungsanspruch seiner Aussagen einzuschränken, zuletzt auf das Vorführen einer Möglichkeit, wie man den angenommenen Zusammenhang verstehen könnte, wenn er denn bestünde – worüber man nichts sagen kann. Zugleich spricht er aber von »Kausalität« und gerät auch sonst in Widerspruch zu solcher Vorsicht.

Was die Auseinandersetzungen für Beteiligte wie Leser so unangenehm macht, ist der Streit um das »Fachmenschentum«: Der Historiker nimmt wahr, dass da in seinem Fach und Spezialgebiet gewildert wird und weist den »Dilettanten« mit der Selbstsicherheit und Arroganz dessen zurück, der sein Revier gegen einen Übergriff verteidigt. Ähnlich geht es mit der Psychologie und der Philosophie. Der Soziologe, der historisch arbeitet, muss dagegen eine Expertise behaupten, die keine institutionelle Absicherung hat. Das alles steht noch im Rahmen von Auseinandersetzungen innerhalb der Geschichtswissenschaft – Below und Rachfahl gegen Lamprecht, also gegen eine neue Ausrichtung namens Sozialgeschichte – und innerhalb der Nationalökonomie – historische Schule gegen »reine Theorie«, dazu Divergenzen innerhalb: Weber gegen Brentano und Sombart. Um die Jahrhundertwende differenzierte sich die Philosophie endgültig in Einzeldisziplinen aus, darunter die von Weber und Simmel begründete »Soziologie«, eine durchaus umstrittene und in ihrem Status und ihrer Eigenständigkeit ungeklärte Spezialisierung (Kaesler 1984; Lichtblau 1996). Auf weite Strecken geht die Auseinandersetzung gar nicht um einzelne inhaltliche Punkte, sondern um solche Status-Fragen.

Hundert Jahre empirische Forschung: Widerlegungen und Fortführungen

»Große Erzählungen« muss man in erster Linie historisieren und reflexiv interpretieren. Aber das schließt nicht aus, dass die zugehörigen Untersuchungen handwerklich solid gearbeitet sein sollten und dass man verlangen kann, sich auf die behaupteten Fakten, die erwähnt werden, verlassen zu können.[1] Das gilt auch für die »Weber-These« – die schließlich mit dem Anspruch vorgetragen wurde, eine historische Wirklichkeit nachzuzeichnen, und die auch heute noch so gelesen wird. Es wurde und wird daher immer wieder versucht, empirische Materialien beizubringen, die sie stützen oder widerlegen – das meiste davon mit dem Ergebnis, dass sie eher nicht stimmt. Zusätzliche Empirie wäre schon deshalb nötig, weil die von Weber selbst vorgelegte dürftig bis irreführend ist. Nur ist solche Umsetzung einer »These« in Beobachtbares nicht so einfach. Das negative, aber genauso das positive Ergebnis einer Untersuchung kann immer daran liegen, dass die »Operationalisierung« unangemessen ist.

---

[1] Hier haben wir es mit der Situation zu tun, die in den Einleitungen zu verschiedenen Aufsätzen zu Weber entschuldigend mit »unüberschaubare Literatur« und »ganze Bibliotheken« umschrieben wird. Wenn man ein einfaches Kriterium anwendet, nämlich ob Daten erhoben wurden oder ob über Lese-Erfahrungen mit Weber räsoniert wird, reduziert sich die »Unüberschaubarkeit« schnell und drastisch. – Ich habe mich vor Jahren bei der Foucault-Gemeinde mit der Frage unbeliebt gemacht: »Ist es denn aber auch wahr, Herr F.?«, und stehe nicht an, auch die Weber-Soziologie damit zu irritieren. Bei Foucault förderte die Frage immerhin den Befund zutage, dass er die in *Überwachen und Strafen* verwendeten Quellen recht willkürlich ausgewählt und Äußerungen aus zeitlich und sozial getrennten öffentlichen und weniger öffentlichen Diskussionen zu einem »Diskurs« zusammengestellt und damit die unterschiedlichen Ideen – und Konflikte darum – vernachlässigt hatte, die es in der Frage des Gefängnisses damals in Frankreich gab. Vgl. Steinert (1978, 1983), sowie das Foucault-Kapitel in Treiber und Steinert (1980/2005). Auch Adornos ziemlich freie Assoziationen über Jazz-Musik mussten es sich gefallen lassen, auf die Probleme ihres Autors zu der Zeit, als er sie hatte, zurückgeführt zu werden (Steinert 1992/2003). Die »Protestantische Ethik« ist für solche Fragen ebenfalls nicht sakrosankt.

So wurde und wird zum Beispiel, in Umsetzung der populären Form der »These« und zumindest ermutigt vom ersten Kapitel der »Protestantischen Ethik«, gern untersucht, ob tatsächlich Protestanten anders arbeiten und leben als Katholiken oder etwa Leute, die einen Shinto-Schrein besuchen. Letztere waren besonders interessant in den 1980ern, als in Japan die kapitalistische Wirtschaft zu blühen schien und Manager wie Industriesoziologen nach Japan pilgerten, um dort die Vorteile der *lean production*, also eine erste Blüte der neoliberalen Produktionsweise zu studieren. Seit die Blase in Japan schon in den 1990ern platzte, überzeugen und interessieren uns die »konfuzianischen Werte« deutlich weniger, die für fleißige, dem Betrieb ergebene, genügsame Arbeitskräfte verantwortlich sein sollten und auf die das »fernöstliche Wirtschaftswunder« gern zurückgeführt wurde.[2]

Es lässt sich leicht zeigen, dass solche Untersuchungen mit den Annahmen, die sich im Text der »Protestantischen Ethik« tatsächlich finden, nichts zu tun haben. Dort wird nämlich, wie erinnerlich, die These, der »Geist des Kapitalismus« sei als unbeabsichtigte Nebenfolge aus dem »asketischen Protestantismus« entstanden, streng auf das 17., vielleicht noch 18. Jahrhundert eingegrenzt, danach sei der moderne Kapitalismus selbsttragend geworden und brauche keine religiöse Unterstützung mehr. Diese Art von heutiger Empirie sagt also nichts über die Triftigkeit dessen, was Max Weber seinerzeit geschrieben hat, sondern nur etwas über eine grobe Verallgemeinerung, die aus Webers späterer Annahme eines spezifisch »okzidentalen Rationalismus« eine generelle »Überlegenheit der westlichen Werte« herausgelesen hat. Große Unruhe daher, wenn in Regionen mit nicht so »westlichen Werten« wie Japan, Korea und neuerdings sogar in einem kommunistischen China erfolgreich kapitalistisch gewirtschaftet wird. Für solche imperialistischen Annahmen ist Ideologiekritik zuständig. Sie mit großen Kosten und zweifelhaften Methoden »empirisch« zu untersuchen, ist danach ziemlich überflüssig.

Erst neuerdings finden sich quantitative Untersuchungen dieser Art, die mit *historischen* Statistiken arbeiten – wobei man freilich meist nicht allzu wählerisch sein darf, aus welchen Jahrzehnten, wenn nicht Jahrhunderten die Zahlen stammen: Man muss nehmen, was man finden kann, und oft sind das halt die »ältesten verfügbaren« Statistiken, zum Beispiel von Anfang

---

2 Robert Bellah (1957) hat schon in Reaktion auf einen ersten Wirtschaftsaufschwung in Japan dort eine »konfuzianische Ethik« als funktionales Äquivalent zur protestantischen in Europa identifiziert. Vgl. dazu auch Schwentker (1998); zum neuen Schub an Japan-Interesse unter den Weber-Forschern Mommsen und Schwentker (1999), Conrad (2004).

des 19. Jahrhunderts. Die Untersuchung von Becker und Wößmann (2007) wurde oben schon referiert: Mit historischen Zahlen aus der Zeit Max Webers lässt sich über die Landkreise des Deutschen Reichs ein Zusammenhang zwischen Anteil der Protestanten und wirtschaftlichem Erfolg zeigen, der allerdings durch das Bildungsniveau vermittelt ist. Interessant ist eine analoge, allerdings viel krudere Untersuchung von Delacroix and Nielsen (2001), in der über die europäischen Staaten de facto ebenfalls für das 19. Jahrhundert derselbe Zusammenhang mit durchgängig negativem Ergebnis untersucht wird. Die Arbeit ist zunächst interessant durch ihre offene Ungeduld mit den feinziselierten Weber-Interpretationen, die empirische Widerlegungen wegerklären, indem sie behaupten, so hätte Weber das gar nicht gemeint. Sie geht daher von einem »gängigen Verständnis« (der *common interpretation*) der »Weber-These« aus, wonach Protestantismus (im Gegensatz zu Katholizismus) in Europa zu einem früheren Einsatz der industriellen Revolution und in der Folge zu größerem kapitalistischen Wohlstand geführt hätte. Dazu werden in historischen Statistiken Indikatoren gesucht und über (11 bis 16) nationalstaatliche Einheiten die Korrelationen gerechnet.[3] In den protestantischen Ländern, so findet sich, wird mehr gespart und die Kindersterblichkeit war ab 1900 (nicht davor) niedriger, sie sind aber nicht reicher und haben keine bessere industrielle (Eisenbahnen) und finanzkapitalistische (Börsen, Banken) Infrastruktur. Falls das nicht ohnehin Methoden-Ar-

---

3 Die summarische Darstellung der Ergebnisse findet sich in Tabelle 4, Seite 530. Es versteht sich, dass bei einer so geringen Zahl von Einheiten die Korrelationen extrem unverlässlich sind; da helfen auch Signifikanztests nicht viel. Einige technische Probleme kommen hinzu: Der Anteil der Protestanten wird als kontinuierliche quantitative Variable behandelt, obwohl die Staaten Europas historisch sehr klar in drei Gruppen fallen (wie in Graphik 1, S. 523, anschaulich dargestellt): die nördlichen Staaten mit fast keinen Katholiken, die romanischen Staaten plus Österreich und Irland mit fast keinen Protestanten und dazwischen drei Staaten mit um die 50% Protestanten, nämlich Deutschland, die Schweiz und die Niederlande. Damit einen Korrelations-Koeffizienten (nach Pearson) zu rechnen, der eine Normalverteilung der Daten voraussetzt, ist einfach mathematischer Unfug, und selbst der Rang-Koeffizient (nach Spearman) ist noch riskant. Auch auf der anderen Seite der Variablenreihe, bei den Wirtschaftsstatistiken, deren internationale Vergleichbarkeit selbst heute noch ein Problem ist, wäre es ebenfalls sinnvoll, lieber mit groben Kategorien zu arbeiten. Es ist – außer durch die Tatsache, dass geläufige Statistik-Programme die quantitativen Koeffizienten routinemäßig auswerfen, ohne sich um ihre statistische Sinnhaftigkeit zu kümmern – nicht erklärlich, warum keine qualitativen Koeffizienten gerechnet wurden. Die unterschiedliche Zahl der nationalstaatlichen Einheiten durch manchmal nicht verfügbare Statistiken in den Berechnungen macht ein weiteres Problem der Vergleichbarkeit.

tefakte sind, sprechen die Ergebnisse jedenfalls nicht für die »Weber-These«.

Ähnliche Korrelationen, freilich nicht mit historischen Indikatoren, sondern mit zeitgenössischen, lassen sich für die Staaten der USA oder sogar weltweit rechnen.

Protestantische-Ethik-Skalen und andere Vermessungen

Die Psychologie hat dazu in der Moralforschung Skalen und Tests entwickelt (die gern auch in der Personalauswahl verwendet werden sollen), darunter eine »Protestantische Ethik Skala« (PES) (Doll und Dick 2000; Maes und Schmitt 2001), oder allgemeiner (und kommerzieller) ein »Leistungsmotivationsinventar (LMI)«, bestehend aus 170 items, die zehn Dimensionen zugeordnet sind, in 35 Minuten zu bearbeiten (Schuler und Prochaska 2001). Heute werden damit lieber die Unterschiede zwischen West- und Ostdeutschen untersucht (Ostdeutsche liegen darin höher), aber in Übereinstimmung mit den US-amerikanischen Vorläufern (etwa Beit-Hallahmi 1979; Furnham 1984; Jones 1997; ähnlich auch in Australien: Ray 1982) findet sich kein konsistenter Unterschied zwischen Katholiken und Protestanten. Das muss er nach Weber heute auch nicht – obwohl Weber selbst in seinem ersten Kapitel die Forschung energisch in diese Richtung gelenkt hat.

Manche erinnern noch den einfallsreichen David McClelland, der schon in den 1950ern ein inhaltsanalytisches Verfahren entwickelt hat, um in Erzählungen ein »Leistungsmotiv« (*n-Achievement*) zu identifizieren.[4] Er behauptete, das Verfahren auch umkehren zu können und die Leistungsmotivation zu erhöhen, indem er Leuten beibrachte, ihre Erzählungen, also Phantasien, mit den entsprechenden Indikatoren anzureichern. Am kühnsten setzte er das ein, indem er eine Gruppe indischer Geschäftsleute so unterrichtete. Er berichtete, sie seien anschließend auch tatsächlich geschäftlich

---

4 Um an Erzählungen zu kommen, verwendete er den Thematischen Apperzeptions-Test (TAT), also mehrdeutige Bild-Vorlagen, zu denen Geschichten erfunden werden sollen, ursprünglich als Persönlichkeitstest konzipiert. Es war dann naheliegend, das Auswertungsverfahren auch auf andere Texte, zum Beispiel auf die Geschichten in Schulbüchern anzuwenden, was unter anderem historische oder kulturvergleichende Untersuchungen möglich macht. Die beiden anderen Motive, die ihn interessierten, waren Macht (*n-Power*) und Zugehörigkeit (*n-Affiliation*) (McClelland 1961; McClelland and Winter 1969).

erfolgreicher geworden.⁵ In historischen Vergleichen habe sich eine Korrelation zwischen Leistungsmotiven in Schulbuch-Geschichten und Wirtschaftswachstum zeigen lassen (Bradburn and Berlew 1961). Hier wäre ein besonders interessanter Ansatz, um »protestantische Ethik« mit kapitalistischem Erfolg in Zusammenhang zu bringen – vorausgesetzt, sie lässt sich wirklich in »Leistungsmotivation« übersetzen. Zumindest wäre es witzig, Baxters *Christian Directory* im Vergleich zu katholischen Anweisungen zum richtigen Leben nach McClellands Indikatoren dafür zu untersuchen.

Wie schon diese kruden Beispiele zeigen, hatten und haben alle Versuche, die »Weber-These« mit zusätzlichen empirischen Materialien anzureichern, das Problem, dass sich nicht so einfach sagen lässt, was diese These genau und dann noch gar operationalisierbar, also in beobachtbare Daten übersetzt, eigentlich sein mag. Naheliegend ist es immerhin, das religiöse Leben puritanischer Sekten genauer anzusehen. Aber was daran wichtig zu beobachten ist, bleibt interpretationsbedürftig: * die methodische Lebensführung, aber wie? – so wie sie gepredigt oder in autobiographischen Texten dargestellt wurde oder wie sie real aussah? * der kapitalistische Geist, aber wie? – als die Ratschläge und Anweisungen dazu in religiösen Texten oder als die realen wirtschaftlichen Aktivitäten und ihr Erfolg? * Und wie stellt man eine Verbindung zwischen (welchen?) religiösen Praxen und wirtschaftlichen Aktivitäten einigermaßen verlässlich fest? * Jenseits dieser Handlungsebene: Wie lässt sich historisch etwas darüber ausmachen, wie das alles zur Durchsetzung einer neuen Produktionsweise, also zu einer Umwälzung auf der Ebene von Gesellschaftsstruktur, beigetragen haben mag? Alle an der Wirklichkeit interessierten Forschungen haben daher im Kontext der »Protestantischen Ethik« die erste Aufgabe, die »These« so umzuformulieren, dass sich konkrete Beobachtungen zu ihr in Beziehung setzen lassen.

Die Interpretation religiöser Texte

»Konkrete Beobachtungen« könnten sich dabei ruhig auch auf Texte beziehen: Nach einem heutigen Methoden-Verständnis hat Weber die Texte, die er verwendete, allerdings nicht *interpretiert*, sondern nur seine Annahmen und Behauptungen durch passende Zitate daraus *illustriert*. Selbst zu Ri-

---

5 Nicht kontrolliert wurde dabei freilich, welchen Effekt vorweg die Selbstauswahl und nachher die Bekanntschaft mit den anderen Teilnehmern – heute hieße das Netzwerk oder Sozialkapital – hatte.

chard Baxter, mit dessen Büchern *Christian Directory* (1673) und *The Saints' Everlasting Rest* (1649) Weber einen großen Teil des fünften Kapitels bestreitet, ließe sich also noch einiges nacharbeiten. MacKinnon (1988a, b) hat das getan – mit einem verheerenden Ergebnis: Weber stelle Baxter fälschlich als Vertreter der Prädestinationslehre dar, während er tatsächlich – wie der Puritanismus nach der Westminster Confession (1647) allgemein – diese Position verlassen habe.[6] Und im Begriff des »Calling« gehe es Baxter durchaus um geistliche Übungen und die Verpflichtung dazu, nicht um innerweltliche. Er zeigt an verschiedenen Beispielen, wie Weber Baxter-Aussagen, an denen das deutlich wird, umgangen und umgedeutet habe. Schon theologisch habe also im Calvinismus der zweiten Hälfte des 17. Jahrhunderts keine Verpflichtung zu disziplinierter innerweltlicher Berufstätigkeit bestanden, es hätte auch keine »Heilsprämie« darauf gegeben.[7] Man kann diesem Befund MacKinnons hinzufügen, dass in dem anderen, früheren Werk von Baxter, auf das sich Weber beruft – und das von Weber-Forschern offenbar noch seltener tatsächlich gelesen wird als das umfangreiche *Directory* –, *The Saints' Everlasting Rest*, berufliche Arbeit überhaupt nicht vorkommt. Schon die Tatsache, dass hier der Zustand der ewigen Seligkeit als »Rast« oder »Ruhe« dargestellt wird, macht unermüdliches Tätigsein zu einem Fluch und zu einer Ablenkung von der Kontemplation Gottes. Alle Übungen, die empfohlen werden, sind geistliche Exerzitien. Der Unterschied zwischen den beiden Büchern Baxters mag damit zu tun haben, dass das eine deutlich vor, das andere weit nach 1660 und den entsprechenden auch theologischen Umbrüchen liegt.

---

6 Weber selbst betont, dass man ihn nicht mit Calvin-Zitaten belästigen solle: Er spreche vom Calvin*ismus* des 17. Jahrhunderts – und das sei etwas ganz anderes. MacKinnon fordert hier eine weitere Phasen-Differenzierung innerhalb des Puritanismus ein.

7 Zaret (1992) hat gegen MacKinnon eingewandt, er polarisiere zu stark zwischen Calvin und dem Calvinismus. Tatsächlich enthielten *beide* Elemente von Determinismus *und* Voluntarismus, die je nach Fragestellung verschieden betont würden. Man dürfe von Glaubenssystemen keine Widerspruchsfreiheit erwarten. Auch die Calvinisten hätten also mit der metaphysischen Angst zu kämpfen gehabt, ob sie auserwählt seien oder nicht. MacKinnon (1994) hat das mit einer weiteren Text-Analyse, diesmal der »Savoy Declaration« von 1658, beantwortet und darauf hingewiesen, dass die Frage, ob es um geistliche oder innerweltliche »Werke« gehe, von Zarets Kritik nicht berührt werde. Dass es den Puritanern vor allem um geistliche, spirituelle Disziplin ging, dürfte heute unter Historikern Konsens sein. – Vgl. Schröder (1995: 464ff); Ghosh (2003) ist das so selbstverständlich, dass er in der Rekonstruktion von Webers Verständnis von »Puritanismus« die »innerweltliche Askese« gar nicht vorkommen lässt.

Die in der Weber-Literatur manchmal anzutreffende Vorstellung, im Calvinismus sei weltlicher Erfolg als Hinweis auf geistliche Auserwähltheit verstanden worden, findet bei genauer Prüfung keine Bestätigung. Die Puritaner blieben bei der traditionellen christlichen Idee, dass leichter ein Kamel durch ein Nadelöhr geht, als dass ein Reicher in den Himmel kommt, und haben sie eher noch verstärkt. Hyma (1937) hat an die sechzig protestantische und reformierte Glaubensbekenntnisse ausgewertet und nur einige wenige Beispiele gefunden, in denen Beruf oder Arbeit überhaupt vorkamen – und wenn, dann ging es um Arbeit zum Wohl anderer und der Gemeinde. Die Betonung von »Beruf« hat immer bedeutet, dass alle, besonders aber die niederen Arbeiten vor Gott die gleiche Würde haben.[8] Constantin (1979) hat in einer Auswertung von amerikanischen puritanischen Quellen des 17. und 18. Jahrhunderts gefunden, dass zunehmend dieses egalitäre Verständnis von »Beruf« in Widerspruch zum »Geist der Industrie« (*spirit of manufacturing*; 561) geriet und ihm die »traditionellen Handwerkstugenden« entgegenhielt. Der puritanische Begriff von »Beruf«, der sich vom traditionell christlichen nicht wesentlich unterschied, stellte keinen Übergang zum Begriff der unternehmerischen oder der Fabrikarbeit dar, geschweige denn, dass er ihn beförderte, sondern konnte im Gegenteil den verbreiteten Widerstand gegen die neue Disziplin der Arbeit unterstützen.

Ohnehin bekommt man bei der Beschäftigung mit der Historiker-Literatur über Calvinismus den Eindruck, dass der Gedanke, weltlicher Erfolg habe als Nachweis für Auserwähltheit gegolten, eine späte Unterstellung durch Soziologen sein muss, die sich nicht vorstellen können, wie man mit der Prädestinationslehre leben kann, zumindest in der strengen Form – wie sie nach Calvin ohnehin nicht mehr vertreten wurde. Jedenfalls findet man keinen Beleg dafür, hingegen etliche (zum Beispiel Hudson 1961; Van Stuijvenberg 1975), in denen die Idee nachdrücklich zurückgewiesen wird.

Calvinismus, die wichtigste der Richtungen, die Weber im Puritanismus unterscheidet, ist nicht nur von der Härte des Bildes von Gott und der Welt,

---

8 Lessnoff (1994) findet in einer Auswertung von Katechismen, dass in der Interpretation des 8. Gebots die Achtung vor dem (redlich erworbenen) Reichtum der anderen gelegentlich betont werde – oft auch nicht. So methodisch richtig und interessant es ist, eine bestimmte Literaturgattung möglichst komplett auszuwerten, so unbefriedigend ist es, wenn dabei nur die wenigen für die These positiv auslegbaren Beispiele ohne Gegenproben, also ohne Vergleiche mit anglikanischen, lutherischen oder gar katholischen Katechismen, hervorgehoben werden. Nicht beachtet ist auch, dass die Katechismen vielleicht nicht unabhängig entstanden, sondern von einander oder einem gemeinsamen Vorbild abgeschrieben sind.

das Calvin hatte, weit abgerückt, er hat sich im 17. Jahrhundert und danach noch weiter verändert, und das immer im Sinn einer Abschwächung. Howe (1972) spricht davon, dass er schließlich in einen »protestantischen Humanismus« auslaufe. Die puritanische Revolution, der Bürgerkrieg und die monarchische Restauration nach 1660 markieren einen Einschnitt auch in der puritanischen Theologie. Diese Unterschiede und Entwicklungen nicht zu beachten, macht eine Darstellung von Puritanismus zumindest unvollständig.

Noch wichtiger wäre zweifellos Material, das etwas zur *Praxis* von Religion wie Wirtschaft aussagt, die mit solchen Texten wie immer verbunden war. Nicht erst in den »Ergebnissen«, sondern schon im Versuch der Operationalisierung stößt man auf Unklarheiten, Einseitigkeiten, Lücken und sonstige Schwächen der Theorie oder gar den Befund, sie lässt sich überhaupt nicht auf Beobachtbares beziehen. Je größer eine »Große Erzählung« ist, umso mehr neigt sie zu dieser Fehlform.

Die politischen und wirtschaftlichen Randbedingungen

Noch vor der strikten Prüfung von Thesen ist es freilich in der Wirtschaftsgeschichte interessant, sich den größeren Zusammenhang der Ökonomie zu der Zeit, um die es geht, vor Augen zu führen, um in diesem Kontext ein Phänomen wie die Puritaner und ihre Revolution einordnen zu können. Ergänzt wird das von Information darüber, wie sich die puritanische Bewegung in ihrer Geschichte veränderte, besonders als sie (kurz) die politische Macht in England hatte und als sie sie (nach 1660) auf Dauer verlor. Dazu hat der Empiriker, egal welcher Disziplin, Soziologie oder Geschichtswissenschaft, den ersten Impuls, sich genauer vorstellen zu wollen, wie das Leben in den verschiedenen puritanischen Sekten im Alltag tatsächlich verlief. Es ist erstaunlich, dass Max Weber alle diese Impulse offenbar überhaupt nicht gehabt hat: Das Schriftgut an theologischen Texten genügte ihm.

Historiker hingegen haben sich dieser Fragen angenommen – besonders früh, nämlich 1922 in Vorträgen, 1926 in einem Buch Richard H. Tawney, damals eine prominente Figur in der englischen Arbeiterbildung, später auch Professor für Wirtschaftsgeschichte in London (Whimster 2007). Ein anderer war Hector M. Robertson (1933), Lecturer in Leeds und dann in Kapstadt.

Tawney hat seine Studie ähnlich groß angelegt wie Weber und ähnliche Materialien verwendet, aber er wählt einen anderen Ausgangspunkt: die wirtschaftliche Malaise des 16. Jahrhunderts in ganz Europa und den Aufschwung des 17. Jahrhunderts – in England besonders nach der Revolution. Dazu macht er eine scharfe Unterscheidung zwischen Puritanismus vor und nach 1640–60, also zwischen Puritanismus in der Offensive und an der Macht und Puritanismus nach der Niederlage, in der monarchischen Restauration. Diese Grenze zwischen einem selbstbewussten, offensiven, theokratischen Puritanismus vor 1660 und einem ernüchterten, quietistischen, unpolitischen, aufs Private, darunter neben dem Glauben auf das Geschäftliche konzentrierten danach zu ziehen, ist in der englischen Geschichtsschreibung eigentlich Standard (Lehmann 1988, besonders 540f). Tawney korrigiert damit zwei erstaunliche blinde Flecken Webers, ohne deshalb aber Weber explizit in Frage zu stellen. Das Buch hat im Gegenteil viel dafür getan, Max Weber in England bekannt zu machen. Es ist eines der Beispiele für den merkwürdigen Modus der Kritik, der in der Sache zeigt, dass Weber falsch lag, aber unermüdlich betont, wie bedeutend die Arbeit trotzdem war und ist.

Robertson (1933) agiert geradliniger: Er zeigt einerseits, dass Luthers und Calvins Begriff von »Beruf« durchaus dem traditionellen, katholischen entsprach, und er zeigt andererseits, dass der puritanische Begriff davon sich erst im 18. Jahrhundert in den Schriften ausbreitet – und selbst dort die weltliche Arbeit zwar Pflicht ist, aber nicht zu viel Zeit von den wichtigeren geistlichen Pflichten abziehen darf. Auch hier, im 18. Jahrhundert, findet er zahlreiche Belege aus katholischem Schrifttum, die den puritanischen weitgehend entsprechen. Er findet vor allem die »jesuitische Ethik« mindestens so gut geeignet, die Rolle zu übernehmen, die Weber der protestantischen, genauer, der puritanischen zuschrieb. Und er steht nicht an, eindeutig festzuhalten, dass Weber eine falsche Idee in die Welt gesetzt habe, die mit den historischen Fakten nicht übereinstimme.

In diesen beiden frühen Arbeiten sind schon fast alle Elemente präsent, die zur Korrektur von Webers Darstellung des Puritanismus und seiner Wirtschaftsethik vorzubringen sind: Es gibt nicht *einen* Puritanismus, sondern man muss seine Phasen streng unterscheiden. Erst in und nach der Revolution und Niederlage 1640–60 wurde aus einem doktrinären Puritanismus mit Ambitionen auf die Errichtung eines Gottesstaats eine tolerante Religiosität, die Konzessionen an die weltlichen Notwendigkeiten machte. Neben dem politischen ist das wirtschaftliche Umfeld zu berücksichtigen, das vielfältige Einflüsse auf die Entwicklung von Kapitalismus ausübte. Das Verständnis von »Beruf« und die Fähigkeit, den Alltag der Mitglieder zu regulieren, unterscheiden sich nicht zwischen spätem Puritanismus und Katholizismus. Hinzuzufügen ist: Ein »Geist des Kapitalismus« ist auch katholisch und auch schon vor dem Puritanismus auszumachen. Dieses Argument wurde besonders von Fanfani (1934) geführt. Man könnte schließen, dass damit – und das sind alles keine spezialistischen Einwände, sondern mehr Hinweise auf historisches Standardwissen – Webers Ideen die empirische Grundlage entzogen ist.

Wäre es danach gegangen, die empirische Evidenz abzuwägen, hätte in den 1940ern mit der »Weber-These« Schluss sein können. Nichts dergleichen geschah. Man kann noch viele Jahre später in Kritiker-Äußerungen das ungläubige Staunen über diese Hartnäckigkeit des Weiterbestehens hören: Pellicani (1988: 85) etwa zählt in seinem Resumé die Reihe der Historiker auf, die alle »wiederholt betont« hätten, es handle sich dabei um eine »ernsthafte Verzerrung der Geschichte«. Trotzdem werde »Webers Hypothese als empirisch belegte Theorie angesehen, während sie tatsächlich allem widerspricht, was in der Geschichtsschreibung über den Calvinismus und seine langfristigen Auswirkungen an sicherem Wissen gewonnen wurde«.

In der Antwort von Oakes (1988/89) auf Pellicani finden sich die typischen Konter gegen solche Kritik: Die Beispiele für »Geist des Kapitalismus« schon im Mittelalter beträfen allesamt einen »Abenteurerkapitalismus« und nicht die disziplinierte, »rationale« Haltung von Berufsarbeit, die ihn eigentlich ausmache. Und die theologischen Erwägungen zu Wucher, Reichtum und Erwerbsarbeit seien nicht entscheidend: Nur die tatsächliche Haltung von zuverlässiger, ausdauernder Arbeit unabhängig vom Erwerbszweck, vielmehr als ethische Pflicht, also das, was Weber »innerweltliche Askese« nennt, mache den »Geist des Kapitalismus« aus. Der sei als paradoxer oder Nebeneffekt von »Arbeit als Beruf« entstanden und nicht als unmittelbar wirtschaftliche Doktrin. Als Hilfsargument brauchen diese Konter gewöhnlich den Vorwurf, der jeweilige Kritiker habe Weber zu wenig[9] oder falsch gelesen.

---

[9] Eine Zeit lang war es im Englischsprachigen üblich, hier besonders die »Antikritiken« anzuführen, die lange nicht übersetzt waren. Oakes (1988/89: 82) nennt außerdem noch den von mir als »sechstes Kapitel« bezeichneten »Sekten«-Aufsatz und wirft Pellicani summarisch vor, beides nicht berücksichtigt zu haben. Er sagt nicht, was sich dadurch am Argument geändert hätte. Beliebt war als zusätzlicher Konter ein Verweis auf den »Objektivitäts«-Aufsatz, in dem Webers besondere Methode erklärt werde, die simple Empirie-Anforderungen ohnehin als ignorant und »Thema verfehlt« entlarve. Übrigens

Diese Konter benennen zutreffende Punkte, haben nur den Nachteil, dass Weber selbst sich nicht daran gehalten hat: Er argumentierte selbst mit Hinweisen auf die expliziten Lehren von Katholiken wie Puritanern zu Gelderwerb und Reichtum. Im fünften Kapitel der »Protestantischen Ethik« wird gezeigt, dass im Puritanismus Reichtum traditionsgemäß als schwere Gefahr für die Seligkeit gesehen, dann aber doch zugelassen bis ermuntert wird: Baxter wird zitiert mit: »Wenn Gott Euch einen Weg zeigt, auf dem Ihr ohne Schaden für Eure Seele oder für andere in gesetzmäßiger Weise *mehr gewinnen könnt* als auf einem anderen Wege und Ihr dies zurückweist und den minder gewinnbringenden Weg verfolgt, dann *kreuzt Ihr einen der Zwecke Eurer Berufung* ...« (RS I: 176). »Die innerweltliche protestantische Askese – so können wir das bisher Gesagte wohl zusammenfassen – sprengt die Fesseln des Gewinnstrebens, indem sie es nicht nur legalisierte, sondern ... direkt als gottgewollt ansah.« (190) John Wesley wird mit dem Ausspruch zitiert: »*Wir müssen alle Christen ermahnen, zu gewinnen was sie können und zu sparen was sie können, das heißt im Ergebnis: reich zu werden.*« (197) Schließlich: Der Puritanismus erzeugte »ein ungeheuer gutes – sagen wir getrost: ein *pharisäisch* gutes – Gewissen beim Gelderwerb ...« (198).

Wer so argumentiert, muss damit rechnen, dass ihm Aussprüche (nicht zuletzt von demselben Baxter, den Weber selektiv zitiert) entgegengehalten werden, in denen dieser Erwerb von Reichtum nur dazu dienen darf, damit Gutes zu tun, und nicht so weit gehen darf, dass er von den religiösen Pflichten ablenkt. Jedenfalls kann er sie dann nicht damit zurückweisen, dass er behauptet, darum gehe es gar nicht. Die konsequente These der paradoxen oder Nebenwirkung müsste vielmehr darauf bestehen, es sei völlig egal, was in den theologischen oder seelsorgerischen Texten über Gewinn und das Streben danach gesagt werde. Es komme einzig darauf an, dass *tatsächlich* die Haltung der disziplinierten, »beruflichen« Arbeit erzeugt werde.

Die zusätzliche Annahme ist, solche Arbeit bringe vermehrt Wohlstand und sogar Reichtum hervor, der wiederum als Kapital, also für die Anschaffung von Produktionsmitteln und den Einkauf von Arbeitskraft eingesetzt wird – und das mit wirtschaftlichem Erfolg. Wenn man das plausibel machen will, sind die theologischen Texte irrelevant und nutzlos. Nötig wäre vielmehr der empirische Nachweis, dass die Puritaner von ihrer religiösen Organisation mehr als andere zu solchen unternehmerischen Initiativen veranlasst wurden – und dass sie damit mehr wirtschaftlichen Erfolg hatten als

---

sind diese Konter nicht originell: Weber selbst hat sie in den »Antikritiken« schon vorexerziert.

ihre Konkurrenten, so dass sich diese Art von Wirtschaften auch bei ihnen durchsetzte.

Die Mechanismen dieser allgemeinen Durchsetzung bräuchten noch ein weiteres Gerüst von Thesen, die Weber gar nicht anspricht: Es ist ja durch nichts garantiert, dass disziplinierte, unermüdliche unternehmerische Arbeit mehr Erfolg hat als die, die Weber als »traditional« beschreibt. Schon gar nicht ist sie unbedingt profitabler als die Unternehmungen des Abenteurer-, Raub- oder Spekulationskapitalismus, den es immer gegeben haben soll, der aber gerade in der Zeit der »ursprünglichen Akkumulation« im Übersee-Kolonialismus wie bei den inländischen Bauernvertreibungen zugunsten von zum Beispiel Wollproduktion oder im Fernhandel besonders blühte. Allenfalls wären Randbedingungen der allgemeinen Wirtschaftslage vorstellbar, unter denen das zutrifft – die wären aber für eine Theorie der Entstehung von Kapitalismus aus dieser disziplinierten Haltung auszubuchstabieren. Selbst dann ist es nicht selbstverständlich, dass sie von allen übernommen würde: Man könnte etwa in einzelnen Branchen oder als einzelner Unternehmer »traditional« weiterarbeiten und mit einem kleineren Profit auch zufrieden sein. Dass die disziplinierte Lebensweise jenseits der religiösen »Heilsprämie« besonders attraktiv gewesen sein könnte, nimmt Weber nicht an, es spricht auch historisch nichts dafür. Sie müsste sich also über ihren »Erfolg«, nach einer Art darwinistischen Auslese allgemein durchgesetzt haben.

Für alle diese Fragen, die sich aus der »Weber-These« ergeben, wenn man sie ernst nimmt, kann man aus religiösen Traktaten nichts gewinnen. Die Information, die er wirklich benötigt hätte, hat Weber nicht einmal angesprochen, stattdessen Textbeispiele in einer Weise verwendet, die seinem eigenen Modell widersprechen. Neben einer gedanklichen Verwirrung hat das zur Folge, dass nachfolgende Forschung sich erst einmal ihre Umformulierung der Theorie herstellen muss, nach der sich relevante historische Tatsachen finden ließen. Was Weber selbst getan hat, ist dafür kein gutes Vorbild.

Weber ist auch kein Vorbild im Umgang mit der Frage nach den allgemeinen wirtschaftlichen und politischen Umständen der Zeit, in der Puritanismus die Produktionsweise umgestürzt haben soll. Wie auch MacKinnon (1993: 236ff) zusammenfasst, hat Weber kein Problem damit, wirtschaftliche und politische Randbedingungen für die Entstehung von Kapitalismus anzuerkennen, innerhalb derer erst die Berufshaltung der Puritaner wirksam geworden wäre. Damit macht er sich freilich die Sache insofern etwas leicht, als er ja nicht damit angetreten ist, irgendeinen unbedeutenden weiteren Einfluss identifiziert zu haben, der auch ein Weniges zur Entstehung von Kapitalismus beigetragen haben mag, vielmehr die entscheidende zweite Komponente, die zur Verfügbarkeit von großen Geldmengen hinzukommen müsse, damit diese Produktionsweise entstehen kann: den »Geist des Kapitalismus«, der aus der Lebensweise des Puritanismus entstanden sei. Insofern könnte er zwar alles akzeptieren, was dazu geführt hat, dass große Geldmengen verfügbar wurden, nicht aber Hinweise auf frühe industrielle Aktivitäten oder auf Regionen mit Calvinismus, aber ohne solche Produktion, wie sie MacKinnon reichlich referiert. Durch sie wird die »Weber-These«, wenn nicht als ungültig erwiesen, so doch in ihrer Bedeutung auf ein nicht besonders relevantes Residuum heruntergespielt. Wirtschaftshistoriker fragen sich dann zurecht, warum sie sich mit dieser Petitesse abmühen sollen, statt das zu bearbeiten, was an den großen Linien noch zu erforschen ist.

Puritanischer Alltag

Leute, die an der wirklichen Wirklichkeit interessiert sind, möchten – angeregt durch die »Weber-These« – sich einfach genauer vorstellen können, wie diese Puritaner in ihren Sekten alle Tage gelebt haben. Hat die metaphysische Angst, die Weber unterstellt, sie niedergeschlagen und zu freudlosen, verdrückten Moralbolzen gemacht, oder haben sie sich irgendwann doch zu der Überzeugung durchgerungen, dass sie schon auserwählt sein werden, und sie damit stolz und selbstbewusst und anderen gegenüber herablassend werden lassen? Und wie gestaltet sich denn der Umgang zwischen solchen Auserwählten? Und vor allem: Wie gehen sie denn bei sich selbst und anderen mit den »Ausrutschern«, den »Sündenfällen« um, mit den Versuchungen, die immer wieder auftreten und denen sie nicht ausnahmslos widerstehen wollen, oder gar mit den verbotenen Gewohnheiten, von denen sie aber nicht lassen können? Mit solchen Fragen verlässt man das an »Empirie«, was Weber vorgegeben hat. Die Wirklichkeit von religiösem Leben mit seinen Ausklammerungen, Kompromissen und Scheinheiligkeiten hat Weber nicht interessiert.

Historisch ist es bekanntlich einfacher, etwas über die Haupt- und Staatsaktionen der Herrschenden zu erfahren, als über den Alltag von einfachen Leuten, der nicht dokumentiert wird. Tagebücher und Autobiographien sind, mit der nötigen Vorsicht interpretiert, eine Quelle für solche Einsichten. Kaspar von Greyerz (1990) hat eine Stichprobe der etwa dreihundert Tagebücher und hundert Autobiographien ausgewertet, die er für das England des 17. Jahrhunderts finden konnte. Er berichtet darüber (in Greyerz 1992), dass sich hier wenig Interesse an Prädestination im strengen Sinn (»gehöre ich zu den Auserwählten?«) und daher auch wenig metaphysische Angst findet, sehr wohl aber die Beschäftigung mit etwas, das er »spezifische Vorherbestimmtheit« nennt: In den Ereignissen des eigenen Lebens wird die – helfende oder strafende – Hand Gottes gesehen. Greyerz vergleicht das mit den Interventionen von Schutzheiligen, an die Katholiken glauben – nur, so kann man hinzufügen, muss es hier gleich der HErr persönlich sein, der sich um mich kümmert. Mit der Bedeutung von strikter Prädestination verschwindet auch die von Erweckungs- und Konversionserlebnissen. Greyerz findet in den Tagebüchern viel Beschäftigung mit dem rechten Gebrauch der Zeit, nur zeige der Kontext, dass es sich dabei – in einer Zeit von Kriegen, Pest und hoher Kindbett-Sterblichkeit – um eine Form von *memento mori* handelte, wieder nicht verschieden von dem, was auch Katholiken erlebten. Geistliche, spirituelle Selbstbeobachtung spielt in den Tagebüchern eine wichtige Rolle – aber das liegt im Wesen des Mediums: Wer nicht zu Selbsterforschung neigt, schreibt kein Tagebuch. Nach den Selbstzeugnissen ist im Calvinismus des 17. Jahrhunderts – und immer mehr gegen dessen Ende – der strenge, ferne Gott Calvins in eine Vaterfigur umgewandelt worden, die alltäglich belohnt und bestraft. Der Unterschied zu dem »lieben Gott« der Katholiken wird marginal – allenfalls ist er weniger »lieb«, mehr alttestamentarisch streng.

Dass die magischen Praktiken der Volks-Religiosität in der Reformation nicht aufgehört haben, wurde in dem Abschnitt zur Geschichtsschreibung der Reformation schon erwähnt. An den Bericht über den Gottesstaat der Puritaner in Massachusetts und seine Probleme kann hier ebenfalls erinnert werden. Zur protestantischen Hexenverfolgung gibt es genügend Literatur (Trevor-Roper 1969; Honegger 1978; Barry and Davies 2008). Eine Darstellung der calvinistischen Kultur Schottlands schließt so:

»Auch in Schottland waren die Kirchen also keineswegs kahl und weiß, sondern umfassten dekorative Elemente, die gemeindlich mitgestaltet wurden. Die ›Ältesten‹ schritten konsequent gegen übermäßige häusliche Gewalt ein, halfen Streitigkeiten zu schlichten, sorgten für eine Ausweitung des Schulwesens, verteilten Gaben für die Armen und brachten Väter illegitimer Kinder zu Alimentszahlungen. Sie drückten andererseits bei der Bestrafung von Festlichkeiten und Vergnügungen klug die Augen zu, solange es nicht zu übermäßigen Ausschreitungen kam. Sie respektierten, dass während der Messe- und Kirmeszeit gänzlich andere Regeln galten. Tänze, Sport und Theaterveranstaltungen waren wochentags ohnehin erlaubt. Die Leute glaubten weiter an Elfen und gingen im Mai zu heiligen Quellen. Hexen jagte man auch.« (Rublack 2003: 247)

Hinzu kommt – von Weber völlig vernachlässigt – die interne Struktur von puritanischen Sekten wie geschlossenen religiösen Gemeinschaften generell. Es waren wohl auch hier manche Puritaner gleicher als andere, besonders als andere Puritanerinnen. Die puritanischen Sekten waren zweifellos strikt patriarchal organisiert, innerhalb der Familien wie in der politischen Hierarchie, die es bei aller Brüderlichkeit immer gab. Konersmann (2004) hat aufgrund seiner Untersuchung von süddeutschen Mennoniten, also Täufern, die Bedeutung von Verwandtschaftsbeziehungen und die Ausdifferenzierung von Amtsträgern in der Gemeindeorganisation besonders herausgestrichen. Neben einem vorherrschenden Traditionalismus findet er landwirtschaftliche Innovationen, in deren Mittelpunkt das Schnapsbrennen (bei einer Sekte des »asketischen Protestantismus«!) stand und die insbesondere den Typus des »Bauernkaufmanns« hervorbrachten. Damit findet sich zumindest Rechenhaftigkeit als ein Element einer »rationalen Lebensweise«. Freilich bleibt unklar, ob und wie das mit der Religiosität dieser Leute zusammenhängen mag. Das alles könnte sich auch aus den agrarischen Gegebenheiten der Region und der Migrantensituation der Mennoniten samt den weit verzweigten Familienbeziehungen erklären. Auch fehlt der Vergleich mit anderen Bauern und ihren Siedlungen in der Region. Als auffallend wird einzig vermerkt, dass sich unter den Bauernkaufleuten viele Mennoniten gefunden hätten.

Vielleicht sollte man den Hinweis festhalten, dass die protestantischen Sekten betont traditional und familial orientiert waren. Das waren keine Neuerer, sondern Fundamentalisten, ihre Revolution in England richtete sich ebenso wie der Exodus nach Neu-England auf die Errichtung eines Gottesstaats. Die Rhetorik der Brüder- und Schwesterlichkeit änderte nichts an der grundsätzlich patriarchalen Organisation des religiösen und des Gemeindelebens. Und alles spricht dafür, dass sie nicht in eisiger geistlicher Einsamkeit lebten, wie Weber es darstellt, sondern besonders eng vergemeinschaftet – und unter der daraus entstehenden Kontrolle, die sie zusätzlich noch effizient organisierten. Walzer (1965) hat die Puritaner als traditionale und autoritäre Reaktion auf unübersichtlich gewordene gesellschaftliche Verhältnisse interpretiert. Appleby (1984) hat das für die Sekten in Neu-England eindrücklich beschrieben, dass sie in der Hauptsache geschlossene ländliche

Kommunen gründeten und dort das Überdauern eines patriarchal-traditionalen Lebens sicherstellten. Das ist übrigens in den USA bis heute so: Man muss nicht nur an die Extreme der im 18. Jahrhundert steckengebliebenen Amish oder der Shaker denken, jede durchschnittlich religiös bedrückte ländliche Kleinstadt genügt. Die modernen Formen der Evangelikalen, von den örtlichen Zirkeln bis zu den millionenschweren Fernseh-Erweckungs- und den rechtsradikalen Radio-Hasspredigern mit ihrem apokalyptischen Weltbild machen uns mehr an den Puritanern verständlich, als wenn wir sie uns als (wie immer unbeabsichtigt) Vertreter eines kapitalistischen »Rationalismus« vorstellen sollen.

Man kann an dieser Stelle noch das Buch von Barbalet (2008) anschließen, das einerseits einen interessanten Kontrast-Fall ins Spiel bringt: Thomas Wright (1561–1624) und sein Buch *Passions of the Minde* von 1601, und zweitens die emotionale (nicht »asketische«) Grundlage der Religiosität in einigen puritanischen Sekten betont. Wrights Traktat handelt von der Möglichkeit, die Leidenschaften zu temperieren und sie in den Dienst der guten (wirtschaftlichen) Sache zu stellen, also zu »sublimieren«. Mit den eigenen Gefühlen umgehen, sie beim Gegenüber erkennen und benützen zu können, war durchaus eine Notwendigkeit, um im Marktgeschehen durchzukommen, das die längste Zeit eben nicht in »rationalen«, unpersönlichen Vorgängen bestand, sondern auf Vertrauen und Kredit, dazu Verhandeln und Ausnützen beruhte (Barbalet 2008: 99ff). Es habe also noch eine andere Form der Selbstdisziplin gegeben als die »innerweltlich asketische« Gefühlsunterdrückung, die aber ebenso, wenn nicht expliziter im Dienst des Wirtschaftens stand und auch so verstanden wurde. Wright war übrigens Jesuit. Und er stand keineswegs allein: Barbalet präsentiert (109) eine längere Liste von ähnlichen Schriften von Autoren beider Konfessionen. Seine Folgerung ist, dass beide Religionen auf die Erfahrungen des Marktgeschehens reagieren mussten und es mit ähnlichen Konstruktionen taten. Erinnert wird in dem Zusammenhang an Hirschman (1977), der ebenfalls schon die beiden Formen der Unterdrückung und der Instrumentalisierung der Leidenschaften unterschieden und damit Wirtschafts- und Moralliteratur des 17./18. Jahrhunderts untersucht hat.

Bilanzen

In den letzten Jahren sind einige Arbeiten erschienen, die Bilanzen der Forschung zur »Protestantischen Ethik« ziehen, vor allem Marshall (1982), Hamilton (1996) und Cohen (2002). Das Buch von Gordon Marshall ist mit seinen Hintergrundinformationen immer noch die beste Leseanleitung für die »Protestantische Ethik« – wenn man akzeptiert, dass es klug das erste Kapitel als offenbar irrelevant gar nicht behandelt und auch die problematische Herleitung von »Geist des Kapitalismus« umgeht. Zugleich zeichnet es die Kontroverse darum nach und ist dabei ein weiteres Beispiel für den schon mehrfach angetroffenen Kritikmodus, in dem im einzelnen vernichtende Bilanzen gezogen werden, insgesamt aber die Bedeutung von Webers Arbeit betont wird.[10] Besonders Hamilton und Cohen zeichnen sich dadurch aus, dass sie erst einmal einen geordneten Raster von Thesen aufstellen, die beanspruchen, eine gültige Rekonstruktion der Theorie zu sein, die Webers »Protestantische Ethik« ausmacht, und sie für empirische Überprüfungen zu operationalisieren.[11]

Marshall (1982) verwendet große Sorgfalt darauf, die zentralen Thesen und die möglichen Daten zu identifizieren, mit denen man sie prüfen könnte. Er weist besonders Untersuchungen zurück, die nach seinem Verständnis Webers Annahmen verfehlt hätten. Er konzentriert sich auf das »Zentrum der Angelegenheit«: Egal wie Weber dazu kommt, er identifiziere eine Ethik, die aus »Arbeit als Beruf« und »rationalem« Wirtschaften besteht und die

---

10 Das gilt auch für Marshalls eigene Arbeit zum schottischen Calvinismus (1980a, b). Dass das calvinistische Schottland bis zur Mitte des 19. Jahrhunderts wirtschaftlich erfolglos blieb, sei kein hinreichendes Argument dafür, dass es dort keinen »Geist des Kapitalismus« gegeben hätte. Die wirtschaftlichen Randbedingungen waren einfach zu schlecht. Hingegen seien genau in Schottland die Theoretiker der »politischen Ökonomie« aufgetreten, der neuen Lehre, die mit Traditionalismus und Abenteurer-Kapitalismus brach und die schließlich in Adam Smith ihren hervorragenden Vertreter gefunden habe. Damit lässt sich zwar noch nicht zeigen, dass dieser »Geist des Kapitalismus« erstens aus religiösen Denkmotiven entstanden und zweitens in irgendeiner Praxis auch gelebt worden wäre. Aber jedenfalls müsse man es sich etwas schwerer machen, wenn man Schottland als Beispiel gegen Weber verwenden wolle. Appleby (1978) hat allerdings an einem viel größeren englischen Material (etwa 1.500 Texte) denselben Vorgang der allmählichen Entstehung einer Marktökonomie im 17. Jahrhundert nachgezeichnet. Nach ihrer Interpretation hatte das wenig mit religiösen Motiven, hingegen viel mit der gedanklichen Verarbeitung der Marktwirklichkeit, besonders in Holland zu tun.

11 Diese Arbeiten dienen außerdem hervorragend als Überblick über die wissenschaftliche Literatur. Ihre Anmerkungen und Literaturlisten verdienen besondere Beachtung in der Weiterarbeit.

von den Sekten des »asketischen Protestantismus« religiös vorgeschrieben wird. Ob diese Beziehung historisch bestand und wie sie hergestellt wurde, das sei zu klären. In den Versuchen, die Beziehung zu klären, zeigt sich immer wieder, dass Weber, aber auch seine Kritiker, gar keine oder nicht konklusive Evidenz angeführt haben. Marshall schließt daraus, dass die entscheidenden Untersuchungen – nach damals fünfundsiebzig Jahren – noch ausstehen. Marshalls Schlussfolgerung (13) wird viel zitiert: Webers »Argument ist empirisch so wenig gedeckt, dass zumindest derzeit das einzig vernünftige Urteil nur ›nicht bewiesen‹ sein kann.«[12]

Richard Hamilton (1996: 85ff) versteht als Ausgangspunkte der Rekonstruktion von überprüfbaren Thesen Luthers Begriff von »Beruf« und Calvins Lehre der Prädestination. Aus ihnen ergebe sich die religiöse Pflicht zu einer disziplinierten Lebensführung und besonders zu unermüdlicher, von den damit erreichten Zielen abgekoppelter Arbeit. Beide Begriffe seien auch als die Instrumente der historischen Übertragung aus der Religion in die Wirtschaft und über die Jahrhunderte zu verstehen. Im Detail sei es die Angst, die von der Prädestinationslehre erzeugt werde und die durch unermüdliche Arbeit überspielt werden müsse, aus der der »Geist des Kapitalismus« entstanden sei. Außer in unermüdlicher Arbeit äußere er sich in Sparsamkeit und Investitionen statt Konsum. Er habe sich dann verselbstständigt, zeige aber trotzdem bis heute eine Verbindung mit Protestantismus. Daraus ergebe sich auch die geographische Verteilung von unterschiedlichem Wirtschaftserfolg: Er sei in protestantischen Ländern größer.

Hamiltons Bilanz ist ernüchternd: Einigermaßen haltbar sei nur die Idee, dass in der Reformation ein neuer Begriff von »Beruf« in den Vordergrund rückte. Allerdings sei das nicht Webers Begriff gewesen, sondern einer der Verpflichtung zur Arbeit für das Wohl der Gemeinde. Die Idee der Prädestination hingegen habe sich nach Calvin ausdifferenziert und bald in die Überzeugung eines besonderen Bundes mit Gott (des *covenant*) aufgelöst. Der ganze Rest der Annahmen werde von genaueren Untersuchungen zumindest nicht bestätigt, oft widerlegt.

Wer die »Weber-These« heute behaupten wolle, müsse daher nicht nur die negativen Ergebnisse entkräften und überzeugende neue Empirie vorlegen, er oder sie müsse darüber hinaus zeigen, dass sie anderen Theorien zur

---

12 Die Untersuchungen, die Marshall abgingen, fehlen, wenn die Bilanz stimmt, bis heute. Man muss dazu sagen, dass Marshall das »beste mögliche« Argument der »Protestantischen Ethik« zu konstruieren versucht und die Inkonsistenzen, nicht schlüssigen Argumente bis Manipulationen Webers entweder übergeht oder sie zwar anmerkt, aber dann großzügig zugunsten eines »Kerns« wieder vernachlässigt.

Entstehung von Kapitalismus überlegen sei. Hamilton (1996: 97ff) nennt technische Innovationen in der Seefahrt und in der Kriegstechnik, dazu die Blockade der östlichen Handelsrouten durch die Türken, was beides die erfolgreiche Orientierung auf Amerika, den Kolonialismus und damit neue Formen des Reichtums für die Staaten am Atlantik ermöglicht hätte. England hätte durch seine günstige Insellage geringere Militärkosten gehabt als kontinentale Staaten. Größere Teile der Bevölkerung seien damit für wirtschaftliche Aktivitäten »frei« gewesen. England und die Niederlande hätten die effizientesten Systeme der Staatsfinanzen entwickelt. Die Reformation habe durch das Konfiszieren von kirchlichem Eigentum enorme Reichtümer für den Staat oder Private freigesetzt. Keiner der großen kapitalistischen Konzerne sei aus Sparsamkeit und Bedürfnislosigkeit ihrer Gründer und weiteren Betreiber entstanden, sondern aus gewagten und glücklichen Geschäften. Das und mehr von dem, was Wirtschaftshistoriker in ihren Darstellungen verwenden, ist vielleicht auch nicht weniger spekulativ als die »Weber-These«, aber auch nicht unwahrscheinlicher. Insofern geht es nicht an, nur eine dieser Erklärungen zu untersuchen, man muss vielmehr im Vergleich abwägen.

Durch eine Auswertung von Bibliographien und Lehrbüchern kann Hamilton außerdem zeigen, dass die »Weber-These« heute in der Wirtschaftsgeschichte und in der Geschichtsschreibung der Reformation praktisch keine Rolle spielt. Sie wird meistens gar nicht genannt und wenn doch, dann überwiegend negativ. In der Theologie taucht sie gelegentlich auf. Viel und positiv behandelt wird sie nur in der Soziologie. In einer eigenen Auswertung des Citation Index zeigt Hamilton (93) das »Verschwinden« des Weber-kritischen Buchs von Samuelsson (1961) aus der Weber-Literatur.[13]

Auch Jere Cohen (2002: 19f) zerlegt die »Protestantische Ethik« in eine Reihe von (neun) Hypothesen mit (je zwei bis sieben) Unter-Thesen, die empirisch prüfbar sein sollen. Auch hier beginnt die Rekonstruktion mit der »Arbeitsethik« und steigt von da auf zu einer allgemeinen »Rationalisierung der Lebensführung«. Die »Legitimation von Reichtum« und die »Legitimation von Kapitalismus« werden hier stärker betont als von Hamilton, der das Paradoxe des *wirtschaftlichen* Erfolgs bei Konzentration auf die *religiöse* Prämie deutlicher herausarbeitet. In der Überprüfung der Thesen konzentriert sich Cohen auf die Puritaner des 17. Jahrhunderts in England und geht dabei nicht nur auf die Sekundärliteratur ein, sondern präsentiert zusätzlich

---

13 Es ist auch heute (außer antiquarisch) nur in einem teuren Reprint (der »Renaissance Society of America«) auf dem Markt.

eigene Auswertungen von primären Schriften aus der Zeit. Besonders berücksichtigt er zwei puritanische Handwerker oder Kaufleute, Nehemiah Wallington (1598–1658) und Elias Pledger (?-1676), deren Tagebücher er auswertet.[14]

Das Ergebnis ist wieder, dass es offenbar mit der metaphysischen Angst nicht so weit her war, dass die Puritaner – natürlich mit Episoden von Zweifel und Melancholie – im großen und ganzen schon eine Überzeugung von ihrer Auserwähltheit schafften; dass die Pflicht geistliche Übungen betraf und nicht weltliche Arbeit, die vielmehr nicht zu sehr von der Religion ablenken durfte; dass weltlicher Erfolg weder Voraussetzung, noch sicheres Zeichen für Auserwähltheit war und sie vielmehr gefährden konnte. Es fand sich unter den Puritanern kein »Geist des Kapitalismus«, wie von Weber beschrieben, auch die »Rationalität« des Geschäftsbetriebs wie der Lebensführung hielt sich in Grenzen, vielmehr dominierte Traditionalismus.

Auch die Bilanzen kommen zu dem Ergebnis, dass Weber die Puritaner undifferenziert und falsch dargestellt hat und dass bei ihnen in der Ideologie wie in der Praxis ihrer Lebensweise und Geschäftsführung von »Rationalisierung« oder einem »Geist des Kapitalismus« keine Rede sein konnte. Sie waren vielmehr Fundamentalisten mit einer traditional-patriarchalen Lebensweise und von wirtschaftlichem »Rationalismus« wie von wirtschaftlichem Erfolg ebenso weit entfernt – oder ihnen ebenso nah – wie Katholiken.

Geschichtskonstruktionen

Möglicherweise sind wir in den letzten Jahrzehnten ein wenig nachdenklich geworden, ob es mit der Überlegenheit des Westens wirklich so weit her ist. Aber bis zum Aufstieg von Staaten des fernen Ostens, zuletzt besonders Chinas und Indiens, war die Idee eines »okzidentalen Rationalismus«, der für »unseren« Reichtum, samt Automobilverkehr, Zentralheizung und reichlichem Angebot an jährlich wechselnden Bekleidungsmoden verantwortlich sein soll, ziemlich ungebrochen. Diese besondere »Rationalität« der westli-

---

14 Wallington ist von Seaver (1985) »entdeckt« und vorgestellt worden. Er war Drechsler (von Cohen, 21, wird er, wie Pledger, als *merchant* bezeichnet) und ebenso eifriger Leser – er wurde für den Besitz verbotener Bücher angezeigt – wie Schreiber. Die Studie von Greyerz (1990), in der eine größere Zahl von Tagebüchern und Autobiographien von Puritanern ausgewertet wurde, kommt bei Cohen nicht vor.

chen Technik, Wissenschaft und Demokratie wurde gewöhnlich historisch auf die europäische Aufklärung zurückgeführt. Wenn wir überhaupt eine Fortschrittsgeschichte unterstellen, dann beginnt sie damit, dass entschlossene Philosophen und Wissenschaftler im 18. Jahrhundert die Denkverbote der Religionen überwunden haben.

Webers Idee, stattdessen genau die Religion für den »okzidentalen Rationalismus« verantwortlich zu machen, hatte und hat dagegen den Charme einer Paradoxie und konnte damit Aufmerksamkeit erregen. Und dann auch noch diese Religion: die »Puritaner«, ernste und strenge Figuren, moralisch eingesteift, im Zweifel noch gefährlich nahe am Fanatismus, einfältig und ländlich, andererseits die Akteure des englischen Bürgerkriegs von 1640 bis 1660 mit seinen Greueln, auch für Hexenjagden gut. Weber musste einen besonderen Aspekt dessen hervorheben, was wir mit »Puritaner« verbinden: die Disziplin der Arbeit, die »methodische Lebensführung«. »Rationalismus« ginge dann auf diese alltäglich geübte Selbstdisziplin zurück, die sich – so müssen wir annehmen, denn ausgeführt ist das nirgends – auf die Rechenhaftigkeit des Wirtschaftens und die Methodik des wissenschaftlichen Forschens verallgemeinert hätte.[15] Der »okzidentale Rationalismus« wäre strenge, regelhafte Selbstbeherrschung aller Aspekte von Denken und Leben.

Webers Freund Ernst Troeltsch neigte zu einer ähnlichen Vorstellung, aber mit einer ganz anderen Begründung: Die Reformation hätte die Autorität der bis dahin konkurrenzlosen Kirche und damit der Religion erschüttert und so den Weg frei gemacht für die Aufklärung, die auf dieser Grundlage mit religiösen und anderen Vorurteilen aufgeräumt hätte. An Luther und Melanchthon und erst recht an den englischen Sekten, die sich gegen die (protestantische) Reformation von oben und die resultierende Staatskirche erhoben, wird der antiautoritäre Zug geschätzt und betont. Durch ihn werden sie zu Vorläufern der Aufklärung.

Weber ist da härter. Genau das Autoritäre der Puritaner ist es, das zunächst, 1904/05, für Kapitalismus und seine Arbeitsmoral günstige, wenn

---

[15] Wenn, wie Weber in anderen, früheren (*Geschichte der Handelsgesellschaften im Mittelalter*) oder späteren Schriften (*Wirtschaftsgeschichte*) ausführt, der Ausgangspunkt etwa die Trennung von Haushalt und Betrieb war, dann ist das wiederum schwer mit der Reformation in Zusammenhang zu bringen. In der »Protestantischen Ethik« ist davon nicht die Rede, sondern hier ist die Religion der Ausgangspunkt für den »Geist des Kapitalismus«, mit nur der gelegentlichen Erwägung, dass auch die Reformation nur ein Ausdruck für die allgemeinere Tendenz zum »Rationalismus« gewesen sein könnte. Die aber hat in diesem Text (und auch in der später angefügten »Vorbemerkung«) keine Grundlage, sondern ist nur ein übergeordneter Begriff.

nicht notwendige Voraussetzungen schafft. Erst in der die Weltreligionen vergleichenden Weiterarbeit bis zur zweiten Fassung der »Protestantischen Ethik« von 1920 hat er das zu »Rationalismus« verallgemeinert. Der »okzidentale Rationalismus« hat von Anfang an die düstere Seite, dass er aus Selbstdisziplin hervorgeht, die in den Sekten auf Gegenseitigkeit kontrolliert und durchgesetzt wird. Kein Wunder, dass ihm der schließlich zur Metapher des »stahlharten Gehäuses« gerät. Zugleich bleibt er aber fasziniert und angezogen von der harten Selbstdisziplin als Voraussetzung für kulturelle und politische Großleistungen.

Historisch am wahrscheinlichsten ist freilich ein ganz anderes Bild, wie es Trevor-Roper (1967) in seinem Essay »The religious origins of the Enlightenment« entwickelt: Er lässt die europäische Aufklärung mit dem Humanismus und besonders mit Erasmus von Rotterdam beginnen. In der Folgezeit hätten die religiösen Auseinandersetzungen bis Kriege und die manchmal religiös starre Herrschaft in verschiedenen Städten und Ländern die Entwicklung von Wissenschaft, Kunst und intellektueller Kultur immer wieder massiv unterbrochen und zeitweise stillgestellt. Das gilt für protestantische Herrschaft ebenso wie für katholische, für die Reformation und den Calvinismus ebenso wie für die Gegenreformation und besonders für die Zeiten von Religionskriegen. Wo Calvinismus herrschte, habe er immerhin den von der Gegenreformation Verfolgten Asyl geboten. Er sei ein wichtiges Gegengewicht geblieben und hätte so trotz seines intellektualitätsfeindlichen internen Autoritarismus einen Beitrag zum Überleben der Aufklärung (und mancher Aufklärer) geleistet. Wichtig war übrigens, wie er zeigt, der niederländische, nicht so sehr der englische Calvinismus.

Ohnehin erscheint jede Darstellung der Reformation aus heutiger Sicht merkwürdig, die nicht berücksichtigt, dass das ein Zeitalter blutiger Religionskriege unter Einschluss des Dreißigjährigen Kriegs war, der Deutschland entvölkert hat. Noch merkwürdiger ist die Vorstellung, man könne die besondere Position Europas und Nordamerikas in der Welt unter dem Namen »okzidentaler Rationalismus« erklären, ohne zu erwähnen, dass sie seit dem Mittelalter durch die Ausrottung und Ersetzung der Bevölkerungen von drei Kontinenten (Nord-, Südamerika, Australien), die Versklavung (Afrika) und die koloniale und imperialistische Ausbeutung (Afrika, Asien) der anderen erkämpft wurde. Auch dabei mag Religion eine gewisse Rolle gespielt haben, aber wohl nicht die entscheidende.

Trevor-Ropers Darstellung der Geschichte von europäischer Aufklärung ist nicht nur mit vielen historischen Fakten besser in Einklang zu bringen als das Bild, das Weber entwirft. Sie entspricht auch besser der Vorstellung von allenfalls noch denkbarem »Fortschritt«, die nach den Erschütterungen durch die Menschheitskatastrophen des 20. Jahrhunderts, nach der »Dialektik der Aufklärung«, überhaupt möglich ist: Wenn etwas wie »Rationalität« noch anzunehmen sein soll, dann wird sie jedenfalls nicht aus (Selbst-) Disziplin, staatlicher Autorität und moralischer Härte sich selbst und anderen gegenüber hervorgehen.

Webers Wunsch nach Disziplin ließ ihn ein Bild der Geschichte des Fortschritts entwerfen, in dem »Aufklärung« gleich gar nicht vorkommt und das schon zu seiner Zeit Aspekte einer Überkompensation von Schwäche durch Autorität hatte. Es war schon damals nicht das einzig mögliche und nicht das überzeugendste.

Was ist eigentlich so faszinierend an den Puritanern?

Es wird bei öffentlichen Anlässen gern vom »christlichen Abendland« oder – politisch korrekt – von der »jüdisch-christlichen Kultur« schwadroniert. Aber niemandem fällt es ein, ernsthaft eine bestimmte Institution auf das Christentum zurückzuführen, etwa die Universität oder das Gefängnis, bei denen es nicht schwer wäre, eine historische Linie zum Kloster zu ziehen. Nicht einmal die europäische Form von sozialstaatlich abgefedertem Kapitalismus wird öffentlich dem Christentum gutgeschrieben – was auch angesichts religiös-paternalistischer Sozialpolitiken einzelner Unternehmer im 19. Jahrhundert und einer christlichen Arbeiterbewegung nicht völlig unmöglich zu konstruieren wäre. Und eine Beziehung zwischen sozialistischer und christlicher Brüderlichkeit herzustellen, sollte bei gutem Willen auch machbar sein. Tut aber niemand, zumindest nicht in der ernst zu nehmenden Wissenschaft. In der Politik – mit päpstlichen Enzykliken und Debatten über »Gier« in der Wirtschaft, Ausländerpolitik und Grundeinkommen – werden schon eher die »christlichen Werte« beschworen. Aber nicht einmal dort, wo ja nun wirklich alles Beliebige behauptet werden kann, wenn es gerade opportun ist, hört man solche Ursachenzuschreibungen.

Aber den Puritanern, deren historische Wirksamkeit einerseits immerhin die englische Revolution samt Versuch eines Gottesstaats und Hinrichtung des Königs einschließt, aber andererseits doch zeitlich recht begrenzt ist,[16] wird erstaunlich viel an Effekten über die Jahrhunderte zugetraut. Weber geht zweifellos am weitesten, aber Robert K. Mertons (1938) Idee, den Puritanern den Ursprung der modernen Wissenschaftlichkeit zuzuschreiben, ist auch nicht gerade bescheiden. Garrett (1998) argumentiert – übrigens ohne Marianne Webers Arbeit zum Eherecht 1907 zu erwähnen, wo das ebenfalls so dargestellt ist –, die moderne Form der Familie sei aus Calvins und der Calvinistischen Auffassung von Familie als gemeinsamer »Gottesdienst« hervorgegangen. René König (1985: 223ff) meint, die heutige Herrenmode gehe letztlich auf die Puritaner zurück. Das Wort »puritanisch« wird selbst im Deutschen geläufig verwendet und hat laut Fremdwörter-Duden die beiden Bedeutungen »sittenstreng« und »bewusst einfach«. Die Vereinigten Staaten missverstehen sich selbst bis heute als »puritanisch«. Was ist eigentlich so interessant an diesem Konglomerat von Sekten?

Eine Parallele fällt sofort ein: Auch am Islam interessieren uns eher die Fanatiker und Fundamentalisten als diejenigen gemeinen Sunniten und Schiiten, die mit ihrer Frömmigkeit gelassen umgehen. Bei allem katholischen Staatskirchentum: Richtige Theokratien haben nur puritanische Sekten einzurichten versucht. Christliche Märtyrer haben sich für ihren Glauben foltern lassen: Aber die Puritaner schwanken zwischen antiautoritärer Respektlosigkeit vor Kirche und Staat und einer intern autoritären Strenge, die beide imponieren. Puritaner in der Dissidenz und Puritaner an der Herrschaft ergeben zwei ziemlich verschiedene Bilder. Rigorismus ist beiden gemeinsam.

Die Bilder in Großbritannien und im Blick von außen unterscheiden sich natürlich. Dort steht der Bürgerkrieg im Vordergrund, den sie ausgelöst und unter anderem mit Massakern an Katholiken, besonders in Irland, geführt haben. Von außen sind die Puritaner farbiger Teil eines Bilds von »England«. Sie waren das besonders in Zeiten, als man solche nationalen Vorurteile im günstigeren Fall in der Terminologie von »Volks-Charakter« abhandelte. Im weniger günstigen Fall geschah das mit »Rasse«-Begriffen. Eine solche Zeit war die der Jahrhundertwende, die Zeit Max Webers. Und

---

16 Sie umfasst nur einige Jahrzehnte in der ersten Hälfte des 17. Jahrhunderts. Nach ihrer Niederlage mit dem Tod Cromwells und der Wiedereinsetzung der Monarchie unter Charles II 1660 änderte sich (Überraschung!) ihre theokratische Haltung völlig zu einer der religiösen Toleranz, die schon Cromwell favorisiert hatte, und ihr Einfluss verschwand weitgehend, zumindest aus der politischen Öffentlichkeit.

er selbst war als jemand, der betont nationalistisch dachte, am deutschen wie am englischen »Volks-Charakter« ziemlich interessiert. Vor allem hat er den englischen Liberalismus direkt oder vermittelt über das Hochhalten des englischen Puritanismus gegenüber dem kirchlich erstarrten deutschen Luther-Protestantismus gegen den Protektionismus und den Mangel an Unternehmertum in Deutschland ausgespielt.[17] Sein Kollege Schulze-Gävernitz (1906) schrieb über die englische Eigenart und auch im *Archiv* erschien ein Artikel von Hermann Levy (1919) dazu[18], auf den (und sein Liberalismus-Buch von 1912) sich Weber im fünften Kapitel der »Protestantischen Ethik« nicht weniger als viermal bezog (RS I: 194, 196, 200, 202).

Levy bezeichnet das 17. Jahrhundert als die große Zeit Englands und sieht den Kampf um die Tolerierung der Independenten, der puritanischen Sekten, die am Ende dieses Jahrhunderts erreicht worden sei, als die entscheidende Errungenschaft. Aus der Toleranz folgt für ihn auch der wirtschaftliche Liberalismus, den er in Gegensatz zum Sozialismus und zum »Neo-Merkantilismus« der Staatseingriffe stellt. Der Kampf der Puritaner gegen die königlichen Monopole sei die Grundlage für ein auch heute in England noch lebendiges »antimonopolistisches Volksbewußtsein« (Levy 1912: 35). Die Monopolmacht der Zünfte wirkte nur lokal und konnte durch Verlagerung der Betriebe ausgehebelt werden. Schon am Ende des 17. Jahrhunderts sei also der wichtigste Teil der »Gewerbefreiheit« erkämpft gewesen. In einem eigenen Abschnitt wird unter ausführlicher Berufung auf Max Weber die Berufs- und Arbeitsethik der Puritaner für ihre wirtschaftlichen Erfolge verantwortlich gemacht. Der an sich von »Zügellosigkeit und äußerlicher Begehrlichkeit« bestimmte englische Volkscharakter sei durch die Puritaner gezähmt worden, indem deren »Auffassung von der Unstatthaftigkeit der Vergnügungssucht und der Verehrung der Arbeit als dem ›eigentlichen‹ Vergnügen ›berechtigter‹ Art späterhin in weitesten Kreisen Anerkennung fand« (66f). England sei damit – das ist das Argument der Arbeit von 1919 – zu einer Gesellschaft der »Mittelklasse« geworden, mit ihrem Materialismus und ihrem Anti-Intellektualismus, dafür aber der Konzentration auf das Wirtschaftliche.

Der englische »Volkscharakter« ist von den Puritanern geprägt und besteht daher in Liberalismus einerseits, hoher Disziplin andererseits.

---

17 Roth (1992, 2001) hat diese »Anglophilie« Webers besonders betont.
18 Er ist identisch mit dem ersten Teil von Levys fast gleichnamigem Buch von 1920, sozusagen ein Vorabdruck daraus. 1916 sind von Levy in einer Reihe *Schützengrabenbücher für das deutsche Volk* zwei Büchlein *Unser Wirtschaftskrieg gegen England* und *Unser tägliches Brot im Kriege* erschienen.

Schulze-Gävernitz (1906) fügt dem, ebenfalls unter wiederholter Berufung auf Weber, die »geistige und staatliche Befreiung des Individuums« durch die »Kirchenreformation« als Grundlage für die heutige »geistige Prägung« des »neuzeitigen Angelsachsen« (8f) hinzu.

»In der Schule religiöser Disziplinierung sammelte die angelsächsische Welt ein ethisch-politisches Kapital, das auch heute noch und auf lange hinaus ein Machtmittel ersten Ranges im Kampfe der Völker bedeutet. Zügellosigkeit ist Kraftvergeudung; Selbstzucht staut Kräfte, welche im politischen wie im wirtschaftlichen Leben allmählich zur Ausgabe gelangen.« (Schulze-Gävernitz 1906: 46)

Man sieht: Die Phantasie vom »Puritaner« ist der Wunsch nach einem strengen Disziplinar-Regime, das einen von den Zweifeln und Unsicherheiten der Entscheidung entlastet und dadurch erst wahrhaft »frei« macht. Die autoritäre Strenge sich selbst gegenüber gibt auch das Selbstbewusstsein, mit dem man sich gegen die anderen Autoritäten stellen kann. Die Phantasie vom »Puritaner« ist die Phantasie von »Kraft durch Askese«.

Max Weber hat 1906 in einem Brief an Harnack (MWG II/5: 33) geschrieben:

»Und die Zeit für ›Sekten‹ oder etwas ihnen Wesensgleiches ist, vor Allem, historisch vorbei. Aber daß unsre Nation die Schule des harten Asketismus niemals, in *keiner* Form, durchgemacht hat, ist, auf der andren Seite der Quell alles Desjenigen, was ich an ihr (wie an mir selbst) hassenswerth finde, …«

»Historisches Individuum« IV: Henry Fletcher, Margaret Carnegie, Sir John Clerk of Penicuik und der Geist des Kapitalismus im calvinistischen Schottland

Schottland, wo nach der puritanischen Revolution der Calvinismus an der Macht blieb und sich trotzdem die nächsten zwei Jahrhunderte kein rechter Kapitalismus, geschweige denn der angeblich zugehörige Reichtum einstellen wollte, gilt damit als eklatantes Gegenbeispiel zur »Weber-These«.[1] Gordon Marshall (1980) hat sich daran gemacht, dieses Argument zu entkräften: Von wirtschaftlichem Erfolg habe Weber nichts gesagt und ein blühender Geist des Kapitalismus könne unter ungünstigen Rahmenbedingungen durchaus mit Armut der Nation einhergehen. Kapitalistischer Geist aber ließe sich in dem armen Schottland sehr wohl finden, nicht sehr verbreitet, aber doch in Beispielen. Marshall referiert (226ff) zwei Fallgeschichten von calvinistischen Unternehmern.[2]

Henry Fletcher und seine Frau Margaret Carnegie besaßen eine Gerstenmühle, die sie nach holländischem Vorbild modernisieren wollten. Margaret Carnegie reiste dazu mit einem Mechaniker, den sie als ihren Diener ausgab, nach Holland und besuchte dort mit ihm verschiedene Mühlen. Der Mechaniker fertigte heimlich Konstruktionszeichnungen der Maschinen an und

---

1 Recht verstanden ist es keines, denn niemand sagt, dass Kapitalismus unter allen Bedingungen mit großem Gewinn durchführbar sein muss. Weber hat in der zweiten Antikritik (1910b) angemerkt, dass das in der ungarischen Puszta halt nicht gelingen könne. Das Problem ist nur wieder das erste Kapitel der »Protestantischen Ethik«, wo Weber selbst mit dem Erfolg argumentiert – und möglicherweise Ungarn selbst: Die Fuggerschen Kupferminen in Ungarn scheinen unabhängig von der Religion, aber durchaus zumindest protokapitalistisch floriert zu haben – vgl. den Exkurs zu Jacob Fugger.

2 Die dritte Geschichte, die Marshall in diesem Kapitel darstellt, besteht in der Wiedergabe eines Traktats zur Verbesserung der wirtschaftlichen Lage in Schottland, nicht aber in realen wirtschaftlichen Unternehmungen, wie die beiden anderen, auf die ich mich daher hier beschränke. Marshall referiert die erste Geschichte aus einer Familienchronik der Carnegies von 1867, die zweite aus Dokumenten der Kohlengrube und ihres Besitzers.

baute sie anschließend in Schottland nach. Sie hatte als zweites einen Weber dabei, mit dem sie das Kunststück in holländischen Webereien wiederholte. Die Mühle blieb einzigartig in Schottland und war ein großer Erfolg. Margaret Carnegie wachte penibel drüber, dass niemand Zugang zu der Mühle und ihren Maschinen bekam. Henry Fletcher und seine tüchtige Frau behielten damit ein regionales Monopol für die Rollgerste/Graupen, die sie herstellen konnten. Ebenso konnten sie neben der Mühle eine Weberei aufbauen und Stoff nach holländischer Art fabrizieren.

Als Dokument für den kapitalistischen Geist dieser frommen Calvinisten zitiert Marshall einen Brief Fletchers an seinen Sohn, der in Leyden studierte, mit guten Ratschlägen: Er solle sich angewöhnen, früh (zwischen vier und fünf) aufzustehen, pünktlich seine Pflichten zu erfüllen, dann früh schlafen zu gehen und dafür seine Hände zu waschen und einen Teil seiner Kleidung abzulegen – und die Gebete samt Rückblick auf das an diesem Tag Geleistete und Versäumte nicht zu vergessen. Er solle immer aufrichtig und bescheiden bleiben und den Gesprächen anderer aufmerksam zuhören. Kartenspiele und Wirtshäuser und schlechte Gesellschaft müsse er meiden.

Wir lernen: Die unternehmerische Leistung bestand darin, durch Industriespionage im Ausland einen Produktionsvorsprung zu gewinnen. Die calvinistische Frömmigkeit war dafür offenbar kein Hindernis. Der »kapitalistische Geist« bestand in der moralisch neutralisierten Sicherung eines Monopols. – Man fragt sich, was aus den beiden Mechanikern geworden sein mag, die die Maschinen heimlich nachbauten und dieses Kunststück eigentlich wiederholen konnten.

Sir John Clerk of Penicuik, das zweite Beispiel, betrieb eine Kohlengrube und gab den dort Beschäftigten ihre Pflichten schriftlich. Er machte die Aufseher dafür verantwortlich, dass die Kumpel und Träger keine Kohle für sich beiseite räumten, dass sie täglich und für die festgesetzte Zeit arbeiteten und Werkzeuge pfleglich behandelten und nicht aus der Grube mitnahmen. Für Abweichungen von seinen Vorgaben entwickelte er ein detailliertes System von Geldstrafen bis zur Entlassung. Die Verwalter wiederum waren für die Einhaltung der Preise im Verkauf, aber auch für ihre eigene und für die Moral ihrer Untergebenen und deren Familien verantwortlich. Marshall interpretiert alle diese Vorschriften als »Geist des Kapitalismus«, der in diesem Fall den Arbeitern beigebracht werden sollte. Sir John war selbst strenger Calvinist und hätte auch seine Arbeiter, die das nicht waren, dazu bekehren wollen.

Marshall sieht darin einen Beleg für den Zusammenhang von Calvinismus und Geist des Kapitalismus. Sir John freilich verließ sich offenbar nicht auf die Frömmigkeit seiner Arbeiter, sondern eher auf die massiven Geldstrafen, die er ihnen abnahm.

Die Schicksale der »Protestantischen Ethik«: Konturen des Arbeitsprogramms für eine Rezeptionsgeschichte

Wenn meine Erwartung stimmt, dass die Weber-Rezeption in eine Phase der Historisierung übergeht, dann sollten in naher Zukunft die Einzeluntersuchungen zur Geschichte dieser Rezeption gemacht werden, die derzeit noch fehlen. Was folgt, ist daher eher die Skizze eines Forschungsprogramms. Der allgemeine Rahmen dafür (wie ihn Kaesler 2002, 2003 abgesteckt hat) scheint immerhin Konsens zu haben:

Weber war seit seinen agrarsoziologischen Studien in Ostpreußen, die er im Auftrag des »Vereins für Socialpolitik« durchgeführt und 1892 veröffentlicht hatte, als Spezialist für dieses Gebiet bekannt. Seine Freiburger Antrittsvorlesung 1895 erregte einige Aufmerksamkeit. Er war auch in anderen sozialpolitischen Vereinigungen, vor allem im »Evangelisch-Sozialen Kongreß« aktiv. Insofern war er ein angesehenes, aber nicht außergewöhnlich prominentes Mitglied des »Clubs« der sozialpolitisch interessierten, liberalen Professoren der Nationalökonomie. Die Geselligkeit in privaten Salons und formellen Diskussionszirkeln war ein Teil des zugehörig großzügigen Lebensstils.

Es sieht so aus, als hätte Webers Rückzug aus der universitären Position, die sein psychischer Zusammenbruch 1897/98 erzwang – 1899 ließ er sich formell von seinen Pflichten dispensieren und wurde beurlaubt, 1903 gab er die Professur in Heidelberg definitiv auf –, die Voraussetzungen für seine Prominenz eher verbessert: Die private Geselligkeit wurde verstärkt, der »Weber-Kreis« mit regelmäßigen Zusammentreffen etabliert, der »Mythos Heidelberg« damit geschaffen. Neben der Fortführung von Gelehrten-Zirkeln mit Namen wie »Janus« und »Eranos«, die sich monatlich trafen, gab es die sonntäglichen »jours«, jeweils offenes Haus bei Webers, eine Gelegenheit, die von Studenten, Gelehrten, Künstlern in mehr oder weniger großer Zahl genutzt wurde, dazwischen auch noch nachmittägliche Besuche (Marianne Weber 1926: 475ff, 480). Es entstand ein Kreis von Freunden und »Anhängern« von Max und Marianne, die den Ruf Webers und Heidelbergs verbreiteten. Webers waren durchaus nicht der einzige, aber ein wichtiger Brennpunkt solcher Geselligkeit (Treiber und Sauerland 1995). Hier wurde eine wahrscheinlich entscheidende Grundlage für Webers Nachruhm geschaffen.

Neben mehr oder weniger verschworenen »Bünden« von Literaten und Künstlern, die dann auch gelegentlich unter einer solchen gemeinsamen »Marke« auftraten – damals wohl am wichtigsten Stefan George und seine Anhänger, aber auch Sigmund Freud hat dem inneren Kreis seiner Psychoanalyse fast die Struktur eines Geheimbunds gegeben –, hatte gerade in der Zeit des Fin de siècle die losere Form des »Salon« noch einmal eine Blüte.[1] Im Fall der Webers entstand daraus ein »Zirkel«, der nach Webers frühem Tod sich weiterhin um Marianne Weber scharte und die Bemühungen der Witwe um die Sicherung des »Nachlebens« durch Werkausgaben und eine Biographie unterstützte (Hanke 2006).

Man sollte darüber freilich die ausgedehnten Beziehungen nicht vergessen, die Weber im ganzen Reich unterhielt, seit 1904 besonders durch die Herausgabe einer anerkannten Zeitschrift, des *Archiv für Sozialwissenschaft und Sozialpolitik*, unterstützt – bekanntlich ist das eine der wirksamsten theoriepolitischen und *gate-keeper*-Funktionen in der Wissenschaft, zugleich ein Gravitationszentrum für Jüngere im Metier. Die »Deutsche Gesellschaft für Soziologie« hat er mitgegründet, aber nur ganz am Anfang hatte er dort eine Funktion im Verein. Auf dem Gründungskongress 1910 in Frankfurt hielt er kein Hauptreferat, sondern gab nur einen (auch programmatischen) »Geschäftsbericht« nach der Programm-Rede von Tönnies, übernahm auch an keinem der Halbtage den Vorsitz, beteiligte sich nur an den Diskussionen, und zwar an jeder.

Überhaupt nicht unterschätzen sollte man auch den Beitrag, den Webers Verleger Paul Siebeck leistete. Weber musste natürlich nie das demütigende Klinkenputzen mit submissest eingereichten fertigen Manuskripten bei einer Reihe von Verlagen, von denen die meisten nicht einmal eine Eingangsbestätigung zurückschicken, oder bei Zeitschriften mit *peer review*, Wartezeit bis zur Ablehnung nach Begutachtung ein Jahr, durchlaufen, das heute, gemeinsam mit Projekt-Anträgen, ein »Wissenschaftler«-Leben ausfüllen kann. Vielmehr hatte er einen Verlag, der ihm jedes Manuskript »aus der Hand

---

[1] Für die Wiener Wissenschaft, Literatur, Kunst und Musik der Jahrhundertwende habe ich das (in Steinert 1989/2003) von Kaffeehaus und Stammtisch bis zu berufsständischen Vereinigungen wie Künstlerhaus und Secession, dazwischen »Kreis« und »Salon«, typisiert und beschrieben.

riss«, bei dem er seine eigene Zeitschrift herausgab und dort alles unterbrachte, was er schreiben konnte, dessen Leiter ihm das Handbuch-Projekt, aus dem schließlich das Fragment *Wirtschaft und Gesellschaft* wurde, aktiv antrug und ihn trotz aller Ausfälle und Umorganisationen durch zehn (!) Jahre immer weiter drängte, es doch weiter zu betreiben (Mommsen 1996; Schluchter 2009). Schließlich hat der Verlag Mohr Siebeck zunächst in den *Gesammelten Aufsätzen* das Werk Max Webers nach seinem Tod erst zu einem verfügbaren Gesamtwerk gemacht. Das tut er mit der MWG (aus öffentlichen Mitteln finanziert) bis heute.

Auch die Herausgabe eines Handbuchs der »Politischen Ökonomie« oder der »Sozialökonomik«, wie es dann heißen sollte, bedeutet eine theoriepolitische Schlüsselposition und ist ein Projekt für einen »Netzwerker«, der damit eine mächtige Ressource bekommt, um seine Beziehungen zu pflegen und zu erweitern. Dass und wie Weber damit gescheitert ist, spricht freilich weder für seine gute Hand bei der Auswahl von Autoren, noch für sein diplomatisches Geschick. Wenn ein Herausgeber beschließt, den Band lieber gleich selbst zu schreiben, mag das zwar in der Sache eine gute Entscheidung sein, bei den schon einmal gewonnenen Autoren wird man sich damit nicht unbedingt beliebt machen. Die weitere Position in der wissenschaftlichen *community* wird von einem solchen Abbruch auch nicht nur positiv beeinflusst werden.

Die »Protestantische Ethik« hatte in dieser Reputation Webers zu Lebzeiten höchstens insofern einen Stellenwert, als sie mehr an Kritik auf sich zog, als andere seiner Arbeiten, etwa die agrarsoziologischen, was wohl auch heißt: mehr Aufmerksamkeit über die Fachgrenzen hinaus, besonders bei Historikern und Theologen. Aber auch bei den Historikern kam sie als doch etwas unseriös an, wenn wir die Reaktion von Rachfahl für mehr als einen persönlichen Ausritt nehmen, vielmehr als repräsentativ für zumindest eine Strömung in der Geschichtswissenschaft. Die Reaktionen auf die Neuausgabe von 1920 sind nicht dokumentiert. Im Schatten von Webers Tod werden sie zurückhaltend gewesen sein.

Wie nach dem Tod von Autoren aller Art üblich, gibt es nach den Grabreden (schriftlich »Würdigungen« oder »Nachrufe«) erst einmal ein Absinken der Aufmerksamkeit, das nur von den verschiedenen Kategorien von »Erben« überbrückt werden kann. Bei Weber war das ein ziemlich großer Kreis von Verwandten und Freunden, der von der Witwe organisiert wurde. Es waren nicht Schüler und Kollegen, die Webers Werk weitergeführt hätten,[2] sondern es wurde das Andenken an eine »bedeutende Persönlichkeit« gepflegt. Ohne den Zufall namens »Talcott Parsons« hätte sich diese Verehrung innerhalb der deutschen Oberschicht mit der Zeit verlaufen.

Das wahrscheinlich wichtigste Ereignis in der Wirkungsgeschichte der »Protestantischen Ethik« war die Dissertation eines jungen amerikanischen Gelehrten in Heidelberg 1927: Talcott Parsons hatte über »Der Kapitalismus bei Sombart und Max Weber« geschrieben.[3] Wieder in den USA hatte Parsons für seine Lehrtätigkeit Bedarf an einer englischen Fassung der »Protestantischen Ethik« und machte sich selbst an die Arbeit. Diese Übersetzung erschien 1930 und bestimmte die englischsprachige Rezeption für die nächsten siebzig Jahre.[4]

Ihre stärkste, weil dramaturgische Eigenheit ist, dass sie die »Vorbemerkung« zu den *Gesammelten Aufsätzen zur Religionssoziologie*, also zu den Studien über Hinduismus, Buddhismus, Konfuzianismus, Taoismus, Islam, Judentum und nur ansatzweise Christentum, zu einem Teil der »Protestantischen Ethik« machte. Die Idee eines besonderen »okzidentalen Rationalismus«, der den anderen Kulturen der Welt abgehe, weshalb sie keinen funktionierenden Kapitalismus hätten, geriet dadurch über Gebühr in den Vordergrund. Mit hoher Wahrscheinlichkeit war es aber genau dieser Zungenschlag von Überlegenheit des Westens, der die »Protestantische Ethik« in der Zeit des Kalten

---

2 Dafür war Webers Position in Nationalökonomie und Soziologie zu wenig konturiert: Er war zuletzt in den großen Kontroversen eher der Mann des Ausgleichs – wie man dem Aufbau des von ihm herausgegebenen *Grundriss der Sozialökonomik* leicht entnehmen kann: »Historismus« (Karl Bücher) und »Theorie« (Friedrich von Wieser) sollten sich (neben Schumpeters »neutralem« Beitrag zu den »Epochen der Dogmen- und Methodengeschichte«) den ersten Band teilen. Dass Karl Bücher einen so »dünnen« Beitrag lieferte, erzeugte sogar ein Übergewicht der »Theorie«.

3 Gerhardt (2007) vergleicht die deutsche und die (spätere) englische Version dieser Dissertation und stellt fest, dass Parsons dazwischen noch einigen Erkenntnisfortschritt in seinem Weber-Verständnis hatte.

4 Schon 1927 war die Vorlesungsmitschrift von Webers *Wirtschaftsgeschichte* auf Englisch erschienen. Ihr Übersetzer und Herausgeber, Frank H. Knight, gilt als einer der Begründer der neoklassischen »Chicago School« der Wirtschaftswissenschaften. Im Vorwort unterscheidet er drei Richtungen: die »allgemeine deduktive Theorie« (das meint Menger und die Wiener Schule), »psychologische und historische Interpretation« und »statistische Untersuchungen«. Das ökonomische Denken bewege sich in Richtung der letzten beiden und das sei Grund genug, Webers *Wirtschaftsgeschichte* für Studenten und eine allgemeine Öffentlichkeit verfügbar zu machen. – In England machte das Buch von Tawney (1926) die »Protestantische Ethik« bekannt. Tawney wurde auch um ein Vorwort zur ersten Ausgabe der Parsons-Übersetzung gebeten. – Weitere Arbeiten, die in der angelsächsischen Rezeption vor Parsons wichtig waren, nennt Fischoff (1944). Umfassend und gründlich zur Rezeption, besonders in den USA, Roth (1992), Scaff (2006).

Kriegs und der »Unterentwicklung« der »Dritten Welt« interessant hielt. Nicht nur das damals noch intakte »protestantische Establishment« der USA, das freilich besonders, sondern die gesamte westliche Wertegemeinschaft konnte sich von der »Protestantischen Ethik« bestätigt sehen.

Der »Zufall namens Talcott Parsons« ist ein doppelter: Es geschieht nicht so oft, dass der Übersetzer eines Werks selbst in seinem Fach so dominant wird und damit auch den Autor, den er propagiert, in diese Bedeutung mit hineinzieht. Und es geschieht auch nicht so oft, dass ein historisches Werk in einer anderen Gegenwart noch einmal so gut »passt«. Die »Wahlverwandtschaft« zwischen dem Wilhelminischen Bildungs-Deutsch-Nationalismus und der fordistischen Nachkriegsüberlegenheit des Westens, die von der Formel »okzidentaler Rationalismus« gestiftet wird, ist ebenso frappant wie wahrscheinlich zufällig. Oder doch nicht? Hier hätte historische Forschung dazu, ob, und wenn, wie dieser Zusammenhang erst in den USA, dann in der BRD im einzelnen hergestellt wurde, ein gutes Betätigungsfeld (Roth 1989 gibt Hinweise).

In Deutschland hatte es in der Nazizeit keinen besonderen Bedarf für die Schriften eines »Liberalen« gegeben. An den Deutsch-Nationalismus oder gar die »plebiszitäre Führer-Demokratie« aus »Politik als Beruf« anzuschließen, war niemandem wichtig. Webers Cousin Eduard Baumgarten, der nach 1945 viel für dessen Bekanntheit tat, wurde immerhin 1940 Professor und Dekan in Königsberg. (Dazu und zur frühen Nachkriegs-Rezeption in der BRD Kaesler 2006.)

Nach 1945 war es in der BRD wohl das Buch von Jaspers (1932, wieder aufgelegt 1958), das zuerst wieder auf Max Weber aufmerksam machte. 1959 erschien Mommsens Studie über Webers politische Haltungen und Weber als Politiker – bis heute nicht überholt und das Standardwerk zu dem Thema. Die Geschichte der wechselnd selektiven Rezeption dieses durchaus Weber-kritischen Buchs könnte viel über die politische Kultur der BRD aussagen. Für Soziologen war es ohnehin verpflichtend, sich an der US-amerikanischen Soziologie und damit an Parsons' Funktionalismus, der zum beherrschenden Paradigma aufgestiegen war, zu orientieren. Damit kam über diesen Umweg auch Weber ins Spiel. Der allgemeine Durchbruch war der Heidelberger Soziologentag 1964, also zum 100. Geburtstag von Weber. Damit war der Klassiker durch Re-Import auch in Deutschland etabliert. 1968 wurde die »Protestantische Ethik« in der Winckelmann-Ausgabe als Taschenbuch mit Kritiken und Antikritiken zugänglich, 1974 *Wirtschaft und Gesellschaft*. Die noch von Marianne Weber in den 1920er Jahren besorgten Ausgaben der Schriften waren (außer in der Nazi-Zeit?) nie vom Markt gewesen, allerdings teuer.

Der nächste große Sprung für die Religionssoziologie Webers waren wohl die von Wolfgang Schluchter organisierten Konferenzen zu den einzelnen Religionen, die Weber behandelt hatte, in der Werner Reimers Stiftung in Bad Homburg zwischen 1979 und 1986. Daraus resultierten auch sechs umfassende Suhrkamp-Bände (Schluchter 1981–1988), an denen bei diesem Thema niemand vorbeikommt. Schluchter hat damit und mit seinen Monographien und Aufsatzsammlungen (1979, 1980, 1988) das Paradigma von Weber als dem Theoretiker des okzidentalen Rationalismus festgelegt. Die »Protestantische Ethik« wurde in diesem Zugang als Teil der Studien zur »Wirtschaftsethik der Weltreligionen« aus der Zeit um 1915 behandelt und erst im letzten Band der Konferenz-Reihe zentrales Thema. Schluchter hat damit das Parsons-Paradigma aufgenommen und ausgebaut.

Dagegen wurde eine andere Sicht der »Protestantischen Ethik« forciert von Tenbruck (1975a, b), der vehement darauf aufmerksam machte, dass diese Aufsätze in die Jahre 1904/05 gehören und also an einen Punkt in Webers Biographie, zu dem sich die Idee der »Rationalisierung« erst in den Anfängen befand. Entscheidend war dann wohl Wilhelm Hennis (1982, 1987, 1996) dafür, das Thema »Beruf« und »Lebensweise« ins Zentrum der Interpretation zu rücken. Die »Protestantische Ethik« verbindet sich dann in der Werk-Biographie Webers nicht sosehr mit den Studien zu den Weltreligionen, sondern mit den beiden berühmten Reden zu Wissenschaft und Politik »als Beruf«.[5]

Was in der Weber-Forschung unter »Askese« behandelt wurde und wird, ist seit den 1970er Jahren von ganz anderer Seite und weitgehend ohne Verbindung zu Weber als »Disziplin« bearbeitet worden: von Norbert Elias, dessen Werk zur »Zivilisation« erst mit der Neuausgabe 1969 und dann besonders als Taschenbuch 1976 wiederentdeckt wurde, und von Michel Foucault (1975) ausgehend. Auffallend eng zusammengeführt wurden die beiden Zugänge nicht: Die gar nicht so wenigen Arbeiten zur Disziplinargesellschaft

---

5 Der Unterschied zwischen den beiden Positionen ist vielleicht ein wenig überkonturiert worden, denn auch Schluchter geht (etwa 1988/1: 102ff) davon aus, dass zwischen der »Protestantischen Ethik« und der »Wirtschaftsethik der Weltreligionen« eine »Entdeckung« lag: Kapitalismus ist nur eine Facette einer umfassenden Kultur, des »okzidentalen Rationalismus«. Unabhängig von der Zuordnung zu Wissenschaftler-Namen ist es aber sinnvoll, die Themen »Beruf/Lebensführung« und »Rationalismus« zu unterscheiden und sie den beiden Fassungen der »Protestantischen Ethik« zuzuweisen.

bezogen sich nicht auf Weber, die Weber-Forschung blieb in ihrem Kreis.[6] Das Wort »Disziplin« wird von Weber auch nur selten verwendet. Interessant ist die Aufnahme Webers durch die Kritische Theorie, die in den 1960er Jahren die Öffentlichkeit der BRD beherrschte. Es wurde bisher wenig beachtet, dass Adorno damals Weber in Vorlesungen ausführlich – und kritisch – würdigte.[7] Aber besonders die »Weberisierung« der Kritischen Theorie durch Habermas könnte noch ausführlicher untersucht werden (Horowitz 1994). 1964 in Heidelberg berichtete Horkheimer als Einleitung zu einer Debatte über Wertfreiheit, wie ihn seinerzeit, 1919, in München eine Vorlesung Webers über die russische Revolution und das Rätesystem beeindruckt hatte: »So präzise war alles, so wissenschaftlich strenge, so wertfrei, daß wir ganz traurig nach Hause gingen.« (Stammer und Ebbinghausen 1965: 66) Marcuse hielt ein sehr Weber-kritisches Referat. Und Habermas steuerte eine Wortmeldung in der Diskussion bei, in der er Carl Schmitt als »legitimen Schüler« und (für die schriftliche Version entschärft) »natürlichen Sohn« Webers (81 + Fn 9) bezeichnete und damit dessen »cäsaristische Führerdemokratie« in die Linie des deutschen politischen »Sonderwegs« vom autoritären Versagen des Liberalismus bis zum Faschismus stellte. In der *Theorie des kommunikativen Handelns* (Habermas 1981) hingegen ist Weber und der »okzidentale Rationalismus« (weit vor Hegel, Marx und der *Dialektik der Aufklärung*) die wichtigste Bezugsgröße. Schon im Aufbau stellt sich die Abhandlung, die mit großen Kapiteln über Weber beginnt und endet, als eine Modernisierung von Parsons' Vorgehen in *The Structure of Social Action* (1937) dar.[8] Damit wird auch das Grundmuster der Gesellschaftskritik übernommen: Webers liberale Sorge um einen Kapitalismus, dem die (asketisch gestählten) Unternehmer ausgehen und den der verknöcherte Staat und seine Bürokratie ersticken, tritt bei Habermas – für die Situation des Fordismus modernisiert – als Sorge um die Lebenswelt auf, die vom System kolonialisiert werde.

---

6 Auf die Ausnahme unseres Buchs (Treiber und Steinert 1980/2005) darf hingewiesen werden. Besondere Wirksamkeit für eine mögliche Verbindung der beiden Arbeitsrichtungen kann man ihm nicht nachsagen.
7 Und schon am Beginn von Adornos intellektueller Biographie finden wir Marx vermittelt durch den Weber-Marxisten Georg Lukàcs. Adornos Freund Hermann Grab hat seine Dissertation (1927) zu Webers »Begriff des Rationalen« geschrieben.
8 Aus der Theorie-Entwicklung soll eine Grundstruktur von Handlungstheorie herausgearbeitet werden. Statt wie bei Parsons, Marshall und Pareto werden bei Habermas Mead, Lukács und Marx, von beiden aber Durkheim und vorrangig Weber behandelt.

Die neueste Phase der Weber-Rezeption, die in der Herausgabe der historisch-kritischen *Max Weber Gesamtausgabe* mit einmalig großzügigem personellen und Finanz-Aufwand besteht, ist an der »Protestantischen Ethik« bisher vorbeigegangen: Die Herausgabe gerade dieses Bandes durch den Historiker Hartmut Lehmann wurde abgebrochen (Einzelheiten dazu bei Kaesler 2010), die Weiterarbeit an dem Projekt ist noch nicht abgeschlossen. »Meilensteine« waren sicher der Konferenzband von Lehmann and Roth (1992), dann wieder die Jubiläumsbände um 2005 (Swatos and Kaelber 2005, das Heft 1/2005 des *Journal of Classical Sociology* oder aus den *Max-Weber-Studies* Whimster 2007). Ein wichtiger Impuls ist von der geplanten Neuübersetzung samt Kommentar von Peter Ghosh zu erwarten, nicht nur auf die englisch-, sondern auch die deutschsprachige Weber-Exegese. Das Buch von Ghosh (2008) hat da bereits einiges vorbereitet.

In den letzten Jahren sind, mit dem *cultural turn* in allen möglichen Wissenschaften, Verwendungen von Weber als »Marke« gängig geworden. Weber wird, ohne nähere Auseinandersetzung, als Kronzeuge dafür angerufen, dass »die Kultur« für Politik und Wirtschaft entscheidend ist, was sich offenbar vage gegen nicht genau benannte »Materialismen« richtet.[9] In einer Variante wird damit als »Kampf der Kulturen« oder zur Erklärung von »Unterentwicklung« die alte Überlegenheit des »okzidentalen Rationalismus« noch einmal aufgewärmt. Selbst die Religion taucht im Rahmen des Anti-Islamismus wieder als diese »Kultur« auf, sonst ist es eher das Recht oder aber die Arbeitsmoral. Sogar die Redeweise von »Geist des Kapitalismus« ist, von Boltanski und Chiapelli (1999) ausgehend, wieder gängig geworden. Dabei geht es nicht im Detail um den Begriff von Sombart und Weber, der wird vielmehr verallgemeinert zu den ideologischen Rechtfertigungen von Kapitalismus. Die Assoziation mit Weber wird als »Marke« verwendet, die Aufmerksamkeit erregt. Hier wird der Klassiker-Status kulturindustriell auf den Punkt gebracht: Der Name und die Begriffe lassen sich als Schlagworte verwenden, als »automatische Zitate« ohne eigentliches Zitat.

Weber wird auch benötigt und jedenfalls bemüht, um ein Programm der »Verstehenden Soziologie« (von Bühl 1972 bis Schluchter 2005b) gegen die

---

9 Offenbar ist es in einem wirtschaftswissenschaftlichen Kontext nötig, extra zu betonen – und als »Beleg« den Namen eines anerkannten Klassikers zu nennen –, dass es sich bei Kapitalismus auch um eine Kultur handelt. Landes (1998) war ein relativ frühes Beispiel dafür, wie »Unterentwicklung« jetzt mit »Kultur« erklärt wird. Seither sind viele weitere gefolgt, auch kritische Stimmen, etwa Blaut (2000). Selbst bei einer Historikerin wie Appleby (2010: 17f) ist der Name, auf den sie sich für »Kapitalismus als Kultur« beruft, nicht etwa E.P. Thompson oder Raymond Williams, sondern Weber.

dominante empirische Sozialforschung, die sich als »quantitativ« versteht, stark zu machen (oder eher nur nicht ganz untergehen zu lassen). Hier den Klassiker auf seiner Seite zu haben, vor dem auch die »Quantis« pflichtgemäß einen Kotau machen (ohne deshalb gleich seine Arbeiten zu lesen), ist zwar schön, aber defensiv. Statt sich auf eine besondere Methode des »Idealtypus«, die es nicht gibt, zu berufen, wäre die Kritik der empirischen Sozialforschung offensiv zu führen. Die nährt zwar die Soziologen, ruiniert aber so, wie sie als Wirtschaftszweig der Umfrage-Industrie existiert und als Drittmittel-Projektforschung auch den Universitäten aufgezwungen wird, die Soziologie als Wissenschaft. »Verstehen« ist keine besondere Richtung der Forschung, sondern ein Basisvorgang, ohne den auch keine noch so raffiniert (gewöhnlich aus Daten von zweifelhafter Brauchbarkeit) errechnete Tabelle gelesen werden könnte. Aber das ist ein Thema, das hier nur genannt werden kann und auf ein anderes Buch verweist, das zu schreiben wäre.

Wir sollten in der Weiterarbeit an der Rezeptionsgeschichte jedenfalls nicht nach den »meisterlichen« Eigenschaften des Textes suchen und aus ihnen erklären wollen, warum ein so »an sich« bedeutendes Werk überlebte (Baehr 2002). Wie bei »Charisma« sind die Zustände und Antriebe der Gefolgschaft (also der jeweiligen Rezipienten) entscheidend, nicht die des »Führers« (also des Textes oder gar des Autors).

Auch die Praxis des »automatischen Zitats« wäre Untersuchungen wert – die von den neueren Dokumentationssystemen und dem langen Gedächtnis des Internet wesentlich erleichtert würden. Wie »Politik als Beruf« ins Repertoire der professionellen Redenschreiber in der Politik geriet und ob dabei außer dem Titel und dem »geduldigen Bohren dicker Bretter« noch etwas rezipiert wurde, wäre auch interessant zu wissen. Aber bemerkenswerter als solche offensichtlich kulturindustriellen Verwertungen ist das innerwissenschaftliche »automatische Zitat«. Die schlichte Tatsache des Handbuch-Charakters von *Wirtschaft und Gesellschaft*, die diesen Text handlich für Vorlesungsvorbereitungen und dazu abprüfbar macht, ist wohl nicht der geringste Grund für die akademische Beliebtheit dieses Klassikers – allerdings nicht für die der »Protestantischen Ethik«, die keinen dieser praktischen Vorteile hat, wenn man sie ernst nimmt. Auch Wissenschaft unterliegt den Imperativen von Kulturindustrie. An einer Rezeptionsgeschichte wie dieser wird das sehr deutlich.

Insgesamt sollte man heute wohl davon ausgehen, dass die Idee eines »okzidentalen Rationalismus« nicht mehr das ist, was sie in den Jahren des Kolonialismus und des Kalten Kriegs war. Es könnte an der Zeit sein, diesen

»Rationalismus« radikaler in Frage zu stellen, als das mit Max Weber möglich ist. Vielleicht eignet sich das Instrumentarium der *Dialektik der Aufklärung* besser für die Aufgaben, die anstehen.

Teil IV:
Die »Protestantische Ethik« im preußischen Fin de siècle

Der Begriffsvorrat der Zeit

Es ist bemerkenswert, wie gut das Thema der »Protestantischen Ethik« sich aus den Erfahrungen von Bismarcks »Kulturkampf« und als Teil der Bestrebungen des »Kulturprotestantismus« verstehen lässt. Auffällig ist dabei schon und besonders das erste Kapitel, das mit seinem Vergleich zwischen Protestanten und Katholiken Ende des 19. Jahrhunderts im Aufbau der Abhandlung eher Verwirrung stiftet und auch in sich einer genauen Prüfung nicht standhält. Aber in das Programm des Kulturprotestantismus passt auch die gewisse Abwertung der historischen Bedeutung Luthers und seiner Kirche zu Gunsten der dissidenten puritanischen Sekten.

Das zweite und wichtigere Thema, »Arbeit als Beruf« oder die Arbeitsmoral der »Disziplin«, schließt hier bruchlos an: Es ist Webers wichtigstes Ziel, den Ursprung der asketisch-disziplinierten Haltung von »Arbeit als Beruf« den englischen und amerikanischen Puritanern zuzuschreiben. Auch hier ist auffällig, dass sich dieses Thema nicht aus dem Material erklären lässt, das im Text der »Protestantischen Ethik« angeboten wird: Es wird mit einer harten Fehlinterpretation eines montierten Zitats von Franklin, seiner Autobiographie und seines Lebens wie seiner Schriften eingeführt. Dass der »Geist des Kapitalismus« mit »Arbeit als Beruf« identifiziert wird, ist nicht aus dem »historischen Individuum« Franklin abgeleitet. Auch die zweite Verankerung, in der »Askese«, gelingt nur durch eine einseitig zugespitzte Auffassung davon, was »Askese« in beiden Bedeutungen, als Kasteiung und als gottgefälliges Leben, im vor-reformatorischen, römisch-katholischen Christentum bedeutet hatte. Ohne die Stilisierung von »katholisch = außerweltlich«, die am Leben der Kirche wie der Klöster und an der weltlichen Bedeutung des Christentums weit vorbeigeht, wäre die »innerweltliche Askese« und dass sie exklusiv die Puritaner auszeichnen soll, überhaupt nicht plausibel zu machen. Das Thema »Beruf« und »Disziplin« ergibt sich gewiss nicht zwingend aus dem historischen Material.

Die Ausweitung des Themas auf »okzidentalen Rationalismus« ist in der ersten Fassung der »Protestantischen Ethik« von 1904/05 nur angedeutet. Es wird bis zur Überarbeitung 1920 aus dem Vergleich der Weltreligionen und -kulturen entwickelt und vor allem in der »Vorbemerkung« forciert. Dass für ihn aus den öffentlichen Debatten für diese Überarbeitung etwas zu lernen gewesen wäre, musste Weber – mehr oder weniger wütend – weit von sich weisen. Tatsächlich hat sich im »Antikritischen Schlusswort« die Empirie weg von den religiösen Texten zu Aspekten des realen Wirtschaftens von Sektenangehörigen in den USA 1904 verschoben und damit die Theorie weg von Glaubensinhalten und den darauf stehenden »Prämien« zu den institutionellen Arrangements des Zusammenlebens. Aber genau genommen ist dieses Thema nur durch eine Irreführung, nämlich durch Parsons' Montage, die aus der »Vorbemerkung« zu den *Gesammelten Aufsätzen zur Religionssoziologie* die »Author's Introduction« zur »Protestant Ethic« machte, so stark in die Rezeption letzterer geraten. Wie Schluchter oder Eisenstadt betonen, ist der »okzidentale Rationalismus« ein wichtiges Thema in Webers letztem Jahrzehnt, er ist aber nicht das Hauptthema der »Protestantischen Ethik«. Die hält sich – ohne globale Vergleiche – noch ganz in einem europäisch-amerikanischen Rahmen. Heute lässt sich über dieses Thema nicht ohne die *Dialektik der Aufklärung* nachdenken, in der die Katastrophen dieses Rationalismus im 20. Jahrhundert – und die gehen über »Disziplin« und »Bürokratisierung« ein wenig hinaus – verarbeitet werden.

Webers methodologische Arbeiten, die in engem zeitlichem und nur teilweise auch sachlichem Zusammenhang mit der »Protestantischen Ethik« entstanden, sind in anderer Weise »Kinder ihrer Zeit«: Sie arbeiten an einem Übergang in der Entwicklung der Nationalökonomie – vom Historismus Schmollers zur damals »Theorie« genannten und mit Carl Menger und der Wiener Schule verbundenen Modell-Konstruktion (heute Modell-Rechnerei), dem Beginn der Trennung von Ökonomie und Wirtschaftsgeschichte. Hinzu kommt die neo-kantianische Wissenschaftstheorie Rickerts und eine empirische Sozialforschung, die erst vorsichtig tastend über die Auswertung offiziell erhobener Statistiken hinauskam. Statistisches Denken stand jedenfalls in den Sozialwissenschaften erst ganz am Anfang. Die methodologischen Arbeiten, denen Weber selbst nur mäßige Bedeutung zuschrieb, besonders die Begriffe »Idealtypus« und »Wahlverwandtschaft«, sind nur mehr von historischem Interesse und werden heute in einem losen, untechnischen Sinn verwendet. Sie hatten auch nie eine scharfe technische Bedeutung.

Zunächst haben wir also den Befund, dass dieser Text sehr gut und nur dann richtig zu verstehen ist, wenn er in den Kontext seiner Zeit gestellt wird. Er fügt sich dann in die Bestrebungen des Kulturprotestantismus um 1900. Es empfiehlt sich aber, die Blickrichtung auch noch umzukehren und von den möglichen weiteren Erfahrungen des Fin de siècle her zu überlegen, ob und wie sie sich in diesem Text und dieser Theorie ausdrücken. Solche »Erfahrungen der Zeit« sind zunächst die der Produktionsweise in der bestimmten gesellschaftlichen Position des Theoretikers, differenziert nach Geschlecht und Position im Lebenslauf. Theorie ist eine Form, solche Erfahrungen unter Verwendung von Traditionsbeständen (Denkmodellen) mehr oder weniger innovativ zu verarbeiten. Die Probleme, die so aufgeworfen werden, haben die Intellektuellen vor einem differenzierten Publikum darzustellen und dafür Lösungen vorzuschlagen. Diese Erfahrungen und Probleme sind also zunächst zu beschreiben. Dann kann der spezifische Text, die »Protestantische Ethik«, noch einmal darauf untersucht werden, inwiefern er Antworten auf sie gibt.

Ich verwende dabei als »Kunstgriff« das *Wiener* Fin de siècle (Steinert 1989/2003; 2001), um im Vergleich das Spezifische des *preußischen* zu erfassen, dem die »Protestantische Ethik« zuzurechnen ist. Der Unterschied zwischen Berlin und Baden, das damals als Zentrum der liberalen Opposition gegen den Wilhelminismus gesehen wurde, ist dabei zu bedenken. Andererseits ist die Oberschicht, in der die Auseinandersetzungen stattfanden, um die es hier geht, nicht in erster Linie und nicht so stark lokal orientiert wie andere Teile der Gesellschaft. Aber Süddeutschland war auch damals nicht Berlin und »Heidelberg« hatte neben München einen besonderen Ruf als liberales und intellektuelles »Weltdorf«. Die von Martin Green (1974) unterschiedenen Kulturen der sexual-anarchischen, matriarchalen Psycho-Bohème vor allem Münchens und der männlich-disziplinierten Vernunft-Opposition gegen die wirtschaftliche und militärische Politik Berlins sind als Beschreibung der Dynamik innerhalb dessen, was hier als »preußisch« verstanden wird, einzubeziehen. Auch die Kultur des Wiener Fin de siècle ist ja eine der Opposition gegen die herrschenden Mächte. Auch hier geht es um den kulturellen Widerstand des reichen Bürgertums gegen die aristokratische Blockade der politischen Position, die ihnen aufgrund ihrer gesellschaftlichen Bedeutung, so meinten sie, eigentlich zustand. Das Thema der »Lebensführung«, das in der »Protestantischen Ethik« zentral ist, wird für Wien durch Sigmund Freud in seinem kultur- und religionskritischen Zugang dargestellt.

Die Erfahrungen der Jahrhundertwende

Das Fin de siècle, die Zeit, in der die »Protestantische Ethik« geschrieben wurde, war in Mitteleuropa vielleicht eine Zeit der Hoffnungen auf einen Neubeginn, vor allem aber eine der Untergangsahnungen. In Österreich war der greise Kaiser mit einem Nachfolger, der nur nach dem Tod des »liberalen« Kronprinzen Rudolf »übrig geblieben« und von dem nicht viel Gutes und sicher nichts Neues zu erwarten war, die öffentliche Darstellung von Verfall und Untergang. Die Ermordung der zwar weitgehend abwesenden Kaiserin durch einen »Anarchisten« unterstrich das wohl noch. In Deutschland wechselte das Personal dieser Staatsdarstellung öfter und gab sich schneidig, war aber in dieser Pose unglaubwürdig. Die Bürgerlichen und die ihnen zugehörigen Intellektuellen, um deren Sicht der Dinge es hier geht, waren zwar vielleicht reich, hatten aber nicht den politischen Stand, der dem entsprochen hätte. Die Aristokraten spielten sich immer noch tonangebend auf, im Zweifel durch Säbelrasseln. Der Liberalismus hatte in beiden Staaten eine Geschichte von mehr Niederlagen als Siegen hinter sich und war jetzt überdeutlich mit seinem alten Dilemma der Demokratie gegenüber konfrontiert: Die Liberalen kämpften für sie, aber die Massen, um deren politische Beteiligung es ging, würden sie nicht wählen. Die organisierten sich nämlich in sozialdemokratischen, antisemitischen, religiösen oder nationalistischen Parteien und Bewegungen. Die lang hingezogene Wirtschaftskrise nach dem Bankenkrach von 1873 tat auch nichts dazu, die Perspektive aufzuhellen. Die klassische Zwischenposition des Bürgertums – von oben beleidigt durch die Aristokraten, von unten bedroht durch die Plebejer – war gerade besonders unbequem. Diese Position von Reichtum und Machtlosigkeit war vor allem in der Generation der Erben der Produktion von »Kultur« – Theorie, Kunst, Lebensweisen – zuträglich (Steinert 2001).

Die Phase von Kapitalismus, mit der wir es hier zu tun haben, ist der lange Übergang vom Industriekapitalismus zum Fordismus (vgl. Resch und Steinert 2009), von der Schwerindustrie zur Konsumgüterproduktion, vom

Eigentümer- zum Managerkapitalismus (Kocka 1975; Resch 2005), von einem Proletariat als Arbeitskraftreserve, aus der man sich bedienen konnte, zu einem Proletariat von Konsumenten, die man bewerben musste. Dieses Proletariat organisierte sich und drohte mit einer Revolution, vor der das Bürgertum, »eigentlich« selbst die revolutionäre Klasse, sich fürchten musste. Vor allem aber ist es eine Phase, in der sichtbar wurde, wie sehr diese Produktionsweise auf den Staat und seine Instrumente zur Glättung der Krisen und zur Befriedung der Bevölkerung angewiesen ist. Von den kolonialen Großmacht-Projekten gar nicht zu reden, in denen Preußen einen späten Versuch machte, sich in Afrika doch noch hineinzudrängen, während Österreich schon resigniert hatte. Das Bürgertum musste in der Wirtschaftskrise (ab 1873) erleben, wie sehr der Staat, den die Aristokratie beherrschte, gebraucht wurde. Politisch war man gezwungen, die staatlichen Instrumente der Wirtschafts- und Sozialpolitik ausbauen zu helfen, die der Markt-Liberalismus ablehnte. Natürlich konnte die Wirtschaft dazu auch selbst etwas beitragen, nämlich durch Vergrößerung der Betriebe und ihren Ausbau zu Konzernen, beides möglichst mit Monopolen verbunden. Aber auch das entsprach nicht gerade der reinen Lehre des Liberalismus. Die Phase, von Historikern als die des »Organisierten Kapitalismus« (Winkler 1974; Puhle 1984) beschrieben, steckte für das Bürgertum und seinen Liberalismus voll von Widersprüchen. In Webers düsterer Annahme der »zunehmenden Bürokratisierung« drückt sich unmittelbar das liberale Unbehagen an dieser Abhängigkeit vom Staat aus.[1]

Die Niederlagen der Liberalen begannen spätestens mit der misslungenen Revolution von 1848 und der darauf einsetzenden monarchischen Reaktion, geführt durch die Hohenzollern in Preußen und dann im Deutschen Reich, Franz Joseph in Österreich, Louis Bonaparte in Frankreich. Immerhin gab es aber eine konstitutionelle Monarchie – und im Parlament waren die Liberalen zunächst eine durchaus ernst zu nehmende Kraft (Langewiesche 1988). Die Gründerzeit, in Wien der Bau der Ringstraße (von 1858 bis in die 1880er), in Berlin der Aufbau der Stadt zu einer Residenz, kurz darauf

---

1 Die Verwaltung war damals stärker militarisiert, aber der Staatsanteil am BIP lag noch unter zehn Prozent. Welche Diagnose von Bürokratisierung hätte Weber wohl unter heutigen Bedingungen gestellt, wo sich dieser Anteil bei fünfzig Prozent bewegt und die Verflechtung zwischen Wirtschaft und Staat – siehe Banken-*bail-out* 2008/09 – ein damals nicht denkbares Ausmaß angenommen hat?

auch zu einer Industriestadt, war eine Zeit von bürgerlichem Aufschwung, auch gutem und berechtigtem Selbstbewusstsein.[2]

In den 1870ern folgten weitere Einbrüche: 1873 gab es den Banken- und Börsen-Krach, der von der »Großen Depression« bis in die 1890er Jahre gefolgt wurde. War 1848 der vergebliche Versuch des Bürgertums, die politische Bedeutung und die Freiheit zu gewinnen, die »einem zusteht«, so ist 1873 die Demonstration, dass man den Staat, der weiterhin von der Aristokratie und Monarchie beherrscht wird, auch wirtschaftlich dringend brauchen würde. Er soll zur Glättung der Konjunkturverläufe und Schutz vor Konjunktureinbrüchen Wirtschaftspolitik betreiben und einen »organisierten Kapitalismus« herstellen. Spätestens in der Kriegswirtschaft des Ersten Weltkriegs hat er die Instrumente dafür gefunden – die dann auch zum Vorbild der Planwirtschaft im Realsozialismus wurden.

In Wien war der Widerspruch, in dem die Liberalen steckten, unangenehmer als im Deutschen Reich: Die nationalen Bewegungen wirkten im »Vielvölkerstaat« besonders sprengend. Und seit 1895 hatte in der Hauptstadt der Antisemitismus der Christlich-Socialen auch politisch die Mehrheit. Deren Anführer Carl Lueger wurde zunächst nur durch ein kaiserliches Veto bis 1897 daran gehindert, Bürgermeister zu werden, der er dann aber sehr erfolgreich bis zu seinem Tod 1910 blieb. In anderen Städten wie etwa Berlin oder Paris war der Antisemitismus gesellschaftlich nicht weniger stark – siehe den Hofprediger Stöcker in Berlin, die Dreyfus-Affäre in Paris –, aber er war immerhin nicht an der Herrschaft. In Wien geriet das liberale, besonders das liberale jüdische Bürgertum in die seltsame Situation, den autoritären Kaiser, sein Heer und seine Beamten als Garanten eines gewissen Schutzes vor dem kleinbürgerlichen Antisemitismus sehen zu müssen. Es fand seine Verbündeten eher bei den Anhängern der »Vielvölker-Monarchie«, also bei Fraktionen der Beamten und des Adels, als in den Massenbewegungen.

In Deutschland lief das anders: Hier brachten die Reichsgründung unter der Führung Preußens 1871 und der deutsch-französische Krieg samt der

---

2 Bezeichnend ist die Geschichte, wie damals der Ausbau der Hofburg in Wien scheiterte: Der Kaiser hatte den Plan, aus dem, was heute Heldenplatz und Maria-Theresien-Platz ist, ein »Kaiserforum«, den monumentalsten Platz Europas, größer als der Petersplatz in Rom, gestalten zu lassen. Dazu sollten zwei große Torbogen die Ringstraße, den bürgerlichen Boulevard, überspannen und so den Bürgern zeigen, wem die Stadt gehört. Leider reichte das Geld nicht für den zweiten Flügel der Hofburg, so dass der Heldenplatz nach einer Seite offen blieb. Auch die Tore über den Ring fielen damit weg und der geplante Platz wurde durch Burgtor und Ringstraße halbiert. Die Stadt gehörte inzwischen doch eher den Bürgern. Vgl. dazu Steinert (2009).

Niederschlagung der Pariser *Commune* 1872 einen Schub von nationaler Begeisterung. Die deutschen Liberalen, denen Weber sen. angehörte und Weber jun. zuneigte, nannten sich nicht zufällig *National*liberale. Das preußische und preußisch beherrschte Bürgertum in Deutschland reagierte zunächst und in erster Linie mit nationalen Größenphantasien (Ullmann 1995; Ullrich 1997/2007). Die nationale Abgrenzung richtete sich außer gegen Frankreich, das aber besiegt war, gegen die Slawen, in Preußen (und auch bei Max Weber) besonders die Polen, und gegen das multi-kulturelle Österreich-Ungarn. Das protestantische Kaiserhaus mit seiner protestantischen Verwaltung erzeugte die Korrelation zwischen Religion und Schicht, die Weber in der »Protestantischen Ethik« zum Ausgangspunkt nahm. Der erstmalige Erwerb von Kolonien und die damit ermöglichte rassistische Pflege von Herrenmenschentum haben die Größenphantasien verstärkt (Kundrus 2003). Die Lösung der wirtschaftlichen und anderen Probleme wurde von einem starken Staat erwartet, der in Deutschland als national geeint, aufstrebend und jedenfalls nicht so dekadent wie der österreichische wahrgenommen werden konnte.

Während der österreich-ungarische Staat nach allgemeiner Wahrnehmung immer mühsamer vom Beamten-Apparat und vom Militär zusammengehalten wurde, gab es im Deutschen Reich den Reichskanzler Bismarck, einen bewunderten Führer, und damit einen Primat der Politik (Wehler 1969; 1995). Allerdings hatte er, wie nicht nur Weber das wahrnahm, mit seinem Schwenk zum Zentrum seit 1878 wesentlich zur Entmachtung der Liberalen beigetragen. Aber nach ihm war ein Vakuum verblieben, das niemand ausfüllen konnte. Die Politik befand sich, wie Weber schon 1895 deutlich gesagt hatte, in einem Zustand des »Epigonentums« (MWG I/4–2: 569).

Die Malaise des bürgerlichen Individuums

Für die (damalige) Gegenwart entstehen aus den wirtschaftlichen und politischen Bedingungen besondere Belastungen für die Bürgerlichen: Verantwortungen und Risiken, die nicht zu kalkulieren und schwer zu tragen sind, Anforderungen an Geschwindigkeit und Geistesgegenwart, die »die Nerven« überfordern,[1] entfremdete Arbeit, deren Erfolg man nicht sieht, eine anspruchsvolle Lebensweise, die wenig Freuden oder auch nur Ruhepausen zulässt, Konkurrenzbeziehungen, in denen man sich der Anerkennung als gleichwertig nicht sicher sein kann, sie vielmehr immer wieder erkämpfen muss, Verweigerung des Einflusses auf die historischen Geschicke, der einem eigentlich zusteht, durch eine regierende und verwaltende Schicht von adeligen Versagern.

»Privat« bedeutete das eine Krise des bürgerlichen Patriarchats und besonders seiner männlichen »Individualität«. Die Grundlage beider war das Eigentum, über das der Mann selbständig verfügte und mit dem er wirtschaften konnte. Wenn diese Möglichkeit sich auflöst und ihr Erfolg zu unsicher wird, lässt das die Männlichkeit nicht unberührt – zumal wenn gleichzeitig noch die aristokratische Krieger-Männlichkeit sich kulturell aufplustert und politisch den Staat beherrscht, auf dessen Hilfe die Wirtschaft angewiesen ist. Die Emanzipation der bürgerlichen Frauen, für die in dieser Situation die Chance und die Notwendigkeit entstand, wurde auch nicht von allen so günstig verarbeitet wie von Max und Marianne Weber, deren »Gefährtenehe« (Allert 1995) es ihr ermöglichte, mit seiner Unterstützung erfolgreich wissenschaftlich zu arbeiten und zu einer großen Proponentin der bürgerlichen Frauenbewegung zu werden.

---

1 Die »Überreizung der Nerven« ist in verschiedenen Versionen zum Ausgangspunkt von Gesellschaftsdiagnosen gemacht worden, am immer noch bekanntesten in dem Aufsatz von Simmel (1903), inzwischen weitgehend vergessen, aber damals verbreitet von Hellpach (1902); siehe dazu Radkau (1998); Sarasin (2001).

Die Auflösung des bürgerlichen Individuums begann damals noch auf dem Hintergrund von hohen Ansprüchen. Die Bürgerlichen mussten sich – bei allen Kränkungen für ihre Souveränität – noch nicht, wie wir Nachfahren der Shoah und anderer Massenmorde des 20. Jahrhunderts, als »gerade noch einmal davongekommen« verstehen und ihre Existenz, die nur einem Zufall zu verdanken ist, trotzig gegen die Gleichgültigkeit der Opportunisten und potentiellen Mordgehilfen verteidigen. Die Angehörigen der bürgerlich-gebildeten Klasse waren noch die »Herren der Welt«, und das nicht in dem lächerlichen Sinn, wie sich heute Finanz-Jongleure als *masters of the universe* aufspielen, so lange die Blase noch nicht geplatzt ist, sondern weil sie familiär zu den wenigen »maßgebenden Menschen« im Lande gehörten: Gemeinsam mit Ihresgleichen und gegen andere, denen das eigentlich nicht (mehr) zustand, gestalteten sie die Geschicke der Nation und der »deutschen Kultur«.

Die Grenzen und notwendigen Modifikationen dieses möglichen Selbstverständnisses liegen auf der Hand: Leute wie Max Weber waren als Bürgerliche mit einer Aristokratie konfrontiert, die nach wie vor die Staatsspitze, das Militär und die Verwaltung mit einer undurchdringlichen Grenze dominierte – keiner *glass ceiling*, die zersplittern kann, sondern mit einer höchst sichtbaren, per Geburt festgestellten Zugehörigkeit, gegen die einfach nichts zu machen war. »Klassenbewusste Bürger« wie Max Weber mussten mit der Nichtswürdigkeit dieses Herrschaftspersonals klarkommen, das noch dazu unangreifbar auf sie herabblickte; dazu mit dem »Klassenverrat« vieler, wenn nicht der meisten Bürgerlichen, die sich in Lebensweise und Denken wie kleine Aristokraten aufführten; und schließlich mit dem Wissen, dass nach Vermögen (in jeder Bedeutung des Worts) und Verstand eigentlich ihnen, den Bürgerlichen, die Herrschaftspositionen zustanden.

Die wissenschaftliche Psychologie, die nach dem Vorbild der Naturwissenschaften als Experimentalpsychologie und Psychophysik gegen Ende des 19. Jahrhunderts im Leipziger Labor von Wilhelm Wundt entstand, ist schon Ausdruck und zugleich ein Motor der Auflösung des autonomen Individuums. Die andere große Psychologie, die Psychoanalyse, wurde in Wien ebenfalls von einem gelernten Neurophysiologen, Sigmund Freud, und ebenfalls mit dem Anspruch gegründet, letztlich eine naturwissenschaftliche Grundlage zu haben. Sie ging allerdings nicht wie die Experimentalpsychologie den Weg der Reduktion des Individuums auf einen reagierenden »Organismus«, sondern nahm das komplizierte Innenleben auf, das spätestens seit der Romantik den Bürger als Helden seiner Antriebe und moralischen

Hemmungen, seiner familiären Verstrickungen und seiner Bildungsgeschichte konstituiert hatte. Im Gegensatz zur Psychophysik, der es um die Leistungsfähigkeiten der Arbeitskraft geht, ist die Psychoanalyse die Psychologie einer Oberschicht, die sich ein kompliziertes Innenleben auch leisten kann. Als Wissenschaft macht sie diese wunderbar schwierige innere Dynamik freilich zugleich »typisch«: Die in Fehlleistungen und Behinderungen, verfestigt in »Neurosen« verarbeitete ödipale Dynamik ist nur scheinbar individuell, denn sie tritt als Ergebnis der bürgerlichen Familienkonstellation mit ermüdender Regelmäßigkeit auf – nicht immer als hysterische Lähmung oder Impotenz, sondern vielleicht als Autoritätshörigkeit, die in der passenden Firma das Geheimnis von beruflichem Erfolg ist. Die Psychoanalyse als Oberschicht-Psychologie schafft noch einmal einen bürgerlichen Helden und destruiert ihn zugleich.

In den Gesellschaftsdiagnosen wurde das artikuliert als »Dekadenz« und »Entartung«, als »Nervosität« und »Hysterie«. »Kulturkritiker« wie Max Nordau, Otto Weininger oder Willy Hellpach fanden für ihre Bücher guten Absatz. Die Nationalökonomie hatte es da ein wenig schwerer, aber zumindest Sombart näherte sich mit vielen seiner Bücher dem, was heute »Sachbuch« heißt. Interessanter als die Ökonomie war in diesem ersten boom von Beratungsliteratur[2] die Nervenheilkunde und die wissenschaftliche Psychologie (Schulte 1997).

Die zentrale Frage war am Ende des 19. Jahrhunderts, wie die Bürger sich trotz verschiedener Erfahrungen von Entindividualisierung doch als Individuen verstehen konnten:

Freuds Psychologie des beschädigten Individuums hat ihnen dafür eine Möglichkeit geboten, indem sie die Auseinandersetzung mit der Gesellschaft, die nach außen nicht zu führen war, ins Innere verlegte. Sie hat zugleich das Kunststück geschafft, eine Wissenschaft der Individualität zur Verfügung zu stellen, indem sie die verallgemeinernde Analyse der psychischen »Mechanismen« mit dem individualisierenden Familien- und Entwicklungsroman verband. Die reflektierte Individualität und Männlichkeit der Psychoanalyse basiert auf *Selbstironie*: Sie hat den Durchblick, auch auf sich selbst, macht sich – in Kritik und Selbstkritik – keine Illusionen und bezieht aus den Freuden der »Dekadenz« ihr Selbstbewusstsein.

Preußen hingegen hat für das Individuum, zumal das männliche, die Bewältigung der Unsicherheiten und Ängste durch Disziplin und Herrenmenschentum vorgegeben. Der männliche Mann bleibt heroisch und ehrpusse-

---

2 Gay (1993: 491ff) spricht von einem »age of advice and neuroses«.

lig, lässt keine Schwäche zu und »reißt sich zusammen«. Weber fügte dem noch Askese als Grundlage der Disziplin hinzu. Die Anforderungen der Männlichkeit sind eine Überforderung. Hinter der Fassade lauert das Wissen um die *Selbstüberforderung* und ihre Kosten. Die grassierende »Nervosität«, die bis zu Kaiser Wilhelm und Bismarck reichte, wurde niedergehalten und wirkte sich nur privat aus. Weber erfand keine Psychologie, sondern eine Geschichtsphilosophie der Askese, also der Selbstdisziplin.

Die zugehörige Krise des Patriarchats war damit positiv wie negativ verbunden: Das bürgerliche Patriarchat war – bei aller Unsicherheit – wirtschaftlich durchaus erfolgreich, so erfolgreich, dass die intellektuellen Söhne und Töchter wirtschaftlich freigestellt (siehe Kraus, Wittgenstein, Zuckerkandl) oder über die bürgerliche Klientel in den Professionen gut gesichert waren (siehe Klimt, Loos, Freud). Der Antisemitismus beschädigte im jüdischen Bürgertum die Patriarchen, die von den Söhnen verachtet wurden, weil sie sich nicht wehrten (siehe Freud, besonders aber die Zionisten). Die »Krise« bestand auf dieser Dimension im Selbstbewusstsein der Söhne und Töchter, die aufgrund ihres Erfolgs die rassistische Diskriminierung nicht hinnehmen bereit waren. Sie war also das Ergebnis der Erfolge der Juden-Emanzipation.

Dasselbe Muster dürfte für die Emanzipation der Frauen zutreffen. Auch hier war es die Selbständigkeit der Frauen, die möglich wurde und Selbstbewusstsein gab. Sie beschädigte das Patriarchat, indem diese Töchter sich nicht mehr einfach verheiraten ließen, vielleicht auch dadurch, dass sie als Schwägerinnen in den Familien ihrer Schwestern mitlebten und dort Komplikationen verursachten (siehe Minna Bernays, Freuds Schwägerin). Dazu machten diese selbständigen Frauen den Männern Angst und Angst-Lust (siehe die femme-fatale-Phantasien, Weininger), schließlich waren freie Formen der Liebe auch möglich, in Wien eher in einer Kultur der Heimlichkeit,[3] anderswo öffentlicher und stärker als eine Bohème, die als solche offensiv oder wenigstens selbstbewusst auftrat (München, Ascona).

---

3 Mit Schnitzlers oder Klimts »süßen Mädeln« verkehrten die Herren heimlich. Andererseits wussten alle, dass sie das taten. Die vertuschten wie die öffentlichen Affären waren auch Teil der Selbstdarstellung: So war etwa die Affäre zwischen Arthur Schnitzler und der Schauspielerin Adele Sandrock ein Skandal, der beiden zu Bekanntheit verhalf (Rothe 1997).

Freud als Kritiker ...

Was Wien 1900 auszeichnet, ist die radikale Kritik des Bürgertums und der Bürgerlichkeit, die Kritik all dessen, was das Ringstraßen-Bürgertum als seine Errungenschaft bezeichnete – Historismus als Ornament, Klassenkompromiss mit der Aristokratie, behäbige Zufriedenheit im immerhin Erreichten –, Kritik an Architektur, Kunst, Musik, Feuilleton, Metaphysik, Sprache, Moral. Die Kritik erfolgte als Vorführen von Doppelbödigkeit, Unaufrichtigkeit, Lügenhaftigkeit, von Widersprüchen der Normen, von »Unwirklichkeit«. Die Ängste der Bürger vor Niedergang, Degeneration, Moralverlust, vor den Frauen ... wurden in einer antiautoritären Bewegung der Jungen »positiv« gewendet: gegen die verstaubte Bürgerlichkeit und für eine Kultur des radikal Neuen, das aus der Kritik entsteht.

Am Beispiel Otto Gross (1877–1920) kann man diese antiautoritäre Haltung in ihrem Kampf mit der väterlichen Autorität gut illustrieren (Green 1974; Schwentker 1988; Steinert 1997): Otto Gross, Sohn des Kriminologie-Professors Hans Gross, Psychoanalytiker und Anarchist, lebte zeitweise in der Münchner Bohème und in Ascona, wurde zuletzt von seinem Vater entmündigt und zwangsweise in eine psychiatrische Anstalt gesteckt, starb früh. In den Schriften von Otto Gross ist die Grundlage der psychischen Krankheiten in der Hemmung der Affekte, nicht nur, aber vor allem der sexuellen, durch die gesellschaftlichen Anforderungen, nicht zuletzt die der Monogamie, zu suchen. Das Ideal der männlichen Kraft und Stärke ist für ihn autoritär und die Ursache von Krankheit wie gemeinem Unglück. Degeneration ist Fortschritt. Das Grundmodell sind die natürlichen Antriebe, die von der unterdrückenden Kultur am Ausleben gehindert werden. Gross will die Kultur matriarchal umgestalten. Weber lehnte die Veröffentlichung eines Artikels von ihm im *Archiv* ab.

Das Modell der Auseinandersetzung des Individuums mit den gesellschaftlichen Zwängen, wie es Otto Gross radikal entwirft, ist auch bei Freud erhalten. Er versteht das Individuum als strikt vereinzelt und selbstbezogen von Anfang an am stärksten im Bild des primären Narzissmus und seiner Allmachtsphantasien. Das Kind muss den Unterschied zwischen dem eigenen Körper und dem der Mutter erst entdecken und reagiert auf die Erkenntnis recht ungehalten. Der Trieb ist auf einen eigenen körperlichen Zustand gerichtet und die äußeren »Objekte« sind nur Mittel, um ihn zu erreichen. Sexualität will Lust und die ist auf verschiedenen Wegen zu gewinnen. Der strikte Gegensatz zwischen Person und Gesellschaft macht die Freudsche Theorie anstößig und attraktiv: anstößig, indem die Liebe vielgestaltig ist und die äußere Welt nur instrumentell verwendet, um eigene Zustände herzustellen; attraktiv, indem das bürgerliche Drama der Individualität immer noch durchgespielt wird, jetzt aber ins Innere der komplizierten Seele verlegt.

Der Unterschied zu Gross ist: Freud glaubte niemals, dass die Unterdrückung komplett aufgehoben werden soll oder kann, dass die »natürlichen Antriebe« ungehemmt ausgelebt werden sollen. Nur durch Sublimierung der Triebe, also durch beidseitige Abgleichung, so dass sich im Idealfall Befriedigung und soziale Nützlichkeit treffen, kann Gesellschaft und Kultur stattfinden. Das ist zugleich notwendig und doch Unterdrückung – und es kann nur gelingen, wenn die gesellschaftlichen Normen kritisch geprüft und so entwickelt werden, dass sie auch individuelle Befriedigung zumindest zulassen.

... und Weber als Erzieher

Wo Freud eine komplizierte Dynamik zwischen Triebleben und Über-Ich entwirft, sieht Max Weber die Geschichte und zuletzt das Verhängnis einer Askese, die sich als Disziplin verselbständigt und das Individuum in einem »stahlharten Gehäuse« gefangen hat. Aber Weber sieht vor allem in Deutschland auch einen *Mangel* an Disziplin und an den Führungsqualitäten, die mit einer solchen Geschichte der »Askese« verbunden wären. Er hat diesen Mangel schon in der Freiburger Antrittsvorlesung 1895 konstatiert und er findet ihn 1919, in dem berühmten Vortrag »Politik als Beruf«, noch immer oder wieder. Beide zeigen deutlich, warum »Beruf« eine so wichtige Kategorie ist. An beiden Stellen wird unmissverständlich mitgeteilt, dass es die Aufgabe und »das letzte Ziel auch gerade unserer Wissenschaft«, also der Nationalökonomie ist, »an der *politischen* Erziehung unserer Nation mitzuarbeiten«. Die Aufgabe ist eine nationale Weltmachtpolitik und als Voraussetzung dafür die »soziale Einigung der Nation, welche die moderne ökonomische Entwicklung sprengte« (MWG I/4–2: 572). Aber keine gesellschaftliche Position ist imstande, diese Aufgabe zu übernehmen: Die preußischen Junker sind ohnehin wirtschaftlich wie politisch erledigt, das Bürgertum sei nicht reif, der Arbeiterklasse fehlten die »Machtinstinkte«. Daran hat sich 1919 nichts grundsätzlich geändert, nur ist jetzt die Verwaltungs- und Partei-»Maschine« stärker im Vordergrund des Pessimismus. In Deutschland, so konstatiert Weber 1919, dominiere die Beamtenverwaltung, das Parlament sei machtlos und die Berufspolitiker seien Honoratioren (MWG I/17: 220f). Den »Führer«, der »Politik als Beruf« mit Leidenschaft, Verantwortungsgefühl und Augenmaß betreiben könnte (227), sieht Weber nicht.

Aber diese Klärungen zum Verständnis von »Beruf« eignen sich, die berühmten pessimistischen, aber doch leicht kryptischen Sätze (über die »Fachmenschen ohne Geist ...« oder das »stahlharte Gehäuse«, aus dem der Geist entwichen ist) am Schluss des fünften Kapitels der »Protestantischen Ethik« verständlich zu machen. »Beruf« ist bei Weber alles andere als eine beschreibende Kategorie, »Beruf« ist als Lebensweise hoch wertend aufgeladen: Die »Berufserfüllung« sollte, wie bei den Puritanern zur Religion, so jetzt allgemeiner »zu den höchsten geistigen Kulturwerten in Beziehung gesetzt werden« können (RS I: 204). Wo das nicht gelingt, ist die disziplinierte Arbeit ein rastloser Leerlauf.

Und zu diesen »Kulturwerten« gehört, wenn man der Freiburger Rede folgt, jedenfalls die nationale Größe. Die »politische Reife« des Führungspersonals erkennt man an »ihrem Verständnis und ihrer jeweiligen Befähigung, die dauernden ökonomischen und politischen Machtinteressen der Nation über alle anderen Erwägungen zu stellen« (MWG I/IV-2: 565). Anderswo, etwa in England, hat die »Resonanz der Weltmachtstellung« die »politische Schulung« bewirkt, die der einzelne »bei uns nur, wenn die Grenzen bedroht sind, akut empfängt« (571). In Deutschland hingegen wurde die Chance solcher machtpolitischen Schulung durch »eine überseeische Expansion« nicht wahrgenommen (570). Diese »politische Schulung« ist auch die Aufgabe der *National*ökonomie, die nicht umsonst so heißt.

»[E]ine ungeheure politische Erziehungsarbeit ist zu leisten und keine ernstere Pflicht besteht für uns, als, ein Jeder in seinem kleinen Kreise, uns eben dieser Aufgabe bewußt zu sein: an der politischen Erziehung unserer Nation mitzuarbeiten, welche das letzte Ziel auch gerade unserer Wissenschaft bleiben muß.« (MWG I/17: 572)

Ihr Ziel, damit schließt der Vortrag, ist erreicht, wenn die »führenden Schichten sich hinaufzuheben vermögen in die harte und klare Luft, in welcher die nüchterne Arbeit der deutschen Politik gedeiht, die aber auch durchweht ist von der ernsten Herrlichkeit des nationalen Empfindens« (574). Es bleibt von den »Kulturwerten« einzig die nationale Größe – auch wenn sie dann 1919 gerade ein wenig geknickt gewesen sein mag.

Andere mögliche »Kulturwerte« kommen nur verneint vor, besonders im Kontext von »Wissenschaft als Beruf«, dem Vortrag, der parallel zu dem eben referierten gehalten wurde: Wissenschaft ist nicht »Weg zum wahren Sein«, nicht »Weg zur wahren Kunst«, »Weg zur wahren Natur«, »Weg zum wahren Gott« oder »Weg zum wahren Glück« (MWG I/17: 93). Ansonsten ist Wissenschaft zwar dem Fortschritt verpflichtet, aber das heißt nur, dass ihre Ergebnisse immer wieder überholt werden sollen. Selbst der technische Fortschritt ist keiner der Naturbeherrschung, weil der heutige Mensch eher weniger über seine Lebensbedingungen wisse als frühere: Wer weiß schon, wie die Tram funktioniert, die wir benützen (86f – von den diversen Computern, mit denen wir täglich hantieren, gar nicht zu reden)? Es bleibt das »Schicksal unserer Zeit« mit all ihrer Rationalisierung, dass »gerade die letzten und sublimsten Werte zurückgetreten sind aus der Öffentlichkeit, entweder in das hinterweltliche Reich mystischen Lebens oder in die Brüderlichkeit unmittelbarer Beziehungen der einzelnen zueinander.« Und dieses Schicksal kann man nur »männlich ertragen« (109f). Schluchter (1996) identifiziert »Selbstbegrenzung« als das Thema, das die beiden Vorträge zu Wissenschaft und Politik »als Beruf« mit dem Schluss des fünften Kapitels der »Protestantischen Ethik« verbinde.

Das Fin de siècle in Heidelberg und Wien: eine Zwischenbilanz

»Verstehen« heißt bekanntlich, den Kontext an sozialen Selbstverständlichkeiten und Normen zu finden – auf Soziologisch: zu »rekonstruieren« –, in dem der Sachverhalt, um den es geht, einen »sinnvollen« Platz findet. Gewöhnlich ist das eine Geschichte, die ohne dieses Element keine mehr wäre oder deren Dramaturgie dadurch weniger überzeugend würde. Geschichten, versteht sich, können auch in Tabellen oder Formeln erzählt werden. Verstehbare Zusammenhänge präsentieren sich häufig als »überdeterminiert«: Es gibt mehrere Kontexte, in denen der Sachverhalt sinnvoll verstanden werden kann. Im Gegensatz zur naturwissenschaftlichen Erklärung schließen sich im Verstehen solche verschiedenen Möglichkeiten nicht unbedingt aus, sie können sich vielmehr ergänzen. Sie heben das Verstehen auf die nächste Ebene: Gibt es einen umfassenden Kontext, in dem die verschiedenen möglichen Sinnzusammenhänge ihren Platz finden können? Das Ideal des »Verstehens« ist nicht unbedingt die möglichst einfache Geschichte, etwa die kausale Erklärung einer Variable durch eine und nur eine andere. Gewöhnlich ist eine komplexe Geschichte befriedigender – bis zu einer Grenze, ab der sie durch noch mehr Komplexität wieder auseinanderfällt oder sich in die langweilige Aufzählung von »Faktoren« auflöst.

Wir befinden uns in diesem letzten Abschnitt auf der Suche nach solchen weiteren Kontexten: Lässt sich die Einordnung der »Protestantischen Ethik« in einem größeren Kontext noch komplexer machen? Zugleich wenden wir dabei den Kunstgriff des Vergleichs an, um die Suche spezifisch zu halten.

Es zeigt sich, dass neben der *religiösen* Einordnung die Geschichte des bürgerlichen Liberalismus in der zweiten Hälfte des 19. Jahrhunderts ein solcher weiterer Kontext ist, in den die »Protestantische Ethik« gestellt werden sollte: Die Misere des Liberalismus zur Jahrhundertwende – eingeklemmt zwischen Streben nach Demokratie und den anti-liberalen Massenbewegungen, zwischen Freiheit des Marktes und notwendigem Ausbau der Instrumente von wirtschafts- und sozialpolitischer Staatsintervention, zwischen eigenem, bürgerlichem Selbstbewusstsein und aristokratischer Macht – lässt sich sinnvoll verbinden mit der Idee, eine Geschichte von Selbstdisziplin, von »innerweltlicher Askese«, wie sie England aufweist, hätte dem Bürgertum mehr Macht gegeben, um die Nation nach innen zu einen und nach außen zur Weltmacht zu führen. Webers Geschichte von »Beruf« und »innerweltlicher Askese« steht also auch im Kontext einer Diagnose der Machtbeziehungen und Konflikte in der Gesellschaft und der Erziehungsaufgabe, die Wissenschaft hat. In diesem *politischen* Kontext geht es in der »Protestantischen Ethik« auch darum, die relative Machtlosigkeit des bürgerlichen Liberalismus in Deutschland gegenüber der Aristokratie zu verstehen und zu verarbeiten.

Der interessante Unterschied zwischen Heidelberg und Wien besteht im Deutsch-Nationalismus, der in Deutschland möglich und attraktiv war, in Wien aber den Vielvölker-Multikulturalismus aufgelöst hätte und schließlich hat. Mehr: In Deutschland konnte sich Liberalismus mit Nationalismus triumphalistisch verbinden, in Österreich musste der Liberalismus sich gegen völkischen Nationalismus und Antisemitismus mit dem übernationalen Kaisertum verbünden. Im Kontrast wird der Heidelberger Nationalismus auffällig.

Damit ist ein noch weiterer *wirtschaftlicher* Kontext angesprochen, nämlich der des Zustands von Kapitalismus zu der Zeit. Die Misere des Liberalismus beruht ihrerseits auf den wirtschaftlichen Problemen: der »sozialen Frage«, die nicht in eine Revolution entgleiten darf, den Krisen und Konjunktureinbrüchen, die durch Staatsintervention geglättet werden sollen, den Fragen der kolonialen und imperialistischen Expansion. Sie lassen sich unter dem Stichwort »Organisierter Kapitalismus«, wie es in der Geschichtswissenschaft entwickelt wurde, zusammenfassen: Die Krisenhaftigkeit des Industrie-Kapitalismus legte die Ausbildung von staatlichen Elementen der Regulation nahe, was in Deutschland mit der Gründung des »Reichs« auch möglich und von Bismarck energisch angegangen wurde. Dieser lange Übergang zum Fordismus des 20. Jahrhunderts bestand in einer Umorganisation vom Eigentümer- zum Manager-Kapitalismus und in der Herausbildung von Großkonzernen, zugleich in der allmählichen Integration der Arbeiterschaft als ausgebildete Facharbeiter und (zukünftige) Konsumenten. »Beruf« – der Arbeiter wie der gebildeten Professionen, unter ihnen neu der Unternehmer/Manager – bekam auch von daher eine erhöhte Bedeutung.

Auch im wirtschaftlichen Kontext ist als Unterschied zwischen Heidelberg und Wien der Nationalismus und Kolonialismus/Imperialismus auffällig. Beides war Wien verschlossen – wenn man nicht den Balkan oder Galizien als die inneren Kolonien der Monarchie verstehen will. Allerdings ist dann festzuhalten, dass diese »Kolonien« keine Funktion als Orte der wirtschaftlichen Expansion hatten, eher im Gegenteil: Sie mussten von Militär und Bürokratie mit verwaltet werden und brachten Probleme, aber kaum Vorteile. Sie vermittelten, wenn man der Literatur glauben kann, Erfahrungen von Unregierbarkeit, Schlamperei und alltäglicher Korruption, verstärkten also eher die Wiener Untergangsahnungen als dass sie Ausgangspunkte für Weltmachtphantasien abgeben konnten.

Schließlich eröffnet sich ein dritter, der *persönliche* Kontext, umschrieben als mit Politik und Wirtschaft verbundene Krise des Patriarchats, damit besonders der bürgerlichen Männlichkeit, bis dahin als »Persönlichkeit« konzipiert. Hier vor allem wird ein Unterschied zwischen Heidelberg und Wien sichtbar: Das preußisch-aristokratisch-militärische Herrenmenschentum ist gebrochen durch verbreitete »Nervosität«, die seine (Selbst-)Überforderung anzeigt. In der »Protestantischen Ethik« wird dem die bürgerliche Selbstdisziplin als »Askese« entgegengesetzt, die eine doppelte Funktion hätte: Sie gäbe den Größenansprüchen eine seriöse Grundlage in einer Lebensführung, die das Aristokratische überwindet, indem sie es auf seinem eigenen Gebiet schlägt. Und sie könnte die Angst um die eigene Auserwähltheit, die »Nervosität« überwinden, wie sie es auch bei den Puritanern getan hat. In Wien, von Freud, wurde ein anderer Weg gefunden: die *talking cure* als handlungsentlastete Bearbeitung des Konflikts zwischen Person und Gesellschaft, damit verbunden die Konzeption einer Person mit einem aufregend komplizierten Innenleben und schließlich einer Lebensweise, in der die Unterdrückung auf das realistisch Notwendige reduziert und dann mit Selbstironie und Humor ertragen wird.

Hier ist die Differenz zwischen Heidelberg und Wien am größten: Selbstüberforderung durch eine Fassade von heroischer Männlichkeit, zu deren Sicherung die Disziplin »asketisch« noch verstärkt wird, dort – Selbstironie und Illusionslosigkeit, Kritik und Reflexivität, Faszination an der eigenen Kompliziertheit und »Dekadenz« hier. Interessant daran ist noch, dass die paradigmatische »Persönlichkeit« natürlich in beiden Fällen zuerst der Wissenschaftler war, der darüber forschte und schrieb, dann aber in Wien der Künstler, in Heidelberg der Politiker und der Unternehmer. Damit verbunden war in Wien das Grundmotiv die Auflehnung und ihre Unterdrückung, in Heidelberg die Selbstdisziplin, die sich den »wilden« Formen der Auflehnung und ihren Versuchungen geistesaristokratisch und bürgerlich »asketisch« entzieht. In der »Protestantischen Ethik« – und in der biographischen Situation Webers[1] um 1904 – ist die Möglichkeit, dass die »asketische« Lebensführung nicht durchzuhalten sein könnte, nicht vorgesehen.

---

[1] Mina Tobler (1912) und Else Jaffé (1909/19) lagen für Weber noch in einer fernen Zukunft.

Wirtschaft als Beruf: der verunsicherte Unternehmer als bürgerlicher Held

Im Jahr 1904, dem Jahr der »Protestantischen Ethik«, veröffentlichte Weber im *Archiv* eine weitere lange Abhandlung, ein Gesetzesgutachten »Agrarstatistische und sozialpolitische Betrachtungen zur Fideikommißfrage in Preußen« von immerhin siebzig Druckseiten.[1] In der Literatur zur »Protestantischen Ethik« kommt diese Arbeit praktisch nicht vor. Webers agrarsoziologische Arbeiten gehören in eine andere Sparte und unter »Fideikommiß« können wir uns ohnehin nicht so recht etwas vorstellen. Dass Weber zu einem so obskuren Gegenstand mitten in der Arbeit an der »Protestantischen Ethik« etwas geschrieben haben soll, passt nicht ins Bild, kann nur irgendeine Pflichtübung gewesen sein.

Aber Weber hat diese Arbeit durchaus mit Feuer und einem starken politischen Interesse geschrieben.[2] Und sie berührt einen Punkt, der für ihn zentral ist: die tiefe Verachtung für die Gutsbesitzer, die aus ihren Ländereien möglichst ohne Arbeit eine Rente ziehen und sich dafür noch adeln lassen wollten. »Fideikommiß« ist eine Art Familienstiftung, die genau das ermöglichen soll. Weber bezeichnet sie als »die Form, in welcher ›satte‹ kapitalistische Existenzen ihren Erwerb aus der stürmischen See des ökonomischen Kampfes in den Hafen eines ›Otium cum dignitate‹ – einer briefadligen Rentnerexistenz – zu retten pflegen« (MWG I/8: 108f), noch schärfer nennt er sie später (150) »die nichtigste und erbärmlichste Eitelkeit irgend eines

---

1 Die Druckfahnen des ersten Teils der »Protestantischen Ethik« und des »Fideikommiß«-Aufsatzes korrigierte Weber parallel (MWG I/8: 89).
2 Damit war das Thema noch keineswegs erledigt: 1908 veröffentlichte Weber eine lange Abhandlung über die »Agrarverhältnisse des Altertums« (MWG I/6: 320–747), die zweite Überarbeitung eines Handbuch-Artikels von 1897, der jetzt auf den Umfang eines eigenen Buchs gebracht wurde. Auch wenn Weber, wie im »Editorischen Bericht« (300–319) zu lesen ist, mit Anstrengung und Widerwillen daran arbeitete: Die Agrarsoziologie war und blieb eine seiner »Hausstrecken«. Vgl. Schluchter (1980) dazu, wie sich Webers Kritik des Wilhelminismus in »Agrarverhältnisse des Altertums« ausdrückt.

Grundbesitzers, die kindischste Sucht nach dem Hoflieferantentitel: dem Adel«. Er fasst seine Einwände so zusammen:

»Die Möglichkeit *bürgerlicher* und briefadliger Fideikommißgründung ... lenkt, indem sie die verächtlichste Eitelkeit kitzelt, das bürgerliche deutsche Kapital von dem Weg ökonomischer Eroberungen in der weiten Welt in verstärktem Maße auf die Bahn der Schaffung von *Rentiers*existenzen, die ohnehin im Zuge unserer protektionistischen Politik liegt« (MWG I/8: 185).[3]

Weber, das sieht man gerade an diesem Beispiel, hatte eine Abneigung gegen Reichtum, der nicht produktiv wurde. Die Elemente der traditional-kapitalistischen Haltung, die auf Zufriedenheit mit dem Erreichten, Konsolidierung, einem Dasein als Kuponschneider und Zugehörigkeit zu einer Kaste von Reichen hinausliefen, waren ihm besonders zuwider, wenn sie von Parvenüs verkörpert wurden. Dagegen stand im konkreten Fall der unternehmerische Grundbesitzer, den er gefördert sehen wollte – der Unternehmer mit der Haltung von »Arbeit als Beruf«. Das Gutachten zur Fideikommißfrage ist tatsächlich mit der »Protestantischen Ethik« (nicht nur zeitlich) ganz eng verbunden.

Es wird dort auch direkt angesprochen: Weber beschreibt, dass der »Geist des Kapitalismus« rein von »Arbeit als Beruf« und nicht von Macht und Ansehen motiviert werde, die damit zu gewinnen seien. Das Gegenbild ist der Fideikommiß:

»Und vollends das Einlaufen in den Hafen des Fideikommißbesitzes und Briefadels mit Söhnen, deren Gebarung auf der Universität und im Offizierskorps ihre Abstammung vergessen zu machen sucht, wie es der übliche Lebenslauf deutscher kapitalistischer Parvenü-Familien war, stellt ein epigonenhaftes Décadenceprodukt dar. Der ›Idealtypus‹ des kapitalistischen Unternehmers, wie er auch bei uns in einzelnen hervorragenden Beispielen vertreten war, hat mit solchem gröberen oder feineren Protzentum nichts Verwandtes. Er scheut die Ostentation und den unnötigen Aufwand ebenso wie den bewußten Genuß seiner Macht und die ihm eher unbequeme Entgegennahme von äußeren Zeichen der gesellschaftlichen Achtung, die er genießt.« (RS I: 55)

Die Nationalökonomen haben in Deutschland für die Wirtschaftsbürger getan, was Freud in Wien für die Bildungsbürger leistete: Sie haben in der Konzeption eines »Geist des Kapitalismus« den Unternehmer zum handelnden Subjekt der Wirtschaft gemacht.

---

3 Weber warb auch bei Georg von Below, dessen Haltung seiner entsprach, er möge sich in die Debatte einschalten. Das Gesetz, um das es ging, wurde aufgrund der verbreiteten Kritik auch tatsächlich nicht in den Landtag eingebracht.

Seit der Aufklärung hatten die Philosophen wie die Ökonomen das »Unbewusste« entdeckt und thematisiert. Die Gleichgültigkeit der Natur und der Gesellschaft, die beide mit ihren Eigengesetzlichkeiten moralischen Ansprüchen nicht nachkommen (Voltaire, de Sade), entspricht der »unsichtbaren Hand« des Marktes, die sich um die guten oder bösen Absichten der Wirtschaftssubjekte nicht kümmert (Smith) und sie in den Folgen sogar in ihr Gegenteil verdrehen kann (*private vices, public virtues*, Mandeville). Marx steht ganz in dieser Tradition und analysiert die Struktur- und Ablaufgesetzlichkeiten von Kapitalismus, die durch die Subjekte hindurch wirken und sich unter ihnen ihre Träger suchen. Sie haben damit die Erfahrung thematisiert, die Ende des 19. Jahrhunderts in Deutschland und Österreich besonders unangenehm erfahrbar wurde: Wir beherrschen die Wirtschaft und die Gesellschaft nicht. Der patriarchale Unternehmer muss sich als Spielball von Konjunkturen und Wirtschaftseinbrüchen wahrnehmen, denen gegenüber er allenfalls Glück haben kann, die aber jedenfalls seinen Erfolg, wenn nicht sein Überleben, von seinen Fähigkeiten und klugen Entscheidungen, von seinem »rationalen Wirtschaften« abkoppeln.

Sombart und Weber haben im »Geist des Kapitalismus«, der entscheidend dafür ist, dass unternehmerisch und rational gewirtschaftet wird, das unternehmerische Handeln wieder in den Mittelpunkt des Geschehens gerückt. Sombarts *Der Bourgeois* (1913) ist nachgerade die Apotheose des Wirtschaftsbürgers in seiner historischen Bedeutung. Die Sozialfigur des »Unternehmers« im Unterschied zum Eigentümer-Kapitalisten entspricht wohl dem, was Weber am Beispiel der eigenen Familie als »modernen« vom »traditionalen« Kapitalismus unterschieden hatte, und war gegen Ende des 19. Jahrhunderts als Übergang zum »Manager« des Fordismus auffällig.

Entsprechend beschäftigte sie die Ökonomen: Schmoller hatte 1890/91/92 eine lange Geschichte der »Unternehmung« geschrieben, in der er zeigen wollte, wie sich »in langsamem Werdegang zwischen die Individuen und Familien einerseits, die Vereine, Gemeinden, Staaten, Korporationen, Kirchen andererseits der Organismus der volkswirtschaftlichen Unternehmung« einschob (1890: 738f). Er kündigt an, mit der historischen Untersuchung das Verhältnis von Klassenbildung, Eigentumsverteilung und »Unternehmungsformen« klären zu wollen.[4] In seinem Lehrbuch (Schmoller 1900/04)

---

4 Tatsächlich tut er nichts dergleichen. Die lang dahinmäandernde, unglaublich detailverliebte Erzählung kommt nie in der Gegenwart an, verliert sich vielmehr in immer tieferer Vorgeschichte und endet bei den »Handelsgesellschaften des Altertums«. Man tut sich schwer zu entscheiden, wer undisziplinierter geschrieben hat: Schmoller oder Sombart. (Sombart 1903 ist eine gewisse Ausnahme.) Die damaligen Herren Professoren hatten ihre

verweist er konkreter auf die Entstehung von Großbetrieben ab 1850 und auf die gemischte Zusammensetzung der Unternehmerschaft: »Stahlharte frühere Arbeiter, Werkmeister, Faktoren stehen neben den vornehmen königlichen Kaufleuten; dann die verkommenen Genußmenschen, die Leute, die sich alles erlauben, was nicht ins Zuchthaus bringt, neben denen mit peinlichster Ehrlichkeit.« (Schmoller 1904: 433f) Die gegenwärtige Lage in Deutschland beschreibt er (676) mit »einem praktischen Materialismus, einer gewissen politischen und gesetzgeberischen Unfähigkeit, häßlichen sozialen Kämpfen und schwieriger wirtschaftlicher Lage, auch manchen bedenklichen Entartungserscheinungen ...« Keine Frage ist, dass es sich bei den Unternehmern um die »führenden Personen und Kreise« handelt, denen allerdings nicht nur Gutes zuzutrauen ist: Neben den »größeren Leistungen« kann auch die »Raubtiernatur des Starken« durchschlagen und die »mittleren und unteren Schichten der Gesellschaft« können von ihnen »mißhandelt, bewuchert werden« (455).

Sombart (1903) zeigt konkret, wie im Lauf des 19. Jahrhunderts der Kapitalismus und seine »Rationalisierung« über alle Bereiche des Lebens und vor allem des Wirtschaftens kam. Und er weiß auch genau, wie das geschah: »Das kapitalistische Unternehmertum ist die revolutionäre Kraft, der wir das neue Deutschland verdanken.« (76) Die Tätigkeit des Unternehmers ist »disponierend-organisierend«, sie ist »kalkulatorisch-spekulativ« (79) und sie ist immer »rationalistisch, ... zu allen Zeiten ein bewußtes Handeln nach Gründen« (80). Die »Menschwerdung ... des *spiritus capitalisticus*« (80) zeigt Sombart dann in den Hoch- und Tief-Phasen der Wirtschaft in Deutschland im 19. Jahrhundert. Wie in den beiden Bestimmungen der Unternehmer-Tätigkeit schon angedeutet, wohnen zwei Seelen, ach, in der Brust des Unternehmers: die eines Organisators und die eines Händlers – und niemals die eines Technikers: Von den Waren selbst, die sein Unternehmen produziert, braucht er nichts zu verstehen. In einem späteren Aufsatz (1909) hat Sombart das in einer Auswertung von Unternehmer-Biographien nochmals bestätigt. Und auch was er 1903 schon sah, die zunehmende Abhängigkeit der Unternehmen von Banken und der Börse, die »Verbörsianisierung der Volkswirtschaft« hat Sombart (1910) in einer genaueren Untersuchung ausgeführt. Übrigens sieht Sombart diesen Vorgang, an dem er »den Juden« einen

---

eigenen Zeitschriften zu füllen und offenbar keine Sorge um eine Leserschaft, die vielleicht auch anderes zu tun haben könnte, als sich tagelang durch ihr gedankliches Unterholz zu schlagen. Man hat immer wieder den Eindruck, sie hätten ihre nur wenig sortierten Exzerpthefte veröffentlicht.

»schöpferischen Anteil« zuschreibt, wertfrei bis positiv als »Erfüllung des Kapitalismus« (1910: 631).

Webers Beitrag zur Theorie des Unternehmertums ist die »Protestantische Ethik«: Der »Geist des Kapitalismus«, in einer paradoxen Wendung als unbeabsichtigtes Nebenprodukt aus der Religion hervorgegangen, habe sich verselbständigt und sei tatsächlich völlig »geistlos« geworden, ein »stahlhartes Gehäuse«, das man natürlich nicht selbst gewählt hat und dem man sich nicht mehr entwinden kann. Stärker als Sombart thematisiert Weber, der weiß, wovon er spricht, die Misere des bürgerlichen Individuums mit.

Das entspricht einerseits dem, was Freud leistet: Freud betont das Unbewusste, zugleich aber die komplizierte Dynamik des individuellen Umgangs mit diesen Anforderungen unter dem Druck der gesellschaftlichen Gegenforderungen. Damit ist das Individuum sowohl »nicht Herr im eigenen Haus«, als auch Held seines eigenen Lebens. Zugleich ist Freuds Ausgangspunkt die Misere des Individuums, das aus diesem heldenhaften und hoch interessanten Kampf oft genug neurotisch beschädigt hervorgeht. Und er bietet ein Verfahren der Interaktion und eine Subkultur an, in der diese Beschädigungen besprochen und vielleicht sogar gemildert, jedenfalls sozial rationalisiert werden können. In diesem letzten Punkt lässt Weber aus: Er bietet als »Therapie« nur Askese und Disziplin an – und die wissenschaftliche Beschäftigung mit ihnen. Die Krankheitsursache wird in perfektionierter und immerhin reflektierter Weise zur Therapie gemacht.

In der großen Kulturgeschichte der zweiten Hälfte des 19. Jahrhunderts und des Fin de siècle von Peter Gay (1984–1998) kommt Max Weber wenig vor, weder als handelnde noch als Auskunftsperson. Aber an einer Stelle (Gay 1993: 510f) wird Webers Porträt des »Kulturdebakels« genannt, das die Herausbildung des »zwanghaften Kapitalisten« darstelle und also auf die »Protestantische Ethik« angespielt. Sie wird als »berühmte Kritik« der kapitalistischen Lebensweise in eine Linie gestellt mit Thomas Carlyle, Marx/Engels, Emily Brontë und John Stuart Mill. Gay schließt den Abschnitt (511) mit der schönen Zusammenfassung: »Wenn Kapitalismus Rationalität in Aktion wäre, dann umso schlimmer für den Kapitalismus – und für die Rationalität.« Klingt gut, aber Webers Haltung war das jedenfalls nicht.

Wenn man in der »Protestantischen Ethik« Kapitalismus-Kritik haben will, ist man auf zwei Seiten am Schluss des fünften Kapitels angewiesen, und dort ist sie ambivalent genug. Die »Kritik« besteht, wenn man genau hinsieht, darin, dass der Kapitalismus selbsttragend geworden, dass der *Geist* der Askese aus ihm entwichen sei. Dabei wird Askese explizit mit »Entsagung« gleichgesetzt. Schwer zu sagen, was das genau heißen soll: Würde zum Ruhme Gottes und mit Lust an der Arbeit unermüdlich produziert, egal was, wenn es nur verkäuflich ist, und ebenso rationalisiert, egal mit welchen menschlichen Kosten – wäre Kapitalismus dann weniger zu kritisieren? Und wenn es gar »Entsagung« sein muss, sich selbst auferlegter Verzicht, Härte und Disziplin, die Kapitalismus doch akzeptabel erscheinen ließen, was wird dann an ihm kritisiert? Aus dem oben genannten Kontext lässt sich das beantworten: Kritisiert wird die Möglichkeit der Bereicherung ohne produktiven Beitrag, des bequemen Wohllebens an Stelle von Investition und wirtschaftlichem Aktivismus, des Geldmachens ohne Beitrag zur nationalen Größe. Puritanismus, so die Unterstellung, hat den rastlos tätigen, unternehmerischen Menschen hervorgebracht, Kapitalismus droht ihn wieder auf den die Aristokratie imitierenden Abenteurer-Kapitalisten oder Spekulanten zu reduzieren.

Weber hat damit eines klargestellt, das später auch Foucault nicht müde wurde zu betonen: Disziplin unterdrückt nicht, sie ist produktiv. Sie heißt nicht einfach, dass man sich dieses und jenes verbietet und zuletzt gar nichts mehr tut, um nichts falsch zu machen, sie heißt vielmehr, dass man an einer gesellschaftlich vorgegebenen oder selbst gewählten Aufgabe zuverlässig und unermüdlich (mit)arbeitet. Weber hat aber nicht, wie Gay zu meinen scheint, die methodische Lebensführung kritisiert, sondern ihr *Fehlen* in der Unternehmerschaft des Reichs, besonders im Agrarsektor, der damals noch gleich bedeutend war wie die Industrie. Er hat bedauert, dass den Deutschen die historische Erfahrung der methodischen Lebensführung fehlte, die er dem Puritanismus zuschrieb.

Im Gegensatz zur Wiener Psychoanalyse mit ihrem künstlerischen Individuum, das von der Gesellschaft unterdrückt wurde, war die Nationalökonomie im »Reich« mit einem unternehmerischen Individuum beschäftigt, das nicht die Freiheit für seine Projekte bekam – und das sich die Freiheit auch nicht nahm, die ihm zustand. Und was diesem Unternehmer-Individuum empfohlen wurde, war genau das, was das Wiener Künstler-Individuum krank machte: Härte, Konkurrenzfähigkeit, Entschlossenheit.

Dr. Sigmund Freud in Wien deutet eine Phantasie von »innerweltlicher Askese«

Stellen wir uns vor, Max Weber hätte eines Tages, etwa im Jahr 1906, in Wien in der Berggasse 19 vorgesprochen und es wäre dazu gekommen, dass er dem Dr. Freud seine Phantasie über die Puritaner und ihre großartig disziplinierte Lebensweise, ihre »innerweltliche Askese« vorgetragen hätte. Was hätte Freud als Kulturanalytiker aus dieser Phantasie gemacht?

Wir wollen nicht gleich so weit gehen, uns eine Therapie Webers bei Freud vorzustellen – analog zu der Nietzsches bei Breuer in dem Roman von Yalom (1992). Weber wäre ohnehin noch viel therapie-resistenter gewesen als Nietzsche. Und umgekehrt hätte ihn Dr. Freud vor allem zu der Spontanheilung seiner gerade überstandenen schweren depressiven Episode und dazu beglückwünschen können, dass er dank Reichtum der Anstalts-Psychiatrie seiner Zeit entgangen war. Und Webers Ödipus-Geschichte wäre ihm – als zu offensichtlich – ermüdend gewesen. Lassen wir also Freud in Vorwegnahme seiner Arbeiten »Die Zukunft einer Illusion« (1927), »Der Humor« (1928) und »Das Unbehagen in der Kultur« (1930) als Kulturanalytiker tätig werden.

Wenn wir Religionen als phantasierte Tröstungen angesichts der vielen Kränkungen des Lebens verstehen, hätte Freud vielleicht gesagt, dann ist Calvinismus, wie Sie, Herr Professor Weber, ihn hier schildern, die Vorstellung, vom großen Vater bedingungslos angenommen zu sein – auserwählt und unerschütterlich in dieser bevorzugten Position. – Wenn ich recht verstehe, was ich über Ihre Biographie weiß, sitzt Ihr Problem noch tiefer: Es geht um die Anerkennung durch die Frau Mutter. Aber wir konzentrieren uns hier auf Ihren Text. – Dieser große Patriarch lässt mit sich nicht handeln, er lässt sich auch nicht durch Verdienste beeindrucken, die man erwirbt, er ist vielleicht in seiner Unbegreifbarkeit ein wenig distanziert. Verlangt wird freilich auch in dieser bedingungslosen Annahme die ebenso bedingungslose Unterwerfung. Jede Rebellion wird niedergehalten durch eine strenge, ritualistisch zu erfüllende Disziplin eines gottgefälligen Alltags. Die »innerweltliche Askese« tut sich die Versagungen, die in den Regeln der Kultur verlangt werden, besonders gründlich und regelmäßig selbst an und ist noch stolz darauf.

Aber das ist alles auch, zumindest in der Phantasie, die Sie, Herr Professor, uns präsentieren, verbunden mit großer Angst und Einsamkeit: In schwachen Stunden überfällt einen der grässliche Gedanke, man könnte auch rettungslos verworfen sein. Und auch dann kann man sich die Aufnahme nicht verdienen, auch nicht erbetteln, man ist völlig der Gnade ausgeliefert. Der zwanghafte Ritualismus der »methodischen Lebensführung« hilft in dieser Situation allenfalls durch Ablenkung: Man beschäftigt sich mit einer strikten Routine, um die überwältigende Angst gar nicht aufkommen zu lassen.

Das ist freilich wieder ein Beispiel dafür, hätte Freud vielleicht gesagt, dass die religiösen Tröstungen letztlich nicht leisten, was sie zu versprechen scheinen: Zuletzt bleibt doch nur wieder die Unterwerfung, erst unter die Anforderungen der Kultur, jetzt unter den phantasierten großen Vater, der fordert, dass man sie besonders streng einhält. Da hätte man sich gleich ohne diesen Umweg den Zwängen der Kultur unterwerfen können – und hätte noch den Vorteil, diese Realangst gezielt in Handeln zur Eindämmung der Angstquelle in der gesellschaftlichen Wirklichkeit umsetzen zu können. Zuletzt bleibt immer nur die Einsicht in die Gleichgültigkeit der Natur und die Notwendigkeit, sich durch Kultur gegen sie zu schützen, was seinerseits Einschränkungen von uns fordert. Wenn der Teil der Kultur, der Tröstung verspricht, das nur um den Preis tun kann, dass ich mich umso bedingungsloser unterwerfe, hält er mich in kindlicher Hilflosigkeit fest und verhindert die erwachsene Auseinandersetzung mit den Gefahren der Natur. Diese religiöse Phantasie ist mehr als ein Umweg zu der notwendigen Unterwerfung: Sie verhindert das an möglichem Handeln, was die Angst auf das realistische Minimum reduzieren könnte.

Und wenn wir – zurück zu der Phantasie von der calvinistischen »innerweltlichen Askese« – einmal davon absehen, dass es die kindliche Hilflosigkeit ist, von der wir alle diese Situation und ihre Emotionen kennen, dann fällt doch auf, dass sie sich hier in einer Gesellschaft wiederfindet, in der nach wie vor die Aristokraten den Ton angeben, auch wenn sie dumm, ungebildet, grob und nichtsnutzig, dazu womöglich noch neurasthenisch sind. – Ich weiß, wovon ich rede, hätte Dr. Freud vielleicht an dieser Stelle gesagt. Ich lebe in Wien. – Uns Bürgerlichen bleibt da nichts als unsere Disziplin, unser Beruf, dem wir zuverlässig nachgehen und der uns eine Berufung ist:

die Wissenschaft ohnehin, aber auch als Anwälte, Mediziner, Wirtschaftstreibende haben wir diesen Beruf, für den wir uns einsetzen und der uns trägt. Damit halten wir diese Gesellschaft in Gang, erweitern ihre Kultur, damit sind wir die Elite – eigentlich die Auserwählten? Das hat natürlich seinen Preis: Manchmal muss man schon sehr hart gegen sich sein, um bei dieser unermüdlichen Arbeit zu bleiben, manchmal ist das schon sehr anstrengend, manchmal überfordert uns das sogar. Tritt dann die Angst auf?

Das kann aber nicht alles sein, hätte Freud vielleicht gesagt: Jede solche Phantasie ist unterlegt von Rebellion gegen die Einschränkungen der Kultur, die Angst ist umgewandelte Wut, ist unterdrückte Auflehnung. Wo sind in dieser Phantasie von den Puritanern und ihrer »innerweltlichen Askese« die Rebellion und die Wut geblieben? Die Auflehnung der Puritaner besteht in ihrem selbstbewussten Stolz nach außen, in der dauernden Mitteilung, man sei auserwählt, und wer nicht dazugehört, sei verworfen: »stahlharte« Männer, Sie haben es selbst anerkennend geschrieben, in ihrem Wissen darum, dass sie zu den »Heiligen« gehören, die anderen nicht. Wer die Zumutungen der Kultur so verarbeitet hat, dass er sie zwanghaft übererfüllt, dessen Auflehnung gegen sie wendet sich stattdessen gegen die anderen, die sie weniger gut oder gar nicht befolgen. So entsteht Herrenmenschentum, das die anderen verachtet, das auch zu sich selbst hart ist, da wird nicht geklagt, aber besonders hart zu denen, die nicht zur Gemeinde gehören. Die Puritaner haben ja in England und Amerika, die Täufer sogar in Münster in Westfalen Versuche gemacht, einen »Gottesstaat« einzurichten – Gott sei Dank, möchte man sagen, sind sie nicht auf Dauer gelungen –, und ihre Verfolgung von Hexen und Abweichungen von der jeweiligen Rechtgläubigkeit stand der Hl. Inquisition wenig nach.

Immerhin: Dieses Selbstbewusstsein war auch dafür gut, dass die Puritaner sich den Amtskirchen und den aristokratischen Cliquen entgegenstellten. Sie brauchten keine Vermittler zur Gnade des Herrn, ihr Zugang zu ihm ist direkt; sie brauchten keine magischen Techniken, sie haben stattdessen ihre »asketische« Lebensführung.

Unsere Wissenschaft als Beruf ist etwas wie eine Berufung; was wir tun, erfüllt eine ernste, anspruchsvolle Sachlichkeit, die uns das Wissen um unsere Überlegenheit gibt – auch wenn die Gesellschaft diese unsere Überlegenheit nicht anerkennt. – Glauben Sie mir, auch da weiß ich, wovon ich rede. – Aber Sie wissen dazu: »Wir« haben die höhere Kultur. Unser »okzidentaler Rationalismus« hat uns einen Kapitalismus eingebrockt, der noch dazu eine Bürokratie aufbaut, die uns beide bedrücken. Aber wenn nicht nur wir Wissenschaftler, sondern vor allem die Unternehmer und Politiker ihm in strenger Beruflichkeit nachleben könnten, wäre Ihre deutsche Nation der ganzen Welt überlegen. – Ich selbst habe es ja nicht so mit der Nation: Meine Wissenschaft soll der Menschheit nützen. – So bleibt es ambivalent: Der »Beruf« gibt Ihnen Überlegenheit, aber er ist auch ein Zwang, ein »Gehäuse«, das die Brust einengt und dessen Gewicht Sie niederdrückt. Manchmal fühlen die mit der »asketischen« Lösung sich recht tragisch eingeklemmt in ihrem aufgebauten Herrenmenschentum. Manchmal bricht die Wut auch heraus – und lässt Sie, wie ich höre, sogar mit Herausforderungen zum Duell, also mit dem aristokratischen Ritual, die Ehre einfordern, die sie uns freiwillig nicht geben. – Ich selbst würde doch eher auf dem Gehsteig Platz machen, auch wenn mir das nachher im Traum Beschwer macht.

Was wirklich hilft in dem Dilemma der Kultur-Zumutungen und der Auflehnung dagegen, ist Humor – ich werde dazu einmal etwas schreiben müssen. Ich war ja nie der Meinung, man könne die Zumutungen der Kultur einfach aufheben. Mein junger Kollege Otto Gross, den Sie kennen, hat da etwas gröblich missverstanden. Wenn sich die Herren hemmungslos ausleben, sollte unsereins besser nicht in der Nähe sein. Und wenn das Volk alle Religion verloren hat, glaubt es nicht nichts, sondern alles. – Das ist auch ein guter Gedanke, den sollte einmal jemand aufschreiben. – Aber nicht nur wo »Es«, sondern vor allem wo »Über-Ich« war, soll »Ich« werden. Die Zumutungen der Kultur müssen nicht zwanghaft überhöht, sie sollten auf ihren Realitätsgehalt überprüf- und verhandelbar gehalten werden. Das Arbeitsbündnis des Humors besteht in der Mitteilung: »Sieh‹ her, das ist nun die Welt, die so gefährlich aussieht. Ein Kinderspiel, gerade gut, einen Scherz darüber zu machen!« – Das muss ich notieren, das kann ich später verwenden. – Ihre Puritaner haben in der »innerweltlichen Askese« die entgegengesetzte »Lösung« gewählt: »Bevor wir uns zu etwas zwingen lassen, zwingen wir uns selber noch viel gründlicher. Damit sind wir allen überlegen.« Deshalb können Sie, verehrter Herr Professor, den großen Aufklärer Benjamin Franklin nicht verstehen: Er hatte Humor. Er ist Ihnen auch fremd, weil er tatsächlich selbstbewusst »vor Königen stand« – und das erheiternd fand. Er ist Ihnen wohl auch fremd, weil es zu seiner Person gehörte, dass er die Befreiung der amerikanischen Kolonien mit organisierte und so an einem der wenigen auf Dauer erfolgreichen Aufstände in der Geschichte der bürgerlichen Revolution teilnahm.

Ihre Phantasie von den »asketischen« Puritanern, verehrter Herr Professor, fasst eine Kultur der Unterdrückung und Selbstbeherrschung in einem interessanten und komplexen Bild zusammen. Die Rebellion wird niedergehalten, indem man »sich zusammennimmt«. Der Lohn dafür ist Auserwähltheit. Wenn die Wut doch hochkommt, richtet sie sich nicht gegen die Unterdrücker, sondern gegen die, denen die Disziplin fehlt. – Ich lebe und arbeite lieber in meiner Welt der unaufgelösten Widersprüche.

So oder so ähnlich hätte Dr. Freud vielleicht gesprochen, wenn er die Phantasie von der »Protestantischen Ethik und dem Geist des Kapitalismus« gekannt hätte.

Literatur

A: Max Weber

Max Webers Schriften werden grundsätzlich nach der *Max Weber Gesamtausgabe* (MWG) zitiert – sofern sie dort bereits erschienen sind:

Max Weber Gesamtausgabe (1976ff), Im Auftrag der Kommission für Sozial- und Wirtschaftsgeschichte der Bayerischen Akademie der Wissenschaften herausgegeben von: Horst Baier, Gangolf Hübinger, M. Rainer Lepsius, Wolfgang J. Mommsen (†), Wolfgang Schluchter, Johannes F. Winckelmann (†). Tübingen: Mohr.

Arbeiten Webers, die in den bisher erschienenen Bänden der *MWG* nicht enthalten sind, werden möglichst nach der Reihe der *Gesammelten Aufsätze* mit den üblichen Kürzeln zitiert. Das trifft vor allem auf »Die protestantische Ethik …« (RS I) selbst zu.

Weber, Max (1920ff), *Gesammelte Aufsätze zur Religionssoziologie I/II/III*. II und III hg. Marianne Weber. Tübingen: Mohr. (RS I/II/III)
Weber, Max (1951²), *Gesammelte Aufsätze zur Wissenschaftslehre*. Hg. Marianne Weber und Johannes Winckelmann. Tübingen: Mohr. (WL)
Weber, Max (1958²), *Gesammelte Politische Schriften*. Hg. Marianne Weber und Johannes Winckelmann. Tübingen: Mohr. (PS)

Arbeiten Webers, die weder in der *MWG*, noch in den *Gesammelten Aufsätzen* enthalten sind:

Weber, Max (1907), Kritische Bemerkungen zu den vorstehenden »Kritischen Beiträgen«, in: *Archiv für Sozialwissenschaft und Sozialpolitik* 25: 243–249. Abgedruckt in Winckelmann (1968 II: 27–37) und Kaesler (2004: 324–331).
Weber, Max (1908), Bemerkungen zu der vorstehenden »Replik«, in: *Archiv für Sozialwissenschaft und Sozialpolitik* 26: 270–274. Abgedruckt in Winckelmann (1968 II: 44–56) und Kaesler (2004: 232–242).

Weber, Max (1910a), Antikritisches zum »Geist« des Kapitalismus, in: *Archiv für Sozialwissenschaft und Sozialpolitik* 30: 176–202. Abgedruckt in Winckelmann (1968 II: 149–187) und Kaesler (2004: 343–374).

Weber, Max (1910b), Antikritisches Schlusswort zum »Geist des Kapitalismus«, in: *Archiv für Sozialwissenschaft und Sozialpolitik* 31: 554–599. Abgedruckt in Winckelmann (1968 II: 283–345) und Kaesler (2004: 375–429).

Weber, Max (1923), *Wirtschaftsgeschichte: Abriß der universalen Sozial- und Wirtschaftsgeschichte*. Aus den nachgelassenen Vorlesungen herausgegeben von Prof. S. Hellmann und Dr. M. Palyi. Zitiert nach: Dritte, durchgesehene und ergänzte Auflage, besorgt von Dr. Johs. F. Winckelmann, Berlin: Duncker & Humblot, 1958.

Verfügbare wissenschaftliche Ausgaben der »Protestantischen Ethik«:

Weber, Max (1904/05), Die protestantische Ethik und der »Geist« des Kapitalismus: I. Das Problem, II. Die Berufsethik des asketischen Protestantismus, in: *Archiv für Sozialwissenschaft und Sozialpolitik* XX: 1–54; XXI: 1–110.

Weber, Max (1906), »Kirchen« und »Sekten«, in: *Die Christliche Welt: Evangelisches Gemeindeblatt für Gebildete aller Stände* 20: 558ff; 577ff. Abdruck in Kaesler 2004: 309–322.

Weber, Max (1920), Die protestantische Ethik und der Geist des Kapitalismus; Die protestantischen Sekten und der Geist des Kapitalismus, in: *Gesammelte Aufsätze zur Religionssoziologie*. Band I: 17–236. Tübingen: Mohr (Siebeck).

Winckelmann, Johannes (Hg.) (1968), *Max Weber, Die protestantische Ethik, I: Eine Aufsatzsammlung; II: Kritiken und Antikritiken*. München: Siebenstern.

Lichtblau, Klaus, und Johannes Weiß (Hg.) (1993), *Max Weber: Die protestantische Ethik und der »Geist« des Kapitalismus. Textausgabe auf der Grundlage der ersten Fassung von 1904/05 mit einem Verzeichnis der wichtigsten Zusätze und Veränderungen aus der zweiten Fassung von 1920*. Weinheim: Beltz.

Kaesler, Dirk (Hg.) (2004), *Max Weber: Die protestantische Ethik und der Geist des Kapitalismus. Vollständige Ausgabe*. München: Beck.

Englische Ausgaben:

Parsons, Talcott (ed. and translator) (1930), *Max Weber: The Protestant Ethic and the Spirit of Capitalism*. New York: HarperCollins.

Gerth, Hans, and C. Wright Mills (eds and translators) (1946), The protestant sects and the spirit of capitalism, in: Hans Gerth and C. Wright Mills (eds) (1946),

From Max Weber: Essays in Sociology. New York: Oxford University Press. 302–322.
Kalberg, Stephen (ed. and translator) (2002), *Max Weber: The Protestant Ethic and the Spirit of Capitalism: The Expanded 1920 Version Authorized by Max Weber for Publication in Book Form.* Los Angeles: Roxbury.
Baehr, Peter, and Gordon C. Wells (eds and translators) (2002), *Max Weber: The Protestant Ethic and the »Spirit« of Capitalism and Other Writings.* New York: Penguin.
Chalcraft, David J., Austin Harrington and Mary Shields (eds and translators) (2002), *The Protestant Ethic Debate: Max Weber's Replies to His Critics, 1907–1910.* Liverpool: Liverpool University Press.

B: Andere Literatur

Adler, Jeremy (1987), *»Eine fast magische Anziehungskraft«: Goethes »Wahlverwandtschaften« und die Chemie seiner Zeit.* München: C.H. Beck.
Alberti, Leon Battista (1433), *Della Famiglia / Über das Hauswesen.* Übersetzt von Walter Kraus, eingeleitet von Fritz Schalk. Zürich: Artemis. 1962.
Alberti, Leon Battista (1438), *Vita.* Herausgegeben und eingeleitet von Christine Tauber. Frankfurt: Stroemfeld/Roter Stern. 2004.
Albrecht, Christian (2004), Einleitung, in: *Troeltsch Kritische Gesamtausgabe* Band 7. Berlin: de Gruyter. 1–38.
Allert, Tilman (1995), Max und Marianne Weber. Die Gefährtenehe, in: Treiber und Sauerland 1995: 210–241.
Altmann, Salomon Paul, et al. (1908), *Die Entwicklung der deutschen Volkswirtschaftslehre im neunzehnten Jahrhundert: Gustav Schmoller zur siebenzigsten Wiederkehr seines Geburtstages, 24. Juni 1908, in Verehrung dargebracht.* 2 Bände. Leipzig: Duncker & Humblot.
Appleby, Joyce O. (1978), *Economic Thought and Ideology in Seventeenth-Century England.* Princeton: Princeton University Press.
Appleby, Joyce O. (1984), *Capitalism and a new social order: The republican vision of the 1790s.* New York: New York University Press.
Appleby, Joyce O. (ed.) (1997), *Recollections of the Early Republic: Selected Autobiographies.* Boston: Northeastern University Press.
Appleby, Joyce (2010), *The Relentless Revolution: A History of Capitalism.* New York: Norton.
Aron, Jean-Paul, et Roger Kempf (1978), *Le pénis et la démoralisation de l'Occident.* Paris: Grasset. Deutsch: *Der sittliche Verfall.* Frankfurt: Suhrkamp, 1982.
Aschheim, Steven E. (1992), *The Nietzsche Legacy in Germany 1890–1990.* Berkeley: University of California Press.

Ay, Karl-Ludwig, und Knut Borchardt (Hg.) (2006), *Das Faszinosum Max Weber: Die Geschichte seiner Geltung*. Konstanz: UVK.

Baehr, Peter (2001), The »iron cage« and the »shell as hard as steel«: Parsons, Weber, and the *stahlhartes Gehäuse* metaphor in the *Protestant Ethic and the Spirit of Capitalism*, in: *History and Theory* 40(2): 153–169.

Baehr, Peter (2002), *Founders, Classics, Canons: Modern Disputes over the Origins and Appraisal of Sociology's Heritage*. New Brunswick, NJ: Transaction.

Barbalet, Jack (2008), *Weber, Passion and Profit: »The protestant Ethic and the Spirit of Capitalism« in Context*. Cambridge: Cambridge University Press.

Barro, Robert J., and Rachel M. McCleary (2003), Religion and economic growth across countries, in: *American Sociological Review* 68: 760–781.

Barry, Jonathan, and Owen Davies (ed.) (2008), *Witchcraft Historiography*. Basingstoke: Palgrave.

Baumgarten, Eduard (1936), *Benjamin Franklin: Der Lehrmeister der Amerikanischen Revolution*. Frankfurt: Vittorio Klostermann.

Baumgarten, Eduard (1964), *Max Weber: Werk und Person*. Dokumente ausgewählt und kommentiert von Eduard Baumgarten. Tübingen: J.C.B. Mohr.

Becker, George (2009), The continuing path of distortion: The protestant ethic and Max Weber's school enrolment statistics, in: *Acta Sociologica* 52(3): 195–212.

Becker, Sascha O., und Ludger Wößmann (2007), *Was Weber Wrong? A Human Capital Theory of Protestant Economic History*. Discussion paper 2007–07, Department of Economics, University of Munich. Online unter http://epub.ub.uni-muenchen.de.

Beit-Hallahmi, B. (1979), Personal and social components of the protestant ethic, in: *Journal of Social Psychology* 109: 263–267.

Bellah, Robert N. (1957), *Tokugawa Religion: The Cultural Roots of Modern Japan*. Glencoe, IL: Free Press.

Bellah, Robert N. (1963), Reflections on the protestant ethic analogy in Asia, in: *Journal of Social Issues* 19: 52–60. Zitiert nach der Übersetzung in: Constans Seyfarth und Walter M. Sprondel (Hg.) (1973), *Seminar: Religion und gesellschaftliche Entwicklung: Studien zur Protestantismus-Kapitalismus-These Max Webers*. Frankfurt: Suhrkamp. 179–189.

Below, Georg von (1893), Besprechung von: Karl Lamprecht, Deutsche Geschichte I-III (1891–1893), in: *Historische Zeitschrift* 71: 465–498.

Below, Georg von (1898), Die neue historische Methode, in: *Historische Zeitschrift* 81: 193–273.

Below, Georg von (1904a), Zur Würdigung der historischen Schule der Nationalökonomie, in: *Zeitschrift für Socialwissenschaft* VII: 145–185, 221–237, 304–330, 367–391, 451–466, 654–659, 710–716, 787–804.

Below, Georg von (1904b), Die Objektivität sozialwissenschaftlicher und sozialpolitischer Erkenntnis, in: *Beilage zur Allgemeinen Zeitung* (München) Nr. 159 vom 14. Juli 1904. 89–91.

Below, Georg von (1916), Die Ursachen der Reformation, in: *Historische Zeitschrift* 116: 377–458; zitiert nach der erweiterten Buchausgabe München: Oldenbourg, 1917.

Below, Georg von (1918), *Die Bedeutung der Reformation für die politische Entwicklung*. Leipzig: Teubner.

Below, Georg von (1920), *Probleme der Wirtschaftsgeschichte: Eine Einführung in das Studium der Wirtschaftsgeschichte*. Tübingen: J.C.B.Mohr (Paul Siebeck).

Bienfait, Werner (1930), *Max Webers Lehre vom geschichtlichen Erkennen: Ein Beitrag zur Frage der Bedeutung des »Idealtypus« für die Geschichtswissenschaft*. Berlin: Emil Ebering.

Blaut, J. M. (2000), *Eight Eurocentric Historians*. New York: The Guilford Press.

Boenke, Michaela (1999), Leon Battista Alberti (1404–1472): Philosophie des privaten und öffentlichen Lebens wie der Kunst, in: Paul Richard Blum (Hg.) *Philosophen der Renaissance: Eine Einführung*. Darmstadt: Wissenschaftliche Buchgesellschaft. 53–64.

Boltanski, Luc, et Éve Chiapello (1999), *Le nouvel ésprit du capitalisme*. Paris: Gallimard. Deutsch Konstanz: UVK, 2003.

Bradburn, Norman M., and David E. Berlew (1961), Need for achievement and English industrial growth, in: *Economic Development and Cultural Change* 10(1): 8–20.

Brady, Thomas A. (2001), Zur Einführung: The German Reformation between Late Middle Ages and Early Modernity, in: Brady and Müller-Luckner 2001: VII-XX.

Brady, Thomas A. (2009), *German Histories in the Age of Reformations, 1400–1650*. Cambridge: Cambridge University Press.

Brady, Thomas A., und Elisabeth Müller-Luckner (Hg.) (2001), *Die deutsche Reformation zwischen Spätmittelalter und Früher Neuzeit*. München: Oldenbourg.

Breiner, Peter (2005), Weber's »The Protestant Ethic« as hypothetical narrative of original accumulation, in: *Journal of Classical Sociology* 5(1): 11–30.

Brentano, Lujo (1888), *Die klassische Nationalökonomie*. Vortrag, gehalten beim Antritt des Lehramts an der Universität Wien am 17. April 1888. Zitiert nach dem Abdruck in Brentano 1923: 1–33.

Brentano, Lujo (1901), *Ethik und Volkswirtschaft in der Geschichte*. Rede beim Antritt des Rektorats der Münchener Universität, gehalten am 23. November 1901. Zitiert nach dem Abdruck in Brentano 1923: 34–76.

Brentano, Lujo (1916), *Die Anfänge des modernen Kapitalismus: Festrede gehalten in der öffentlichen Sitzung der K. Akademie der Wissenschaften am 15. März 1913. Nebst drei Exkursen*. München: Verlag der K. B. Akademie der Wissenschaften.

Brentano, Lujo (1923), *Der wirtschaftende Mensch in der Geschichte: Gesammelte Reden und Aufsätze*. Leipzig: Felix Meiner.

Breuer, Stefan (1995), *Ästhetischer Fundamentalismus: Stefan George und der deutsche Antimodernismus*. Darmstadt: Wissenschaftliche Buchgesellschaft.

Breuer, Stefan (2006), *Max Webers tragische Soziologie: Aspekte und Perspektiven*. Tübingen: Mohr.
Brocke, Bernhard vom (Hg.) (1987), *Sombarts »Moderner Kapitalismus«: Materialien zur Kritik und Rezeption*. München: dtv.
Bruch, Rüdiger vom (1980), *Wissenschaft, Politik und öffentliche Meinung: Gelehrtenpolitik im Wilhelminischen Deutschland (1890–1914)*. Husum: Matthiessen.
Bruun, H. H. (2001), Weber on Rickert: From value relation to ideal type, in: *Max Weber Studies* 1(2): 138–160.
Bühl, Walter L. (Hg.) (1972), *Verstehende Soziologie: Grundzüge und Entwicklungstendenzen*. München: Nymphenburger.
Burckhardt, Jacob (1860), *Die Kultur der Renaissance in Italien: Ein Versuch*. Zitiert nach der Ausgabe Stuttgart: Kröner. 2009.
Burger, Thomas (1976), *Max Weber's Theory of Concept Formation: History, Laws, and Ideal Types*. Durham, NC: Duke University Press.
Buss, Andreas (1999), The concept of adequate causation and Max Weber's comparative sociology of religion, in: *British Journal of Sociology* 50(2): 317–329.
Campbell, Colin (1987), *The Romantic Ethic and the Spirit of Modern Consumerism*. Oxford: Basil Blackwell.
Carozzi, Claude (1996), *Weltuntergang und Seelenheil: Apokalyptische Visionen im Mittelalter*. Frankfurt: Fischer.
Castells, Manuel (2001), *Der Aufstieg der Netzwerkgesellschaft*. Opladen: Leske + Budrich.
Chalcraft, David J. (2002), Introduction, in: David J. Chalcraft, Austin Harrington and Mary Shields (eds and translators) (2002), *The Protestant Ethic Debate: Max Weber's Replies to His Critics, 1907–1910*. Liverpool: Liverpool University Press. 1–19.
Cohen, I. Bernard (ed.) (1990), *Puritanism and the Rise of Modern Science: the Merton Thesis*. New Brunswick, NJ: Rutgers University Press.
Cohen, Jere (2002), *Protestantism and Capitalism: The Mechanisms of Influence*. New York: Aldine.
Collinson, Patrick (2008), Antipuritanism, in: John Coffey and Paul C. H. Lim (eds) *The Cambridge Companion to Puritanism*. Cambridge: Cambridge University Press. 19–33.
Conrad, Sebastian (2004), Arbeit, Max Weber, Konfuzianismus. Die Geburt des Kapitalismus aus dem Geist der japanischen Kultur?, in: Hartmut Berghoff und Jakob Vogel (Hg.) *Wirtschaftsgeschichte als Kulturgeschichte: Dimensionen eines Perspektivenwechsels*. Frankfurt: Campus. 219–239.
Constantin, Charles (1979), The Puritan Ethic and the Dignity of Labor: Hierarchy vs. Equality, in: *Journal of the History of Ideas* 40(4): 543–561.
Cowley, Robert (ed.) (1999), *What If? The World's Foremost Military Historians Imagine What Might Have Been*. New York: Putnam.

Cymorek, Hans (1998), Georg von Below und die deutsche Geschichtswissenschaft um *1900*. Beiheft Nr. 142 der *Vierteljahrschrift für Sozial- und Wirtschaftsgeschichte*. Stuttgart: Franz Steiner Verlag.

Delacroix, Jacques, and François Nielsen (2001), The beloved myth: Protestantism and the rise of industrial capitalism in nineteenth-century Europe, in: *Social Forces* 80(2): 509–553.

Dickson, Tony, and Hugh V. McLachlan (1989), In search of the »spirit of capitalism«: Weber's misinterpretation of Franklin, in: *Sociology* 23(1): 81–89.

Dobel, Friedrich (1879), Der Fugger Bergbau und Handel in Ungarn, in: *Zeitschrift des Historischen Vereins für Schwaben und Neuburg* 6: 33–50.

Dobel, Friedrich (1882), Ueber den Bergbau und Handel des Jacob und Anton Fugger in Kärnten und Tirol (1495–1560), in: *Zeitschrift des Historischen Vereins für Schwaben und Neuburg* 9: 193–213.

Döllinger, Johann Joseph Ignaz (1846/1848), *Die Reformation, ihre innere Entwicklung und ihre Wirkungen im Umfange des Lutherischen Bekenntnisses*. Erster Band 1846, Zweiter und Dritter Band 1848. Regensburg: Verlag von G. Joseph Manz.

Döllinger, Ignaz von, und Fr. Heinrich Reusch (1889), *Geschichte der Moralstreitigkeiten in der römisch-katholischen Kirche seit dem sechzehnten Jahrhundert mit Beiträgen zur Geschichte und Charakteristik des Jesuitenordens. Auf Grund ungedruckter Aktenstücke bearbeitet und herausgegeben*. Erster Band. Nördlingen: C. H. Beck.

Doll, Jörg, und Michael Dick (2000), Protestantische Ethik und humanitär-egalitäre Ethik: Studien zur Entwicklung zweier deutschsprachiger Ethikskalen, in: *Zeitschrift für Differentielle und Diagnostische Psychologie* 21(2): 138–151.

Dux, Günter (1974), Gegenstand und Methode. Am Beispiel der Wissenschaftslehre Max Webers, in: Günter Dux und Thomas Luckmann (Hg.) *Sachlichkeit: Festschrift zum achtzigsten Geburtstag von Helmuth Plessner*. Opladen: Westdeutscher Verlag. 187–221.

Ehrenberg, Richard (1896), *Das Zeitalter der Fugger: Geldkapital und Creditverkehr im 16. Jahrhundert. Erster Band: Die Geldmächte des 16. Jahrhunderts*. Jena: Gustav Fischer.

Elias, Norbert (1939), *Über den Prozeß der Zivilisation: Soziogenetische und psychogenetische Untersuchungen*. Basel: Haus zum Falken. 2. Aufl. (1969), Frankfurt: Suhrkamp.

Elias, Norbert (1983), *Die höfische Gesellschaft: Untersuchungen zur Soziologie des Königtums und der höfischen Aristokratie*. Frankfurt: Suhrkamp.

Enenkel, Karl A.E. (2008), *Die Erfindung des Menschen: Die Autobiographik des frühneuzeitlichen Humanismus von Petrarca bis Lipsius*. Berlin: de Gruyter.

Erikson, Kai T. (1966), *Wayward Puritans: A Study in the Sociology of Deviance*. New York: Wiley. Zitiert nach der deutschen Ausgabe Stuttgart: Klett-Cotta, 1978.

Fanfani, Amintore (1934), *Cattolicesimo e Protestantesimo nella formazione storica del capitalismo*. Milano: Vita e Pensiero. Zitiert nach der englischen Ausgabe Norfolk, VA: HIS Press. 2003.

Escher-Apsner, Monika (Hg.) (2009), *Mittelalterliche Bruderschaften in europäischen Städten: Funktionen, Formen, Akteure*. Frankfurt: Peter Lang.

Fehler, Timothy G. (1999), *Poor Relief and Protestantism: The Evolution of Social Welfare in Sixteenth-Century Emden*. Aldershot: Ashgate.

Ferguson, Niall (ed.) (1997), *Virtual History: Alternatives and Counterfactuals*. London: Picador.

Firsching, Michael, und Hartmann Tyrell (2009), Ein Historiker liest die *Protestantische Ethik*: Längere Anmerkungen zu einer Aufsatzsammlung von Peter Ghosh, in: *Zeitschrift für Altorientalische und Biblische Rechtsgeschichte* 15: 400–450.

Fischer, Heinrich Karl (1907), Kritische Beiträge zu Professor Max Webers Abhandlung »Die protestantische Ethik und der ›Geist‹ des Kapitalismus«, in: *Archiv für Sozialwissenschaft und Sozialpolitik* 25: 232–242.

Fischer, Heinrich Karl (1908), Protestantische Ethik und »Geist des Kapitalismus«: Replik auf Herrn Prof. Max Webers Gegenkritik, in: *Archiv für Sozialwissenschaft und Sozialpolitik* 26: 270–274.

Fishoff, Ephraim (1944), The Protestant Ethic and the Spirit of Capitalism: The history of a controversy, in: *Social Research* 11: 53–77.

Foucault, Michel (1976), *Histoire de la sexualité, I: La volonté de savoir*. Paris: Gallimard. Deutsch Frankfurt: Suhrkamp, 1977.

Franklin, Benjamin (1876), *Sein Leben, Von ihm selbst beschrieben*. Mit einem Vorwort von Berthold Auerbach und einer historisch-politischen Einleitung von Friedrich Kapp. Stuttgart: Auerbach.

Franklin, Benjamin (1987), *Writings 1722–1790*. Selection and notes by J. A. Leo Lemay. New York: The Library of America.

Furnham, Adrian (1984), The Protestant work ethic: A review of the psychological literature, in: *European Journal of Social Psychology* 14: 87–104.

Garrett, William R. (1998), The Protestant ethic and the spirit of the modern family, in: *Journal for the Scientific Study of Religion* 37(2): 222–233.

Gay, Peter (1993), *The Bourgeois Experience Victoria to Freud III: The Cultivation of Hatred*. New York: Norton.

Geiger, Aloys (1895), *Jakob Fugger (1459–1525): Kulturhistorische Skizze*. Regensburg: Nationale Verlagsanstalt.

Gerhardt, Uta (2001), *Idealtypus: Zur methodischen Begründung der modernen Soziologie*. Frankfurt: Suhrkamp.

Gerhardt, Uta (2007), Much more than a mere translation: Talcott Parsons's translation into English of Max Weber's »Die protestantische Ethik und der Geist des Kapitalismus«: An essay in intellectual history, in: *Canadian Journal of Sociology / Cahiers canadiens de sociologie* 32(1): 41–62.

Ghosh, Peter (1994), Some problems with Parsons' version of »The Protestant Ethic«, in: *Archives Européennes de Sociologie* 35: 104–123.

Ghosh, Peter (2003), Max Weber's idea of »Puritanism«: a case study in the empirical construction of the *Protestant Ethic*, in: *History of European Ideas* 29: 183–221; zitiert nach dem Abdruck in: Ghosh 2008: 5–49.

Ghosh, Peter (2005a), Max Weber on »The Rural Community«: A critical edition of the English text, in: *History of European Ideas* 31(3): 327–366.
Ghosh, Peter (2005b), Not the *Protestant Ethic*? Max Weber at St. Louis, in: *History of European Ideas* 31(3): 367–407; zitiert nach dem Abdruck als »Capitalism and Herrschaft: Max Weber at St. Louis«, in Ghosh 2008: 75–118.
Ghosh, Peter (2006), »Robinson Crusoe«, the *isolated economic man*: Max Weber, marginal utility theory, and the »spirit« of capitalism, in: *Max Weber Studies* Beiheft I: 71–99.
Ghosh, Peter (2008), *A Historian Reads Max Weber: Essays on the Protestant Ethic.* Wiesbaden: Harrassowitz.
Ghosh, Peter (2009), From the »spirit of capital« to the »spirit« of capitalism: The transition in German economic thought between Lujo Brentano and Max Weber, in: *History of European Ideas* 35: 62–92.
Ghosh, Peter (2010), Max Weber, Werner Sombart and the *Archiv für Sozialwissenschaft*: the authorship of the »Geleitwort« (1904), in: *History of European Ideas* 36(1): 71–100.
Gorges, Irmela (1980), *Sozialforschung in Deutschland 1872–1914: Gesellschaftliche Einflüsse auf Themen- und Methodenwahl des Vereins für Socialpolitik.* Königstein: Anton Hain.
Gothein, Eberhard (1892), *Wirtschaftsgeschichte des Schwarzwaldes.* Strassburg: Karl J. Trübner.
Grab, Hermann (1927), *Der Begriff des Rationalen in der Soziologie Max Webers: Ein Beitrag zu den Problemen der philosophischen Grundlegung der Sozialwissenschaft.* Karlsruhe: Verlag G. Braun.
Graf, Friedrich Wilhelm (1989), Rettung der Persönlichkeit: Protestantische Theologie als Kulturwissenschaft des Christentums, in: Rüdiger vom Bruch, Friedrich Wilhelm Graf und Gangolf Hübinger (Hg.) *Kultur und Kulturwissenschaften um 1900, I: Krise der Moderne und Glaube an die Wissenschaft.* Wiesbaden: Steiner. 103–131.
Graf, Friedrich Wilhelm (1995), Die »kompetentesten« Gesprächspartner? Implizite theologische Werturteile in Max Webers »Protestantischer Ethik«, in: Volkhard Krech und Hartmann Tyrell (Hg.) *Religionssoziologie um 1900.* Würzburg: Ergon. 209–248.
Graf, Friedrich Wilhelm, und Wolfgang Schluchter (2005), Einführung, in: Schluchter und Graf 2005: 1–7.
Grafton, Anthony (2002), *Leon Battista Alberti: Master Builder of the Italian Renaissance.* Cambridge, MA: Harvard University Press.
Green, Martin (1974), *The von Richthofen Sisters: The Triumphant and the Tragic Modes of Love.* New York: Basic Books.
Greyerz, Kaspar von (1990), *Vorsehungsglaube und Kosmologie: Studien zu englischen Selbstzeugnissen des 17. Jahrhunderts.* Göttingen: Vandenhoeck & Ruprecht.
Greyerz, Kaspar von (1992), Biographical evidence on predestination, covenant and spezial providence, in: Lehmann and Roth 1992: 273–284.

Gross, Michael B. (2004), *The War against Catholicism: Liberalism and the Anti-Catholic Imagination in Nineteenth-Century Germany*. Ann Arbor: University of Michigan Press. 19–46.

Hamilton, Richard F. (1996), Max Weber and the Protestant Ethic, in: *The Social Misconstruction of Reality: Validity and Verification in the Scholarly Community*. New Haven: Yale University Press. 32–106.

Hanke, Edith (2001), Max Webers »Herrschaftssoziologie«: Eine werkgeschichtliche Studie, in: Edith Hanke und Wolfgang J. Mommsen (Hg.) *Max Webers Herrschaftssoziologie: Studien zur Entstehung und Wirkung*. Tübingen: Mohr Siebeck. 19–46.

Hanke, Edith (2006), »Max Webers Schreibtisch ist nun mein Altar«: Marianne Weber und das geistige Erbe ihres Mannes, in: Ay und Borchardt 2006: 29–51.

Hanyu, Tatsuro (1993), Max Webers Quellenbehandlung in der »Protestantischen Ethik«: Der Begriff »Calling«, in: *Zeitschrift für Soziologie* 22(1): 65–75.

Hanyu, Tatsuro (1994), Max Webers Quellenbehandlung in der »Protestantischen Ethik«: Der »Berufs«-Begriff, in: *Archives Européennes de Sociologie* 35: 72–103.

Heinen, Armin (2003), Umstrittene Moderne: Die Liberalen und der preußisch-deutsche Kulturkampf, in: *Geschichte und Gesellschaft* 29: 138–156.

Helbling, Barbara, Magdalen Bless-Grabher und Ines Buhofer (Hg.) (2002), *Bettelorden, Bruderschaften und Beginen in Zürich: Stadtkultur und Seelenheil im Mittelalter*. Zürich: Verlag Neue Zürcher Zeitung.

Hellpach, Willy (1902), *Nervosität und Kultur*. Berlin: Verlag von Johannes Räde.

Hennis, Wilhelm (1982), Max Webers Fragestellung, in: *Zeitschrift für Politik* 29: 241–281.

Hennis, Wilhelm (1987), *Max Webers Fragestellung: Studien zur Biographie des Werks*. Tübingen: Mohr.

Hennis, Wilhelm (1996), *Max Webers Wissenschaft vom Menschen: Neue Studien zur Biographie des Werks*. Tübingen: Mohr.

Henrich, Dieter (1952), *Die Einheit der Wissenschaftslehre Max Webers*. Tübingen: Mohr.

Hill, Christopher (1970), *God's Englishman: Oliver Cromwell and the English Revolution*. London: Weidenfeld & Nicolson.

Hill, Christopher (1972), *The World Turned Upside Down: Radical Ideas During the English Revolution*. London: Temple Smith.

Hill, Christopher (1977), *Milton and the English Revolution*. London: Faber.

Hirschman, Albert O. (1977), *The Passions and the Interests: Political Arguments for Capitalism before its Triumph*. Princeton, NJ: Princeton University Press.

Hobsbawm, Eric J. (1959), *Primitive Rebels: Studies in Archaic Forms of Social Movement in the 19th and 20th Centuries*. Manchester: Manchester University Press.

Hobsbawm, Eric J., and George Rudé (1969), *Captain Swing: A Social History of the Great Agrarian Uprising of 1830*. New York: Pantheon.

Honegger, Claudia (Hg.) (1978), *Die Hexen der Neuzeit: Studien zur Sozialgeschichte eines kulturellen Deutungsmusters*. Frankfurt: Suhrkamp.

Horkheimer, Max (1936), Egoismus und Freiheitsbewegung: Zur Anthropologie des bürgerlichen Zeitalters. Zitiert nach *Horkheimer Gesammelte Schriften* 4: 9–88.

Horowitz, Asher (1994), The comedy of Enlightenment: Weber, Habermas, and the critique of reification, in: Asher Horowitz and Terry Maley (eds) *The Barbarism of Reason: Max Weber and the Twilight of Enlightenment*. Toronto: Toronto University Press. 195–222.

Howe, Daniel Walker (1972), The decline of Calvinism: An approach to its study, in: *Comparative Studies in Society and History* 14(3): 306–327.

Howe, Richard Herbert (1978), Max Weber's elective affinities: Sociology within the bounds of pure reason, in: *American Journal of Sociology* 84(2): 366–385.

Hsia, R. Po-chia (1989), *Social Discipline in the Reformation: 1550–1750*. London: Routledge.

Hudson, Winthrop S. (1961), The Weber thesis reexamined, in: *Church History* 30: 88–102.

Hübinger, Gandolf (1994), *Kulturprotestantismus und Politik: Zum Verhältnis von Liberalismus und Protestantismus im wilhelminischen Deutschland*. Tübingen: Mohr (Siebeck).

Hyma, Albert (1937), *Christianity, Capitalism and Communism: A Historical Analysis*. The Hague: Martinus Nijhoff.

Jacobsen, Bjarne (1998), *Max Weber und Friedrich Albert Lange: Rezeption und Innovation*. Wiesbaden: DUV.

Jaspers, Karl (1932), *Max Weber: Deutsches Wesen im politischen Denken, im Forschen und Philosophieren*. Oldenburg: Stalling. Neuausgabe (1958) mit dem Titel: *Max Weber: Politiker, Forscher, Philosoph*. München: Piper.

Jellinek, Georg (1895), *Die Erklärung der Menschen- und Bürgerrechte: Ein Beitrag zur modernen Verfassungsgeschichte*. Leipzig: Duncker & Humblot.

Jellinek, Georg (1900), *Allgemeine Staatslehre*. Berlin: Verlag von O. Häring. Zitiert nach der 3., von Walter Jellinek durchgesehenen und ergänzten Auflage 1914; 5., vermehrter Neudruck Berlin: Julius Springer. 1929.

Jones, Harold B., Jr. (1997), The Protestant ethic: Weber's model and the empirical literature, in: *Human Relations* 50(7): 757–778.

Kaelber, Lutz (2005), Rational capitalism, traditionalism, and adventure capitalism: New research on the Weber Thesis, in: Swatos and Kaelber: 139–163.

Kaesler, Dirk (1984), *Die frühe deutsche Soziologie 1909 bis 1934 und ihre Entstehungsmilieus: Eine wissenschaftssoziologische Untersuchung*. Opladen: Westdeutscher Verlag.

Kaesler, Dirk (2001), Max Weber: ein Forscherleben zwischen Geld und Geist, in: Matthias Dörries, Lorraine Daston und Michael Hagner (Hg.) *Wissenschaft zwischen Geld und Geist*. Berlin: MPI für Wissenschaftsgeschichte. 29–45.

Kaesler, Dirk (2002), Vom akademischen Außenseiter zum sozialwissenschaftlichen Klassiker: Einleitung des Herausgebers, in: Dirk Kaesler (Hg.) *Max Weber: Schriften 1894–1922*. Stuttgart: Kröner. VII-XXXVI.

Kaesler, Dirk (2003³), *Max Weber: Eine Einführung in Leben, Werk und Wirkung*. Frankfurt: Campus.

Kaesler, Dirk (2004a), Vorwort des Herausgebers, in: *Max Weber, Die protestantische Ethik und der Geist des Kapitalismus: Vollständige Ausgabe*. Hg. und eingeleitet von Dirk Kaesler. München: C.H. Beck.

Kaesler, Dirk (2004b), Sonnig, gegenwartsfroh und katholisch: Max Webers Italien, in: Friederike Schönemann und Thorsten Maaßen (Hg.) *Prüfet alles, und das Gute behaltet! Zum Wechselspiel von Kirchen, Religionen und säkularer Welt. Festschrift für Hans-Martin Barth*. Frankfurt: Otto-Lembeck-Verlag. 271–296.

Kaesler, Dirk (2005), »Große Erzählungen« sind keine Märchen: Die Soziologie erklärt den Menschen ihre Gesellschaften, in: Uwe Schimank (Hg.) *Was erklärt die Soziologie? Methodologien, Modelle, Perspektiven*. Münster: LIT. 342–360.

Kaesler, Dirk (2006a), Die Zeit der Außenseiter in der deutschen Soziologie, in: Ay und Borchardt 2006: 169–193.

Kaesler, Dirk (2006b), Man sieht nur, was man zu wissen glaubt: Max und Marianne Weber im Amerika der Jahrhundertwende, in: Frank Kalleter und Wolfgang Knöbl (Hg.) *Amerika und Deutschland: Ambivalente Begegnungen*. Göttingen: Wallstein. 10–29.

Kaesler, Dirk (2008), Zwei Denker aus Deutschland: Eine deutsch-deutsche Editionsgeschichte, in: *Leviathan* 36(4): 590–596.

Kaesler, Dirk (2010), Ein Autor und seine Darsteller, Editoren und Interpreten, in: www.literaturkritik.de/public/rezension.php?rez_id=14180

Karant-Nunn, Susan C. (1997), *The Reformation of Ritual: An Interpretation of Early Modern Germany*. London: Routledge.

Kippenberg, Hans G., und Martin Riesebrodt (Hg.) (2001), *Max Webers »Religionssystematik«*. Tübingen: Mohr (Siebeck).

Kocka, Jürgen (1975), *Unternehmer in der deutschen Industrialisierung*. Göttingen: Vandenhoeck & Ruprecht.

König, René (1985), *Menschheit auf dem Laufsteg: Die Mode im Zivilisationsprozeß*. München: Hanser.

Konersmann, Frank (2004), Studien zur Genese rationaler Lebensführung und zum Sektentypus Max Webers: Das Beispiel mennonitischer Bauernfamilien im deutschen Südwesten (1632–1850), in: *Zeitschrift für Soziologie* 33(5): 418–437.

Kreissl, Reinhard, und Heinz Steinert (2008), Für einen gesellschaftstheoretisch aufgeklärten Materialismus, in: *Kriminologisches Journal* 40(4): 269–283.

Kreissl, Reinhard, und Heinz Steinert (2009), Sozio-neuro-wissenschaftliche Handlungstheorie und die empirische Erforschung sozialen Handelns – mit Beispielen zur Dimension »Respekt«. Reaktion auf die Diskussion in Heft 4/2008 des KrimJ, in: *Kriminologisches Journal* 41(1): 20–31.

Kries, Johannes von (1886), *Die Principien der Wahrscheinlichkeitsrechnung: Eine logische Untersuchung.* Tübingen: Mohr (Siebeck).
Kries, Johannes von (1888), *Ueber den Begriff der objektiven Möglichkeit und einige Anwendungen desselben.* Leipzig: Fues's Verlag (R. Reisland).
Kürnberger, Ferdinand (1855), *Der Amerikamüde. Roman.* Frankfurt: Meidinger. Zitiert nach der Ausgabe Wien: Böhlau, 1985.
Kundrus, Birthe (Hg.) (2003), *Phantasiereiche: Zur Kulturgeschichte des deutschen Kolonialismus.* Frankfurt: Campus.
Lamprecht, Karl (1899), *Die historische Methode des Herrn von Below: Eine Kritik.* Berlin: R. Gaertners Verlagsbuchhandlung.
Landes, David (1998), *The Wealth and Poverty of Nations: Why Some Are So Rich and Some So Poor.* New York: Norton.
Langewiesche, Dieter (1988), *Liberalismus in Deutschland.* Frankfurt: Suhrkamp.
Lehmann, Hartmut (1988), Asketischer Protestantismus und ökonomischer Rationalismus: Die Weber-These nach zwei Generationen, in: Wolfgang Schluchter (Hg.) *Max Webers Sicht des okzidentalen Christentums: Interpretation und Kritik.* Frankfurt: Suhrkamp. 529–553.
Lehmann, Hartmut (1992), The rise of capitalism: Weber versus Sombart, in: Lehmann and Roth 1992: 195–208. (deutsch in Lehmann 1996)
Lehmann, Hartmut (1996), *Max Webers »Protestantische Ethik«: Beiträge aus der Sicht eines Historikers.* Göttingen: Vandenhoeck & Ruprecht.
Lehmann, Hartmut (2008a), Die Weber-Thesen im 20. Jahrhundert, in: Deutsches Historisches Museum (Hg.) *Ausstellungskatalog »Calvinismus: Die Reformierten in Deutschland und Europa«.* Berlin. 378–383. Abdruck in Lehmann 2008b: 107–115.
Lehmann, Hartmut (2008b), *Die Entzauberung der Welt: Studien zu Themen von Max Weber.* Göttingen: Wallstein.
Lehmann, Hartmut, and Guenther Roth (eds) (1992), *Weber's Protestant Ethic: Origins, Evidence, Contexts.* New York: Cambridge University Press.
Lemert, Charles (2005), 1905: Weber in the year of miracles, in: Swatos and Kaelber 2005: ix-xii.
Lenger, Friedrich (1994), *Werner Sombart 1863–1941: Eine Biographie.* München: C.H. Beck.
Lenger, Friedrich (2001), Max Weber, Werner Sombart und der Geist des modernen Kapitalismus, in: Edith Hanke und Wolfgang J. Mommsen (Hg.) *Max Webers Herrschaftssoziologie: Studien zur Entstehung und Wirkung.* Tübingen: Mohr. 167–186.
Lepsius, M. Rainer (1990), Interessen und Ideen: Die Zurechnungsproblematik bei Max Weber, in: Lepsius, *Interessen, Ideen und Institutionen.* Opladen: Westdeutscher Verlag. 31–43.
Lessnoff, Michael H. (1994), *The Spirit of Capitalism and the Protestant Ethic: An Enquiry into the Weber Thesis.* Aldershot: Edward Elgar.

Levy, Hermann (1912), *Die Grundlagen des ökonomischen Liberalismus in der Geschichte der englischen Volkswirtschaft*. Jena: Gustav Fischer.

Levy, Hermann (1919), Studien über das englische Volk, in: *Archiv für Sozialwissenschaft und Sozialpolitik* 46: 422–448; 636–690.

Levy, Hermann (1920), *Soziologische Studien über das englische Volk*. Jena: Gustav Fischer.

Lichtblau, Klaus (1996), *Kulturkrise und Soziologie um die Jahrhundertwende: Zur Genealogie der Kultursoziologie in Deutschland*. Frankfurt: Suhrkamp.

Lohse, Eduard (1996), *Paulus: Eine Biographie*. München: C.H. Beck.

Lübbe, Weyma (1993), Die Fäden im Gewebe der Natur: Determinismus und Probabilismus in der Kausalitätstheorie John Stuart Mills, in: *Zeitschrift für philosophische Forschung* 47(3): 370–387.

MacCulloch, Diarmaid (2004), *The Reformation*. New York: Viking.

MacKinnon, Malcolm H. (1988a), Part I: Calvinism and the infallible assurance of grace: The Weber thesis reconsidered, in: *British Journal of Sociology* 39(2): 143–177.

MacKinnon, Malcolm H. (1988b), Part II: Weber's exploration of Calvinism: The undiscovered provenance of capitalism, in: *British Journal of Sociology* 39(2): 178–210.

MacKinnon, Malcolm H. (1992), The longevity of the thesis: A critique of the critics, in: Lehmann and Roth (1992: 211–243).

MacKinnon, Malcolm H. (1994), Believer selectivity in Calvin and Calvinism, in: *British Journal of Sociology* 45(4): 585–595.

Maes, Jürgen, und Manfred Schmitt (2001), *Protestantische-Ethik-Skala (PES): Messeigenschaften und Konstruktvalidität*. Berichte aus der Arbeitsgruppe »Verantwortung, Gerechtigkeit, Moral« Nr. 146. Trier: Universität Trier, Fachbereich I – Psychologie.

Malinckrodt, Rebekka von (2005), *Struktur und kollektiver Eigensinn: Kölner Laienbruderschaften im Zeitalter der Konfessionalisierung*. Göttingen: Vandenhoeck.

Marshall, Gordon (1980a), The dark side of the Weber thesis: The case of Scotland, in: *British Journal of Sociology* 31(3): 419–440.

Marshall, Gordon (1980b), *Presbyteries and Profits: Calvinism and the Development of Capitalism in Scotland, 1560–1707*. Oxford: Clarendon Press.

Marshall, Gordon (1982), *In Search of the Spirit of Capitalism: An Essay on Max Weber's Protestant Ethic Thesis*. London: Hutchinson.

McClelland, David C. (1961), *The Achieving Society*. Princeton: Van Nostrand.

McClelland, David C., and David G. Winter (1969), *Motivating Economic Achievement*. New York: Free Press.

Menger, Carl (1883), *Untersuchungen über die Methode der Socialwissenschaften, und der Politischen Oekonomie insbesondere*. Leipzig: Duncker & Humblot.

Menger, Carl (1884), *Die Irrthümer des Historismus in der deutschen Nationalökonomie*. Wien: Alfred Hödler.

Merton, Robert K. (1938), *Science, Technology and Society in Seventeenth-Century England*. Zitiert nach der Ausgabe New York 1970, im reprint (1978), Sussex: Harvester Press.
Mitzman, Arthur (1969), *The Iron Cage: An Historical Interpretation of Max Weber*. New York: Knopf. Neuauflage (1985), New Brunswick, NJ: Transaction.
Mommsen, Wolfgang J. (1959), *Max Weber und die deutsche Politik 1890–1920*. Tübingen: Mohr (Siebeck). Zitiert nach der 3., verbesserten Auflage 2004³.
Mommsen, Wolfgang J. (1996), Die Siebecks und Max Weber: Ein Beispiel für Wissenschaftsorganisation in Zusammenarbeit von Wissenschaftlern und Verlegern, in: *Geschichte und Gesellschaft* 22: 19–30.
Mommsen, Wolfgang J. (2007), From agrarian capitalism to the »spirit« of modern capitalism: Max Weber's approaches to the protestant ethic, in: Sam Whimster (ed.) *Max Weber and the Spirit of Modern Capitalism: 100 Years On*. London: Max Weber Studies. 8–25.
Mommsen, Wolfgang J., und Wolfgang Schwentker (Hg.) (1999), *Max Weber und das moderne Japan*. Göttingen: Vandenhoeck & Ruprecht.
Mulford, Carla (1999), Figuring Benjamin Franklin in American cultural memory, in: *New England Quarterly* 72: 415–443.
Musil, Robert (1927), Normung des Geistes. Zitiert nach Musil, *Gesammelte Werke in neun Bänden*, Hg. Adolf Frisé. Reinbek: Rowohlt 1978. Band 7: 799–801.
Nielsen, Donald A. (2003), The incredible shrinking protestant ethic, in: *International Journal of Politics, Culture, and Society* 16(4): 587–598.
Nielsen, Donald A. (2005), *The Protestant Ethic and the »Spirit« of Capitalism* as Grand Narrative: Max Weber's philosophy of history, in: Swatos and Kaelber 2005: 53–75.
Oakes, Guy (1988), *Weber and Rickert: Concept Formation in the Cultural Sciences*. Boston, MA: MIT Press.
Oakes, Guy (1988/89), Farewell to *The Protestant Ethic?*, in: *Telos* no. 78: 81–94.
Oakes, Guy (1990), *Die Grenzen kulturwissenschaftlicher Begriffsbildung: Heidelberger Max-Weber-Vorlesungen 1982*. Frankfurt: Suhrkamp.
Oberman, Heiko A. (2003), *Zwei Reformationen: Luther und Calvin – Alte und Neue Welt*. Berlin: Siedler.
Pellicani, Luciano (1988), Weber and the myth of Calvinism, in: *Telos* no. 75: 57–85.
Pfister, Bernhard (1928), *Die Entwicklung zum Idealtypus: Eine methodologische Untersuchung über das Verhältnis von Theorie und Geschichte bei Menger, Schmoller und Max Weber*. Tübingen: Mohr (Siebeck).
Popper, Karl R. (1948), Kübelmodell und Scheinwerfermodell: zwei Theorien der Erkenntnis. Zitiert nach dem Abdruck in: Popper (1973), *Objektive Erkenntnis*. Hamburg: Hoffmann und Campe. 369–390.
Popper, Karl R. (1966), Of Clouds and Clocks. Zitiert nach der deutschen Fassung: Über Wolken und Uhren: Zum Problem der Vernunft und der Freiheit des Men-

schen, in: Popper (1973), *Objektive Erkenntnis.* Hamburg: Hoffmann und Campe. 230–282.
Puhle, Hans-Jürgen (1984), Historische Konzepte des entwickelten Industriekapitalismus: »Organisierter Kapitalismus« und »Korporatismus«, in: *Geschichte und Gesellschaft* 10: 165–184.
Quensel, Bernhard K. (2007), *Max Webers Konstruktionslogik: Sozialökonomik zwischen Geschichte und Theorie.* Baden-Baden: Nomos.
Quensel, Bernhard K., und Hubert Treiber (2002), Das »Ideal« konstruktiver Jurisprudenz als Methode: Zur »logischen Struktur« von Webers Idealtypik, in: *Rechtstheorie* 33(1): 91–124.
Rachfahl, Felix (1896), Deutsche Geschichte vom wirtschaftlichen Standpunkt, in: *Preußische Jahrbücher* Bd. 83: 48–96.
Rachfahl, Felix (1909), Kalvinismus und Kapitalismus, in: *Internationale Wochenschrift für Wissenschaft Kunst u. Technik* 3: 1217–1238; 1249–1268; 1287–1300; 1319–1334; 1347–1366. (Numerierung nach Spalten) Abgedruckt in Winckelmann (1968), II: 57–148.
Rachfahl, Felix (1910), Nochmals Kalvinismus und Kapitalismus, in: *Internationale Wochenschrift für Wissenschaft Kunst u. Technik* 4: 689–702; 717–734; 755–768; 775–796. (Numerierung nach Spalten) Abgedruckt in Winckelmann (1968), II: 216–282.
Radbruch, Gustav (1902), *Die Lehre von der adäquaten Verursachung.* Berlin. Zitiert nach *Gustav Radbruch Gesamtausgabe,* Band 7: 7–74. Heidelberg: C.F.Müller. 1995.
Radkau, Joachim (1998), *Das Zeitalter der Nervosität: Deutschland zwischen Bismarck und Hitler.* München: Hanser.
Radkau, Joachim (2005), *Max Weber: Die Leidenschaft des Denkens.* München: Hanser.
Ranke, Leopold von (1839–1847), *Deutsche Geschichte im Zeitalter der Reformation.* 6 Bände. Berlin: Duncker & Humblot.
Ray, J. (1982), The protestant ethic in Australia, in: *Journal of Social Psychology* 116: 127–138.
Reinhardt, Volker (2009a), *Die Tyrannei der Tugend: Calvin und die Reformation in Genf.* München: C.H.Beck.
Reinhardt, Volker (2009b), *Blutiger Karneval: Der Sacco di Roma 1527 – eine politische Katastrophe.* Darmstadt: Wissenschaftliche Buchgesellschaft.
Rendtorff, Trutz (2001), Einleitung, in: *Troeltsch Kritische Gesamtausgabe* Band 8: 1–52.
Resch, Christine (2005), *Berater-Kapitalismus oder Wissensgesellschaft? Zur Kritik der neoliberalen Produktionsweise.* Münster: Westfälisches Dampfboot.
Resch, Christine, und Heinz Steinert (2009), *Kapitalismus: Porträt einer Produktionsweise.* Münster: Westfälisches Dampfboot.
Rickert, Heinrich (1888), *Zur Lehre von der Definition.* Tübingen: Mohr. Zitiert nach der 2., verbesserten Auflage 1915.

Rickert, Heinrich (1898), *Kulturwissenschaft und Naturwissenschaft*. Zitiert nach der zweiten, umgearbeiteten und vermehrten Auflage. Tübingen: Mohr. 1910.
Rickert, Heinrich (1902), *Die Grenzen der naturwissenschaftlichen Begriffsbildung: Eine logische Einleitung in die historischen Wissenschaften*. Tübingen: Mohr (Siebeck).
Ritschl, Albrecht (1870–1874), *Die christliche Lehre von der Rechtfertigung und Versöhnung*. Drei Bände. Bonn: Marcus.
Ritschl, Albrecht (1880–1886), *Geschichte des Pietismus*. Drei Bände. Bonn: Marcus.
Ritsert, Jürgen (2003²), *Einführung in die Logik der Sozialwissenschaften*. Münster: Westfälisches Dampfboot.
Robertson, Hector M. (1933), *Aspects of the Rise of Economic Individualism*. Cambridge: Cambridge University Press.
Rossi, Pietro (1987), *Vom Historismus zur historischen Sozialwissenschaft: Heidelberger Max Weber-Vorlesungen 1985*. Frankfurt: Suhrkamp.
Roth, Guenther (1968), Introduction, in: Guenther Roth and Claus Wittich (eds) *Max Weber, Economy and Society: An Outline of Interpretive Sociology*. New York: Bedminster Press. XXVII-CIV.
Roth, Guenther (1971), Sociological typology and historical explanation, in: Reinhard Bendix and Guenther Roth, *Scholarship and Partisanship: Essays on Max Weber*. Berkeley, CA: University of California Press. 109–128.
Roth, Guenther (1989), Vergangenheit und Zukunft der historischen Soziologie, in: Johannes Weiß (Hg.) *Max Weber heute: Erträge und Probleme der Forschung*. Frankfurt: Suhrkamp. 406–424.
Roth, Guenther (1992), Zur Entstehungs- und Wirkungsgeschichte von Max Webers »Protestantischer Ethik«, in: Bertram Schefold et al., *Vademecum zu einem Klassiker der Geschichte ökonomischer Rationalität*. Düsseldorf: Verlag Wirtschaft und Finanzen (Verlagsgruppe Handelsblatt). 43–68.
Roth, Guenther (2001), *Max Webers deutsch-englische Familiengeschichte 1800–1950: mit Briefen und Dokumenten*. Tübingen: Mohr (Siebeck).
Rothe, Friedrich (1997), *Arthur Schnitzler und Adele Sandrock*. Berlin: Rowohlt.
Rublack, Ulinka (2003), *Die Reformation in Europa*. Frankfurt: Fischer.
Rudé, George (1980), *Ideology and Popular Protest*. London: Lawrence & Wishart.
Samuelsson, Kurt (1961), *Religion and Economic Action: A Critique of Max Weber*. New York: Basic Books. (schwedisches Original 1957)
Sanders, Ed Parish (1991), *Paul: A Very Short Introduction*. Oxford: Oxford University Press.
Sarasin, Philipp (2001), *Reizbare Maschinen: Eine Geschichte des Körpers 1765–1914*. Frankfurt: Suhrkamp.
Scaff, Lawrence A. (1989), *Fleeing the Iron Cage: Culture, Politics, and Modernity in the Thought of Max Weber*. Berkeley, CA: University of California Press.
Scaff, Lawrence A. (2006), Max Weber's reception in the United States, 1920–1960, in: Ay und Borchardt 2006: 55–89.

Schelting, Alexander von (1934), *Max Webers Wissenschaftslehre: Das logische Problem der historischen Kulturerkenntnis – Die Grenzen der Soziologie des Wissens*. Tübingen: Mohr (Siebeck).

Schilling, Heinz (Hg.) (1994), *Kirchenzucht und Sozialdisziplinierung im frühneuzeitlichen Europa*. Zeitschrift für historische Forschung, Beiheft 16. Berlin: Duncker & Humblot.

Schilling, Heinz (Hg.) (1999), *Institutionen, Instrumente und Akteure sozialer Kontrolle und Disziplinierung im frühneuzeitlichen Europa*. Studien zur Europäischen Rechtsgeschichte, Sonderheft 127. Frankfurt: Vittorio Klostermann.

Schluchter, Wolfgang (1979), *Die Entwicklung des okzidentalen Rationalismus: Eine Analyse von Max Webers Gesellschaftsgeschichte*. Tübingen: Mohr (Siebeck).

Schluchter, Wolfgang (1980), Der autoritär verfaßte Kapitalismus: Webers Kritik am Kaiserreich, in: Schluchter, *Rationalismus der Weltbeherrschung: Studien zu Max Weber*. Frankfurt: Suhrkamp. 134–169.

Schluchter, Wolfgang (1981–1988), *Max Webers Studie über das antike Judentum; – über Konfuzianismus und Taoismus; – über Hinduismus und Buddhismus; Max Webers Sicht des antiken Christentums; – des Islams; – des okzidentalen Christentums: Interpretation und Kritik*. Frankfurt: Suhrkamp.

Schluchter, Wolfgang (1988a), Religion, politische Herrschaft, Wirtschaft und bürgerliche Lebensführung: Die okzidentale Sonderentwicklung, in: Schluchter (Hg.) *Max Webers Sicht des okzidentalen Christentums: Interpretation und Kritik*. Frankfurt: Suhrkamp. 11–128.

Schluchter, Wolfgang (1988b), *Religion und Lebensführung*. Bd I/II. Frankfurt: Suhrkamp.

Schluchter, Wolfgang (1996a), Handeln und Entsagung: Max Weber über Wissenschaft und Politik als Beruf, in: Schluchter, *Unversöhnte Moderne*. Frankfurt: Suhrkamp. 9–70. Zuerst (1995) gekürzt als »Einleitung« in MWG I/17: 1–43.

Schluchter, Wolfgang (1996b), Zwei Wege von der Nationalökonomie zur Kultursoziologie: Max Weber und Alfred Weber, in: Schluchter, *Unversöhnte Moderne*. Frankfurt: Suhrkamp. 144–165.

Schluchter, Wolfgang (1998), Religion und Rationalismus. Zitiert nach dem Abdruck in: Schluchter (2000), *Individualismus, Verantwortungsethik und Vielfalt*. Weilerswist: Velbrück. 104–117.

Schluchter, Wolfgang (2005a), »Wie Ideen in der Geschichte wirken«: Exemplarisches in der Studie über den asketischen Protestantismus, in: Schluchter und Graf 2005: 49–73.

Schluchter, Wolfgang (2005b), Handlung, Ordnung und Kultur: Grundzüge eines weberianischen Forschungsprogramms, in: Schluchter, *Handlung, Ordnung und Kultur: Studien zu einem Forschungsprogramm im Anschluss an Max Weber*. Tübingen: Mohr (Siebeck). 7–36.

Schluchter, Wolfgang (2009), *Wirtschaft und Gesellschaft: Entstehungsgeschichte und Dokumente*. MWG I/24.

Schluchter, Wolfgang, und Friedrich Wilhelm Graf (Hg.) (2005), *Asketischer Protestantismus und der »Geist« des modernen Kapitalismus: Max Weber und Ernst Troeltsch*. Tübingen: Mohr (Siebeck).
Schmid, Michael (1994), Idealisierung und Idealtyp: Zur Logik der Typenbildung bei Max Weber, in: Gerhard Wagner und Heinz Zipprian (Hg.) *Max Webers Wissenschaftslehre: Interpretation und Kritik*. Frankfurt: Suhrkamp. 415–444.
Schmidt, Ferdinand Jakob (1905), Kapitalismus und Protestantismus, in: *Preußische Jahrbücher* Bd. 122: 189–230.
Schmoller, Gustav (1860), Zur Geschichte der national-ökonomischen Ansichten in Deutschland während der Reformations-Periode, in: *Zeitschrift für die gesamte Staatswissenschaft* 16: 461–716.
Schmoller, Gustav (1883), Zur Methodologie der Staats- und Sozial-Wissenschaften, in: *Jahrbuch für Gesetzgebung, Verwaltung und Volkswirthschaft im Deutschen Reich* 7: 975–994.
Schmoller, Gustav (1884), Literatur: 20. Menger, Dr. Karl: Die Irrthümer des Historismus in der deutschen Nationalökonomie, in: *Jahrbuch für Gesetzgebung, Verwaltung und Volkswirthschaft im Deutschen Reich* 8: 677.
Schmoller, Gustav (1890/91/92), Die geschichtliche Entwicklung der Unternehmung, in: *Jahrbuch für Gesetzgebung, Verwaltung und Volkswirtschaft im Deutschen Reich* 14: 735–783, 1035–1076; 15: 1–47, 635–710, 963–1029; 16: 731–748.
Schmoller, Gustav (1900/04), *Grundriß der Allgemeinen Volkswirtschaftslehre*. Band I und II. Leipzig: Duncker & Humblot.
Schmoller, Gustav (1903), Werner Sombart, Der moderne Kapitalismus, in: *Jahrbuch für Gesetzgebung, Verwaltung und Volkswirtschaft im Deutschen Reich* 27: 291–300; zitiert nach dem Abdruck in vom Brocke 1987: 135–146.
Schneckenburger, Mathias (1855), *Vergleichende Darstellung des lutherischen und reformirten Lehrbegriffs*. Aus dessen handschriftlichem Nachlasse zusammengestellt und herausgegeben durch Eduard Güder, Pfarrer. In zwei Theilen. Stuttgart: Metzler.
Schneckenburger, Mathias (1863), *Vorlesungen über die Lehrbegriffe der kleineren protestantischen Kirchenparteien*. Aus dessen handschriftlichem Nachlass herausgegeben von Dr. Karl Bernhard Hundeshagen. Frankfurt: H.L. Brönner.
Schoeps, Hans-Joachim (1949), *Theologie und Geschichte des Judenchristentums*. Tübingen: Mohr (Siebeck).
Schröder, Hans-Christoph (1995), Max Weber und der Puritanismus, in: *Geschichte und Gesellschaft* 21: 459–478.
Schuler, Heinz, und M. Prochaska (2001), *Leistungsmotivationsinventar*. Göttingen: Hogrefe.
Schulte, Christoph (1997), *Psychopathologie des Fin de siècle: Der Kulturkritiker, Arzt und Zionist Max Nordau*. Frankfurt: Fischer.
Schulze-Gävernitz, Gerhart von (1906), *Britischer Imperialismus und englischer Freihandel zu Beginn des 20. Jahrhunderts*. Leipzig: Duncker & Humblot.

Schwentker, Wolfgang (1988), Leidenschaft als Lebensform: Erotik und Moral bei Max Weber und im Kreis um Otto Gross, in: Wolfgang J. Mommsen und Wolfgang Schwentker (Hg.) *Max Weber und seine Zeitgenossen*. Göttingen: Vandenhoeck & Ruprecht. 661–681.

Schwentker, Wolfgang (1998), *Max Weber in Japan: Eine Untersuchung zur Wirkungsgeschichte 1905–1995*. Tübingen: Mohr (Siebeck).

Scribner, Robert W. (2002), *Religion und Kultur in Deutschland 1400–1800*. Hg Lyndal Roper. Göttingen: Vandenhoeck & Ruprecht.

Scribner, Robert W., and C. Scott Dixon (2003²), *The German Reformation*. Basingstoke: Palgrave Macmillan.

Seaver, Paul (1985), *Wallington's World: A Puritan Artisan in Seventeenth-Century London*. Stanford, CA: Stanford University Press.

Seyfarth, Constans, und Walter M. Sprondel (Hg.) (1973), *Seminar: Religion und gesellschaftliche Entwicklung: Studien zur Protestantismus-Kapitalismus-These Webers*. Frankfurt: Suhrkamp.

Simmel, Georg (1900), *Philosophie des Geldes*. Berlin: Duncker & Humblot.

Simmel, Georg (1903), Die Großstädte und das Geistesleben. Simmel GW

Smith, Helmut Walser (1995), *German Nationalism and Religious Conflict: Culture, Ideology, Politics, 1870–1914*. Princeton, NJ: Princeton University Press.

Sombart, Werner (1902), *Der moderne Kapitalismus*. Leipzig: Duncker & Humblot.

Sombart, Werner (1903), *Die deutsche Volkswirtschaft im Neunzehnten Jahrhundert*. Berlin: Georg Bondi.

Sombart, Werner (1909), Der kapitalistische Unternehmer, in: *Archiv für Sozialwissenschaft und Sozialpolitik* 29: 689–758.

Sombart, Werner (1910), Die Kommerzialisierung des Wirtschaftslebens, in: *Archiv für Sozialwissenschaft und Sozialpolitik* 30: 631–665; 31: 23–66.

Sombart, Werner (1911), *Die Juden und das Wirtschaftsleben*. München und Leipzig: Duncker & Humblot.

Sombart, Werner (1913a), *Der Bourgeois: Zur Geistesgeschichte des modernen Wirtschaftsmenschen*. München und Leipzig: Duncker & Humblot.

Sombart, Werner (1913b), *Krieg und Kapitalismus*. München und Leipzig: Duncker & Humblot.

Sombart, Werner (1916), *Der moderne Kapitalismus: Historisch-systematische Darstellung des gesamteuropäischen Wirtschaftslebens von seinen Anfängen bis zur Gegenwart*. Zweite, neugearbeitete Auflage. München und Leipzig: Duncker & Humblot.

Sombart, Werner (1922), *Luxus und Kapitalismus*. München und Leipzig: Duncker & Humblot.

Spiethoff, Arthur (1908), Die Lehre vom Kapital, in: Altmann et al. 1908: IV/1–64.

Stammer, Otto, und Rolf Ebbighausen (Hg.) (1965), *Max Weber und die Soziologie heute: Verhandlungen des 15. Deutschen Soziologentages, Heidelberg 1964.* Tübingen: Mohr (Siebeck).
Steinert, Heinz (1978), Ist es denn aber auch wahr, Herr F.? »Überwachen und Strafen« unter der Fiktion gelesen, es handle sich dabei um eine sozialgeschichtliche Darstellung, in: *Kriminalsoziologische Bibliografie* 5 (Heft 19/20): 30–45.
Steinert, Heinz (1983), The development of »discipline« according to Michel Foucault: Discourse analysis vs. social history, in: *Crime and Social Justice* no. 20: 83–98.
Steinert, Heinz (1989/2003), *Adorno in Wien: Über die (Un-)Möglichkeit von Kunst, Kultur und Befreiung.* Münster: Westfälisches Dampfboot.
Steinert, Heinz (1992/2003), *Die Entdeckung der Kulturindustrie oder: Warum Professor Adorno Jazz-Musik nicht ausstehen konnte.* Münster: Westfälisches Dampfboot.
Steinert, Heinz (1997), Fin de siècle criminology, in: *Theoretical Criminology* 1(1): 111–129.
Steinert, Heinz (2001), Kunst und Wissenschaft im Wien der Jahrhundertwende: Gesellschaftliche Grundlagen von Theoriebedarf, in: K. Ludwig Pfeiffer, Ralph Kray und Klaus Städtke (Hg.) *Theorie als kulturelles Ereignis.* Berlin: de Gruyter. 181–204.
Steinert, Heinz (2007), *Das Verhängnis der Gesellschaft und das Glück der Erkenntnis: Dialektik der Aufklärung als Forschungsprogramm.* Münster: Westfälisches Dampfboot.
Steinert, Heinz (2009), Culture industry cities: From discipline to exclusion, from citizen to tourist, in: *CITY* 13(2–3): 278–291.
Strohm, Christoph (2009), *Johannes Calvin: Leben und Werk des Reformators.* München: C.H. Beck.
Swatos, William H. Jr., and Lutz Kaelber (eds) (2005) *The Protestant Ethic Turns 100: Essays on the Centenary of the Weber Thesis.* Boulder, CO: Paradigm.
Takebayashi, Shiro (2003), *Die Entstehung der Kapitalismustheorie in der Gründungsphase der deutschen Soziologie: Von der historischen Nationalökonomie zur historischen Soziologie Werner Sombarts und Max Webers.* Berlin: Duncker & Humblot.
Tawney, Richard H. (1926), *Religion and the Rise of Capitalism: A Historical Study.* Zitiert nach der Ausgabe Harmondsworth: Penguin, 1938.
Tenbruck, Friedrich (1959), Die Genesis der Methodologie Max Webers, in: *Kölner Zeitschrift für Soziologie und Sozialpsychologie* 11: 573–630; zitiert nach dem Abdruck in: Tenbruck (1999), *Das Werk Max Webers: Gesammelte Aufsätze zu Max Weber.* Tübingen: Mohr (Siebeck). 1–58.
Tenbruck, Friedrich (1975a), Das Werk Max Webers, in: *Kölner Zeitschrift für Soziologie und Sozialpsychologie* 27: 663–702.

Tenbruck, Friedrich (1975b), Wie gut kennen wir Max Weber? Über Maßstäbe der Weber-Forschung im Spiegel der Maßstäbe der Weber-Ausgaben, in: *Zeitschrift für die gesamte Staatswissenschaft* 131: 719–742.
Thompson, Edward P. (1963), *The Making of the English Working Class*. London: Victor Gollancz.
Thompson, Edward P. (1967), Time, work discipline and industrial capitalism, in: *Past & Present* no. 38: 56–97.
Thompson, Edward P. (1971), The moral economy of the English crowd in the 18th century, in: *Past & Present* no. 50: 76–136.
Tiryakian, Edward A. (1981), The sociological import of a metaphor: Tracking the source of Max Weber's »iron cage«, in: *Sociological Inquiry* 51: 27–33.
Toulmin, Stephen (1961), *Foresight and Understanding: An Enquiry into the Aims of Science*. New York: Harper. Deutsch (1968), Frankfurt: Suhrkamp.
Treiber, Hubert (1984), »Wahlverwandtschaften« zwischen Webers Religions- und Rechtssoziologie, in: Stefan Breuer und Hubert Treiber (Hg.) *Zur Rechtssoziologie Max Webers: Interpretation, Kritik, Weiterentwicklung*. Opladen: Westdeutscher Verlag. 6–68.
Treiber, Hubert (1985), »Elective affinities« between Weber's sociology of religion and sociology of law, in: *Theory and Society* 14(6): 809–861. (Übersetzung von Treiber 1984 mit einem neuen Einschub 810–816.)
Treiber, Hubert (1997), Vom Nutzen und Nachteil juristischer Dogmatik: Zu Max Webers Auffassung, sich bei der »logischen Analyse eines Ideals« wie der »protestantischen Ethik« als Chinese zu geben, in: *Rechtshistorisches Journal* 16: 411–452.
Treiber Hubert (1999), Zur Genese des Askesekonzepts bei Max Weber, in: *Saeculum* 50/II: 247–297; kürzere Fassung auch in: Kippenberg und Riesebrodt 2001: 263–278.
Treiber, Hubert (2005), Der »Eranos« – Das Glanzstück im Heidelberger Mythenkranz? in: Schluchter und Graf 2005: 75–149.
Treiber, Hubert, und Karol Sauerland (Hg.) (1995), *Heidelberg im Schnittpunkt intellektueller Kreise: Zur Topographie der »geistigen Geselligkeit« eines »Weltdorfes«, 1850–1950*. Opladen: Westdeutscher Verlag.
Treiber, Hubert, und Heinz Steinert (1980/2005), *Die Fabrikation des zuverlässigen Menschen: Über die »Wahlverwandtschaft« von Kloster- und Fabrikdisziplin*. Münster: Westfälisches Dampfboot.
Trevor-Roper, Hugh R. (1967), *Religion, the Reformation and Social Change. And Other Essays*. London: Macmillan.
Trevor-Roper, Hugh R. (1969), *The European Witch-Craze of the 16th and 17th Centuries*. Harmondsworth: Penguin.
Troeltsch, Ernst (1902), Rezension von Otto Ritschl, Die Causalbetrachtung in den Geisteswissenschaften (1901); zitiert nach *Troeltsch Kritische Gesamtausgabe* Band 4: 213–216.

Troeltsch, Ernst (1906/1909/1922), Protestantisches Christentum und Kirche in der Neuzeit. *Troeltsch Kritische Gesamtausgabe* Band 7.
Troeltsch, Ernst (1906/1911), Die Bedeutung des Protestantismus für die Entstehung der modernen Welt. *Troeltsch Kritische Gesamtausgabe* Band 8: 199–316.
Troeltsch, Ernst (1910), Die Kulturbedeutung des Calvinismus. *Troeltsch Kritische Gesamtausgabe* Band 8: 146–182.
Troeltsch, Ernst (1912), *Die Soziallehren der christlichen Kirchen und Gruppen*. Tübingen: Mohr. (Band 9 der *Kritischen Gesamtausgabe*, noch nicht erschienen)
Trump, Donald, with Meredith McIver (2004), *Think like a billionaire*. New York: Ballantine.
Tyrell, Hartmann (1995), Max Weber, Bismarck und der Kulturkampf, in: Volkhard Krech und Hartmann Tyrell (Hg.) *Religionssoziologie um 1900*. Würzburg: Ergon. 365–377.
Tyrell, Hartmann (2003), Katholizismus und katholische Kirche, in: Hartmut Lehmann und Jean Martin Ouédraogo (Hg.) *Max Webers Religionssoziologie in interkultureller Perspektive*. Göttingen: Vandenhoeck & Ruprecht.
Ullmann, Hans-Peter (1995), *Das Deutsche Kaiserreich 1871–1918*. Frankfurt: Suhrkamp.
Ullrich, Volker (1997/2007), *Die nervöse Großmacht 1871–1918: Aufstieg und Untergang des deutschen Kaiserreichs*. Frankfurt: Fischer.
van Dülmen, Richard (1986), *Die Gesellschaft der Aufklärer: Zur bürgerlichen Emanzipation und aufklärerischen Kultur in Deutschland*. Frankfurt: Fischer.
Van Stuijvenberg, J. H. (1975), »The« Weber thesis: An attempt at interpretation, in: *Acta Historiae Neerlandicae* 8: 50–66.
Wagner, Gerhard (1987), *Geltung und normativer Zwang: Eine Untersuchung zu den neukantianischen Grundlagen der Wissenschaftslehre Max Webers*. Freiburg: Alber.
Wagner, Gerhard, und Heinz Zipprian (1985), Methodologie und Ontologie: Zum Problem kausaler Erklärung bei Max Weber, in: *Zeitschrift für Soziologie* 14(2): 115–130.
Walzer, Michael (1965), *The Revolution of the Saints: A Study in the Origins of Radical Politics*. Cambridge, MA: Harvard University Press.
Weber, Marianne (1907), *Ehefrau und Mutter in der Rechtsgeschichte: Eine Einführung*. Tübingen: Mohr.
Weber, Marianne (1926), *Max Weber: Ein Lebensbild*. Tübingen: Mohr.
Weber, Marianne (Hg.) (1936), *Max Weber: Jugendbriefe*. Tübingen: Mohr.
Wehler, Hans-Ulrich (1969), *Bismarck und der Imperialismus*. Köln: Kiepenheuer.
Wehler, Hans-Ulrich (1995), *Deutsche Gesellschaftsgeschichte. Dritter Band: Von der »Deutschen Doppelrevolution« bis zum Beginn des Ersten Weltkrieges 1849–1914*. München: C.H. Beck.
Weinberger, Jerry (2005), *Benjamin Franklin Unmasked: On the Unity of His Moral, Religious and Political Thought*. Lawrence, KA: University Press of Kansas.

Whimster, Sam (2006), Die Übersetzung des Begriffes »Geist«, in: Klaus Lichtblau (Hg.) *Max Webers* »Grundbegriffe«*: Kategorien der kultur- und sozialwissenschaftlichen Forschung.* Wiesbaden: VS. 317–335.
Whimster, Sam (2007), R.H. Tawney, Ernst Troeltsch and Max Weber on Puritanism and capitalism, in: Sam Whimster (ed.) *Max Weber and the Spirit of Modern Capitalism: 100 Years On.* London: Max Weber Studies. 113–131.
Winkler, Heinrich August (Hg.) (1974), *Organisierter Kapitalismus: Voraussetzungen und Anfänge.* Göttingen: Vandenhoeck.
Wood, Gordon S. (2004), *The* Americanization *of Benjamin Franklin.* New York: Penguin.
Yalom, Irvin D. (1992), *When Nietzsche Wept: A Novel of Obsession.* New York: Harper.
Zaret, David (1992), Calvin, covenant theology, and the Weber thesis, in: *British Journal of Sociology* 43(3): 369–391. Weitgehend identisch auch als: The use and abuse of textual data, in: Lehmann and Roth 1992: 245–272.